식민지기 '사회과학' 연구의 체계화와 유산(1910~1945)

* 이 책은 2014년 정부(교육부)의 재원으로 한국연구재단의 지원을 받아 수행된 연구임(NRF2014S1A3A2037991).

식민지기 '사회과학' 연구의 체계화와 유산(1910~1945)

초판 1쇄 발행 2016년 6월 30일

엮은이 ㅣ 김동노
펴낸이 ㅣ 윤관백
펴낸곳 ㅣ 도서출판 선인

등   록 ㅣ 제5-77호(1998.11.4)
주   소 ㅣ 서울시 마포구 마포대로 4다길 4 곳마루 B/D 1층
전   화 ㅣ 02)718-6252/6257
팩   스 ㅣ 02)718-6253
E-mail ㅣ sunin72@chol.com

정가 31,000원
ISBN 978-89-5933-989-1 93300

· 잘못된 책은 바꿔 드립니다.

연세대학교 국가관리연구원
국가관리연구총서 32

식민지기 '사회과학' 연구의

체계화와 유산(1910~1945)

김동노 편

도서출판 선인

이 책(자료집)은 연세대학교 국가관리연구원 SSK 사업단 "**한국 사회 과학 연구의 지적 계보와 한국적 사회과학 이론 정립의 방안: 수용에서 생산으로**"의 두 번째 연구총서이다. SSK '한국 사회과학' 연구 사업단은 한국 사회과학의 성립과 발전과정을 탐색하겠다는 의도에서 그 지적 계보를 실증적으로 고찰하고 있다. 2010년에 시작된 이 공동연구가 한 국에서 사회과학이 어떻게 학문의 제도로서 자리 잡게 되었는지를 살 펴봄으로써 한국적 사회과학의 총체적 모습과 그 독특성을 밝히는데 기여할 수 있기를 기대한다.

한국 사회과학의 다양한 학문적 영역은 근대 이래로 한편으로는 자 생적 준거를 지닌 채 발전되었고 다른 한편으로는 바깥으로부터 새로 운 것이 도입되면서 제도화되었다. 사회과학이라는 용어가 전통적으로 널리 사용되지는 않았지만 사회과학적 생각의 뿌리는 존재하고 있었던 것으로 여겨진다. 이러한 사회과학적 생각은 근대가 시작되면서 조선 이 위기를 맞게 되면서 새로운 변화의 계기를 맞게 되었다. 전통적 학 문으로는 위기의 극복이 어려움을 인식한 조선의 지식인들은 바깥으로 눈을 돌리게 되었고 부강한 서구의 비결이 서구의 근대적 지식에 있음 을 깨닫게 되었다. 사회적 환경의 변화가 새로운 지식 체계를 필요로 하게 된 것이다.

이는 서구에서도 크게 다르지 않았다. 근대 사회가 형성되면서 새로

운 사회에 대한 연구의 필요성이 생기면서 '근대적 사회과학'이 나타난
것이다. 물론 정치학과 같은 일부 사회과학은 고대로부터 그 기원을 찾
을 수 있지만, 근내적 사회과학으로서의 정치학은 셰악이라는 개인의
자발적 의지에 의한 근대 국가의 형성을 설명해야할 필요성으로부터
기인하였다. 이와 같이 사회적 조건과 학문의 형성은 밀접히 관련되어
있는 만큼 한국 사회과학 연구 및 이론 정립 또한 한국의 역사적 경험
에 근거하여 모색되어야 할 것이다.

이러한 생각을 바탕으로 본 연구단은 SSK 사업 1단계에서 개항 이후
식민지 이전까지를 대상으로 근대적 사회과학이 도입되는 과정을 살펴
보았다. 그 결과를 묶어 연구총서 제1권 『한국 사회의 근대적 전환과
서구 '사회과학'의 수용』(선인, 2013)과 자료총서 제1권을 발간했다. 이
제 그 후속 작업으로 일제에 의한 병합 이후 식민지시기를 다룬 연구총
서 제2권을 자료총서 제2권과 함께 간행한다. 식민지 이전시기의 사회
과학이 주로 일본을 통해 수입된 서구 사회과학의 '번역'을 위주로 하고
주로 개별 학자들의 개인적 노력에 의존하고 있었다면, 식민지 시기에
는 이전보다 다양한 근원에서 사회과학이 도입되고 또한 학문 영역의
제도화가 진행된 것으로 이해될 수 있다.

이 책에는 제도화된 근대적 교육체계 속에서 전개된 식민지시기 '사
회과학'을 정치, 경제, 사회, 역사 등 다각적 측면에서 고찰하였다. 이
책에 실린 논문들이 식민지 시기 사회과학의 모든 모습을 보여줄 수는
없겠지만 사회과학의 각 영역을 대표하는 연구주제와 학문적 경향을
보여주기에는 충분할 것으로 생각된다. 실제로 이 시기에는 이전에는
논의되지 않았던 새로운 연구 영역이 만들어 지고 새로운 시각에서 조
선사회를 접근하는 모습을 찾을 수 있다. 크게는 '식민지가 된 조선'이
라는 사회적 환경의 변화가 가져온 영향이기도 하지만 다른 한편으로

는 이전과는 다른 차원으로 심화되는 '근대의 도입'에 의한 결과이기도
할 것이다.

　이렇듯 이 책은 사회의 반영으로서 근대적 사회과학이 이 땅에 어떻
게 자리 잡아 갔는지를 밝히는데 있어 중요한 실마리를 제공해 줄 것으
로 기대한다. 우리 학계의 현재적 상황을 분석하는 첫 걸음은 그 과거
의 모습을 찾는 것이리라 생각된다. 본 연구단과 비슷한 문제의식을 가
진 보다 많은 학자들의 관심을 유발하는 하나의 징검다리가 되기를 바
라는 마음으로 이 책을 간행한다.

2016. 6.

연세대학교 국가관리연구원 SSK '한국 사회과학' 연구 연구단

연구책임자　김 동 노

차 례

I. 식민지시기 근대적 제도의 수립과 '한국 사회과학' 연구의 발아

Ⅱ. 식민지시기 한국 '사회과학' 연구의 전개

식민지시기 정치와 정치학 | 전상숙
-'한국인' 정치 참여 부재의 정치학-

일제하 사회경제사학의 발달과 白南雲 | 우대형

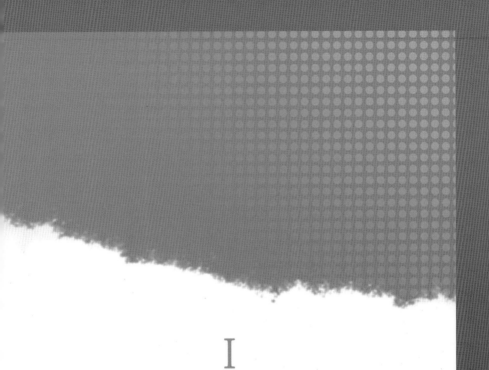

I

식민지시기 근대적 제도의 수립과
'한국 사회과학' 연구의 발아

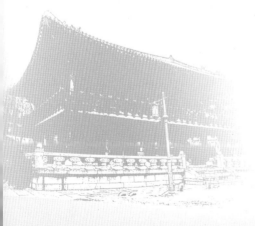

'한국인' 정치 참여 부재와 조선총독부의 관학(官學)을 통한 사회과학의 전개

관학 대 반(反)관학, 이항대립관계의 구조화

전
상
숙

1. 머리말

근대 사회과학(social sciences)은 19세기에서 20세기에 근대화하고 있던 국가들에서 등장하였다. 도시화와 산업화 및 정치·경제 기구들을 재건설하는 과정에서 직면한 수많은 사회문제들을 해결하기 위한 정책적인 지향이, 사회과학이 전문적인 행위 형태로 출현해 발전하는 데 핵심적인 역할을 했다. 18세기에서 19세기 초, 유럽 국가들은 국가의 행정적인 규칙과 규율적인 정책들을 이해하고 개선하기 위하여 Polizeywissenschaaften, 글자 그대로 '정책과학(policy sciences)을 추구했다. 그것이 19세기 후반에 정치학이 행정가의 전문 지식이 되고, 사회학이 사회에 대한 과학으로 통용되며, 경제학의 여러 이론이 정립되는 것으로 전개되었다. 역사적인 맥락에서 볼 때 사회과학의 등장은, 각국의 발전 형태 및 공공 의세의 싱석에 따라 다양하게 형성되이 발전했다. 국가적 행위의 권위를 가진 국가기구의 구조와 그 구성원의 성격, 그리고 그것이 작동되는 전통과 문화에 따라 다양하다. 특히 중요한 것

은, 현재의 특질을 형성한 국민국가(nation-state)의 역사와 정책적 유산
이 가장 큰 영향을 미쳤다는 점이다(Wagner etc, 1991: 5-7).

이러한 서양 근대의 사회과학이, 동진해온 서양 열강과 조우하게 된
동양 각국이 직면하게 된 '근대적 개혁'을 추진하는 중요한 지적 토대가
되었다. 개국(開國)의 상황에서 동양 각국이 대면한 것은 서양의 근대
국가였고 특히 정치체제였다(전상숙 외, 2013: 88). 따라서 서양의 근대
적 무력에 압도된 동양 각국이 그와 대적하기 위해서 필요로 했던 근대
적인 개혁의 요체는 정치체제 · 국가체제의 변혁이었고, 이를 위해 필요
한 전문 지식은 이른바 '사회과학'의 내용을 이루는 것이었다. 그런데
서양 근대 국민국가체제와 함께 사회과학의 성장견인한 자본주의적 산
업화와 부르즈와지의 성장이 부재했던 동아시아 국가에서, 서양 사회
과학의 수용은 그 수용 주체들 간에 체제개혁과 대외관, 근대화의 방법
등을 둘러싼 정치적 갈등이 대내외적으로 야기되었다. 그 결과 메이지
유신으로 자주적 근대 개혁에 성공한 일본을 필두로 동아시아 국제질
서의 변화가 촉진되는 한편으로 근대적 국가체제 개혁을 위한 지적 체
계의 구축이 각국의 정치변동과 맞물리며 경주되었다.

각국에서 예외 없이, 자신의 사회 즉 개별 국민 국가의 발전을 둘러
싸고 나타난 현실적인 문제를 해결하는 과정에서 사회과학이 등장한
것은 주지의 사실이다. 개별 국가가 처해 있던 역사적 상황에 합당한
이론적 틀이 만들어지고, 이후 그 틀이 하나의 전통으로서 그 뒤 세대
의 학문 전통에 지속적으로 영향을 미치게 되었다. 그러한 독특한 지적
전통은, 사회적으로 과학적인 노력이 시작된 근대의 독특한 지적 전통
에 기초했다. 그 전통을 바탕으로 사회에 대한 과학적인 연구를 실제적
으로 수행하는 대학 제도가 마련되었다. 그러나 우리의 경우, 독자적인
지적 전통이 근대적인 문제를 제대로 설명할 수 없었던 상황에서 역순

의 과정을 거쳤다고 할 수 있다(박상섭, 1994: 207-209).

한국도 근대적인 교육체제의 개혁과 사회과학적인 학문의 수용을 통해서 국가적 경쟁력을 제고하려는 노력이 시작되었으나 일본의 병합(倂合)으로 좌절되고 말았다(전상숙 외, 2013). 그리하여 한국 국가를 대신한 일본 제국주의 식민지 통치기구인 조선총독부가 식민정책적 차원에서 수립한 경성제국대학(이하 경성제대)을 정점으로 한 근대적 고등교육체계 속에서 사회과학이 학문적으로 제도화되고 연구되기 시작하였다. 경성제대는 일본의 제국대학령에 의거하여 조선총독부가 설치한 것이었다. 그러나 일본의 국가재정으로 운영되는 일본 내의 제국대학과는 달리 경성제대는 조선총독부의 교육재정으로 운영되는 조선총독부 직할 관립(官立) 교육기관이었으며,[1] 식민지시기 동안 유일한 대학이었다. 그 학술적인 기능은 일본의 국책을 선도하는 일본의 관립고등교육기관(官學[2])과 같은 맥락에서 지역 조선[3]의 기능과 역할을 설정하고 그것을 조선인들에게 일본 '국민정신'의 일환으로 받아들이게 하는 조선연구의 정책과학을 확립하는데 있었다. 이것이 일제의 한국병합이후 식민지시기에 본격적으로 발아되기 시작한 한국 초기 사회과학의 주류이자 핵심이 되었다.

일반적으로 관학은 메이지유신 이후 정립된 근대 일본 국가학에 기초하여 국책을 선도한 도쿄제국대학을 비롯한 관립고등교육기관을 일

---

[1] 한국근현대사 연구에서 현재 국립과 같은 의미로 사용되는 '관립'이라는 용어가 일반적으로 사용되는데, 관립과 국립, 공립의 용례를 식민지시기와의 상관관계 속에서 명확히 할 필요가 있다.

[2] 관학(官學)은 일반적으로 근대 일본 국가학에 기초하여 국책을 선도한 도쿄제국대학을 비롯한 관립고등교육기관을 일컫는다.

[3] 이 글에서는 식민지시기 일제와 관련된 부분에서는 당시 공식명칭이던 지역명 조선과 조선인이라는 용어를 사용하고, 그 밖의 경우 대한민국을 지칭할 때는 한국이라는 용어를 사용한다.

킨는다. 이러한 점에서 일본의 제국대학령에 의거하여 설치되고 일본의 제국대학과 유사한 학술적인 기능이 부여된 경성제대는 관학이었다고 할 수 있다. 그러나 일본 국가라고 하는 관점에서 보면, 경성제대는 일본 국가의 관학이라기보다는 조선총독부의 관학이었다고 하는 것이 정확한 표현일 것이다. 굳이 일본 국가라는 면에서 볼 때와 조선총독부의 입장에서 볼 때를 구분하는 것은, 병합 이후 일본의 조선지배정책이 일본 국가적 차원에서 일관된 청사진을 갖고 추진된 것이 아니라 주로 조선총독부 특히 조선총독의 조선지배에 대한 정치적 관점과 입장에 의거하여 추진되었기 때문이다. 물론 조선총독의 조선지배정책이 일본 본국의 정치적 상황과 무관한 것은 아니었지만, 식민지시기 동안 관철된 조선총독의 본국의 정치적 변화로부터 상대적으로 자율적일 수 있었던 조선지배의 전권이 교육면에서도 특징적으로 나타나기 때문이다.

그러므로 일본인이 주체가 된 경성제대라고 하는 조선총독부의 사회과학에 대항하여,[4] 1930년 전후 '조선학계'가 형성되면서 식민지 민족의식의 대항적인 관점에서 조선과 조선인이 주체가 되어 근대적인 과학적 조선 연구를 지향하는 통칭 '조선학(朝鮮學)' 연구가 활발해지면서 한국인이 주체가 된 한국 사회과학의 중요한 한 흐름이 형성되어갔다. '조선학'이라는 말은, 일본이 중국을 상대적인 관점에서 연구하기 시작한 '지나학(支羅學)'의 용례를 모방해서 최남선이 처음으로 사용한 것이었다. 그러나 1930년대 전반 민족운동 차원에서 전개된 조선에 대한 연구를 안재홍이 조선학이라고 적극 주창한 이래 일반화되어 사용되었다 (한영우, 1987: 262-265). 이런 의미에서 조선학이라는 말은, 일본과의

---

4) 경성제대에 대해서는 정규영(1998), 정선이(2002), 정준영(2009), 정근식 외(2011), 이충우·최종고(2013), 酒井哲哉·松田利彦 編(2014) 등 연구가 활발히 진행되고 있으나 조선총독부 직할 관학의 식민정책학적 사회과학 연구라는 관점에서 고찰되지는 않고 있다.

상대적인 관점에서 조선과 조선인에 대한 주체적인 인식을 공고히 하면서 근대적인 조선사회의 상을 구축하고자 한 조선연구를 총칭하는 개념이었다고 할 수 있다.[5] 이 글에서는 조선학이라는 말을 그러한 의미로 사용한다. 그러한 조선학 연구의 흐름 속에 고등교육의 지적 훈련을 통해서 습득한 실증적·과학적인 방법으로 조선사회를 탐구하는 사회과학적인 연구도 전개되었다. 이러한 점에서 이 글은 식민지시기 일본 관학의 맥락에서 조선총독부가 경성제대를 통해서 본격적으로 추진한 조선연구와 그와 대항적인 관점에서 조선 지식인들이 과학적 조선연구를 지향했던 조선학을 중심으로 근현대 한국 사회과학사의 한 맥락을 고찰하고자 한다. 이는 근현대 한국 사회과학 연구의 지적 계보를 고찰하는 시론적인 의미를 갖는다. 또한 근대의 대학을 중심으로 한 고등교육체계가 한국 사회에서 구축되는 초기적인 형태와 그와 함께 발아하기 시작한 한국 사회과학 연구의 초기적 성격 및 식민지적 특성을 고찰하는 의미도 있다고 생각된다.

2. 일제하 사회과학의 조건
: 일시동인(一視同仁)의 동화주의(同化主義)와 '조선인'

일본은 메이지유신 이래 근대적 국가 시스템을 구축하고 최초로 식민지 대만을 할양받을 당시 식민지배에 대한 준비가 되어 있지 않았다.

---

5) 종래 '조선학'에 대한 관심은 한국사학자들의 항일민족운동 연구에서 비롯되어 이른바 '조선학운동'으로 이해되었다. 이후 근대적인 한국 학문의 정체성과 그 기원에 대한 관심이 제고되면서 '조선학'에 대한 연구 관심이 다양해지며 일제하 '조선학'에 대한 용례와 개념도 연구자에 따라 다양하게 사용되고 있다(이지원, 2008). 그러나 아직 조선학을 사회과학적인 관점에서 제고하는 시도는 없었다.

그렇지만 동진(東進)해 자본주의적 세계화를 전개하고 있는 서양 열강과의 대결적 관점에 선 군사적 고려에서 재래의 점령지 오키나와(沖繩)와 홋카이도(北海道)를 메이지국가화 했던 것과 같은 의미에서 대만을 식민지화했다(小熊英二, 1998: 71-87).

이에 반해서, 한국의 병합은 분명한 목적과 오랜 준비기간을 거쳐서 이루어졌다. 다시 말해서 한국을 병합한 일본은 분명한 식민지배 방침을 갖고 있었다고 할 수 있다. 한반도는 이른바 '이익선'론을 국책으로 결의한 후 청일전쟁의 승리를 통해서 정치적 발언력이 높아진 육군 군부의 북진대륙정책(北進大陸政策)의 초석이었다(전상숙, 2012: 28-38). 한국의 병합은 섬나라 일본이 대륙국가가 되는 것이었다. 당시 각의결정 원안을 작성했던 외무성 정무국장 구라치(倉知鐵吉)의 말대로 굳이 새로운 '병합(倂合)'이라는 용어를 찾아내 "한국이 완전히 폐멸(廢滅)하여 제국(帝國) 영토의 일부가 된다는 의미를 분명히" 하고자 한 바였다(倉知鐵吉, 1939: 11-12). 1909년 7월 내각의 각의 결정과 천황의 재가를 받은 '조선병합에 관한 건'에서 명시된 바와 같이(外務省 編, 1965: 340), 한국의 병합은 일본국가화라는 분명한 목적 아래 이루어졌다. 그리하여 '한국의 국호를 개정해 조선이라고 부르는 건'에서 '조선인'은 '제국 신민'의 일부로 추가된 것이었다.

그러므로 일본의 '조선'에 대한 통치책은 분명했다. 근원적으로 섬나라 일본의 대륙국가화를 위한 한국의 일본국가화, '조선인'의 일본국민화였다. 관건은 어떻게 조선인을 일본국민화 하여 궁극적으로 조선을 일본국가화 할 것인가 하는 점이었다. 이 문제가 "제국의 국방상 조선을 병합하지 않으면 제국 백년의 장기계획을 세울 수 없"었던(靑柳綱太郎, 1928: 63) 일본의 당면한 최대 과제였다. 그러므로 그 통치책이 서양 제국주의의 식민지는 물론이고 대만과도 같을 수 없었다. 그러한 일본의 한국 통치책을 대변하는 것이 일시동인(一視同人)의 동화주의(同化主義) 식민지배정책이었다. 그 구체적인 지배방식은 총독마다 차이가 있었지만 기본 방침이 달라지지는 않았다.

그 첫 단추를 끼우고 조선총독정치의 기본 틀을 구축한 것은 병합 당시 정치적 영향력이 최고조에 달했던 조슈벌 육군 군부였다. 그러나 대륙국가 일본을 구축하기 위한 교두보로서의 조선지배의 공고화와 그것을 위한 조선총독정치의 기본 틀은 한국 식민지시기 내내 일관된 것이었다(전상숙, 2012: 43-57). 그러한 일본의 조선지배를 대변하는 일시동인주의에 입각한 동화주의는 병합의 목적인 한국의 일본국가화를 집약한 정치적 슬로건이자 조선지배의 정책적 목적을 상징하는 것이었다.

'일시동인'은 천황의 '총독부관제개혁조서'에 기초하여 "문화적 제도의 혁신을 통해서 한국인을 가르치고 이끌어 그 행복과 이익을 증진하고, 장래 문화의 발달과 민력(民力)의 충실에 따라 궁극적으로 정치상·사회상의 대우도 내지인과 동일하게 하는 것을 목적"으로 한다는 것이었다(『조선총독부관보』, 1919.9.4). 또한 "양국 상합일체(相合一體)"를 강조하고, "우리가 동포"라며 "土人과 本國人을 구별하지 않는 것"으로써, 조선인을 대하는 기본 입장이라는 것이었다(旭邦生, 1913). 이것이 "일찍부터 同化方針의 一視同仁의 大義에 準則하여 偏私없기를 기한"다는 조선총독부의 공적인 기본 입장이었다(『조선총독부관보』, 1917.7.10).

이러한 일시동인주의에 입각한 조선인관(觀)은, 한국병합에 관한 조약 발포와 함께 조선총독이 공포한 유고(諭告)를 통해서 조선지배의 목적이 '동화(同化)'에 있다고 천명한(『조선총독부관보』, 1910.8.29) 지배정책의 기본 관점이었다. 여기서 동화란,

"국민적 정신을 부여하는 것이었다. 日本 國民이라는 自覺을 갖게 하는 것이다. 이것은 朝鮮人을 바로 內地人으로 도야하는 것과 다르다. 다시 말해서 조선인을 日本 帝國 國民으로서 그 영예를 받고 행복하게 히기 위하여 國民으로서의 本分을 다하는 인물로 만드는 것이다."(關屋貞三郞, 1919).

조선총독부는 그러한 "조선동화의 방침은 병합 당초부터 불변의 방침으로서 제반 시설이 이 방침에 입각하여 행해졌다"(강덕상 편, 1967: 495)고 역설했다. 일시동인주의에 입각한 동화주의 시정은, 병합 이후 일련의 제도적 개혁을 통해서 조선을 일본의 통일된 조직체계 속에 편입시켜 일본 국가와 일체화시키고, 더 나아가 조선인을 일본국민화 하여 한반도를 교두보로 한 대륙국가 일본의 성장에 박차를 가하겠다는 것이었다.

그러한 지배방침이 실제 정책의 수준에서 구체적인 형태로 확립된 것이 '조선교육령'이었다. 주지하듯이, 일본은 메이지유신 이후 국가적 차원에서 이른바 국학(國學)과 근대적인 교육체계를 재정립했다. 그러한 교육체계를 통해서 근대적 국가체제를 완비하는 '혁명적' 근대화를 완성해갔다. 문명사적으로 특수하다고 평가되는 메이지 20년대 전후에 형성된 이러한 특성은, 독일학(獨逸學) 계열의 관료들이 헤게모니를 확보하고 독일식 법정(法政) 이념을 제도화하며 근대 일본 국민국가체제를 확립한 것이었다(山室信一, 1984: 250-280). 그것은 지극히 현실적으로 독일의 국가학을 선택적으로 수용한 것이었다. 국가유기체설에 입각하여 메이지국가의 정치 목적인 근대 천황제 절대주의체제를 구축하고, 그것을 사상적·학술적으로 뒷받침하기 위하여 일본식으로 재편된 일본의 국가학(國家學)을 정점으로 한 국책적(國策的) 관학(官學)체계를 수립하여, 천황주권으로 상징화된 국가의 절대적인 권한을 인정하

게 하는 근대적인 '국민' 교육을 실시해 근대국민국가체제를 구축한 것
이었다(전상숙, 2013a: 133-134).

그러한 천황제 국가체제 구축을 통한 일본의 근대화 곧 국민국가체
제 건설의 경험은, 그 성장을 담보하기 위해서 병합한 조선지배정책에
도 재현되었다. 그것이 조선교육령이었다. 일본은 조선통감부시기부터
조선의 교육제도 개혁을 통해서 일본 천황중심의 교육이념을 편의적으
로 적용하며 조선인의 일본국민화를 준비해갔다(정준영, 2006: 215-222).
조선통감부의 교육은 근대적인 국가의 권한을 인정하게 하는 '국민' 교
육 체제를 구축하는 전초전이었다. 병합 이후 일본은 이른바 교육칙어
(敎育勅語)의 정신에 입각한다고 하는 칙령(勅令) 제229호 조선교육령
을 발포해(『조선총독부관보』, 1911.9.1) 조선인의 일본국민화를 공포했
다(『조선총독부관보』, 1911.9.2).

조선교육령이 의거했다는 교육칙어의 정신이란, 메이지천황이 교육
칙어의 마지막 부분에서 "咸히 其德을 一케 하리를 庶幾할진뎌"라 하여
"民族, 宗敎를 不問하고 國民 一般에게 그 덕을 하나로 하여 同一 國民
性을 가지는 것을 원하시는 것을 짐작할 수 있는 것"이라는 내용이었
다. 천황의 절대적인 권위를 빌어 조선인과 일본인이 고대로부터 혼혈,
문화와 풍속이 유사하므로 조선인에게도 일본국민과 동일한 국민성을
갖도록 교육하겠다는 것이었다(渡部學·阿部洋 編, 1991). 이러한 일시
동인의 동화주의가 조선총독의 유고로 재창되어 조선지배의 기본 방침
이 된 것이다.

그런데 조선교육령은 물론이고 총독의 유고에서도, 조선의 시세(時
勢)와 민도(民度)가 아직 일본과 차이가 많이 난다는 점이 역설되었다
(전상숙, 2012: 97-114). 때문에, 일시동인의 동화주의에 입각해서 조선
인을 일본국민과 같이 대우하기 위한 '국민화'를 시행하지만 곧바로 일

본과 동일한 수준의 교육을 시행할 수는 없다고 강조되었다. 일본과 큰 차이가 있는 이른바 조선의 '시세와 민도' 때문에 조선인 교육을 일본인 교육과 차이를 두어 별도로 실시할 수밖에 없다는 것이었다. 그러한 시세와 민도는, 병합으로 일본 국민이 되었다고 선언한 조선인에 대한 일본인과의 차이를 분명히 하고, 차별하겠다는 수사였다. 그와 같은 '시세와 민도에 적합한' 차별은, 조선교육령은 물론이고 당시 긴요했던 부원개발(富源開發) 등 조선총독부 정책 일반에 적용되는 것이었다. 시세와 민도를 활용한 조선총독부 시정방침의 실상은, 문명화나 근대적인 것들을 기능하게 하는 교육을 통한 조선인의 계층이동이나 시민의식의 성장 등을 제한하고 억제하려는 것이었다(駒込武, 1996: 123). 조선총독이 역설한 "一身一家의 福利를 향수하고 인문의 발달에 공헌하여 帝國臣民다운 結實을 거"두는 것과는 반대되는 것이었다(전상숙, 2012: 99).

이것이 일본 천황의 교육칙어에 입각한 일시동인의 동화주의의 실상이었다. 일시동인의 동화주의는 조선총독부가 교육칙어의 정신에 입각하여 "동일한 국민성"을 함양하기 위해 조선인 교육을 실시하는 동인이었다. 또한 "日鮮人이 同族이라는 사실을 분명"하게 하여 "조선통치의 同化方針을 원만하고 신속하게 수행 성취"하기 위하여 『朝鮮半島史』 편찬사업을 추진하는(이성시, 1999: 246) 동인이기도 했다. 그런데 그 조선인 교육의 핵심은 시세와 민도를 이유로 일본의 일부가 된 지역 '조선'과 지역민 '조선인'을 차별하면서 일본인과 같은 국민성의 함양을 강제하며 신민(臣民)으로 만드는 조선인의 사상 개조에 있었다.

그러한 조선인의 일본국민화 사상개조 교육 방침인 일시동인의 동화주의는, 다이쇼(大正) 데모크라시기 하라(原) 정당 내각이 출범하고, 제1차 세계대전으로 조성된 '개조'의 사조 속에서 3·1운동이 발발해 지배정책이 바뀌었어도 조선경영의 기본 방침으로써 견지되었다. 본질을

표방하는 정책적 상징과 현실적인 정책의 실현 방식만 바뀌었을 뿐이
었다. 일본 정계와 육군 군벌의 주도세력이 바뀌고 이익선이 변경, 확
장되어도 한국병합의 근본 목적이 변하는 것은 아니었기 때문이다.

3·1운동 이후 부임한 사이토(齋藤實) 총독은 "一視同仁의 內地延長
主義 아래 정책의 주력을 內鮮人同化에 두고 있다"고(靑柳南冥, 1928:
128) 밝히고 조선교육령의 개정도 일시동인에 입각하여 실행한다고 했
다. 그리고 후임 우가키 총독은 내선융화를(宇垣一成, 1968: 801) 표방
하며 조선인과 일본인의 "사상의 융합"을 주창해 한걸음 더 나아갔다.
내선융화는, 중일전쟁 발발 이후 '병참기지정책'을 천명한 미나미(南次
郎) 총독에 의해서 내선일체(內鮮一體)로 더욱 강력히 제창되었다. 그
리하여 전시총동원을 위한 황민화(皇民化) 이데올로기로써(鈴木武雄,
1939: 29-42; 전상숙, 2004: 637-650) 일본국민으로서의 조선인의 동원을
촉구했다.

이와 같이, 총독부의 일시동인의 동화주의 조선지배 방침은 시세와
민도를 명분으로 조선인을 차별하며 일본국민으로서의 의무만 강제하
는 것이었다. 본질적으로 차별적인 일제의 식민지배정책은, 일본 제국
헌법의 법역(法域) 밖의 외지(外地) 조선이라는 근원적인 조건이 바뀌
어 조선인에게 일본국 헌법에 의거한 일본 국민으로서의 권리가 주어
지지 않는 한 바뀔 수 없는 것이었다. 이러한 차별을 정당화하면서 조
선인에게 일본 '국민'으로서의 의식과 의무를 강제하기 위하여 효율적
으로 활용된 것이 조선교육령에 입각한 교육 특히 조선총독부 관립 고
등교육이었다.

3. 조선총독부의 일본국민화 프로젝트,
관학(官學) 경성제대의 조선학

메이지유신 이후 일본 국가의 '혁명적' 근대화 과정은 사상사적으로
는 다음과 같이 논의된다. 존황양이운동으로 메이지유신을 이끌어낸
하급무사 출신 관료들이 메이지 정권을 통해서 근대 일본의 강력한 천
황제 국가체제를 정립하며, 메이지 20년대 전후의 국수주의(國粹主義)
를 경유하여 메이지 말 '국민도덕론(國民道德論)적 사상사'에 이르는 '특
수성'을 형성해간 것이었다(石田雄, 1976: 2).

그러한 일본 근대의 특성은, 1890년 일본 육군을 창설한 초대 수상
야마가타(山縣有朋)가 일본의 외교와 군사 문제에 대한 의견서를 발표
해 국책으로 결의시킨 '이익선'론(大山梓 編, 1966: 196-201), 그리고 같
은 해 메이지천황 명으로 공포되어 일본인들의 수신(修身)과 도덕교육
의 기본 규범이 된 '교육칙어'를 쌍두마차로, 근대적인 국내 정치체제를
구축하고 국가이익과 국력(國力)의 관점에서 적극적으로 대외적인 발
전을 꾀하기 시작한 1890년대를 통해서 제도적으로 공고화되었다. 제
도적으로 구축된 일본적 근대의 특수한 성격은, 한국과 관련해서 보면,
국가적 존립에 가장 중요한 국방 외교의 준거가 된 이익선론은 한국병
합으로 구현되었다. 근대국가체제 정립에 걸맞는 '국민정신'을 공고히
하기 위한 교육칙어는 조선인의 일본국민화를 위한 준거가 되어 조선
교육령의 기본 정신이 되었다.

일본에서 이익선론과 교육칙어는 일본 근대 국가 체제의 정립과 성
장, 그리고 그것을 위한 '국민정신'의 함양이라는 국가적 차원에서 일체
화되는 것이었다. 그럼에도 불구하고 그 성장의 방식과 방향을 놓고 일
본인들의 민권의식이 성장하며 '다이쇼데모크라시'로 상징되는 바와 같

은 사회적 변화와 갈등이 야기되었다. 그런데 일본은, 조선에서도 이익선론의 관점에서 조선지배의 안정성을 최우선으로 하면서, 교육칙어에 의거한 '근대 일본국민정신의 함양'을 조선교육령을 통해서 위로부터의 제도적 개혁을 강행했다. 그것을 대변한 것이 일시동인의 동화주의였고, 그 실상이 '시세와 민도에 따른 시책'이었다.

실질적인 제국주의 일본의 식민지 조선에서 일본 국가의 근대적 성장을 담보할 일본국민정신의 함양은 본국과 같은 차원에서 실재화될 수 없는 것이었다. 그럼에도 일본은 '평화'를 논하며 한국병합이 상생하기 위한 일본국가화에 있다고 정당화했다. 역설적인 정치적 논리를 정당화시키면서 병합의 궁극적인 목적을 실현하기 위해서는 조선인들의 의식을 '근대(문명)'라는 미명으로 '국민의식(일본국민의식)'으로 바꾸는 것이 가장 중요했다. 그러한 일본의 한국병합에 대한 역설적인 정치적 논리가 정책적으로 구현된 것이 조선교육령이었다. 3차례에 걸쳐 개정되면서도 그 핵심인 "충량(忠良)한 국민(國民)"을 만드는 국민적 사상개조라고 하는 조선교육령의 목적은 내선일체(1938년 세칭 3차 개정), 황국신민화(1943년 세칭 4차 개정)로 더욱 강화되었다.

그러한 조선인 교육은, 메이지천황제의 국가체제 구축 경험을 조선인 지배에 투사한 것이었다. 일본의 국가학적 관점에서 관학체계를 구축하며 '시세와 민도'를 명분으로 본국과 식민지역 간의 차이를 차별적으로 제도화하여 예속적인 일본국민화를 강제하는 것이었다. 그 정점에 일본에서와 같이 제국대학이 있었다.

3·1운동 이후 조선과 일본에서의 정치사회적 변화를 배경으로 식민지시기 동안 공식적으로 유일한 대학이었던 경성제국대학이 설립되었다. 메이지정부가 새로운 시대적 변화에 대응하기 위한 국가적 급무로써 소학교와 실업교육의 충실과 함께 주력했던 실용적이고 현실적인

국가적 목적에 충실을 기하기 위해서 만든 국가주의적 국립 제국대학[6]
의 조선판이었다. 경성제대는 1918년 대학령으로 상징되는 일본 고등
교육 확장의 연장선상에서 대학의 목적과 성격을 제국대학령 제1조의
이념 그대로 하여 제국대학의 '지방적 분산' 형태로 설립되었다(泉靖一,
1970: 152).

  일본은 1918년 대학령으로 공·사립 대학의 수립을 허용하며 고등교
육을 확장시켰다. 그러나 문부대신의 대학 일반에 대한 감독권을 통해
서 대학을 국가적 교육목적에 맞게 통제하는 권한은 견지했다(寺崎昌
男 外, 1979: 47; 이이야마 다케시, 1996: 266-267). 그 감독권을 경성제대
에서는 조선총독이 수행했다.[7] 문부성 소속의 제국대학은 '제국대학특
별회계법'이라는 별도의 회계로 관리되어 의회의 변동과 무관하게 안정
적으로 특혜적 지원을 받아 제국대학령의 목적을 수행하도록 제도화되
었다. 그러나 경성제대는 조선총독부의 교육재정으로 운영되는 조선총
독부 기관이었다. 조선총독부는 본국의 반대에 맞서 조선에 제국대학
의 설치를 관철시켰다. 그리고 제국대학의 위상에 맞게 경성제대를 재
정적으로 지원해 개설함으로써 식민교육기관 중에서도 압도적인 위상
을 차지할 수 있게 했다(정준영, 2009: 132-141). 이 점이 재정적 독립성
이 결여된 경성제대가 다른 제국대학보다 훨씬 더 강력하게 조선총독
부의 지배 아래 놓이게 했다. 이러한 점에서 경성제대는, 본국의 제국
대학이 국립대학이었던데 비해서, 지역 조선의 통치행정기관인 조선총

---

[6] 1886년 공포된 제국대학령의 제1조는 대학의 목적이 "국가의 수요(須要)에 응하는
  학술 기예"를 교수하고 공구하는 데 있다고 명시해(「帝國大學令」,『新敎育學大事典 7』,
  p. 89) 국가적 목적을 위한 대학과 학문연구를 강조하였다(이이야마 다케시. 1996).
[7] 1922년 개정 조선교육령 제12조 "전문교육은 전문학교령에, 대학교육 및 그 예비교
  육은 대학령에 의하며 단 이러한 칙령 중 문부대신의 직무는 조선총독이 이를 수행
  한다".

독부의 관립(官立) 제국대학이었다. 이러한 면에서 경성제대가 제국대
학의 조선판 또는 지방적 분산형태였다고 하겠다.

경성제대의 설치는, 기본적으로, 조선총독부가 교육을 통해서 조선
인의 사상을 일본국민으로 개조하기 위한 것이었다. 병합 이래 10여 년
에 걸쳐서 무단통치를 실시했음에도 불구하고 거족적으로 3·1민족운
동이 발발하자 당황한 조선총독부는 변함없는 조선인의 독립사상을 무
력으로 탄압할 것이 아니라 조선인들이 원하는 교육을 통해서 회유하
고자 했다. 특히 삼일운동 이후 러시아혁명의 영향 속에서 세계사조로
전파되던 공산주의가 조선에서도 전사회적으로 확산되며 1925년 전위
당을 결성하는 조직적인 결실까지 이루자 칙령으로 치안유지법을 실시
하며 행정적으로 사상탄압을 본격화하는 조치도 함께 이루어졌다.[8] 조
선인이 일본 제국의 신민임을 자각하여 정치적 망동을 하지 않도록 하
기 위한 조치가 교육과 행정 양 측면에서 동시에 행해진 것이다.

식민지배의 정책적 판단 위에서 이루어진 시정과 교육 양 측면의 조
치는, 조선인에게 일본 천황(國體)을 정점으로 한 국가관을 받아들이게
하기 위한 채찍과 당근이었다. 경성제대의 설치라는 당근은, 조선인의
고등교육에 대한 욕구를 수용하는 형식을 취하면서 일본국민화를 위한
사상개조를 학문적 권위를 빌어 이루려는 것이었다. 조선인을 일본국
민화하기 위한 지배이념을 학술적 권위 속에서 조직적, 체계적으로 정
립하는 정책과학체제를 확립하고자 한 것이었다(弓削幸太, 1923: 234-244).
본국에서는 대학령이 시행되어 대학들이 수립되었지만 여전히 제국대
학만이 국가가 필요로 하는 고상한 학술연구를 한다는 사회적인 통념

---

8) 1925년 4월 21일, 법률 제46호로 일본에서 공포된 치안유지법은 5월 12일부터 제175
호 칙령으로 식민지 조선에서도 실시되었다("치안유지법 조선에도 시행!", 『東亞日
報』, 1925. 5. 9). 치안유지법에 대해서는 전상숙, 2004: 68-79 참조.

은 변하지 않았다. 조선총독부는 그러한 제국대학의 절대적인 권위를 식민지 교육제도에도 이식시켜서 고등교육체제를 수립하고, 그것을 통해서 교육과 지식의 헤게모니를 장악하여 일본국민정신을 고취하는데 활용하고자 한 것이다(이수일, 2013: 11-38).

그리하여 경성제대는 일본에서의 도쿄제대와 같은 방식으로 수립되어 같은 기능을 부여받게 되었다. 그것은, 도쿄제국대학의 설립을 축으로 근대 일본의 정통적인 학문이 시작되어 도쿄제대가 국가의 적극적인 보호를 받아 기타 모든 교육기관과는 현격하게 다른 지위와 자격을 가지고 국가 주도의 '관학' '아카데미즘'을 형성하며(가노마사나오, 2008: 15-25) 정책적으로 활용된 것과 같은 것이었다. 조선총독부는, 경성제대의 설립을 축으로 조선에서도 근대적인 일본 정통 학문의 맥을 이으면서도 조선총독부가 주도하는 식민정책적 '관학' 아카데미즘을 형성해 조선인의 일본국민화를 촉구하고자 하였다.

1926년 경성제대의 설치는, 일본의 이른바 '관학아카데미즘'이 국사학과와 국사편수사업기구의 설치와 함께 시작된 것과 마찬가지로, 1925년 조선총독부 부설 조선사편수회의 설치와 함께 이루어지며 조선총독부의 관학아카데미즘을 구축했다. 그리고 1922년 조선교육령을 개정해서 5분야에 조선총독부의 관립전문학교(경성법학전문학교, 경성의학전문학교, 경성고등공업학교, 수원고등농림학교, 경성고등상업학교) 체제를 구축하였다(『조선총독부관보』, 1922.4.1). 이로써 처음으로 일본의 전문학교령이 형식적으로나마 적용되는 일본과 같은 학제로 연결된 조선고등교육체계를 완결하였다.

그러한 경성제대는 법문학부와 의학부 2개 학부의 소규모로 출범했다. 조선총독부는 그 이유를 "조선민중이 법률·정치 등 정치방면에 절대적인 뜻을 가지지 않고, 이농공(理農工) 등 자연과학방면에 극히 열의가 없"다고 역설적으로 평가했다. 경성제대를 설치하지 않을 수 없었던 조선인들의 독립욕, 곧 정치적 독립의지를 그야말로 정치적으로 평가한 것이다. 그러면서 제국대학을 설치하면서 법문학부조차 설치하지 않으면, 삼일운동 이후 정치적 관심이 고조된 조선인들이 대학을 개설한 의의를 갖지 못하게 될 것이므로 법문학부는 개설한 것이었다(大野謙一, 1936: 143). 그러면서도 조선인의 독립심과 자립능력을 실질적으로 배양시킬 수 있는 정치나 경제, 이공 분야는 개설하지 않은 것이었다(정재철, 1985: 395). 문학과 · 철학과 · 사학과 · 법학과로 구성된 법문학부도 조선지배와 관련된 분과 강좌만 개설했다. 그 결과 경성제대는 제국대학의 외관만 확보되었을 뿐 사실상 특수 지역학과와도 같았다.[9] 그와 같이 기초학문 분과와 강좌가 부재한 경성제대는 사실상 조선총독부의 시정을 보필하기 위한 정책대학의 성격을 갖는 것이었다.

그러한 경성제대의 성격은 1926년 초대 총장 핫도리 우노키치(服部宇之吉)의 시업식 훈시에서 분명하게 표출되었다. "국가의 기초를 동요시키고 국가의 존립을 위태롭게 하는 연구는 허용할 수 없다"고 선언되었다(服部宇之吉, 1926). 이러한 경성제대의 수립은, 일본의 '아카데미즘에 의해서 국가가 학문으로 무장한다는 체제'가 조선으로 연장되었음을 의미하는 것이었다. 구체적으로는 '국사학(일본사)'과 '국어국문학(일본어일본문학)'으로 대표되는 일본 국가학이 조선으로 확장된 것이었다. 그러한 특성은 "조선 아니면 연구할 수 없는 것을 연구"한다는 아리요시(有吉忠一) 조선총독부 정무총감의 말로 확인되었다(『경성일보』, 1924.5.14). 그 특성은 대학에서는 조선을 연구하는 '조선학' 강좌의 개설로 특화되었다.

9) 경성제대 학부의 강좌에 대해서는 정근식 외, 2011: 제2부 교수와 강좌제 참조.

경성제대에서 조선학 강좌를 담당한 교수들은 대부분 조선의 실정을 잘 아는 조선총독부 관료 출신들이었다. 조선어학조선문학(조선문학) 강좌와 조선사학 제2강좌를 담당한 다카하시 도오루(高橋亨)와 오다 쇼고(小田省吾) 등이 대표적이었다(정준영, 2009). 이들은 조선사편수회에 참여하면서 식민사학적인 연구를 산출해냈다(김종준, 2012: 304). 또한 경성제대를 통해서 일본의 국문학사가 최초로 본국 이외의 지역(外地)에 설치되었다. 일본어와 문학이 '국문학'이라는 이름으로 조선에서 성립된 것이다. 이러한 국문학과 조선학의 설치가 의미하는 바는 분명한 것이었다. 이제 조선은 일본 국가의 일부이고 일본 지역의 한 부분이라는 것이었다. 처음에 국문학 강좌는 다카기 이치토스케의 한 강좌로 시작했다. 그러나 국가의 불미(不美)한 것은 말하지도 연구하지도 않는다는 일본 근대역사학(국사학)(나가하라 게이지, 2011: 55) 강좌와 함께 '국민의식과 국민확장'을 대표하는 일본 '국가학'답게 강좌의 규모가 확대되어갔다(박광현, 2004: 239-240).

이와 함께, 외국문학의 일환으로 중국을 상대화하여 전통적인 중화사상을 탈각시키고 일본의 우월적 관점에서 중국을 연구하는 이른바 '지나(支那)강좌'가 개설되었다. 이는 한국을 병합한 해에 도쿄제대에 동양사학과를 설치해 '동양'이라는 지정학적인 공간 속에서 조선을 인식하게 한 정책학적 구상의 일환이었다. 이와 같은 경성제대의 조선학은 조선총독부가 일본대륙정책의 정책학적 차원에서 조선을 위치지어 조선지배를 위한 사회과학적인 인식의 기본 틀을 구축하는 것이었다. 이러한 의미에서 조선총독부의 조선학은 일제시기 관립고등교육기관을 통해서 본격적으로 전개되기 시작한 한국 초기 사회과학 연구의 중요한 내용을 이룬다.

한편, '정치학' 관련 강좌도 동경제대 출신 교수들에 의해서 개설되었

다. 정치학 정치사 제1강좌 도자와(戶澤鐵彦), 정치학 정치사 제2강좌
마츠모토(松本馨), 정치학 정치사 강좌 후지모토(藤本直), 외교사 강좌
오쿠다이라(奧平武彦) 등이었다(京城帝國大學 編, 1943; 기유정, 2013).
이들은 동경제대 최초의 정치학 교수 오노(小野塚喜平次)의 제자이자
전후 일본 정치학사에서 중요한 의미를 갖는 전전 최초의 전문적 정치
학 연구단체인 정치학연구회의 회원들이었다. 정책학의 기초 개설과목
으로 최소한도로 설치된 정치학강좌도 조선학강좌와 같이 조선에서만
연구할 수 있는 '지역색'으로부터 자유롭지 못했다. 그러나 한편으로는
이른바 '정치개념논쟁'을 이끈 도자와와 같이 조선에서 국가주의적 정
치학을 상대적인 관점에서 조명하는 연구가 일부분이나마 행해지기도
했다(大塚柱, 2001: 1-4). 도자와의 연구는 일본의 국가주의적 사회과학,
정책학을 제고하는 비판적인 의미가 있는 것이었다. 그렇지만 조선의
조선인에게 조선총독부 관립학교의 정책학적 한계를 넘는 의미를 갖는
것은 아니었다.

　이러한 법문학부 강좌의 주요 내용은, 경성제대 설립시부터 동양·
조선문화연구소가 중시되며 일본 제국주의 북진론의 지정학적 논의가
반영된 것과 상통하는 것이었다(酒井哲哉, 2014: 7). 이와 관련해서 일
본의 학술체계가 일본인의 공간적 진출과 긴밀한 연관성을 가지고 구
성되었고, 특히 아시아에 대한 지식이 1871년 병부성 설치 이래 군부가
담당했다는 점이 중요하다(야마무로 신이치, 2005: 68-70). 일본 식민지
배의 기본 틀을 마련했다고 할 수 있는 대만총독부 민정장관 고토 신페
이의 '문장적 무비(文裝的 武備)' 경영방침을 기점으로 청일전쟁 이후
일본 제국주의의 전개와 맞물리는 식민정책학적인 학술체계가 구숙되
어갔기 때문이다. 그것은, 1907년 만철조사부의 설립, 1908년 도쿄 동아
경제조사국 설치, 만철 도쿄지사의 만선역사지리조사부 설치에 이은

1910년 도쿄제대의 동양사학과와 식민정책학 설치 및 1914년의 조선사 강좌 개설로 이어지는 지정학적인 '동양'연구가 일본 제국주의의 확장과 맞물리며 전개되었다. 이러한 과정은 병부성의 참모본부 선도로 형성되기 시작한 '조선연구'가 경성제대의 중요한 학술적 대상이 되어 중국 대륙 만주와 관련해서 조선을 파악하는 이른바 '선만(鮮滿)연구'라는 장르로 변용되었다. 그리고 조선사편수회 위원과 경성제대 교수들이 중심이 되어 조선과 만주를 중심으로 하는 이른바 '극동(極東)문화'의 연구와 보급을 목적으로 한 청구학회가 1932년에 수립되었다. 만주사변 전후 강조되기 시작한 이른바 '선만사'체계가 한국을 병합한 소위 '이익선'의 외연 확장과 함께 본격적으로 강조되기 시작한 것이었다. 그리고 그것은 마찬가지로 이익선의 외연이 대륙진출과 함께 더욱 확대되면서 만주와 몽고의 일체성을 중시하는 이른바 '만몽(滿蒙)연구'로 확대, 변용되었다. 경성제대는 그와 같이 일본 국가의 성장을 위한 현실적인 필요에 입각한 '동양학'의 일부로써 조선을 연구하는 조선학연구 전문기관으로 설립된 것이었다(정선이, 2002; 박광현, 2002; 정종현, 2010).

그러므로 경성제대의 학술적 기능은 일본의 국가정책을 선도하는 관학의 맥락에서 지역 조선의 기능과 역할을 설정하고 그것을 조선인들에게 국민정신의 일환으로써 받아들이도록 하는 정책과학의 확립에 있었다. 조선인들에게 일본의 국민정신을 받아들이게 하기 위한 정책과학, 이것이 식민지시기 조선총독부의 관립 제국대학 경성제대의 정책적 학술(과학)의 핵심이었다고 할 수 있다. 또한 그것이 병합 이후 조선총독부가 근대적으로 교육제도를 개혁한다고 하면서 본격적으로 발아되기 시작한 한국사회에서의 초기 사회과학의 주류이자 핵심 내용이었다. 그것은, 병합 이전 한국의 주권을 보전하기 위하여 한국인들이 근대적인 정치체제로의 개혁을 추구하며 본격적으로 고찰하기 시작했던 서양 근대 사회과학 수용의 흐름을, 일본 국가학으로 재편된 역사학파의 실증주의적 연구방법론을 통해서 '과학'이라고 명명된 것이었다. 독일 역사학파의 실증주의를 채용한 일본 국가학의 '국사(일본사)'를 중심으로 동양학이라는 학술체계를 창출하고 거기에 조선사를 편입시켜서 만선사의 범주로 확장하며 '실증적' 학문연구를 표방하며 과학적 연구로 구현된 것이었다. 그러한 식민주의 정책학적인 관립고등교육기관의 조선연구(총칭 조선학)가 곧 당시 조선의 사회과학이었다고 할 수 있다. 그러한 이른바 '근대'적, '과학'적 조선사의 상(象)은 시카다(四方博)를 비롯한 조선학 연구와 시가카와 오오우치(大內武次)와 같은 일본 관학의 사회정책학파의 사회경제학의 영향 속에서 구축되었다. 그러한 조선학은 만주사변 이후 만선사 · 만몽사로 외연이 확장되며 일본과 조선의 수직적 분업체제 속에 조선의 경제를 일본 경제에 종속시키는 일본 경제 블록화론으로 전개되어 조선이 일본 국가의 제국주의적 팽창에 총체적으로 봉사하도록 하는 것이었다.

이와 같이 경성제대 설립 이후 본격적으로 조선총독부의 식민정책학적인 관립고등교육 체제가 작동하기 시작하면서 일본의 국책적 관점에서 조선을 연구하는 연구단체와 학회들도 조직되어 식민지시기 사회과학 연구가 확장되었다. 1927년 경성제대 법문학부에 조직된 경성제대 법학회가 대표적이었다. 경성제대법학회는 법률 · 정치 · 경제에 관한 제(諸)과학의 연구와 조선의 사회 사정 및 제도의 조사를 목적으로 조직되어 이후 법문학회로 확대 개편되었다. 이와 함께 시가타교수가 발족한 조선경제연구소도 식민정책학적 조선학 연구단체로서 기억해야 한다(京城帝國大學法學會, 1929; 京城帝國大學法學會, 1937). 조선경제 연구소는 일본 국가학을 상징하는 일본사회정책학회의 조선판으로서 본격적으로 조선총독부의 관학체계가 구축되는 산실이 되었다. 그리고 이들 연구를 총망라하는 당대 최대 규모로 1930년에 청구학회가 조직되어 조선총독부의 식민지배정책에 기여했다. 만주사변 이후에는 경성제대의 교수와 학생을 중심으로 만몽연구회가 조직되어 학술연구의 과학적 중립성을 표방하며 만주와 몽고 지역에 대한 일본 지배의 정당성을 주장했다(旗田巍, 1966: 207-208). 만몽연구회는 1938년 중일전쟁 발발 이후 중국대륙과 관련된 조사연구를 강화하기 위하여 대륙문화연구회로 개조되어 이른바 만몽사연구를 촉진했다.

4. 항일 민족의식의 반(反)관학 조선학과
조선인의 사회과학 연구

조선총독부가 구축한 직할 관립 고등교육기관은, 구한국시기까지 최고 고등교육기관이었던 국립 성균관을 비롯한 한성사범학교와 한성외국어학교 등 기존의 고등교육기관과 체계를 부정한 것이었다. 조선총독부는 한국의 전통적인 최고 학부인 성균관을 1911년 경학원규정을 제정해서 그 교육기능을 폐지하고 사회교화 기능만 담당하는 경학원으로 바꾸었다. 이로써 전통적인 한국의 고등교육체계가 사실상 말살되었다. 그리고 1918년에는 철저히 사립학교를 탄압하는 사립학교규칙을 일부 적용해서 서당규칙을 발포해 당시 조선인들 교육에 중요한 역할을 하던 서당의 설립조차 조선총독부의 행정적 감독 아래 두었다. 이와 같이 조선총독부는 조선인이 한국인으로서의 국민적 유대감을 형성할 수 있는 기초교육과 교육체계를 말살하며 조선총독부의 관치(官治) 행정 아래 두었다.

이와 같이 조선총독부는 조선인을 일본국민화하기 위하여 직할 관립

교육체제를 정책적으로 구축해갔다. 한국을 보호국화하고 실시한 학부 관제의 개정을 필두로 한 학교령과 그 시행규칙(정재철, 1985: 212)이 본 격적인 출발점이 되었다. 한국통감부의 교육개혁은 1906년 칙령 제40호 로 학부직할학교 및 공립(公立)[10] 학교관제를 실시하여, 중앙행정기관 이 통제할 수 있는 초등교육기관을 설립하는데 역점을 둔 것이었다. 이 른바 "소학교"를 "보통학교"로 개칭해 초등교육을 관할하는 관립(官立) 보통학교체계를 구축한 것이었다. 그것은, 이른바 '보통학교'를 그 상급 학교를 준비하는 기초교육을 실시하는 교육기관이 아니라 "대다수의 조선인을 보통학교 졸업으로 일단 교육을 완료"하게 하고자 한 것이었 다(幣原坦, 1919: 145). 아직 식민지가 아닌 보호국체제에서 일본은 식 민지교육과 연속적으로 접속될 수 있는 국가적 교육체제를 준비한 것 이었다. 그 속에서 일본국 천황을 중심으로 한 국가적 이념교육을 편의 적으로 적용해갔다(駒込武, 1996: 85; 정준영, 2011: 344).

병합 이후 그러한 한국통감부의 교육구상은 조선교육령으로 연계되 어 실현되었다. 조선교육령은, 통감부시기에 조선인들의 교육열을 흡 수해 체계적으로 고등교육체제를 수립해가던 사립학교들을 전문학교 관제(1916)를 시행해 조선인의 고등교육을 억제했다. 이와 동시에 다른 한편으로 조선총독부는 직할 관립 전문학교(경성전수학교·경성의학전 문학교·경성공업전문학교)를 설치해, 보통학교 이상의 조선인의 고등 교육을 직접 통제할 수 있는 관립전문학교체제를 구축했다. 대학인가 가 불허되었던 사립대학 중 처음으로 세브란스의학전문학교와 연희전 문학교가 경성제대를 제외하면 당시 최고의 고등교육기관이었던 전문

---

10) 일제는 한반도의 중앙 행정기관 격인 한국통감부와 조선총독부가 직접 관할하는 기 관을 관립(官立)이라하고, 그 산하 지방 행정기관이 관할하는 기관을 공립(公立)이 라 하여 구분하였다.

학교로 인정된 것은 조선총독부가 관립전문학교체제를 구축한 이후였다.

그런데 조선총독부가 식할하는 관립전문학교도, 처음에는, 1903년 일본에서 전문학교를 교육제도 내로 편입시키며 고등교육기관을 포괄하는 칙령으로 공포된 전문학교령의 체계에 속하는 것은 아니었다(天野郁夫, 2006: 366-367). 그러한 제도적인 문제는 경성제대가 수립되어 재조선 학생(특히 일본인)의 재일 고등교육기관 진학 문제가 대두되어서야 교정되었다. 그러나 관립학교를 통해서 통제하고자 했던 근대교육 특히 고등교육의 계몽적·해방적 특성까지 조선총독부와 일본이 완전히 통제할 수 있는 것은 아니었다. 더욱이 경성제대 초대 총장 핫토리를 비롯한 총장들은 메이지시기 정통 국가이데올로기의 맥락에서 제국대학을 규정하는 제국대학 본위의 위상과 역할을 중시했다. 때문에 조선총독부의 강력한 관권(官權)에 대항하며 자유주의적인 성향으로 유명한 교수들을 직접 뽑아 제국대학의 자율성을 확보하고자 했다. 이러한 경성제대의 노력은 제4대 총장부터 선거로 뽑게 되는 일정한 성과를 거두었다. 그리하여 철학교수 아베(安倍能成), 미야모토(宮本和吉), 심리학 교수 하야미(速水滉), 미술사학 교수 우에노(上野直昭) 등 자유주의 성향의 교수들은 처음부터 조선총독부 중심의 대학이념을 비판하며 일본의 제국대학 특유의 자치를 지향하는 문화가 활성화되는데 일조했다(정준영, 2009: 150; 정준영, 2011: 22-31).

그러므로 경성제대의 조선인 학생들은 처음부터 조선 사회를 연구하는 완전히 다른 근대 사회과학의 관점을 접하게 되었다. 조선연구를 위해서 조선에 뼈를 묻겠다고 한 시카타 식의 일본 국책적 조선연구와 미야케(三宅鹿之助)의 맑스주의적 사회과학이 대표적인 것이었다. 그 외에도 경성제대의 조선총독부의 관제(官制)에 대한 자율성 확보를 위해

서 영입된 자유주의적 교수들과 도자와 교수의 정치학 강좌 등도 관제
적 아카데미즘으로부터 상대적으로 자유로운 시각과 사고를 형성하는
데 일조했다. 또한 1920년대 조선의 사상계는 1910년대 무단통치기와는
크게 변해있었다. 3·1운동에서 이미 드러났듯이, 일본의 다이쇼데모크
라시의 영향을 필두로, 세계대전을 계기로 해서 전 세계적으로 전개된
자본주의에 대한 비판과 대안을 총칭하는 '개조(改造)'의 풍조가 본격적
으로 확산되었다. 그 속에서 공산주의가 본격적으로 수용되고 1925년
에는 조선공산당이 조직될 정도였다(전상숙, 2004: 48-79).

특히 3·1운동 이후 자유주의 열강에 대한 실망이 반영된 공산주의
의 확산은, 1920년대 후반 조선공산당의 반제민족운동의 일환으로 전개
된 독서회 등을 통해서 조선총독부의 관립고등교육기관의 조선연구에
대한 민족적인 대결적 관점에서 조선사회를 연구하는 사회과학 연구를
촉진했다. 그리하여 당시 사회과학이라는 용어가 맑스주의를 중심으로
조선사회를 연구하는 것으로 사용되기 시작했다. 언론에서 "사회과학
은 정말 조선의 총애 받는 학문이요 조선 학문중의 왕자"로 군림했다고
(『동아일보』, 1935.1.1) 할 정도였다. 세간에서는 사회주의(사회과학)를
하지 않으면 현대인이 아니라고 공공연히 언급되었다. 경성제대에서도
'상아탑의 양심'이라고 불린 미야케교수의(『조선일보』, 1932.12.15) 맑스
주의 강의를 중심으로 맑스주의 사회과학이 둥지를 틀었다.

그러한 당시의 분위기 속에서 경성제대에 진학한 조선인들은, 일본
어를 기본으로 한 일본 제국대학의 시스템 속에서, 학문과 연구의 대상
이기는 했지만 주체일 수는 없었던 조선과 조선인인 자신들이 일제의
재생산 시스템에 적극적으로 적응한다고 하더라도 선험적으로 분명한
한계가 규정되어 있다는 것을 자각하지 않을 수 없었다. 식민지 상황과
결부된 조선 지식인의 현실적인 존재론적 문제는, 경성제대라는 학문

적 공간을 기축으로, 지식과 사회실천운동의 국제적 네트워크와 접속된 이른바 '성대그룹'이 결성되는 결과를 낳았다. 당시 세칭 성대그룹이라 불린 경성세내 소선인 학생들은, 혁명사상을 통해서 실천운동의 공간을 서울-동경-북경-베를린-모스크바로 연계하였다. 그리하여 조선총독부와 일본 국가의 관립고등학교가 규정하는 경성제대의 한계인 국가주의적인 지적 종속성에서 벗어난 민족해방의 주체로서의 안목을 키웠다. 그들 중에는 1930년대 중반 이후 강화되어간 일본의 파시즘화와 장기화되고 있는 식민지배를 배경으로 주체적인 사상의 변화를 통해서 혁명적 실천으로서의 '맑스주의'를 포기하는 사람들도 생겼다. 그렇지만 성대그룹은 식민지시기 조선공산당 재건운동과 연계되어 민족해방과 사회혁명에 헌신하는 실천적 지식인으로 존속했음을 부정할 수 없다(이수일, 2013: 70-79).

그들의 반제국주의 민족해방운동론은, 식민지시기 지배정책에 봉사한 관립 고등교육기관의 조선연구인 조선학의 사회과학에 대항하여, 조선인이 주체가 되어 일본 제국주의와의 대결적인 관점에서 반(反)관학의 과학적 조선연구를 지향한 것이었다고 할 수 있다. 이러한 의미에서 성대그룹의 반제민족해방운동론은 식민지시기 한국 사회과학 연구의 중요한 한 부분이 된다. 이와 같은 조선총독부의 관제적 조선연구에 대항한 반관학의 과학적 조선연구 곧 식민지시기 한국 사회과학 연구는, 경성제대의 안과 밖에서 형성되고 있었다.

특히 경성제대 밖에서 형성되고 있던 실증적인 조선연구는, 1922년 제1차 조선교육령 개정으로 대학부를 두고 있었어도 대학으로 인가받지 못하고 전문학교로 인가된 사립학교들에서 일찍이 싹트고 있었다. 사립 전문학교들은 대학부가 인정되지 않아 전문학교로 비록 "명칭은 퇴보"했지만 조선인들의 민족적 교육열을 흡수하며 "더욱 진보"되어

(『동아일보』, 1926.1.12), 사실상 조선인을 위한 고등교육기관의 역할을
했다.

그 가운데 경성제대로 상징되는 조선총독부 관학의 조선학, 사회과
학 연구에 대항하여 반관학 조선학의 사회과학 연구의 도전장을 처음
으로 낸 것이 기독교계열의 연희전문학교였다. 대학을 지향했던 연희
전문은 『조선학보(朝鮮學報)』라는 연구집을 발행해 경성제대의 관학에
도전장을 던졌다. 조선연구의 권위자인 정인보와 최현배 교수의 독창
적인 조선 연구를 소개하며 조선학 연구에 중요한 학술적인 지침을 제
공했다.(『동광』, 1931: 68) 그 중심에는 정인보·최현배를 비롯해서, 현
재까지도 "맑스주의 입장에서 조선사회의 발전법칙을 과학적으로 규정
한 점에서 종래의 조선사에 일대 청산을 畢한 것"으로 평가되는 『조선
사회경제사』를 1933년 동경 개조사에서 출간한 백남운 교수가 있었다.
그들은 이른바 '연전 3보(寶)'라(漢陽學人, 1930) 불리며 조선학의 사회
과학 연구로서의 학술적 토대를 구축했다고 할 수 있다. 이들의 연구는
관학의 조선학이 결국 일본이 주체가 되는 사회과학, 조선인의 예속화
를 위한 사회과학이 된다는 것을 정면으로 문제제기한 것이었다. 그리
고 조선의 조선인에 의한 조선사회와 독립 국가 건설을 위한 조선연구,
사회과학 연구를 위한 기본 관점과 틀을 제시했다. 이 점에서 그들의
조선연구는 한국 사회과학사에 매우 중요한 의미를 갖는다고 하겠다.

또한 1905년에 설립된 보성전문학교에서 발전한 보성전문학교와 국
채보상운동에서 발전한 민립대학 설립운동, 그리고 1908년 기호흥학회
를 토대로 한 기호학교에서 발전한 중앙학교라는 조선인 순수 민간 사
학, 이렇게 세 흐름이 김성수를 중심으로 하나로 합쳐져 당시 "조선 제
일의 조선인 경영 전문학교"의(고려대학교, 1975: 78) 기반을 다진 보성
전문학교도 경성제대의 관학에 대항하는 학술연구의 한 축을 담당했

다. 특히 보성전문학교는 1925년 당시 유행하기 시작한 사회과학을 가르치기 위하여 부대사업으로 조선전문학원이라는 최초의 야간 전문학원을 실립해 법률과와 사회사조를 반영한 사회과, 경제학 등을 설치하고 혁신적으로 남녀공학의 사회과학 대중화를 시도했다(김균 외, 2005: 85-86). 1934년에 창간된 『보성논집』은 권두 논문은 반드시 한글로 집필하고, 한글 논문을 필수적으로 수록해야 한다는 등의 기본 원칙을 정해놓고 관학에 대항하는 민족적 교육기관으로서의 학술출판을 독려했다(우마코시 토오루, 2001: 99-114; 고려대학교, 1975: 150).

이러한 조선인에 의한 반관학적 조선학 연구가 1930년 전후로 활성화되었다. 조선의 사상문제를 심각하게 여긴 조선총독부가 1928년 치안유지법을 개정·강화해 실시하며(『사상월보』, 1934: 60-63; 『사상휘보』, 1935: 62-66) 사상통제에 박차를 가하던 상황이었으므로 매우 역설적인 현상이었다. 그러한 역설적인 상황은 경성제대의 졸업생들이 배출되기 시작했고, 유학생들이 귀국해 학계로 진출하며, 1930년대 전반부터 본격적으로 '조선학계'라고 할만한 것이 형성되기 시작했기에(방기중, 1992: 114) 가능했다. 그 결과, 1931년 민족해방운동의 총체적인 합작 조직인 신간회가 해소되어 사실상 상실된 합법적인 정치활동 공간이 학술연구라는 새로운 통로로 개척되기 시작했다고 할 수 있다.

1930년을 전후해서 도쿄상대 출신의 김광진(金洸鎭), 교토제대 출신 노동규(盧東奎)와 박극채(朴克采), 윤행중(尹行重) 등 유학 출신 전문학교 교수가 증가했다. 또한 유진오(俞鎭午), 김계숙(金桂淑), 박문규(朴文圭), 최용달(崔容達), 신남철(申南澈), 김태준(金台俊) 등 경성제대 출신들이 관학에서 반관학적인 진보적 조선사회 인식을 형성해 사회로 나와 '조선학'을 논했다. 이들은, 실증주의에 입각한 과학적 연구를 강조한 관학의 조선학 연구에 대하여, 그들이 관학을 통해서 습득한 실증

적이고 과학적인 방식으로 조선사회를 논구하며 조선인의 관점과 입장
에서 보는 조선학, 사회과학 연구의 관점과 체계를 모색했다.

이러한 조선인들의 반관학적 '과학적 조선 연구' 또한 관학의 연구와
마찬가지로 학술단체로부터 시작되었다. 전문학교를 중심으로 조직되
기 시작한 학술단체들은 아직 조선학계라고 할 정도로 학술연구가 활
성화되지 않은 시점에서부터 발아되고 있었다. 대표적인 것이 1925년
연희전문의 백남운과 이순탁이 중심이 되어 조직한 경제연구회였다.
이와 함께 비타협적인 민족주의자들이 민족운동의 이론적 지도기관으
로의 발전을 염두에 두고 최초로 사회과학을 표방하며 조직된 학술단
체라고 할 수 있는 조선사정조사연구회도 있었다. 이들 학술단체들은
"조선의 사회사정을 과학적으로 조사연구"하려는(慶尙北道警察部 編,
1934: 47;『조선일보』, 1925.11.30) 노력에서 시작되었다. 경성제대 밖에
서 발아되기 시작한 학술단체들의 연구는, 경성제대 내에서 본격적으
로 반관학·학술과학운동이 전개된 것과 궤를 같이 하는 것이었다. 경
성제대의 경제연구회를 발판으로 경성제대의 1·2회 조선인 졸업생들
이 중심이 되어 1931년에 조직한 조선사회사정연구소는 과학적 이론을
모색하며 조선의 현실문제를 분석해 조선총독부 관학의 사회과학에 대
한 조선인의 과학적 비판을 지향했다(유진오, 1978; 손정수, 2005).

이와 같은 조선인들의 조선총독부 관학의 이른바 '과학적 조선연구'
에 대한 학술적 비판과 비판적인 '과학적 조선연구' 노력은 조선학계의
형성과 함께 조선경제학회로 귀결되었다. 1933년에 조직된 조선경제학
회는, 경제에 관한 연구와 조사활동을 목적으로 전문학교 교수와 신
문·잡지사의 경제평론가 등이 결집되어 방대한 학술단체의 면모를 갖
추어 세간에서 "학술부대의 참모본영"이라고 불리웠다. 이와 함께 1933
년 후반부터 안재홍, 정인보 등 비타협적인 민족주의자들의 '조선학운

동'이 전개되었다. 이른바 조선학운동은 "조선의 후진적 특수성"을 주체
적으로 극복하고 "세계 속의 조선"을 알기 위한 조선 고유의 "문화특수
경향"을 탐구하는 것을 목표로 했다. 조선학운동은 일제 관학의 식민주
의적 조선인식에 대한 문화적 대응인 동시에 맑스주의 학문의 발달에
대한 이해라는 두 가지 의도를 동시에 내포한 것이었다(방기중, 1992:
113-114). 또한 일제의 '근대 과학'을 표방한 관학에 대항하여 궁극적으
로 조선인이 주체가 된 조선사와 조선사회 인식 및 조선사회의 상을 구
축하고자 한 것이었다고 할 수 있다. 이러한 분위기 속에서 백남운은
국가 부재의 식민지 상황을, 산재되어 있는 조선인의 학술 역량을 결집
해 극복하려는 시도로 1936년 중앙아카데미 창설 운동을 전개하기도
했다(김용섭, 2005: 18-46).

이러한 일제하 조선인의 조선연구는, 경성제대를 중심으로 한 일제
의 국책적 관학의 식민주의와 일본인의 조선인 멸시관을 비판하고, 반
제국주의 반관학적 입장에서 조선인이 주체가 된 조선사회연구를 통해
서 민족해방의 이념적 체계를 구축하고 해방 이후 근대국가 수립을 전
망하며 학문에 있어서 특수주의와 보편주의를 결합시키려 한 일제하
한국 사회과학 연구의 일환이었다고 할 수 있다.

5. 맺음말

유럽 국가들은 국가적(national) 차이에도 불구하고 공통된 근대적 산
업화의 역사적 경험을 토대로 사회적 지식으로서의 사회과학을 경험적
산물로써 공유한다(Watanuki Joji, 1991: 221). 19세기에서 20세기 초 서
양 사회 근대화의 한 부분이었던 사회과학은 처음부터 장기적인 전통

사회의 근대 사회로의 전환과 직결된 것이었기 때문이다. 근대적 전환 과정에서 일어난 사회적인 문제, 세계의 합리화, 국가 경제의 발전, 정치적인 대의제의 등장 등 사회과학의 초점은, 근대화 과정에서 발생하는 사회적 문제점들을 개선하여 '이성적'·'계몽적'인 사회 질서를 만들기 위한 기초를 제공하는 것이었다(Wagner, 1991: 2). 과학의 발달에 힘입어 전개된 자본주의적 산업화와 부르주와지의 부상이 반영된 국민국가체제를 지적으로 뒷받침하는 것이었다(전상숙, 2013: 129-131).

그리하여 19세기 중엽 상층 부르조아들의 사업적 성공으로 정당화된 사회과학은, 다윈의 생물학적 진화론을 접합하여 인간의 발전을 진화로 설명함으로써 단지 기득권층에 만연된 위선을 과학적인 수준에서 반향시켰다(버날, 1984: 65-91). 지배체제에 봉사하는 학문으로 자리한 사회과학은 경제학, 사회학, 정치학이라는 경계를 설정해 대학의 분과학문체제로 정립되었다. 그리고 서양 밖의 지역에 대한 학문체계로써 인류학과 동양학(Orientalism)을 고안해 냈다(김경일, 1995: 371). 이러한 19세기 서양의 사회과학이, 이른바 '문명 전파'를 표방하며 서양 열강이 '서세동진(西世東進)'의 제국주의 시대를 여는 지적 기반이었다. 또한 서양 열강의 근대적 기술로 무장한 무력에 압도되어 개국하게 된 동아시아 각국이 서양과 같은 근대적 전환을 모색하며 적극 수용하고자 한 서양 학문의 핵심이었다.

그러나 유럽 국가들이 공통된 근대적 산업화의 경험을 토대로 근대 국민국가체제를 견인한 사회과학의 틀을 공유하게 된데 반해서, 자본주의적 산업화나 부르즈와지의 성장이 부재했던 동아시아 각국은 비슷한 시기에 조우하게 된 서양 근대국가에 대한 각기 나른 내용과 그에 따른 각기 다른 근대화의 과정을 경험하게 되었다. 그리하여 서양 국가와 같은 근대화와 국민국가체제를 건설하기 위하여 사회과학이 수용되었지만, 실질적인 근대국민국가체제의 구축과 근대화과정에서 구현되고 정립되는 방식은 각기 달랐다.

특히, 사회과학은 근대 과학의 발전에 힘입은 사본주의적 산업화와 그 주체인 부르즈와지가 견인해낸 근대국민국가체제를 근대적 과학과 합리성의 이름으로 구축하고 정립해간 현실적이고 실용적인 근대학문이라고 할 수 있다. 이 점에서 재래의 중화체제를 전복시키며 동아시아의 제국으로 성장한 일본 사회과학의 국가주의적 정책학적 특성이 설명될 수 있다(전상숙, 2012b). 또한 그러한 사회과학의 특성은, 식민지 사회에서 사회과학이 제국주의적 지배체제를 정당화하며 식민지의 예속을 강제하는 실제적인 정책적 학문으로 기능하게 한다. 동시에, 그와는 대조적으로, 식민지 민족에게 사회과학은 식민 모국 사회과학의 제국주의적 지배에 대항하여 독립을 지향하며 근대적인 독립국가를 건설하기 위해서 습득해야 할 근대학문이 된다. 또한, 식민지 민족 본위의 근대적 정체성을 정립하고 그에 기초한 근대국가의 상을 구축하는 학술연구의 일환이 된다.

그러한 근대 사회과학이 갖는 양면적 특성은 식민지시기 조선사회에서 조선총독부와 조선인들 간에, 지배정책과 그에 대항한 항일독립운동 차원에서 전개된 학술체제와 학술운동에 잘 드러난다. 근대국민국가체제를 견인한 사회과학의 특성이 공통적으로 공유되면서도 식민모국의 제국주의적 정책학적인 측면과 그에 대항한 반제국주의 민족해방운동의 주체적인 학술적 논리라는 측면이 양날의 칼과 같이 병존하는 것이었다. 경성제대를 중심으로 한 일제의 국책적 관학에 대항한 조선인들의 '과학적' 조선사회연구와 조선민족해방의 이념적 체계를 구축하고자 학술 연구는, 해방 이후 근대국민국가의 수립을 전망하며 학문적인 면에서 특수성과 보편성을 결합시키고자 한 것이었다고 할 수 있다.

이러한 점에서 조선총독부의 교육제도 속에서 구축된 관학의 연구와 함께 일제하 한국 사회과학 연구의 일환으로서 중요한 의미가 있다고 하겠다.

◼ 참고문헌

가노마사나오(2008), 『근대 일본의 학문: 관학과 민간학』, 한림대일본학연구소.

고려대학교(1975), 『고려대학교70년지』, 고려대학교출판부.

기유정(2013), 「경성제대 정치학 강좌와 식민지 조선에서의 의미: 戶澤鐵彦과 奧平武彦의 사상 분석을 중심으로」, 『동방학지』 163.

김경일(1995), 「근대과학의 '보편주의'와 서구중심주의를 넘어서: 월러스타인의 역사사회과학을 중심으로」, 『창작과비평』 89.

김균·이헌창(2005), 『한국 경제학의 발달과 고려대학교』, 고대출판부.

김용섭(2005), 『남북 학술원과 과학원의 발달』, 지식산업사.

김종준(2012), 「일제 시기 '역사의 과학화' 논쟁과 역사학계 '관학아카데미즘'의 문제」, 『한국사학보』 49.

나가하라 게이지 지음, 하종문 옮김(2011), 『20세기 일본의 역사학』, 삼천리.

박광현(2002), 「京城帝國大學と'朝鮮學'」, 名古屋大學博士學位論文.

박광현(2004), 「식민지 조선에 대한 '국문학'의 이식과 다카기 이치토스케(高木市之助)」, 『일본학보』 59.

박상섭(1994), 「근대 사회의 전개 과정과 사회 과학의 형성 및 변천」, 소광희 외, 『현대의 학문 체계: 대학에서 무엇을 배울 것인가』, 민음사.

방기중(1992), 『한국 근현대 사상사 연구』, 역사비평사.

버날 J. D., 박충석 옮김(1984), 『사회과학의 역사 : 사회경제사의 흐름과 사회과학의 성격』, 하울

손정수(2005), 「신남철·박치우의 사상과 그 해석에 작용하는 경성제국대학이라는 장」, 『한국학연구』 14.

야마무로 신이치(2005), 「일본의 아시아주의와 아시아 學知」, 『대동문화연구』 50.

우마코시 토오루 지음, 한용진 옮김(2001), 『한국 근대대학의 성립과 전개-대학
　　모델의 전파연구-』, 교육과학사.

유진오(1978), 『나의 인생관: 젊음이 깃칠 때』, 숭문출판사.

이성시(1999), 「黑板勝美(구로이타 가쯔미)를 통해 본 식민지와 역사학」, 『한국문
　　화』 23.

이수일(2013), 「1930년대 전반 '성대그룹'의 반관학(反官學) 이념과 사회운동론」,
　　연세대학교 대학원 사학과 박사학위논문.

이이야마 다케시(1996), 「일본 근대대학의 성립과 발전과정」, 『인문과학연구』 3.

이지원(2008), 「식민지 근대의 학술과 교육」, 『새로운 한국사 길잡이 하』, 지식산
　　업사.

이충우·최종고(2013), 『다시 보는 경성제국대학』, 푸른세상.

전상숙(2004), 『일제시기 한국 사회주의 지식인 연구』, 지식산업사.

전상숙(2012a), 『조선총독정치연구: 조선총독의 '상대적 자율성'과 일본의 한국지
　　배정책 특질』, 지식산업사.

전상숙(2012b), 「근대 '사회과학'의 동아시아 수용과 메이지 일본 '사회과학'의 특
　　질: 블룬칠리 국가학 수용을 중심으로」, 『이화사학연구』 44.

전상숙(2013a), 「근대적 전환기 한국 '사회과학' 수용의 특징과 유산: 근대 국가 지
　　향과 일본을 통한 간접 수용」, 『아시아연구』 16-2.

전상숙·노상균(2013b), 「병합 이전 한국 정부의 근대적 교육체제 개혁과 관학」,
　　『동양정치사상사』 12-1.

정규영(1998), 『경성제국대학의 설립과정』, 청주교육대학교.

정근식 외(2011), 『식민권력과 근대지식: 경성제국대학 연구』, 서울대학교출판문
　　화원.

정선이(2002), 『경성제국대학』, 문음사.

정재철(1985), 『일제의 대(對)한국식민지교육정책사』, 일지사.

정종현(2010), 「신남철과 '대학' 제도의 안과 밖: 식민지 '學知'의 연속과 비연속」,
　　『한국어문학연구』 54.

정준영(2006), 「1910년대 조선총독부의 식민지교육정책과 미션스쿨: 중·고등교
　　육의 경우」, 『사회와 역사』 72.

정준영(2009), 「경성제국대학과 식민지 헤게모니」, 서울대학교 대학원 사회학과

박사학위논문.

정준영(2011), 「제국대학의 존재방식: 경성제대와 식민지의 '대학자치론'」, 『역사
　　문제연구』 26.

정준영(2011), 「동화의 이면-1910년대 식민지교육체제의 형성과 헤게모니경쟁-」,
　　서정완 외 편, 『제국일본의 문화권력』, 소화.

조용욱(1932), 「연구실을 차저서-몰각된 자기」, 『조선일보』, 1932.12.15.

한영우(1987), 「안재홍의 신민족주의와 사학」, 『한국독립운동사연구』 1.

황욱(1935), 「작년도 학술계 논저를 통해서 본 학계의 수확 (1)」, 『동아일보』,
　　1935.1.1.

細谷俊夫 外 編(1990), 「帝國大學令」, 『新教育學大事典 7』, 第一法規出版.

「治安維持法改定法律案」(1934), 『思想月報』 3-11, 1934.

「治安維持法改定法律案及不法團體處罰に關する法律案並に其の提案理由等」
　　(1935), 『思想彙報』 3.

「朝鮮事情調査研究會 第一回 調査報告書 講話」, 『조선일보』, 1925.11.30.

慶尙北道警察部 編(1934), 『高等警察要史』, 1934.

漢陽學人(1930), 「新進學者 總評 (1), 延禧專門敎授層」, 『삼천리』 10.

「門牌의 來歷談 (9)」, 『동아일보』, 1926.1.12.

「讀書室: 私學의 進出」(1931), 『동광』 19.

姜德相 編(1967), 「長谷川總督の事務引繼意見書」, 『現代史資料 (三・一運動編 1)』,
　　精興社.

『京城日報』, 1924.5.14.

京城帝國大學 編(1943), 『京城帝國大學一覽(1927-43)』, 京城帝國大學.

京城帝國大學法學會(1929), 「朝鮮經濟研究所に就いて (後記)」, 『朝鮮經濟の研究』.

京城帝國大學法學會(1937), 「京城帝國大學法學會の事業と組織 (後記)」, 『朝鮮社
　　會法制史研究』.

關屋貞三郎(1919), 「朝鮮人敎育に就きて」, 『朝鮮敎育研究會雜誌』 45.

弓削幸太郎(1923), 『朝鮮の教育』, 自由討究社.

大野謙一(1936), 『朝鮮教育問題管見』, 朝鮮教育會.

服部宇之吉(1926), 「京城帝國大學始業式に於ける總長訓辭」, 『文敎の朝鮮』.

山縣有朋(1890), 「外交政策論」, 大山梓 編(1966), 『山縣有朋意見書』, 原書房.

鈴木武雄(1939), 『大陸兵站基地論解說』, 綠旗聯盟.

宇垣一成(1968), 『宇垣一成日記 1 · 2』, みすず書房.

旭邦生(1913), 「寺內總督と語る」, 『朝鮮及滿洲』 77.

朝鮮總督府, 『朝鮮總督府官報』, 1910.8.29; 1911.9.1; 1911.9.2; 1917.7.10; 1919.9.4;
    1922.4.1.

倉知鐵吉(1939), 『倉知鐵吉氏述韓國併合ノ經緯』, 外務省調査部第四課.

靑柳綱太郞(1928), 『總督政治史論』, 京城新聞社.

幣原垣(1919), 『朝鮮敎育論』, 六盟館.

旗田巍(1966), 「日本に於ける東洋史学の伝統」, 幼方直吉 外編, 『歷史像再構成の
    課題』, 御茶の水書房.

渡部學·阿部洋 編(1991), 『日本植民地敎育政策史料集成: 朝鮮篇』 16, 淸溪書舍.

駒込武(1996), 『植民地帝國日本の文化統合』, 岩波書店.

大塚桂(2001), 『近代日本の政治學者群像: 政治槪念をめぐって』, 勁草書房.

寺崎昌男 外(1979), 『學校の歷史』.

石田雄(1976), 「序說」, 日本政治學會 編, 『年報政治學1975-日本における西歐政治
    思想』, 岩波書店.

小熊英二(1998), 『'日本人'の境界』, 新曜社, 1998.

酒井哲哉·松田利彦 編(2014), 『帝國日本と植民地大學』, ゆまに書房.

天野郁夫(2006), 『大學の誕生』, 中公新書.

泉靖一(1970), 「舊植民地大學考」, 『中央公論』.

Wagner, Peter etc(1991), "The policy orientation: legacy and promise." Wagner, Peter
    etc. eds. *Social Sciences and Modern States: National Experiences and
    Theoretical Crossroads*, Cambridge University Press.

Watanuki Joii(1991), Wagner, Peter etc. eds, *Social Sciences and Modern States:
    National Experiences and Theoretical Crossroads*, Cambridge University Press.

총독부의 문화정치로의 지배정책 전환과
한국 사회과학 연구의 활성화

문
상
석

1. 머리말

3·1만세운동 이후 일제의 정책과 제도 변화는 조선인들의 다양한 대응을 이끌어 내었다. 새로운 제도에 대한 조선인들의 서로 다른 대응 속에 사회과학연구의 활성화가 있었다. 이 글은 제도의 변화와 행위자의 대응이 어떤 결과를 만들어 냈는지에 대한 인과관계를 일제 식민지 문화정치 시기 연구를 통해서 밝히고자 한다.

사회과학은 사회 속에서 개인을 어떤 틀로 이해할 것인가 하는 문제에 천착하면서 발전해왔다. 자본주의 발달, 시민권의 성장, 정치제도의 변화, 신분제도 변화 등 다양하게 진행되고 있었던 사회변동에 대한 설명을 시도하면서 사회과학은 성장했다. 문제해결을 위한 실용적 학문으로 사회과학의 한 얼굴과 새로운 시대를 만들어가는 변혁의 학문으로서 사회과학이 근대 시구 유럽에서 성장했다.[1]

---

[1] 헌트(Elgin F. Hunt)와 콜랜더(David D. Colander)에 따르면 사회과학은 사회문제를 인식하고 해결방법을 제시하려는 시도에서 출발한다. 이들에 따르면 사회과학의 주된 기능은 목표에 도달하는 방법을 제시해주는 것이다(Hunt and Colander, 2011:

제도는 개인들에게 선택의 가능성과 제약을 동시에 제공해준다. 개인들은 제도가 허용하는 범위 내에서 자신들의 행위를 결정하려는 경향을 보인다. 개인들이 행위는 제도라는 틀 안에서 일정하게 나타나는 규칙성, 타인들로 하여금 개인의 선택과 행위를 알게 해주는 예측성, 변화에 쉽게 종속되지 않는 안정성을 함께 보여준다(하연섭, 2011: 7). 사회 속에서 개인과 제도는 연결된다. 제도는 합리적 개인들에게 선택의 폭과 넓이를 제공해준다.

개인이 지닌 합리성의 근원은 사회화를 통해서 학습한 사회적 힘에 있다. 사회적 힘은 제도가 제공해주는 공간과 조건 위에서 행위자가 합리성을 발휘하게 만든다. 제도는 행위자에게 선택의 조건을 제공해주기 때문에 규칙성, 예측성, 안정성을 가진다. 제도의 특징은 행위자의 선택과 결합되어 다양한 결과를 만들어낸다. 서구에서 제도의 생산자들(국민국가)은 국가 내에서 사회과학 발전의 주도권을 쥐고 있었다. 국가는 교육제도와 교육에 연관된 사회제도를 만듦으로써 사회과학 활성화에 기여했다(Collins, 1985). 식민지 조선에서도 서구처럼 사회과학의 활성화가 일어날 수 있었던 것은 제도적 변화와 연관이 있다(Collins, 1985).

문화정치기에 와서야 구한말 조선인 지식인들에게 수용되었던 사회과학이 학교와 사회 속에서 제도화될 수 있는 가능성이 열렸다.[2] 이 연구는 일본이 헌병 통치기 1차 조선교육령에 없었던 대학설립과 전문학

21-22). 조선을 강한 국가를 만들고자 했었던 조선 지식인들은 서구 사회과학의 문제해결 기능에 매료되었다. 사회과학이 보여준 문제해결 기능은 조선을 근대화시켜 식민 통치를 유지·강화하려 했었던 일제의 통치목적에도 부합하는 것이었다.
[2] 구한말 도입된 사회과학은 제도화의 형태를 띤 것이 아니라 국가를 성장시키고 새롭게 만들려고 한 개인적 차원의 노력에 머무르게 되었던 것과 당시 지식인들이 받아들였던 서구 사회과학은 실상 일본을 통해서 들여와서 일본의 사회과학을 수용한 것에 지나지 않았다(전상숙, 2012).

교에 관한 교육 제도, 조선인 소유의 한글 신문과 잡지를 허가하는 미디어 정책의 방향을 수정하는 제도를 만들어 낸 것이 사회과학 활성화에 일차적인 역할을 한 점을 밝히고자 한다. 제도 교육의 도입으로 태동된 지식인들과 언론인들의 분과학문을 너머 연계가 학회나 연구회로 이어지게 되었다. 학회나 연구회는 지식인들에게 근대적 초기 서구 유럽에 있었던 일종의 공공 영역과 같은 역할을 하였다. 식민지 조선이라는 특수한 환경이 보편적 사회과학에 의해서 바라보게 된 것이다.

식민지 시기 조선에서 조선인들은 총독부가 만들어내는 제도들에 대응하면서 자신들의 길을 개척했고, 이는 일본이 의도한 것과는 다른 것이었다. 식민지 시기 지식 생산은 교육 받은 일본과 조선 엘리트들에 의해서 대학, 학회, 그리고 미디어라는 공간에서 진행되었다. 조선에 대한 지식 생산이 일제의 정치적 목적에 의해서 왜곡된 형태로 만들어지고 근대 학문의 이름으로 정당화되자 조선 지식인들이 대항 지식을 생산해 나가면서 저항하였다. 이런 저항이 사회과학 활성화에 기여하였음을 지적하고자 한다. 문화통치가 직접 사회과학 활성화를 이끈 것이 아니라 조선인들의 저항과 대응이 사회과학 학문의 이름으로 진행되는 과정에서 활성화가 나타났음을 바라보고자 한다.

2. 이데올로기적 국가장치와
공공영역으로서 교육과 미디어

자본주의 사회에서 국가의 주된 기능은 자본주의 체제 재생산에 있다. 국가는 억압적(repressive) 국가기구와 이데올로기적(ideological) 국가기구를 이용한다. 국가의 이데올로기적 장치는 지속적인 억압만을 사용하여 지배하는 것이 한계에 다다르거나 효율적이지 못하는 경우에 자신의 주요 기능을 수행한다. 지식전파 기능을 갖고 있는 미디어와 지식 생산 기능 및 전파 기능을 가진 교육은 대표적 이데올로기적 국가장치이다(Althusser, 1972).[3] 다수를 분열하게 만들고 지배체제 중심의 지식 생산을 시도하여 정당화하는 이데올로기적 국가장치의 역할은 조선인들끼리 분열하게 만들어 식민 지배를 강화하려고 했던 조선총독부 통치 시기 두드러지게 나타났다.

식민지 시기 학교와 미디어의 역할은 일본의 식민 지배를 정당화하는 도구로 사용되는 것이었다. 일본에 의해서 도입된 근대 학교 교육은 사회진화론 사고를 강요하여 약한 조선과 조선인들이 일본의 식민 지배를 당연시 하였다(Tsurumi, 1984: 302). 미디어는 일본의 식민 지배가 조선에게 유익한 것과 조선의 열등을 강조하는 지식을 전파하는 역할로 하였다. 그럼에도 불구하고 학교와 미디어는 총독부의 무기였을 뿐만 아니라 동시에 조선인들의 무기 역할도 하였다. 조선인들에게 "눈과 귀"의 역할을 했던 미디어는 구한말 많은 조선독립에 필요한 다양한 서구 사회과학적 지식을 전달하는 역할을 하였다. 조선인들에게도 식민 지배의 부당함과 조선 독립을 위한 길을 알게 해주는 무기를 제공해주었다(Schmid, 2002: 47). 미디어는 교육을 받은 사상을 펼칠 수 있는 공간이 되었고 한국인 소유 신문사와 한글 신문의 등장은 이것이 가능하게 만들어졌다.

제도권 교육을 통한 일제의 식민지 지배 정책을 정당화하고 일본에 온순한 한국인을 만들려고 한 그 방식에 맞서서 조선인들은 일본이 만

---

3) 일본이 조선을 병합한 직후 교육과 미디어 정책을 위한 제도들을 도입한다. 교육은 일본 국민을 만드는 데 그 목적을 두었고 이에 따라서 조선에서 식민지 국민 만들기 교육정책을 펴게 된다(정재철, 1985; 허재영, 2013).

들어낸 교육제도를 통해서, 조선인들에게 교육의 기회를 제공하여 실력양성 및 조선 독립운동을 위한 수단을 확보하고자 하였다. 일제가 생산해 낸 지식권력과 그 제도를 조선인들이 대응 지식권력 생산에 사용한 것이다. 그런 의미에서 국가의 이데올로기적 장치였지만 동시에 조선인들의 무기이기도 하였다.

식민지 조선에서 이데올로기적 국가장치를 제도로 이용할 수 있는 유일한 조직은 조선총독부였다. 조선총독부는 일본 본국의 직접적으로 통제를 받아 명령을 수행하는 단순한 식민 기구만이 아닌 일부 국가의 기능을 하는 조직으로서 상대적 자율성을 지니고 있었다(전상숙, 2012).[4] 조선총독부는 조선통치에 있어서 무력을 독점하였으며(조선주둔군에 대한 통제권 확보), 일본 제국 내각의 규제 및 감독 통제의 대상에서 벗어나 독자적으로 제도를 수립할 수 있었다(전상숙, 2012). 조선총독에게는 군통수권 및 입법권이 주어졌다. 차관급이 총독으로 파견되었던 대만과 달리 총리대신, 육군대신, 해군대신, 참모총장 등을 지낸 거물들이 총독으로 파견되었다.[5] 조선주둔군 통제권에 대해서는 내각의 수상이 아닌 천황에게 직례(直隷)하도록 되어 있었다. 이런 무력의 독점은 억압권력(repressive power)을 극대화하여 이데올로기적 국가장치의 효

---

[4] 1910년 6월 3일 한일병합 2개월 전 일본은 '병합 후 한국에 대한 시정방침 결정의 건'을 결정하게 된다. 내용은 "첫째 조선에서 당분간 제국헌법을 실시하지 않고 대권(大權)에 의해서 통치한다. 둘째 총독은 천황에 직속되어 조선에서 일체의 정무를 총괄할 수 있는 권한을 가진다. 셋째로 총독에게는 대권의 위임에 의하여 법률사항에 관한 명령을 발포할 수 있는 권한을 부여한다. 넷째로 총독부의 회계는 특별회계로 한다. 다섯째 총독부의 정비(政費)는 조선의 세입으로 그것으로 충당하는 것을 원칙으로 하지만 당분한 일정한 금액을 본국으로부터 보충한다." (최석영, 2012: 37~38). 조선총독부는 1910년 9월 29일 칙령 제354호로 「조선총독부관제」가 발표되면서 통치기구로 등장했다. 통치조직의 핵심은 기존 통감부를 그대로 승계하고 대한제국의 정부기관을 흡수하는 방식으로 정해졌다(이연, 2013: 148).

[5] 조선주둔군에 대한 통제는 내각의회의 감독을 받게 되었으나 조선에서는 구체적으로 명기되지 않았다(윤선자, 2005: 181).

율적 운영에 최적의 환경을 만들어 내었다. 이데올로기적 국가장치의 주요한 기능은 국가의 억압 권력이 통치 수단으로서 한계를 드러낼 때 그 주요 기능의 필요성이 인식되고 억압권력을 대체하면서 성장한다.

식민 통치 초기에 총독부의 무력독점은 조선총독부의 조선주둔군(병합 직후는 '조선주차군')에 대한 통제권을 획득하면서 가능하게 되었다(신주백, 2005: 277).[6] 행정기구의 분화도 무력독점과 맞물리면서 거대해졌다. 1910년 「조선총독부 시정연보」에 의하면 총 직원 15,113명 가운데 5,707명이 경제약탈기관에 종사하고 탄압기관에 4,217명이 종사했다. 탄압기관에는 헌병 11,143명, 경찰 5,698명이 포함되었다.[7] 억압과 탄압 중심의 무력 통치가 효율적이지 않았다는 것이 3월 1일의 만세운동으로 판명되었다. 이데올로기적 국가장치를 이용하여 통치 방식을 변경하는 것이 필요한 시점이었다.

제도 변화는 외부적 충격과 이에 대응하는 내부 행위자들의 합리적 선택에 의해서 가능해진다(하연섭, 2011). 1920년대 일명 문화통치로의 식민지 시기 제도 변화의 특징은 일본 내 권력구조의 변화, 조선인들의 저항, 국제정세의 변화 등이 결합하여 일어나게 되었다. 억압통치와 이를 뒷받침하는 억압적 제도들이 문화통치와 유연한 이데올로기적 제도들로 변화된 것은 3·1운동을 통한 조선인들의 전국적 저항이라는 외

---

6) 통제권 중에 특이한 것은 조선주둔군은 조선을 방비할 뿐만 아니라 한반도 밖 즉 북경부근까지 군대를 출동시킬 수 있었고 방어가 한반도가 아닌 만주 연해주까지 포함하고 있었다(신주백, 2005: 266-267). 이 권한은 조선총독부관제 3조의 군 통제권을 뒷받침하기 위한 시행령 2가지를 확정하는 과정에서 부여되었다.

7) 부르스 커밍스(Cumings, 1981)에 따르면, 일본은 조선에서 역사상 유례없이 강력한 국가를 만들었다. 그럼에도 불구하고 총독부는 하부구조권력에서 약할 수밖에 없었다. 국가기구의 관료 구성에서 보았을 때, 조선총독부 관료 총 11,186명 중에서 조선인 관료는 중앙에 38명, 지방기관에 5,907명, 치안기관에 4,467명, 사법기관에 341명, 경제기관에 360명, 자문기관에 73명 등 전체 관료 인구의 60퍼센트에 이르렀다(박은경, 1999: 47). 일본의 국가권력이 강해지면서 초기 대한제국 출신 관료들은 일본인이나 식민지 교육을 받은 조선인들로 대체되었다.

부적 충격에 일본 내부의 정치적 지형의 변화가 결합되어 일어났다. 억압만이 유일한 길이 아님이 판가름 났기 때문이다. 당시 일본에서 다이쇼 데모크라시의 시대적 영향과, 강경파 데라우치 내각의 쇠퇴, 온건파 평민 출신 하라 내각의 등장하던 시기에 강경한 탄압과 억압이 효율·효과적이지 않았다는 것을 그러났다. 온건파가 강경파 파벌 갈등에 이용되었고 이것이 제도 변화를 이끌었다(전상숙, 2012: 118).[8]

3. 교육제도의 변화와 사회과학: 도전과 응전

문화정치시기 교육제도 변화의 핵심은 1922년 2월 4일에 반포된 제3차 「조선교육령」이었다(허재영, 2013: 9).[9] 새로운 제도에는 조선에서의 학제를 일본과 동등하게 만들어 조선인들을 일본인들처럼 생각하고 일본에 복종하게 만들려는 목적이 있었다. 내선공학과 일시동인을 인정한 일제였으나 조선인들의 독립심을 고취하거나 실력양성을 할 수

---

[8] 병합한 조선에서 일본에 대한 저항이 일본이 도입한 제도 교육을 받고 자라난 학생들, 일본어를 배우고 익힌 조선인들, 일본에서 수학하던 유학생들로부터 거세게 일어난 점이 일본에 충격을 주게 되었다(Tusrumi, 1984: 302-303). 조선이 노론과 소론의 장기적 파벌 싸움으로 나타난 도덕적 타락(moral degeneracy)으로 망한 것을 주장하면서 조선에서의 교육을 통한 변화를 주장했던 『신조선』의 저자 아오야기 츠나타로(青柳綱太郎)는 조선인들을 면담하고 보고서 형식의 글을 제출하는데 그 보고서에 따르면 일본어를 유창하게 하고 일본의 교육을 받고 심지어 일본에서 유학한 조선인들이 일본의 통치를 거부한 것에 충격을 받았다. 그는 하라 내각과 사이토 총독의 문화통치 그리고 문민통치를 적극적으로 지지했다(Tusrumi, 1984: 302-303).

[9] 조선총독부의 교육령은 총 10차례 발포되었다. 흔히 알고 있는 신교육령(1922년)은 사실상 3차에 해당하는데 2차는 1920년 11월 12일에 보통학교의 수업 연한을 늘리는 것이었다(허재영, 2013: 9-10). 「신교육령」 제12조는 신문교육과 내덕교육에 대한 내용으로 문부대신의 역할을 조선총독이 대신행하는 것이고 세부사항은 「전문학교령」과 「대학령」에 의한다고 제시한다(허재영, 2013: 57). 신교육령에 내포된 것은 일시동인과 내선공학 등으로 조선인을 일본인과 같게 만든다는 목표를 지향하는 것이었다(유용식, 2002: 58).

있는 정치, 경제, 이공 등 학문의 학부를 설치하지 못하게 하였다(정재철, 1985: 195; 유용식, 2002: 58). 조선인에게 대학을 제공하려는 목적으로 1920년부터 시작된 "조선민립대학설립운동"은 경성제국대학 설립으로 이어졌다.10) 개정된 「사립학교령」11)과 「조선교육령」에 의해서 전문학교가 개교할 수 있게 되었다. 연희, 보성, 숭실, 이화 등과 같은 사립 전문학교의 설립은 그 전에 제도화되지 않았던 법학, 문과, 가정과, 상과 등이 대학에 설치되는 계기를 마련했다. 각 대학교들은 당시 유행하던 사회과학의 과목들을 정규 학과목에 설치하여 학생들에게 강의를 제공했다. 대학이 설립되기 전부터 일본 유학생들과 지식인들이 새로이 설립되던 신문과 잡지들에 각 학문 분과에 대해서 소개하기도 하거나 운동회를 결성해서 일반시민들에게 사회과학 과목을 강의하기도 하였다(『동아일보』, 1922.5.22, "평민대학 개강" 기사).

1) 경성제국대학 설립과 사회과학

일제는 1924년 조선에 세워질 대학을 「제국대학령」에 의거한다는 방침의 칙령(「경성제국대학령 칙령 105」, 1924년)을 공포하였다. 경성제국대학에는 예과를 우선 설치하였는데 예과설치는 일시동인(一視同仁)을 취했다고는 하나 내성공학을 일치시키지는 않았던 것을 반증하는 예다. 대학에 입학하려면 고등학교를 졸업해야 했으나 대만에서 있었

---

10) 조선민립대학 설립운동은 1920년 6월 23일 윤치호의 집에 민족운동가 100여명이 모여서 조선교육회설립 발기회를 개최하면서 시작되었다. 조선교육회는 1920년 6월 23일 창립되었고 회장에는 이상재, 부회장에는 김사묵, 이사에는 윤치호, 김후병, 유전태 외 12인이었다. 동아일보는 1920년 6월 28일자 "유망한 조선교육회"라는 기사를 내보내면서 민립대학설치운동을 지지한다(유용식, 2002: 225).

11) 사립학교 개정은 1922년 3월 28일자로 관보에 게재되었다. 이는 1920년 4월 1일 개정된 것을 다시 개정한 규정이다(허재영, 2013: 141).

던 고등학교가 조선에서는 없었다(정근식 외, 2011: 467). 일본이 총독부의 관리인 정무총감이 '총장취체역'으로 대학총장역을 대행하였다. 1926년에는 법문학부와 의학부의 2개학부로 각각 개설되었다(정재철, 1985: 394). 경성제대 총장은 학부 개설과 함께 임명되어 1926년 초대총장 핫토리 우토키치가 부임하고 그 이후 7명의 총장이 임명되었다. 교수는 1926년부터 1945년까지 총 275명이 근무를 했는데 법문학부는 97명, 의학부는 109명, 이공학부는 66명이 재직했다. 1926년 4월 1일 개교시(時)에는 법문학부가 14명, 의학부가 11명에 불과했다.

당시 경성제국대학 교수는 제국의 관료로 일반 관료보다는 높은 대우를 받았다(정근식 외, 2011: 310). 제국대학은 제국대학 칙령을 통해서 "강좌제"를 채택했는데, "강좌제"는 제국대학의 교수들에게 학문연구의 자율성과 전문성을 제공해주었다(윗글, 312). 강좌는 당시 의미로 연구와 교육을 위한 학과와 전공을 넘어서는 조직 단위를 의미했으며 학부단위로 자치가 주어지는 상황에서 교수들의 지위를 높여주었던 것이다(윗글, 311).

경성제국대학교에서는 교수와 강좌수가 지속적으로 증가했는데 법문학부는 49개의 강좌가 유지되었다. 법문학부에는 문과계열과 법과계열로 나뉘었으며 사회학, 심리학, 경제학 등과 같은 사회과학 분과 학문들이 강의되었다.[12] 사회학 주임 교수는 동경제국대학 출신 아키바 다카시(秋葉隆)였고 사회학 2강좌 교수로는 스즈키(鈴木榮太郎)가 부임하였다(이동진, 2014: 252). 1927년에는 강좌가 증설되었는데 국어국문

---

12) 강좌수를 법문학부를 중심으로 살핀다면, 1926년 당시 문과계열에는 국어국문학, 조선어학조선문학 2개, 지나어학문지나문학, 외국어학외국어문학, 교육학, 윤리학, 사회학, 심리학, 철학철학사, 지나철학, 사회학, 종교학종교사, 미학미술사, 국사학, 조선사학2개의 강좌가 있었고 법과계열에는 경제학, 민법미사소송법, 헌법행정법, 형법형사소송법, 로마법, 정치학정치사 강좌가 있었다.

학, 외국어학외국문학, 윤리학, 심리학, 철학철학사, 미학미술사, 동양
사학, 헌법행정법, 형법형사소송법, 정치학정치사 강좌가 각각 1강좌와
2강좌로 나뉘었다. 그리고 지속적으로 강좌가 늘어 1928년에는 49강좌
가 확정되었고 일제의 패망까지 이어졌다(정근식 외, 2014: 317-319).

강좌제라는 제도적 보호 아래 경성제국대학 교수들은 자신들의 연구
영역을 가질 수 있었다. 사회과학자들은 조선지향과 제국지향의 특수
성과 보편지향의 일반화 경향을 동시에 보였다. 경성제국대 교수들은
강좌제와 기타 교수 보호 제도 아래 조선 연구에 있어 자료 접근성과
후원의 용이성으로 인해 조선 연구를 점차 지속적으로 확대하고 있었
다(윗글, 332).[13] 예를 들면, 다카하시 도루 같은 이는 「조선인」이라는
저서를 이미 저술하고 총독부가 출판하기도 하였는데 후에 경성제국대
학교에서 교편을 잡았고, 시가타를 비롯한 경제학자들은 조선의 호적
자료를 연구하고, 사회학 강좌의 아키바, 종교학종교사강좌의 아카마쓰
등은 조선 무속에 대한 실지조사를 확대하여 만주의 민속과 종교를 연
구하기도 하였다(윗글, 332).

식민지 시기 경성제국대학은 조선총독부의 관료 양산과 식민지 지식
권력의 생산 및 확산이라는 두 기능을 하였다. 당시 생소하던 사회과학
이라는 근대적이라는 방법에 기초하여 조선학을 연구하였다. 제국대학
교수들의 연구는 식민지 권력 사이의 이해관계를 자신의 연구 분야를
일치시켜 조선에서의 식민지 권력을 양산하는데 크게 역할 하였다. 조
선총독부는 조선사편수회를 설치하면서 경성제국대학의 교수들이 조
선사 연구에 식민지 사관에 기초한 실적을 남기도록 하였다(전상숙,

[13] 당시 제국대학의 역할은 조선에서 식민지 지식 권력을 만들어내어 조선 총독부의
조선 지배를 정당화하는 것에 초점이 맞추어져 있었다. 따라서 당시 교수들이 만들
어내는 조선 연구의 결과물들은 대체로 왜 조선이 식민지가 되었고 조선이 근대화
되지 못한 것에 초점이 맞추어져 있었다(정근식외, 2014: 328).

2015: 249). 제국대학 교내에서는 경성제대법학회 (후에 법문학회)와 조선경제연구소 등이 설립되었고, 학보 및 학술 잡지 등이 발간되어 조선연구를 진행하였다(전상숙 윗글, 252).

최남선이 3·1운동을 계기로 '조선학'이란 말을 사용한 이래 민족주의자 안재홍, 정인보 등과 마르크스주의자였던 백남운, 이순탁, 한위건 등과 같은 사회주의자들이 일제가 만들어낸 '조선학'을 일본의 식민지식에 반대하는 개념으로 차용 사용하면서 사상논쟁, 학문논쟁을 심화시켜 조선 사회과학 활성화에 영향을 주었다(전상숙, 2015: 239; 신주백, 2014: 39).

경성제국대학이 총독부의 비호 아래 관립학교 체제를 중심으로 하는 식민지 지식 권력을 생성하고 발전시켰다면, 사립학교는 종교와 민족의 이름으로 근대적 사회과학적 시각을 통해 조선 사회에 대한 새로운 방향을 제시하고자 하였다. 문화통치기 설립된 사립전문학교는 1922년에 보성학교에서 개편된 보성전문학교, 1925년에는 숭실학당에서 개편된 숭실전문학교, 이화학당에서 개편된 이화여자전문학교, 경성의과전문학교, 1930년에 설립된 경성약학전문학교 및 중앙불교전문학교 등이 있었다(정재철, 1985: 390). 개정된 전문학교령에 의해서 기존에 있었던 세브란스의학전문학교와 연희전문학교와 더불어 사립전문학교로 새롭게 개편되었다. 학교의 설립과 교육은 당시 조선 사회의 근대화를 위한 민족 갱생, 개조, 실력배양 등 다양한 형태의 근대적 인간에 대한 논의로 이어졌고 이를 담당할 학교, 교수, 학생, 그리고 학회 등의 형성으로 뒷받침되었다.

2) 연희 전문과 사회과학

연희전문학교는 신교육령이 반포되기 전 1917년에 사립 연희 전문학교로 설립인가를 받았다. 연희 전문의 교육 목적은 "본교는 조선교육령에 의한 전문학교에 기초하여 조선인 남자에게 문학, 신학, 농학, 상업학, 수악 및 물리학 응용화학에 관한 전문 교육을 실시하는 것을 목적으로 한다(학칙 제1조)."로 공식 밝혀졌다. 총독부의 정책을 따라야 했기 때문에 사회과학 과목이 강의될 수 없었음에도 선교사들은 1915년 변경된 사립학교규칙에 10년의 유예 기간을 둔 것을 이용, 자체적으로 사회과학 교과목을 교육하였다.

연희전문학교 미국선교사들의 영향력으로 인해서 한국사를 동양사에 넣어 가르치거나 한국어를 가르칠 수 있었다는 점에서 어느 정도 상대적 자율성이 있었다고 여겨진다. 1917년 전문학교로 인가를 받자마자 1학년 교과목에 이미 사회과학 과목이 포함하였다. 1학년 과목에는 교육학, 윤리학, 철학, 심리학, 윤리학, 부기, 경제학, 사회학이 강의 과목에 포함되어 있었다(연세대학교, 1985: 163). 사회학은 4학년 학생에게도 강의되었다. 조선 역사는 동양사에 포함되어 교수되고 있었다.

1922년 신교육령이 공포된 후 사립연희전문학교는 문과, 신과, 상과 3과를 가진 연희전문학교로 개명하였다. 1924년 수물과를 증설 연희전문학교는 문과, 신과, 상과, 수물과의 4학과로 구성되었다. 문과졸업생은 상급학부로 진학하여 전문학교 교수, 교회의 사역자, 저술가, 신문기자, 변호사 등의 기타 직무에 적임자가 되도록 교육하였으며, 상과는 한국 상업진흥의 지도자가 될 만한 졸업생을 배출시켜 한국인과 상업상 관계를 맺는 국제상업자가 되도록 노력하였다. 수물과는 순수한 과학 교수에만 전력하지 않고 제조공업 등과 같은 각 기관에서 소용될 만한 실용적 과목을 교수하였다.

문과 학과목에 한국어와 독일어가 추가되었다. 역사분야로는 동양사, 서양사가 있었다. 동양사 과목의 내용 안에 한국사를 포함하여 이윤재와 정인보가 교수하였다.[14] 하경덕은 1929년 하버드에서 박사학위를 하고 1930년부터 연희전문 교수로 부임, 사회학을 강의하였다(안계춘, 1973: 190). 상과는 선택과목으로 상업분야는 교통론, 보험론, 상공경영론, 광고론, 신탁론, 외국위체론이 있었으며, 경제분야에는 경제사, 농업경영, 경제사정 등이 있었다. 법학분야는 공법학, 특수법령 등이 있었다.

1922년 5월 9일자로 연희전문학교 교수·학생들이 자신들의 학술논문, 문예 작품 등을 게재할 수 있는 『연희』를 창간하였다. 연희 전문 교수들의 사회과학분야의 경제학, 사학 같은 연구가 발전하였는데 백남운의 『조선사회경제사』를 1933년에, 『조선봉건사회경제사─상권』을 1937년에 출판하였다. 브라운 대학교를 졸업한 백상규는 유인본으로 『경제학 강의』를 저술하였다. 일본 경도제국대학 경제학부를 졸업한 이순탁은 1934년 『최근세계일주기』를 저술하였다. 백낙준 1927년 한국 개신교사를 정리하면서 그 속에 한국 근대화과정에서 기독교 선교가 미친 영향을 연대순으로 논술하였다(연세대학교, 1985).

백남운, 이순탁 등 연희전문 상과교수들이 1925년에 교내 학술단체인 경제연구회를 만들었고, 『경제연구』라는 잡지를 1928년부터 발간하여 국내외 잡지 논문과 글을 소개하였다. 최현배는 1929년 지석영, 권덕규, 이병기 등 어문학자들과 조선어사전편찬회를 조직하고 조선어사전편찬을 준비하게 되었다(최덕교 편저, 2005: 56-57). 이들은 1910년 12

---

14) 최현배의 연희회고록에 의하면, 동양사 과목 안에서 한국사와 한국어가 강의되었고 내면적으로는 민족의 갱생을 배양하는 방안이 여러 면에서 발현되었다.

월 최남선이 주도하여 만든 조선광문회에도 참여하여 조선어를 연구하였다.[15] 백낙준, 최현배, 정인보 등이 국학을 발전시키기 위해서 노력하여 국어학의 요람지로 연희전문이 등장하였고, 1930년 문과교수들의 연구논문집인 『조선어문연구』(1집)이 간행되기도 하였다. 최현배는 『조선어문연구』를 게재하였고, 1930년에 『조선민족 갱생의 도』를 발표하였다. 1933년 『한글 맞춤법 통일안』, 1935년 『우리말본』을 저술했고, 1936년에는 『시골말 캐기 잡책(방언채집 수첩)』을 1937년에는 조선어학회와 더불어 『조선어 표준어 모음』을 출간하였다.

조선의 지식인들이 1925년 조선사정조사연구회를 만들어 조선사에 대한 연구를 진행했으며 연희전문 경제학자, 보성전문 법학자, 신문사 기자, 민족주의자들이 주류를 이루게 되었다. 여기에는 일본이나 미국 유학파들이 많았고 언론이나 학술단체, 기독교 청년회 등에 참여하는 인사들이 많았고, 한민족의 미래를 이야기하는 민족주의 단체로 발전하였다(고정휴, 1991).[16]

---

[15] 조선광문회에는 유근, 유성준, 김명식, 최남선, 정인보, 변영로, 등과 같이 황성신문, 동아일보, 조선일보 등 편집자, 기사, 설립자 등이 참석했고 이들은 조선사정연구회 및 경제연구회 등 다양한 연구회와 학회에 가입되어 있었다. 이들은 조선어 연구에 있어서 큰 역할을 하였다(오영섭, 2001: 87-93).

[16] 조선사정조사연구회에는 다양한 직업군의 사람들이 참여하게 되었는데 조선사정조사연구회는 "복잡한 실제운동을 떠나서 현하 조선의 사회사정을 과학적으로 조사연구하여 널리 사회에 소개하고자" 창설되었음을 주장하였다. 참여자들에는 동아일보의 국기렬, 박찬희, 한위건 (최원순), 조선일보 김송은, 김준연, 이상철, 안재홍, 백관수, 시대일보 홍명희, 개벽지의 김기전, 연희전문 이춘호, 백남운, 유억겸, 이관용, 이순탁, 조병옥, 조정환, 보성전문 선우전, 홍성하, 경성법학전문 이긍종, 고등보통학교 박승철, 백남훈, 최두선, 조선은행 이재간 그리고 김수학 등이 태평양문제연구회 조선지회 발기인들로서 참여하고 있었다(고정휴, 1991: 310).

3) 보성전문과 사회과학

연희전문이 선교사들의 지원으로 전문학교 수립까지 큰 어려움 없이 성장하고 있었던 반면, 보성은 설립 이후부터 설립자, 교장 등 학교를 운영하는 인물들이 독립운동과 연계되어 운영자가 자주 바뀌면서 어렵게 지탱하고 있었다. 그럼에도 재단법인 사립보성전문학교를 만들기 위해 전국에서 모금을 진행하고 천도교 측에서 부지와 금액을 지원하여 이사회를 만들었다. 신교육령이 반포되자 1922년 3월 29일 이사회가 전문학교 신청을 결정하였다. 보성은 전문학교 신청을 하여 1922년 4월 1일 정식으로 인가를 받았다(고려대학교, 2007: 295).

보전은 설립당시 법학과와 상과로 구성되었다. 설립당시 교직원은 총 26명이었고 조선인이 19명 일본인이 7명이었다. 당시 보전은 전임교수 6인을 두었는데 김영주가 상업학과 부기를 강의했고, 홍성하 교수는 경제학, 재정학, 사회정책을 가르쳤고 나머지 네 교수 법률을 담당하였다. 고원훈의 주선으로 법원의 판검사를 강사로 위촉하여 출강도 하였다. 보성졸업자는 판임문관 특별임용자격이 주어졌고 사립중등학교 교원자격이 인증되었다.

보전에서의 교과과정은 1학년에서 사회학, 철학개론, 논리학, 영어, 2학년에는 재정학, 사회정책 실무, 영어, 3학년에는 영어가 추가되었다. 당시 사회주의의 영향으로 이해되는 사회학과 사회정책이 포함되어 있었다는 점이 눈에 띈다(윗글, 308). 박승빈은 교장에 취임한 행정가이면서 변호사였다. 그러나 그는 조선어에 관심을 두어 조선어학연구회 그리고 정음지를 간행하여 철자법과 문법연구에서 일가를 이루었다. 사회학자 고영환이 1925년 사회학 강사로 출강했다. 그가 "인민진보의 개념과 법칙"이라는 논문을 소개했는데, 그것은 퇴니스가 이탈리아사회학협회에서 발표했던 논문이었다(윗글, 309). 연전에서 사회경제학을 강의하던 백남운이 보전에서 사회학을 강의하기도 하였다.

사회과학연구의 성황으로 1925년 부대사업으로 보전에서 조선전수학원을 야간으로 설립했다. 교장 유성준, 재단이사 이승우(강사), 학감 서상환, 대표이사 오상준, 김영주, 홍성하 등이 개입. 사회과와 법률과를 두어 50명씩 모집했는데 사회과에 있었던 과목은 사회학원론, 사회학사, 사회사조론, 사회운동사, 사회정책, 사회문제, 농촌문제, 노동문제, 경제학원론, 경제학사, 경제학, 금융학, 법학, 국제법, 형사정책, 시사법률문제, 윤리학, 심리학, 윤리학, 생물학, 문학개론, 철학, 신문학, 역사, 영어 등이었다. 법률과에는 민법, 상법, 형법, 민사소송법, 형사소송법, 파산법, 헌법, 행정법, 국제법, 법학통론, 윤리학, 철학, 사회학, 경제학, 사회정책, 실무, 영어 등이 포함되어 있었다.

1918년 연희전문의 언더우드(원한경)에 의해서 사회학이 강의된 이후 보성전문, 경성제대 등에서 사회학이 강의되었다. 독일 라이프찌히 대학교에서 박사학위를 받고 돌아 온 김현준이 보성에서 사회학을 가르치고 1930년에는 『근대사회학』을 저술하였다(박영신, 1985: 13). 1920년대 사회사조를 반영하여 사회학이 개설된 것은 조선전수학원이 처음이었다. 비록 보전이 법학과 상과로만 구성되어 있었으나 조선전수학원이 만들어져 조선에서 국가학이 사라진 자리를 분화된 사회과학의 분과 학문이었던 정치학, 경제학, 사회학, 철학, 윤리학, 심리학이 보전의 교과목에 들어 있었다. 그리고 많은 사회과학자들이 그곳에서 강의를 할 수 있었다.

4) 이화여전과 사회과학

한일 병합 이후 대학과를 설치했던 이화학당에는 중등과 졸업생이 가는 곳이었다. 일반 대학은 아니었다. 그리고 사립으로 비록 유치원 과정이었으나 유치원 사범과가 설치되기도 하였다. 문화통치시기였던 1922년 사립학교법이 개정되면서 선교사가 만든 학교에서 교과목의 제한이 철폐되었다. 그리고 교원 자격도 완화되었다(이화여자대학교, 1986: 126). 1925년 3월 1일 재단법이 미감리회 조선인선교부 유지재단 이사 홀(Ada B. Hall) 명의로 전문학교령에 의거하여 이화여자전문학교 인가 신청을 하게 되고 4월 23일 총독부의 정식인가를 받게 된다. 그리하여 대학과와 대학예과를 흡수하여 예과 1년 본과 4년의 문과와 예과 1년 본과 3년의 음악과로 시작한다. 이후 가사과가 신설되어 문과, 가사과, 음악과가 이화의 3개과를 통해 전문학교 체제를 이룬다. 이화 유치원 사범과는 이화보육학교로 바뀌었는데 이화전문학교와 이화보육학교 모두 사회과학을 모두 가르쳤다.

이화학당이 전문학교로 승격하기 전부터 총독부의 유화 정책으로 인해서 다양한 교과목을 갖출 수 있었는데 이화학당은 초기부터 한국어 교육을 하지 못했기 때문에 이화여전은 영어 교육을 강화시켰다. 문과의 교육내용은 인문, 사회, 자연과학의 학문을 개설하여 그리스도인의 이상에 맞는 고결하고 완전한 품성을 지닌 시민을 배양하는데 최선을 기울였다. 최현배, 이은상, 변영로, 이희승, 김상용, 이태준, 정인보, 이성희 등이 문과에 재직하면서 교양을 가르쳤다. 한치진은 미남가주대 학 철학박사학위를 받고 논리학, 사회학, 철학개론을 강의하면서 여러 권의 철학교재와 『사회학개론』(1933)을 저술하였다(박영신, 1985: 13). 1936년 가을에는 한국철학을 강의하던 박종홍 선생과 함께 철학연구클

럽을 조직하였다(이화여자대학교, 1986).

가사과에는 근대적인 가사를 학문적으로 가르치기 위하여 근대학문에 특히 초점을 주었다. 생활의 과학화는 당시 총독부의 의지이기도 했었기에 근대라는 이름으로 사회과학이 함께 강의되었다. 가사과에서는 전공과목 이외에도 수신, 종교교육, 일본어, 조선어(문법, 작문), 영어(독해, 문법, 작문, 회화), 법제, 경제, 사회학 등 인문사회과학 전반에 걸친 과목들을 가르쳤다. 일제가 만주를 침략하고 본격적으로 조선에서 교화라는 이름으로 교육제도를 바꾸면서 사회과학은 줄어들 수밖에 없었다. 1936년 개정된 학칙으로 인해서 전공강화로 사회과학은 주 5시간에서 3시간으로 줄어들었고 과학은 18시간에서 16시간으로 줄어들었다. 학칙의 변경은 총독부의 요구에 의해서 이루어진 것으로 조선어 및 한문과목이 선택과목으로 밀려났고 일본어 시간이 늘어났다. 17회(1942년 졸) 졸업생이었던 최신덕은 시카고 대학 대학원에서 석사를 하고 본교의 사회학과 교수로 인류학과 가족제도를 강의하였다(이화여자대학교, 1986).

총독부의 허가로 사립 전문학교들이 설립되고, 사회과학 과목들이 강의되었을 때, 이를 담당할 강사의 수는 한정되어 있었다. 국내파가 없었기에 초기에는 임용된 교수들은 대부분 유학파였다. 강사 수가 한정되어 있었기에 이들이 여러 학교에 출강하게 되었다. 여러 곳에서 동시에 강의와 연구를 담당한 교수들로 인해 각 학교의 사회과학은 연결될 수 있었다. 사회과학의 각 학문분과들이 분과학문으로 제도화되기 전(前)이었기에 종합적 사회과학 특성이 발달하였다. 그리하여 지식인들은 한국사회를 바라보는 보편적이고 종합적인 사회과학의 시각을 갖출 수 있었다. 사회과학의 보편성 위에 조선이라는 특수성이 결합되었다. 사립전문학교는 일제의 지식생산에 대항하는 조선 지식인들에게 의사소통의 공간을 제공해주었다. 때마침 성장하고 있었던 신문과 잡지에 그들의 사회과학적 방법과 지식을 전달할 수 있었다.

4. 미디어 정책의 변화와
사회과학자들의 공공영역의 등장

문화통치시기 조선인들의 저항 같은 외부 요인과 일본 내 권력관계의 내부요인이 상호작용하여 총독부의 제도의 변화를 이끌었는데 미디어 정책의 변화는 교육제도만큼 파급력이 컸다. 병합 이후 조선 국내·외에서는 『신한민보』, 『국민보』, 『북미시보』, 『태평양주보』 등과 같은 해외 신문이 일제에 대항하고 있었다. 3·1만세운동으로 통제와 탄압 일변도의 정책이 효과적이지 못했다는 결론에 도달했다. 일제는 조선인들의 목소리를 공개시켜 통제하는 편이 훨씬 용이하다고 판단하였다. 저항세력의 목소리를 양성화하여 통제하기 위한 정책으로 조선말 즉 한글신문의 발행을 허가하였던 것이다(이연, 2013: 278).

정책의 변화는 정책 입안자의 목적과 다른 의도하지 않는 결과를 만들어낼 수도 있다. 문화통치 시기 도입된 새로운 미디어 정책은 제도 변화를 통한 새로운 조선 지식인들의 공공영역의 등장을 가져왔다. 미디어에 관한 제도변화 중 이전과 크게 달라진 것은 한글 신문과 잡지의 발행을 가한 것이었다. 신문지법에 의해서 『조선일보』, 『동아일보』, 『시사신문』 등이 창간되었다(조성운, 2007: 16-17). 『수양』, 『여자시론』, 『현대』 등의 잡지 등을 시작으로 수백여 종류의 잡지들이 창간되었다(김근수, 1992: 104). 한글신문 3개(매일신보 제외)와 다양한 종류의 잡지는 많은 학자와 학생들로 하여금 새로운 사회과학적 방식과 이론을 이용해서 조선의 현재에 대한 문제를 과학적으로 인식하고 조선의 미래를 논(論)할 공간을 제시해주어 사회과학의 활성화에 기여하였다.

출판법과 신문지법에 의해서 잡지의 한글잡지의 간행은 더욱 쉬워졌다. 많은 자금이 했던 신문과 달리 잡지는 상대적으로 적은 자본과 작은 규모로 소수의 인원이 만들 수 있었다.[17] 1920년 1월 24일 발간하고 통권 5호로 사라진 『여자시론』, 1920년 3월 10일에 창간되었으나 통권 3호로 사라진 『신여자』 등과 같은 잡지를 비롯하여 20년대에는 173개가 되었다(김근수, 1992: 100). 1930년 1월부터 1936년 말까지 발행된 잡지는 1936년 12월 10일 창간되었던 『보전학생』을 마지막으로 하여 총 162종류가 있었다(김근수, 1992).[18] 창간과 폐간이 일상화되었던 시기였음에도 불구하고, 1930년대 이전에 창간되어 약 7년 이상 속간된 잡지가 『천도교회월보』를 비롯하여 42종 이상이 되었다(윗글, 106). 1933년 5월 1일 당시 조선총독부 경무국이 발행한 출판물 일람표에 의하면 서울과 지방에서 총 137종의 잡지가 외국인 발행 91종을 합하여 당시 조선에서 약 228종의 잡지가 있었고 『신동아』, 『신가정』과 같은 잡지는 만 부 내외를 발행하는 것이다(윗글, 95). 가히 잡지의 전성시대가 도래한 것이다.

춘추전국시대처럼 서로 다른 사상, 이념, 신념, 신앙 등과 같이 자신

---

[17] 예를 들면, 시사신문이 폐간되고 시대일보가 창간되고, 이것이 중외일보로 가는 과정은 몇 개인이 신문사를 담당할 수 없었다는 것을 보여준다. 1921년 시사신문이 폐간되고 1922년 시사평론이라는 월간지로 개간되자 일간지가 2개밖에 없어서 당시 총독부가 최남선을 사장으로, 진학문을 편집 발행인으로 하여 시대일보를 창간하게 된다. 그러나 자본의 양에서 감당하지 못한 이들은 이를 폐간하고 이상협이 중외일보로 재개하게 되었다(이민주, 2006: 203).

[18] 1930년대에는 『여성조선』, 『혜성』, 『비판』, 『이러타』, 『신동아』, 『한글』, 『제일선』, 『신계단』, 『신가정』, 『가톨릭청년』, 『학증』, 『전선』, 『중앙』, 『정음』, 『진단학보』, 『신인문학』, 『월간야담』, 『동양의학』, 『소년중앙』, 『사해공론』, 『조광』, 『호남평론』, 『야담』, 『여성』, 『성서조선』 등이 발간되었다(이준식, 2014: 218).

들의 목적에 맞게 잡지를 창간했기에 다양한 잡지들이 1920년대 이후 등장하고 사라지게 되었다. 문화정치 시기 조선에서는 민족주의, 사회 주의 등의 서로 다른 사상이 영향을 미쳤고, 근대화와 독립을 위한 방 식에 있어서, 조선과 조선인들을 계몽하려 한 목적에 따라 종교, 사상, 성, 연령, 등에 따라 다른 계층과 집단을 대상으로 다양한 잡지들이 창 간되고 읽혀졌다. 전문학교 및 고등 교육 기관의 성장과 더불어『신흥』, 『조선학보』,『청구학총』,『조선민속』,『진단학보』,『철학』,『정음』등과 같은 학술잡지 등도 많이 창간되었다(김근수, 1992: 107).[19]

1920년대 한국인이 소유하고 운영하며 한글로 만들어지는 신문과 잡 지의 등장은 총독부 기관지역할을 하던『매일신보』보다 조선인들의 시 각에서 식민지 조선을 이해할 수 있었기에 더 많은 독자를 확보할 수 있었다. 많은 독자의 확보는 지식을 생산하던 학자 및 지식인들에게 자 신들의 학문 영역 안에서 새로운 방식의 과학적 글쓰기와 조선 사회에 대한 논쟁의 기회를 제공하게 되었다. 3·1만세운동의 저항 직후였던 1920년대는 독립을 갈망하던 식민지 조선인의 입장에서 조선 독립을 위한 다양한 방법 제시 및 조선에 대한 인식에 관하여 서로 다른 인식 과 사상 사이에서 많은 논쟁이 일어났고 이들 대부분은 신문 및 잡지의 지면을 통해서 이뤄졌다. 한편, 조선을 지배하던 일본인의 입장에서는 조선인의 신문과 잡지에 기고된 글을 통해서 조선인들의 현실 인식을 이해할 수 있었다.[20]

---

19) 1920년대 들어오면서『폐허』,『백조』,『영대』,『조선문단』,『해외문학』과 같은 문학 잡지가 탄생했다. 그리고『공제』,『개벽』,『청년』,『아성』,『계명』,『신천지』,『신생 활』,『시시평론』,『부인』,『동명』,『소신시상』,『어린이』,『신여성』,『농민』,『산업계』, 『사상운동』,『불교』,『신민』,『조선농민』,『아희생활』,『신인간』,『동광』,『별나라』, 『별건곤』,『이론투쟁』,『현대평론』,『한글』,『노동운동』,『신흥과학』,『한빛』,『신생』, 『중성』,『농민생활』,『삼천리』,『신흥』,『조선물산장려회보』,『해방』,『대중공론』, 『대조』,『청구학총』가 동년대에 창간되었다(이준식, 2014: 217).

신문기자, 활동단체, 교수, 학생 등과 같은 지식인들 조선 사회에 대한 고민을 함께 할 공간인 학회, 연구회 같은 조직 등을 만들어 교통하였다. 지식인들이 함께 하면서 자신들의 사상과 이념 그리고 새로운 학문을 주제로 토론하면서 조선 사회의 현실 진단과 미래를 논할 수 있는 공공 영역이 만들어질 수 있었다. 문화정치로의 전환은 일본이 의도한 것은 조선을 좀 더 쉽게 효율적으로 통치하려는 것에서 출발했지만 대응한 행위자들이었던 조선인 지식인들은 일본이 의도한 대로 움직인 것이 아니라 새로운 제도 아래서 각기 합리적 행위에 의존하여 선택하고 새로운 결과를 만들어 냈다.

활발한 조선인들의 학술 및 미디어의 성장에도 불구하고 일본의 근본적 의도는 통제와 지배에 있었다. 1920년대 초기 발행된 3대 민간지의 발행인들을 보면 일제가 한글 신문 발행 및 소유를 허가한 조선인들은 일본과 일정한 관계를 유지한 사람들을 선택했음을 알 수 있다. 조선일보는 대정실업친목회에서 활동하던 조진태를 사장으로, 예종석을 발행인으로, 편집국장에는 최강, 인쇄인으로는 서만순으로 하여 1020년 3월 5일 창간되었다. 이들은 모두 대정친목회의 중견인들이었다(이민주, 2006: 202). 대정친목회는 1916년에 결성된 대지주, 관료, 실업가등이 결성한 조선인 단체였다. 종교단체 외에 어떤 단체도 설립이 허가되지 않던 시기였음에도 일본에 의해서 허가된 유일한 단체였다. 동아일보는 1920년 4월 1일 사장에 박영효, 편집감독에 전 황성신문 사장 유근, 대한매일신보의 양기탁, 주간에 장덕수, 편집국장에 이상협 등이

---

20) 조선총독부 제2대 도서과장을 역임하고 언론을 통제한 다치다 기요다쓰(立田淸辰)는 1920-24년의 시기를 독립갈망시기로, 1925-29년까지는 이론투쟁시기, 1929년 이후는 합법적 투쟁시기로 구분하는데 반해서 정진석은 친일지의 독점기로 1910년대를, 1920년대는 민간지의 재생과 항일기로 구분하며, 1931년 이후는 친일강요기로 구분하였다(송석원, 2012: 57)

주식회사의 발기인이었던 김성수와 함께 하여 창간되었다(이민주, 2006: 203). 김성수는 기업을 운영하면서 조선인 자본 보호와 조선인 신문의 필요성을 사이토를 만나면서 역설할 수 있는 위치에 있었다는 점에서 총독부와 협력관계를 가질 수 있었던 것으로 보인다. 시사신문은 조선인 참정권을 적극적으로 주장했던 대표적 친일파 중의 한 사람인 민원식이 발간했다. 시사신문은 민원식이 동경에서 피살되고 1년도 못되어 폐간되었으며, 이후 시대일보가 창간되고 폐간되면서 중외일보, 중앙일보로 창간 및 폐간이 되었다.

엄격한 통제는 조선인들이 일본의 지배에 반하는 사상이나 담론을 이론적으로 학문적으로 발전시키는 것을 방지하고 그런 소위 불온사상이 범람하는 것을 막고자 하는 목적에서 비롯되었다. 문화통치 시기 조선총독부의 언론에 대한 시각과 총독부의 언론통제는 변하지 않는 원칙이었다. 일제의 언론통제는 즉결처분부터 정식 재판에 넘기는 사법처분과 사전탄압과 사후탄압으로 이뤄진 행정처분으로 이뤄졌다(정진석, 1995: 438). 총독부의 언론통제는 총독부 경무국 고등경찰과에서 담당하였으나 민간 신문과 잡지가 대량으로 방행되던 1926년 5월 도서과를 신설하여 이를 담당케 하였다(정진석, 2007: 48).[21]

총독부의 언론통제 방식 중 사전탄압에는 간담, 주의, 경고, 금지, 해제의 방식이 있었는데 1925년에서 1939년까지 간담은 총 47건, 주의는 1,088건, 경고는 622건, 금지는 55건, 해제는 778건이 있었다. 신문이 발행되고 진행된 사후탄압에는 삭제, 발매금지(또는 압수), 발행정지(정간처분), 발행금지(폐간처분) 등이 있었다(정진석, 윗글, 102: 정진석, 1995:

---

[21] 정진석이 1931년 조선총독부 경무국이 발행한 『朝鮮警察槪要』 11쪽을 참조한 것에 따르면 도서과의 임무는 신문지, 잡지 및 출판물에 관한 사항, 저작권에 관한 사항, 검열한 신문지, 잡지 및 출판물 보존에 관한 사항, 활동사진 필름의 검열에 관한 사항 등이었다고 한다(정진석, 2007: 48).

438). 총독부 경무국 도서과 자료에 의하면 1933년과 38년을 제외하고 한인 발행 신문의 31년부터 39년까지 삭제 건수는 1349건 주의는 320건 이었다(윗글, 109).[22] 1920년 이후 1940년까지 동아일보 436건, 조선일 보 481건, 중외일보 299건, 매일신보 55건 총 1271건이었다(윗글, 115).[23] 발행정지 즉 정간은 동아일보가 4차로 총 569일, 조선일보가 4차로 259 일, 중외일보가 1개월 12일이었으며 잡지로는 신생활이 1923년 1월 8일, 개벽이 1925년 8월 1일에서 10월 15일까지 그리고 1926년 8월 1일 폐간 되었다(윗글, 117).[24]

1920년대 있었던 만주 독립군 기사, 일제 탄압기사 등 다양한 이유로 해서 조선일보, 동아일보, 시대일보 등의 압수 및 정간 등과 같은 언론 탄압이 평균 매주 한 번꼴로 진행 되었다(윗글, 113).[25] 일제의 탄압은 강도 높게 진행되었다. 경무국 도서과의 인원도 1926년에 10명에서 1942년에는 41명으로 늘어나 있었다(정진석, 2007: 51). 잡지 폐간 시작 은 1922년 3월 11일에 신생활을 제창하면서 개조와 혁신을 내걸면서 창 간되었던 『신생활』에서 시작했다. 김명식과 유진희 그리고 사장인 박 희도가 사회주의 및 공산주의 사상을 가지고 잡지사를 운영한 혐의로

---

22) 조선출판경찰개요의 각 연도판을 종합한 자료 109쪽의 것을 모두 합하였음.

23) 중외일보는 시대일보, 중외일보, 중앙일보, 조선중앙일보로 이어지는 신문의 총칭을 나타내는 것이다.

24) 민간신문들은 창간 이후부터 여러 차례 주의, 발매금지를 받게 되었는데 1920년 4월 15일자 동아일보가 처음으로 평양 만세소동을 기사화하면서 발매금지 당하였고, 조 선일보가 창간 한 달 후인 4월 28일 "어약혼 있었던 민낭자, 지금부터의 각오"란 기 사로 영친왕과 이방자 여사의 강제결혼을 비판한 이유로 압수당하고 정간되었다(정 진석, 윗글, 111-112).

25) 일제의 언론 탄압 정책에는 근본적으로 변화가 없었다. 언론은 총독부의 나팔수 역 할을 충실히 하여야만 했는데 그렇지 않은 경우 정간되었다. 예를 들면, 독립군 활 동에 대해서 기사를 작성하자 1920년 9월 26일 동아일보를 정간시키고, 그 이전 9월 5일 조선일보를 정간시킨 후 매일신보로 하여금 독립군의 활동을 폄하거나 악의 적인 기사를 내도록 하였다(수요역사연구회편, 2007: 29). 수요역사연구회편에서 황 민호의 글을 살펴볼 것.

기소되어, 그 다음해인 1923년 1월 8일 공산주의 선동 혐의로 잡지를 폐간하도록 명령하였다(정진석, 2007: 158). 1926년에는 1920년 창간되었던 종합잡지였던 『개벽』지가 "안녕질서"를 방해했다는 명목으로 폐간되었다(윗글, 141).

사법처분과 행정처분을 비롯한 감시와 통제는 조선 사회에서 언론의 서로 다른 두 방식으로의 저항을 불러 일으켰다. 소극적 저항과 적극적 저항이었다. 그러나 통제와 탄압이 가져온 것은 자기 검열을 강요한 것이었다. 총독부의 검열에 걸리지 않고 발행 후 처벌을 받지 않기 위해서는 비정치적인 기사 혹은 총독부가 원하는 방식과 내용의 기사를 전달하는 수밖에 없었다. 엄격한 통제와 탄압은 의도하지 않는 결과를 만들어 내곤 하는데 그것은 비정치성에 초점을 맞추다보니 정치적인 것에 무관심하게 만들어 기존 정치 질서가 유지되게 혹은 정당하다는 인식을 갖게 만드는 것이다. 언론은 일제의 선전기구가 되거나 정치와 무관한 근대 지식을 전달하는 기능을 하게 되었다. 근대 사고를 전달하는 지점에서 조선인 소유 및 경영 신문들은 근대사고의 발달과 조선인들의 지적 능력 개선 및 근대화와 연결이 될 수 있었고 총독부의 입장에서도 새로운 사고를 발현시키려는 노력은 조선이 과거를 잊고 새로운 인간형을 받아들이는 것이라서 상충되지 않는 것이었다. 비정치성의 강조는 다양한 사조를 받아들이는데 기여했다. 다양한 사조의 도입, 대학의 성립과 각종 학설과 근대 학문이 제도적으로 수립되면서 신문과 잡지를 통해서 근대의 본격적 도래를 학문적으로 전파하려는 노력이 가해지면서 사회과학 활성화를 이끌었다.

문화통지로 섭어늘면서 허용되기 시작한 미디어의 성장은 연구자들에게 자신들의 연구 결과물과 사고체계 등을 대내외에 알리면서 동시에 논쟁을 전시킬 수 있는 여건을 마련해주었다. 소수의 지식인들을 중

심으로 하여 학회들이 만들어지고 학술잡지 등이 대학 내외부에 제도
화되기 시작하였다. 내부의 신문과 잡지를 통한 사회과학적 글들이 많
이 양산되기 시작했다. 지식인을 생산해 낼 수 있는 고등교육제도가 막
자라나고 있었기 때문에 지식인들의 학문 활동은 전문화된 자신 영역
안에서뿐만 아니라 자신들의 전문 영역을 넘어서 조선사회 전반에 걸
쳐 이루어졌다. 대학교수, 학생, 언론인 등이 학회 혹은 연구단체를 결
성하고 자신들이 받아들인 사회과학 영역 시각에 따라 조선 사회를 다
루었다. 일제에 의해서 제도화된 사회과학은 조선이 식민지로 전락한
원인을 사회에서 찾고자 하였던 조선 지식인들에게 필요한 개념과 이
론 틀을 제공해주었다. 조선의 과거, 현재, 미래의 비전과 독립의 방향
및 방법까지 학문의 주제는 다양했고 그들이 다루고자 했던 대상도 달
랐다.

　조선을 연구하는 분야는 경제, 문화, 정치, 민속, 등 사회과학의 분과
학문 영역 전반에 걸쳐서 이뤄졌다. 일본과 조선 지식인들의 목적은 같
은 사회과학을 토대로 조선을 연구하고 있었음에도 달랐다. 일본의 경
성제국대학 중심으로 진행된 조선학 연구들은 조선의 열등성과 일본의
조선 식민화를 학문적으로 정당화하는 것이었다. 1934년 9월 11에서 13
일까지 동아일보에는 조선학운동에 대한 기사가 나타난다. 한국인들의
다산 서거 99주기 기념강연회에서 정인보와 안재홍이 주창한 '조선학'
운동은 조선의 내재적 발전론에 입각하는 등 일본 학문에 대한 도전과
저항을 의미하였다(신주백, 2014: 47; 전상숙, 2015: 258). 이런 연구들이
신문과 잡지를 통해서 나타났는데 1920년대 초기에는 학회나 연구회보
다 개인적인 논쟁이 시작되었다.

　유학생들 특히 일본 유학생들은 이광수를 비롯해서 유학시절부터 조
선언론에 기고를 하였는데 이순탁은 연희전문에서 강의하기 2해전인

1920년부터 동아일보에 경제문제에 대한 기사를 기고하기 시작했다. 당시 그는 경도대학에 재학중이었고 1922년에 귀국하였다. 이순탁은 1920년에는 "반도의 경제상지위를 논하야: 금후경제개발전책에 급함," 을 5회에 걸쳐 연재하고, 21년에는 "조선과농업"을 15회에 걸쳐, "말크쓰의 유물사관"을 22년에 18회에 걸쳐서, 같은 해 "막쓰 사상의 개요"를 35회에 걸쳐서, "막쓰 이전의 경제사상"을 같은 해에 14회에 걸쳐서 기고하였다.

1922년 5월 20일자 동아일보에 따르면, 평민대학 청년연합회에서 평민대학 제 1회 개강이 같은 해 6월 1일임을 알리고 있다. 강사로는 경제학원리를 가르치는 이순탁, 사회학대지의 노동일, 현대사상연구의 김명식, 사회정책의 홍성화, 산업발달사의 김철수, 사회문제의 장덕수, 교육발달사의 강매, 서양사의 김도태 등이 있음을 알린다. 이들은 새로 생긴 대학과 언론사들, 그리고 잡지사에 지속적으로 글을 남긴다. 조선에서는 당시 사회학이란 무엇인가를 일본 유학파 출신 배성룡이 연재하면서 사회혁명, 사회변동, 사회질서에 관한 새로운 이론을 소개하였다(『조선일보』, 1923년 7월 25일부터 총 28회). 백남운은 조선일보에 사회학의 성립유래와 임무 등을 비롯하여 새로운 학문을 30년에 소개하였다.

학문과 사상의 소개에서 나아가 논쟁을 촉발하는 것도 잡지와 신문을 통해서였다. 1922년 5월 개벽지에 등장한 이광수의 민족개조론과 그 2년 뒤인 24년 1월 민족적 경륜을 발표하면서 촉발된 독립 대신 자치, 실력배양, 개조론 등이 지식인 사이에서 반향을 불러 일으켰다.(유용식, 2002: 32-34). 자치운동에 대해서는 백남운이 1927년 1월에 창간된 『현대평론』에 "자치운동의 사회사적 고찰"이라는 글로 자치운동이 일제의 식민정책의 수단이 될지 모른다고 비판하였다. 1922년 이후 논의되다

1923년 1월 20일에 창립총회를 열고 시작된 물산장려운동 (물산장려회 주도) 또한 주된 논쟁의 대상이었다.[26] 동아일보는 물산장려운동을 후원했는데 이에 대해서 사회주의 사상을 가지고 있었던 이성태가 곧 "사회주의자가 본 물산장려운동"을 통해서 중산층을 위한 운동으로 비판하자 동아일보는 3월 30일자 사회면에서 "이태성의 논문을 평함"을 통해서 비평한다. 그 다음 날 1면에서 동아일보는 "物産獎勵運動에對한論爭 事實을正觀하라"는 사설을 통해서 23년 2월부터 시작된 민족주의계열과 사회주의계열 사이 시작된 논쟁에 대해서 다루었다.

다양한 지식인들의 배출, 학교의 제도화, 그리고 신문잡지의 창간과 발행으로 지식인들의 상호 교류가 많아지던 시점에 학회, 연구회, 그리고 언론이 각 영역을 넘어서 의사소통을 할 수 있는 일종의 공공장 (public sphere)과 같은 단체들이 생겨났다. 사회주의자들과 민족주의계열 지식인들이 모여 만든 조선사정연구회가 대표적이다. 조선사정연구회는 1926년 5월에 사회주의적 학생조직으로 연전 상과 내에서 결성되었던 경제연구회를 주도한 연전 상과 교수 이순탁과 백남운이 주도하였다. 경제연구회 출신들은 9월에 조선사정연구회 결성에 참여했고, 1925년 11월에는 조선경제학회를 만들었으며, 조선사정연구회 회원 대다수는 태평양문제연구회 조선지회[27]에 참여하게 된다.

---

[26] 물산장려회는 1923년 1월 20일 창립총회를 열고 이사장 1명, 상무이사 3명, 이사 16명의 임원직을 선출했다. 이때 이순탁은 조사부 이사로 선출되었다. 그럼에도 많은 사회주의 사상을 가진 이들이 비판을 시작했다. 이순탁은 동아일보에 맑스의 유물론에 대해서 상세하고도 길게 연재를 했음에도 중산층을 위한 물산장려운동이라는 비판에도 글과 강연으로 그 운동에 적극적으로 참여하고 있었다. 이에 대해서 홍성찬은 이순탁이 보천교 간부였던 두 형에 의해서 영향을 받았기 때문이라고 이야기한다(조선일보 1923년 2월 9일자, 회원 회보: 홍성찬, 1996).

[27] 태평양문제연구회 조선지회는 1925년 11월 28일 종로에 위치한 기독교 청년회관에서 열렸다(고정휴, 1991: 302). 태평양문제연구회에 참여했던 회원들은 에모리대학에서 의학사를 받은 구영숙 세브란스 의학전문학교 교수, 구자옥 조지윌리엄즈대학교 출신, 김기전 보성전문학교 출신의 개벽사 주필, 김활란 보스턴대 문학석사 이화

조선사정연구회는 연구의 대상이 조선이었다는 점, 조선의 특수성을
연구하는데 서구의 사회과학적 보편적 방법에 기초하였다는 점 등을
토대로 연구회로서 조선사회를 객관적으로 바라보는 시도를 하였으며,
신문이나 잡지에 자신들의 연구를 알리는 것을 단체의 목적으로 삼았
다는 점에서 학술단체이면서 동시에 운동단체였음을 알 수 있다(방기
중, 1994: 74).[28] 이들이 주로 유학파 출신의 연구자이면서 당시 교수들
이었고, 다른 회원은 유학 또는 국내파 지식인들이었던 신문 및 잡지
기자들이었다는 점에서 교내의 단체를 넘어 조선사회에서 공론장을 형
성할 수 있었다는 점에서 그 의의가 크다고 할 수 있다. 조선사정연구회
가 성립된 직후인 1926년 1월 백남운은 "조선사회력의 동적 고찰"이라
는 논문을 그 다음해인 1927년 1월에는 조선자치운동에 대한 사회학적
고찰"을 발표하였는데 전자는 백남운이 조선사정연구회의 1차 조사보

여전 교수, 노정일 콜럼비아대학교 문학사 연희전문 강사, 민홍식 총독부 학무국 촉
탁, 백관수 일본명치대 법과 조선일보 상무이사, 백남운 일본 동경상과대 출신의 연
희전문 상과교수, 백상규, 미국 브라운대 연희전문 상과교수, 송진우 일본 명치대
법대 출신의 동아일보 주필, 신흥우 미국 남가주대 경제사회학석사, 안동원 미국시
카고서북대학 교육학 이화여전 교수, 안재홍 일본 조도전대 정치경제학 조선일보
주필, 유억겸 연희전문 일본 동경제대 법대 연희전문 부학감, 윤치호 미국 밴더빌트
와 에모리 수학 조선기독교청년회 회장, 이관용 스위스 쮜리히대 철학박사 조선일
보 편집고문이며 연희전문 교수, 이순탁 일본경도대 연희전문 상과교수, 조병옥 미
국 콜럼비아 대학 철학박사 연희전문 상과교수, 최동 세브란스의학전문학교, 북경
협화대학을 졸업하였고 세브란스의학전문학교 교수, 최원순 일본 유학자이며 동아
일보 정치부장등이 참여하였다(고정휴, 1991: 303).
28) 조선사정연구회는 1925년 9월 15일 서울 돈의동에 위치한 명월관이라는 음식점에서
회합하고 창립하였는데 창립이념이, "맹목적인 사상을 받아들여 그대로 채택하지
않고 조선의 독특한 민족정신을 보호하고 유지하도록 노력한다"였다. 여기에는 비
타협적 민족주의자들과 일부 사회주의 계열 지식인들이 참여했다(방기중, 1994:
74-75; 고정휴, 1991: 308). 여기에 참여한 이들은 동아일보와 일본 유학파 출신이었
던 국기열, 박찬희, 민위진, 최원순 등이, 김승은, 김군연, 이싱질, 안새홍, 백관수 등
의 조선일보 기자, 시대일보 기자였던 홍명희, 개벽지의 김기전, 연희전문의 이춘호
백남운 유억겸, 이관용, 이순탁, 조병옥, 조정환 등이, 보성전문의 선우전, 홍성하 등
이, 경성법학전문의 이긍종, 고등보통학교의 박승철 백남훈, 최두선, 조선은행의 이
재간 김수학 등이 참여하였다(고정휴, 1991: 310).

고회(1925년 11월 28일)에서 보고한 글로 추론된다(방기중, 1994: 76).[29]

5. 결론: 제도와 사회과학 활성화 그리고 공공영역

1920년대 조선총독부의 문화통치로의 정책 변화와 그에 따른 교육과 미디어 제도의 변화는 일본 정치구조가 다이쇼 데모크라시의 영향 아래 진행되고 있었던 각 정파 사이 갈등 구조와 새로운 하라 총리의 등장과 같은 권력 구조변화와 같은 내적 요인이 3·1운동과 같은 조선인들의 저항이라는 외적 요소가 결합되어 나타났다. 문화정치와 그에 따른 교육과 미디어 제도의 변화는 국가의 지배 방식의 변화를 알리는 것이었다. 제도가 변화하면서 나타난 결과는 조선인들을 위한 전문학교의 설립 그리고 미디어 매체들의 등장이었다.

제도는 그러나 제도를 만들어낸 창조자가 의도한 대로만 움직이지 않는다. 제도는 행위자들로 하여금 구조와 대화하도록 만드는데 행위자들은 제도가 제공하는 한계에 의해서 선택의 폭을 좁히기도 하지만 동시에 제도가 주는 영역 안에서의 가능성을 따라서 자신의 공간을 확대하기 때문이다. 예를 들어, 조선인들에게 일본식 사고방식을 주입하기 위해서 만든 학교가 조선인들에게 실력 양성을 위해서 사용되거나, 미디어를 통한 통제와 간섭 대신 새로운 사상의 확대를 가져올 수 있었던 것들이다. 이렇듯 조선인들이 조선총독부가 의도한 대로 움직이지 않고 다른 선택을 함으로써 그것이 원래 의도와 다른 새로운 의도하지

---

[29] 조선과 동아일보는 이를 1925년 11월 30일자로 보도했다. 이때 기독교청년회관에서는 태평양문제연구회 조선지회의 모임이 4시 반에, 조선사정연구회 모임은 6시에 개최되었다고 한다.

않은 결과를 만들어낸 것이다.

문화통치 시기 새롭게 등장한 대학교 및 전문학교는 사회과학 지식을 학습하고, 생산하던 학자들에게 필요한 물적 자원, 공간, 시간 등을 제공했다. 학교가 생겼기에 학자가 교수와 학생이 나타났고, 이들이 연구하면서 토론하는 공간과 시간에 제도적으로 보장되었다. 조선인들 소유의 한글로 발간된 신문과 잡지는 생산된 지식과 새로 도입된 서구와 일본의 사상들을 널리 전파하는 역할을 하였다. 근대 이후 신문과 잡지들이 해왔던 조선인들에게 눈과 귀의 역할을 지속적으로 수행하였다.

일제가 의도적으로 만들어낸 열등한 조선의 지식들에 대한 학자들의 학문적 저항이 대학을 중심으로 진행되었다. 대학 내에서 교수와 학생들 중심의 학회들은 대항 지식 생산을 담당했다. 이렇게 생산된 대항 지식들은 학술연구기 막 시작하던 시기였기에 부족했던 지식 전파의 기능은 학술 연구 잡지가 아닌 일반 신문과 대중 잡지들이 대신했다. 또한 단순한 생산과 전달이라는 분업적 역할을 넘어서 두 영역에 존재하던 지식인들이 공동체를 형성하여 일종의 공공영역을 창조했다. 식민지 조선에서의 연구회와 학회는 교수, 기자, 청년회, 종교인 등과 다양한 지식인들이 새로운 사상을 도입하고, 토론하고, 발전시켜, 새로운 지식을 생산하는 기반을 마련하였고 식민지 극복과 조선 독립을 위한 시각을 서로 교환할 수 있는 일종의 근대적 형태의 공공영역(public sphere)을 만들어 냈던 것이다.

한편, 조선의 지식인들이 취했던 저항의 방식과 일본이 조선에 대한 왜곡된 지식을 생산하려고 했던 방식 모두는 사회과학의 방법론 및 이론을 필요로 했다. 과학의 이름으로 식민지화를 정당화한 일본과 조선의 지식인들은 저항을 위해 과학을 필요로 했던 것이다. 학문적 저항은 조선사회에 사회과학 활성화를 불러 일으켰다. 이에 1930년대 중반을 넘어서 일본은 사회과학 자체를 부정하거나 대학에서의 강의를 축소하기도 하였다.

조선 지식인들이 보여주었던 대응 공공영역(counter public sphere)은 하버마스가 근대 형성기 유럽에서의 지식인들이 보여주었던 부르주아지 공공영역과 유사한 점을 보여준다. 비록 문화통치시기 제도가 총독부에 의해서 만들어지고, 제도를 통해서 조선인들의 일상과 저항이 감시받고 억압을 받았지만 그 제도가 만들어낸 산물인 대학과 미디어가 저항의 수단과 공간을 제공해주어 지식인들에게 소통하게 만들어 지식생산을 가능케 했다는 점에서 주요한 의미가 있다. 사회과학의 활성화는 우리 사회의 문제 해결을 위한 과학적 방편을 제공해 주었을 뿐만 아니라 저항의 수단을 제공해주었던 것이다. 식민지 아래 공공영역의 역할에 대한 논의는 후속 연구에 의해서 진행될 예정이다.

▣ 참고문헌

고정휴(1991), 「태평양문제연구회 조선지회와 조선사정연구회」, 『역사와 현실』 6.

김근수(1992), 『한국잡지사연구』, 한국학연구소.

朴智東(2008), 『한국언론실증사1』, 도서출판 아침.

박영신(1985), 「사회학연구의 사회학적 역사」 『현상과인식』 9(1).

방기중(1992), 『한국 근현대 사상사 연구―1930·40년대 백남운의 학문과 정치경제사상―』, 역사비평사.

신주백(2005), 「일제의 강점과 조선주둔 일본군(1910~1937년)」, 한일관계사연구논집편찬위원회 편, 『일제 식민지지배의 구조와 성격』, 경인문화사.

심재욱(2002), 「1910년대 매일신보의 식민지 지배론」, 수요역사연구회 편, 『식민지 조선과 매일신보 1910년대』, 신서원.

안계춘(1973), 「우리나라 사회학의 선구자 하경덕」, 『인문과학』 30.

유용식(2002), 『일제하 교육진흥의 논리와 운동에 관한 연구－1920년대 전반기를 중심으로－』, 문음사.

윤선자(2005), 「조선총독부의 통치구조와 기구」, 한일관계사연구논집편찬위원회 편, 『일제 식민지지배의 구조와 성격』, 경인문화사.

이동진(2014), 「한국사회학의 제도화와 배용광」, 『동방학지』 169.

이연(2013), 『일제 강점기 조선언론 통제사』, 박영사.

이준식(2014), 『일제강점기 사회와 문화－식민지 조선의 삶과 근대』, 역사비평사.

전상숙(2012a), 『조선총독정치 연구』, 지식산업사.

전상숙(2012b), 「한말 신문, 잡지 언설을 통해 본 근대 서양 사회과학 수용의 역사 정치적 성격」, 『담론201』 15(2).

전상숙(2015), 「한국인 정치 참여 부재와 조선총독부의 관학을 통한 사회과학의 전개」, 『한국정치외교사논총』 37(1).

정재철(1985), 『일제의 대한국식민지 교육정책사』, 일지사.

정준영(2014), 「경성제국대학 ‘대학자치론’의 특징과 해방후 ‘대학상’의 충돌」, 신주백 편, 『한국 근현대 인문학의 제도화: 1910-1959』, 도서출판 혜안.

정진석(1995), 『한국언론사』, 나남.

정진석(2007), 『극비 조선총독부의 언론검열과 탄압』, 커뮤니케이션북스.

조성운(2007), 「1920-30년대 총독부의 언론정책과 『매일신보』」, 수요역사연구회 편, 『식민지 동화정책과 협력 그리고 인식』, 두리미디어.

최덕교 편저(2004), 『한국잡지백년』, 현암사.

최석영(2012), 『일제의 조선연구와 식민지적 지식 생산』, 민속원.

한일관계사연구논집편찬위원회(2005), 『일제 식민지지배의 구조와 성격』, 경인문화사.

허재영(2013), 『조선교육령과 교육 정책 변화 자료(일제 강점기 어문정책과 어문생활2)』, 도서출판 강진.

황미호(2002), 「총론－1910년대 조선총독부의 언론정책과 『매일신보』」, 수요역사연구회 편, 『식민지 조선과 매일신보 1910년대』, 신서원.

홍성찬(1996), 「한국 근현대 이순탁의 정치경제사상연구」, 『역사문제연구』 1.

Althusser, Louis(1972), *Lenin and Phiolsophy and Other Essay*, Monthly Review Press.

Collins, Randall(1985), *Four Sociological Traditions*, Oxford University Press.

Cumings, Bruce(1981), *The Origins of the Korean War* Vol 1, Princeton University Press.

Hunt, Elgin F., David D. Colander(2014), *Social Science: An Introduction to the Study of Society 14th edition*, Allyn Bacon.

Schmid, Andre(2002), *Korea Between Empires 1895-1919*, Columbia University Press.

Tsurumi, E. Patricia(1984), "Colonial Education in Korea and Taiwan." in *The Japanese Colonial Empire 1895-1945 1984*, edited by Ramon, H. Myers and Mark R. Peattie, contributors: Chen Ching-chih, Princeton University Press.

고려대학교100년사편찬위원회(2007), 『고려대학교 100년사』, 고려대학교 출판사.

연세대학교(1985), 『연세대학교 백년사1』, 연세대학교 출판사.

연세대학교(2005), 『연세의 발전과 한국사회: 연세대학교 창립 120주년 기념』, 연세대학교 출판사.

이화100년사편찬위원회(1994), 『이화100년사』, 이화여자대학교출판사.

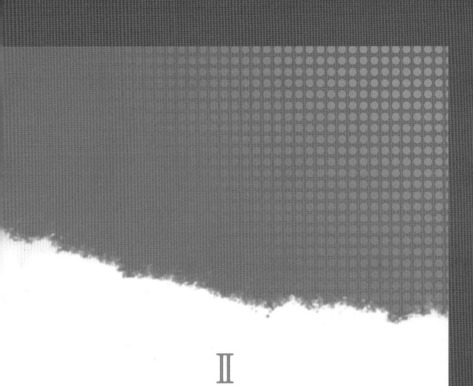

Ⅱ

식민지시기 한국 '사회과학' 연구의 전개

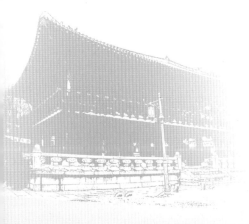

식민지시기 정치와 정치학

'한국인' 정치 참여 부재의 정치학

전
상
숙

1. 머리말

현대 일본의 정치학을 이끈 마루야마 마사오(丸山眞男)는 전후 일본 정치학이 "부활해야 할 전통이 없다"고 비판하였다(丸山眞男, 1997: 393-401). 해방 이후 한국 정치학계에서도, 해방 이후 정치의 자유를 찾을 수 있었으니 '정치학'을 구경인들 할 수 있었느냐며(이선근, 1959: 2) "현대적 의미에서 정치학연구의 전통이 거의 없었다"(서중석, 1959: 186)고 하였다.

전자는 전전 일본 근대 정치학이 독일형 국가학의 일환으로써 국가주의적이었음을 비판하고 극복의 대상으로 역설한 것이었다. 후자는 해방 이후 처음으로 1946년에 한국의 대학에서 정치학과가 독립적인 학과로 창설되어 학문적 토대가 마련되고 본격적으로 연구할 수 있게 된 것을 의미하는 것이었다. 이는 종래 한국 정치학사를 정리할 때 상식과도 같다.

그런데 일본과 한국의 "부활해야 할 전통이 없는" 정치학과 "연구의

전통이 거의 없는" 정치학 사이에는 일본의 전전과 한국의 식민지시기
라는 역사적 접점이 존재한다. 그 시기는, 일본에서는 파시즘기, 군부
파시즘기, 군국주의시기로부터 총동원체제기, 총력전체제기, 전간기로
그 지칭하는 용어가 변화되었다. 전후 일본 사회의 자기비판과 반성을
동반한 성찰적인 역사인식으로부터, 그것을 '자학사관'이라고 역비판하
며 새로운 미래지향적 역사로 다시 써야 한다며 가치를 배제한 용어로,
역사인식의 변화가 반영된 것이었다. 한국에서도 그 시기는 일제 강점
기로부터 일제 식민지시기, 식민지시기로 가치중립적인 용어로 변화되
어왔다고 할 수 있다. 이와 함께 '일제'의 '조선지배정책'을 수탈과 억압
으로 설명하던 것으로부터 식민지근대화론에 이르기까지 다변화되었
다. 특히 한국사회의 변화는, 민족 감정과 정서로 식민지시기를 보던
경향에서 벗어나, 일본의 '병합(倂合)'이라는 역사적 사실과 그로 인한
한국인과 한국사회의 삶과 역사적 변화상을 당대의 현실과 조응하여
객관적으로 고찰하고 그것이 한국인과 한국사회에서 갖는 의미를 병합
전후의 연속적인 맥락에서 복원시켜 '한국 근대의 상'을 정립해야 할 과
제와 맞물려있다.

그러한 과제는 한국 정치학 연구에도 해당된다. 각 대학교에 정치학
과나 정치외교학과의 신설이 "우리의 해방을 상징"했던(김영국, 1977: 39)
것처럼, 식민지시기 한국인에게 정치학은 강좌조차 허용되지 않았다.
나라 자체가 근대적인 정치체제를 갖추게 된 것도 해방 이후이므로 한
국의 정치학연구가 서양에 비해 뒤떨어졌다는 것도(윤천주, 1959: 108)
사실이다. 그러므로 현대적인 의미에서 한국 정치학연구의 전통은 거
의 없다고 할 수도 있다. 그렇지만, "국학적 한말 정치사"나 "일본의 관
학 또는 사학에서 배운 학도를 통해 전담된 일본정치학의 관료적 학
풍", "해방 직전 강단에서는 유력했지만 해방 이후 분단과 함께 쇠진된

맑스주의 정치이론"(서중석, 1959: 186) 등이, 그 이유가 될 수 있는가. 또한 "한국의 경우 유럽의 일부 국가 특히 독일 어느 정도는 영국도 마찬가지이나 독일의 영향을 받았던 메이지일본의 경우처럼 기존의 확고하고 오랜 역사를 지닌 학문분야인 역사와 법률 또는 철학의 극히 작은 부분으로 다뤄졌던 정치학이 그들로부터 독립되는 과정에서 부딪쳤던 어려운 자율성의 문제는 없었다"(한배호, 2003: 38)고 할 수 있는지, 재고되어야 할 것이다.

상기 논자들도 명시한 것처럼, 한국전쟁 이후 "우리만의 독자적인 정치학이 모색"(서중석, 1959: 186)되었다. 그 주체는 식민지시기에 "관료적인 국가학이나 법률학의 일익"(이선근, 1959: 2)인 일본 정치학을 배운 사람들이었다. 또한 시기적으로나 정치학의 내용에 있어서 미국과 유럽으로 대표되는 현대정치학과 그것을 수용한 일본정치학, 그리고 일본정치학을 수학하고 해방 후 한국대학에 정치학을 도입한 한국인 학자라는 세 가지가 복합적인 교호작용한 결과 학문적 토대가 마련되었다(한배호, 2003: 35). 해방 이후 1950년대까지 정치학 개론서를 출간하고 강의한 사람들은 식민지시기 일본 제국의 틀 아래에서 제국의 정치학을 공부한 사람들이었다(기유정, 2014: 12). 그 내용은 한국 근대 정치학연구의 한 부분이다.

그런데도 한국정치학사를 논할 때 1946년 정치학과가 개설 이후, 내용도 미국을 중심으로 한 서양 민주주의 정치학의 제도를 중심으로 한다(한배호, 2003: 37; 윤천주, 1959: 110). 주지하듯이, 한 국가의 정치학의 발달과정은 그 국가와 다른 문화에서 유래한 영향들이 그 국가의 토착석인 문화에 미치는 결과들과 그 국가의 정치학이 속한 맥락이 미치는 영향을 고려해야 한다(한배호, 2003: 37). 또한 근대 정치학의 발전은 정치지도자나 국가의 이해와 협력지원 하에 이루어졌다(김영국, 1977:

42; 윤천주, 1959: 110-128). 1946년부터 대학에 정치학과가 설치되어 한국인에 의한 근대 정치학연구가 시작되었지만, 그 교수와 학생들은 식민치하에서 修學했고 해방 이후 대학 강단에 있다. 그들이 수학한 일제하 근대 정치학강좌와 정치학은 해방 이후 한국 대학 강단과 한국인의 정치학 연구의 기초가 되었다. 게다가, 1960년대 전반기까지는 서양 정치학과 본격적인 지적교류나 접촉을 갖지 못했으며 초창기의 한국정치학자들 상당수가 일본유학 출신이기 때문에 그들이 한국에 도입한 근대 정치학의 주요 내용도 일본을 통해 들어온 서양의 정치사상과 정치제도에 대한 소개와 인용이 주를 이루었다(한배호, 2003: 40).

여전히, 한국 근대 정치학이 구조·기능·제도 등 가시적인 현상을 서술하는데 치중한 나머지 인식·의식·감정 등 내면적 요소를 이해하는데 극도로 소홀했다는 지적은(이홍구, 1986: 8) 유효하다고 할 것이다. 이런 의미에서 해방 이후 한국 "정치학의 본질과 목적에 대한 뚜렷한 자각이 희박"(김영국, 1977: 41)하지는 않았는지, 과연 "우리 땅에 발붙인"(윤천주, 1959: 129) 정치학연구가 이루어지고 있는지 재고해 보아야 할 것이다.

이러한 관점에서 이 글은, 일본 정치학의 극복해야 할 전통과 한국 정치학의 부정된 전통이 맞물리는 식민지시기 학문으로서의 정치학의 실상과 영향 및 그에 조응한 한국인들의 정치학적인 노력의 일면을 밝혀 한국 정치학연구의 한 단면을 드러내고자 한다. 국권은 상실했지만 한국인은 한반도에 살아남아 해방 이후 근대 독립 국가를 건설하였다. 비록 스스로 독립할 수 있었던 것은 아니지만 한국인은 일본 제국주의의 지배에 저항하며 정치적인 독립을 위한 실천운동을 전개하였다. 그 실천의 내용과 논리는 한국근대정치사의 한 부분이며 한국정치학사의 일부로 재구성되고 고찰되어야 할 것이다.

역사도 그렇듯이, 식민지시기 전후의 연속선상에서 한국사회와 한국
인의 정치인식, 그 정치적 논리와 이론적 기초의 변화상을 당대의 그것
과 조응하여 고찰할 필요가 있다. 그럼으로써 한국인의 근대적 정치의
식과 정치적 실천 및 이를 위한 이론적 학문적 내용을 드러내고, 이를
근대 정치학의 본질과 결부된 정치학사의 측면에서 재고하여 한국 정
치학과 정치학사의 내용과 특성을 구체화해야 할 것이다. 그러자면
한·일 양국의 근대정치학사에서 부정되어야 할 것이 된 식민지식 '근
대 정치학'의 내용을 먼저 고찰하고, 그것이 식민지 한국사회에서 갖는
의미와 영향을 드러내는 작업이 선행되어야 한다. 이 글은, 그 첫 작업
으로, 식민지시기 정치의 주체였던 근대 일본 국가의 정치학의 내용을
살펴보고, 그것이 조선총독부를 통해서 식민지 한국사회에 재현되는
정치적 맥락에서 그 내용과 의미를 경성제국대학의 정치학정치사 강좌
를 통해서 고찰하고자 한다. 그리고 그것과의 상관관계 속에서 '사회과
학'이라는 이름으로 전개된 한국인들의 학술적, 정치적 실천운동이 갖
는 정치학적인 의미를 살펴보고자 한다.[1]

2. 근대 일본의 국가학적 정치학과 대외 팽창

현대 일본의 정치학을 이끈 마루야마 마사오(丸山眞男)는 세계대전
이후 일본 정치학이 "부활해야 할 전통이 없다. ... 오늘날 정치적 현실
에 대해서는 지금까지의 정치학의 체계와 문제설정을 거의 완전히 방
향제시 능력이 없다"고 비판하였다(丸山眞男, 1997: 393-401). 개국 이후

[1] 이 글에서는 일본 제국주의 식민지시기와 관련된 부분에서는 '조선', '조선인'이라 하
고, 그 밖에는 한국, 한국인이라 하였다.

부국강병론으로부터 막부 말기 도쿠가와 막부를 상대화하며 외압에 대
항하는 보다 강력한 통일국가 창출을 구상한 메이지유신으로부터 배태
된 전전(戰前) 일본 근대 징치학의 국가주의, 국가학적 특성을 극복의
대상으로 역설한 것이었다.

일본은, 같은 후발 근대화 국가로서 황제가 강한 권위와 실권을 갖고
근대국가체제를 수립한 프러시아체제를(田中彰, 1976; 石田雄, 2003: 53)
구체제와 단절하고 서양과 같은 부국강병한 근대 국가 수립의 이상적
인 모델로 삼고, 독일 국가학을 적극 수용하였다. 독일형 국가학은 폐
번치현(廢藩置縣)으로 중앙집권적인 국가체제를 구축하고 설립된 문부
성을 통해서 국가의 교육행정권 아래 교육정책으로 실재화되었다. '제
국대학'을 정점으로 한 관학(官學)체계 속에 제도화된 일본의 독일형
국가학은, 메이지유신의 목적을 달성하는 '정책과학'이었다. 독일형 일
본 국가학은 근대적인 국가체제를 구축해야 할 현실적인 필요에서 독
일 국가학을 선택적으로 채용(採用)한 것이었다(전상숙, 2012b 참조).
그 속에서 근대 일본 정치학도 전개되었다. 일본 국가학의 핵심은 학문
이 정치 · 행정과 분리되지 않는 것이었다. 근대 일본 정치학은, 정치를
국가가 중심이 된 지배현상으로 보고 법과 불가분의 것으로 인식한 독
일형 국가학 속에서 시작되었다(G. イエリネク, 芦部 · 阿部 · 石村他 譯,
1974: 48).[2]

그리하여 형성된 일본 근대 정치학의 국가주의적 특성은, 서양과의
조우로 긴급해진 근대 일본 국가체제를 구축하는 문제와 직결되어 형
성된 것이었다. 메이지유신, 혁명을 통해서 만들고자 했던 근대 일본
국가의 구축이라는 당면 과제를 정치적으로 해결하고자 모색한 결과물

---

[2] 그러한 독일국가학은 블룬칠리(J.K. Bluntschili), 옐리네크(G. Jellinek)를 통해서 집대
성되었다.

이었다. 마루야마의 설명처럼, 메이지유신 이후 절대주의 세력이 헤게모니를 잡고, 자유민권운동이 위로부터의 강력한 억압과 내부적인 허약성으로 인하여 소멸됨으로써, 일본의 정치적 근대화의 궤도는 정해졌던 것이다(丸山眞男, 1947: 61). 메이지관료들은 구체제하에서 배양된 현실주의적 사고를 토대로 메이지유신을 통하여 구체제와 단절을 꾀하며 서양 제국주의에 대항하는 부국강병 국가를 구축하고자 하였다(전상숙, 2012b: 211). 그 방향을 설정한 것이, 독일 국가학을 채용하여 제도화된 일본 국가학이었다. 천황을 옹립한 절대주의 세력은 정치적으로 독일형 국가학을 채용하여 '제국(帝國)'으로 표상한 일본을(渡邊浩, 1997: 148-183) 보다 강력한 통일 국가로 창출하고자 하였다. 독일형 국가학을 통해서 법제와 정책은 '헌법에 의거한 정치(憲政)'과 '학술적 지식(學知)'을 정당화되고 또 학술적 지식은 법에 의한 정치를 통해서 구축되는 순환적 통일체제로 일체화되었다. 그리하여 근대 일본의 정치와 정치학은 통치와 학술적 지식이 "일체화"된 메이지 국가학의 계보 속에서 국가주의로 특화되었다(야마무로 신이치, 2011: 66).

그러한 일본 근대 정치학은, 서양 근대 정치학과 같이, 정치적 현실로부터 오랫동안 지속적으로 스스로 도출한 현실에 타당한 추상적·이론적 고찰을 역사적으로 조응하며 생성되고 구체화된 것이 아니었다(蠟山政道, 1949: 326-327). 위로부터의 혁명을 통한 근대화의 귀결이자 일환이었다. 따라서 독일 국가학이 영국과 프랑스의 시민사회적 계몽사조의 영향에 대한 관념철학의 반동적 성격을 갖고 일정한 철학적 사유의 소산이었던 것과는 대조적이었다. 일본 국가학의 정치학에는 어떤 철학적 사유의 근거가 없었다. 헤겔(G. W. F. Hegel, 1770-1831), 포이에르바하(L.A. Feuerbach, 1804-1872), 마르크스(K.H. Marx, 1818-1883)를 제거한 일본 국가학의 정치학에는 관료적 절대주의의 지지 외에는 어떤 사상적 생명도 없었다(蠟山政道, 1949: 252). 정치적인 현실주의만이 존재하였다. 따라서 중앙집권적 국가체제를 구축하고 병부성(兵部省)과 함께 설치된 문부성이 제도적으로 통일적인 교육정책을(本山幸彦, 1998: 3-4) 시행할 수 있었다. 문부성은 독일 국가학의 계보 속에서 구축된 일본 국가학의 교육제도를 구축하며 그 속에서 근대 '일본국민'을 만들어갔다. 그러한 교육정책이 시행되는 과정이 곧 근대 일본 정치사이고 곧 일본 근대 정치학의 내용을 이루는 것이었다.

또한 일본 근대 정치학의 다른 한 부분은, 문부성과 함께 설치된 병부성 참모본부가 선도한 '조선연구'를 필두로 한(本山幸彦, 1998: 3-4; 전상숙, 2015: 20-21) 대륙연구를 토대로 북진대륙정책을 뒷받침하는 것이었다. 그것은, 메이지유신을 성공시켜 천황제 국가체제를 수립한 하급 무사들로부터 이어진 군부의 힘이 이익선론을 국책으로 확정하고, 병부성에서 시작된 조선연구로부터 청일전쟁 이후 대만 영유를 경유하며 식민정책을 학술적으로 뒷받침한 식민지배정책으로 현재화된 것이었다. 러일전쟁 승리 이후 1907년 만철조사부의 설치, 대륙과 일본열도를 잇는 한반도의 복속이 본격화된 1908년 동아경제조사국과 만철도쿄지사의 만선역사지리조사부, 1910년 도쿄제대 동양사학과와 식민정책학의 설치로 전개된 것이었다(전상숙, 2015: 20-21). 서양과의 대자적인 관점에서 유신을 일으킨 군부와 군부 출신 관료들과 결합된 지식인들은, 일본 '제국'을 중심으로 지정학적으로 '동양'을 설정하고 이를 연구의 대상으로 한 일본형 제국주의 학문을 구축하였다. 그러한 국가학의 정치과정 속에서 1910년 한국의 병합도 이루어졌다. 또한 독일형 국가학과 국법학은 유신 이후 국가적 현실과 목적을 절대화한 정치적 현실에 조응하여 관료주의적 법치국가의 정치학으로 정립되었다(蠟山政道, 1927: 326-328).

그러나 국가주의 정치학도 다이쇼데모크라시 풍조와 제1차 세계대전을 통해서 촉진된 통칭 '개조'사조로부터 벗어나지는 못하였다. 개조 사조의 확산을 배경으로 사회적 공간도 확장되며 다이쇼 말기에 '사회'라는 개념을 거점으로, 종래 지배적이었던 국가학적 정치학이 다루지 않던 측면으로부터 비판이 제기되었다. 그것은 정치현상을 역사적인 현실적 작용으로 관찰하고, 그 인과법칙을 설명함으로써 국가의 절대화를 해체하여 유동적인 사회과정으로 해소시키는 것이었다(蠟山政道, 1949: 282-284). 일본 근대 정치학사에서 획기적인 저작으로 알려진 오오야마(大山郁夫)의 『政治の社會的基礎』가 "국가권력을 중심으로 한 사회투쟁의 정치학적 고찰"이라는 부제를 붙인 것처럼, 기존의 국가학적 정치학으로부터 벗어난 사회법칙에 기초한 '과학적 정치학'의 수립을 목적으로(大山郁夫, 1923: 3) 하였다.

국가학파로부터 오노즈카(小野塚喜平次, 1871-1944), 요시노(吉野作造, 1927: 3-90)와 같이 관료의 학문인 국가학적 입장으로부터 벗어나 민주주의적 관점에서 새롭게 정치학의 독자성을 세우려는 진지한 학문적 노력이 전개되었다. 또한 하세가와(長谷川), 오오야마와 같이 정치의 실생활면과 사회적인 측면을 강조하며 현실 정치현상으로부터 국가와 정치의 관계를 새로운 실증주의적 관점에서 비판하는 연구가 진행되었다. 그렇지만 분산적으로 전개된 새로운 정치학적 고찰은 현실생활에 미치는 정치의 압도적인 지배력으로 인하여 국가학파의 완고한 틀을 쉽게 흔들지 못하였다. 그리하여 현실정치와는 유리된 강단 정치학에 머물러, 실제 사회운동과 연계되지 못하였다. 그러한 정치학 연구는, 일본사회의 사회적 현실과 환경으로부터 국가와 사회와의 관계를 문제시하고 그 문제의식을 끌어내어 정치학적으로 고찰했다기보다는, 서양 정치학계의 흐름을 추수하며 전개된 것이었다. 그러므로 강단과

일부 연구실, 개인의 서제에서 사회운동과 유리된 채 면면히 이루어졌
다(蠟山政道, 1927: 327-330).

이른바 '과학적 정치학', 서양 근내 과학의 경험성과 그에 기초한 예
측가능성을 전제로 한 과학으로서의 일본 근대 정치학은, 국가에 대한
시민적 자유에 기초하여 발달한 서양 근대 정치학과 달리, 제1차 세계
대전을 전후로 한 다이쇼데모크라시 풍조의 확산을 배경으로 확보되어
간 사회적 공간을 토대로 전개된 것이었다. 국가의 현실 정치에 조응하
며 민중 개개인의 사회적 발언권과 그것을 확보하기 위한 정치적 참여
를 요구하며 그 정치적 공간을 확보하기 위한 실천운동으로 전개된 것
이 아니었다. 따라서 그 거점이 된 '사회' 개념이 등장한 사회적 공간이
허용되었던 정치적 상황이 군국주의화되어가며 그 사회적 공간이 축소
되자 더불어 자리를 잃을 수밖에 없었다. 그 결과 전전 일본 근대사에
서 국가에 대한 사회적 공간이 가장 활성화되었던 독특한 시기라고 할
수 있는 다이쇼데모크라시기를 경유하며 서양과는 다른 방향으로 전개
되었다. 국가학의 정치학은 초국가주의로 변용되거나 맑시즘화되어갔
다(蠟山政道, 1927: 151-154).

3. 조선총독정치체제의 정치와 정치학

일본 국가학의 국가주의 정치학은 서양 시민사회의 근대 정치학을
기준으로 할 때 특수한 것(亞種, 變種, 異種)이었다(蠟山政道, 1927: 329).
그것은 서양 제국과 같은 근대적인 제국 일본 국가 건설을 목표로 메이
지유신을 이끈 군부의 정치적 영향력과 결합되어 체계화된 일본 국가
학의 정책적 활용 과정을 합리화하며 발전한 것이었다. 식민지와 관련

해서 국가학의 정치학은, 식민지라는 말 대신에 사용된 '법역(法域)'이라는 법률용어를 통해서 일본제국헌법이 적용되는 법역 안의 내지(內地, 본국) 일본과 법역 밖의 외지(外地, 식민지)를 구별하고 차별하는 정치과정과 일체화된 것이었다.

청일전쟁 이후 대만을 영유하면서 제국헌법의 안과 밖으로 구별된 외지 식민지에는 안과는 다른 밖의 차이화(差異化)를 전제로 한 식민지 배체제가 구축되었다. 거기서 국가학의 정치학은 '제국' 일본의 우월성에 입각하여, 일본과 다른 차이를 전제로 식민 법제를 수립하고 그에 의거하여 제도적으로 차별화(差別化)된 지배정책의 시행을 학술적으로 뒷받침하는 것이었다. 그리하여 일본 본토와 그에 봉사하는 외지 식민지의 계서적인 관계와 식민지배체제를 학술적으로 정당화하는 것이었다. 그러한 일본 근대 국가학의 정치학은, 서양과의 조우를 통해서 긴박해진 국가 주권의 위기를, 내부적으로는 근대적인 국민국가체제를 정비하는 동시에 근대화를 통해서 국권을 공고히 하고, 외부적으로는 서양 열강과 대등한 열강의 일원이 되기 위한 근대화를 제국주의적 팽창을 통해서 달성하고자 한 제국주의 일본 국가의 학술적 결정체였다고 할 수 있다.

일본의 국가학의 정치학은 국민국가체제가 구축되며 전개된 제국주의의 이른바 '제국의 시대(the Age of Empire)'에 제국 일본을 구축해간 근대적인 변환 과정의 일환이자 중추였다. 그 기능은 유럽 제국과 같이, 국민국가체제를 지적으로 뒷받침하며 지배체제에 봉사하는 것이었다. 그러므로 공식적인 헌법기구인 국가 연구가 전전 정치학의 핵심과제였다. 그 결과, 제국 일본의 팽창이 군국주의로 전개되면서 그것을 뒷받침하는 국가주의를 강화하는 국가론으로 특화되었다. '제국의 시대' 일본의 정치학은 제국 일본 국가의 정립으로부터 일본제국을 확충하기 위한 식민지배정책학으로 확대되어 국가주의 식민지배체제를 편성하며 모국에 봉사하는 것이었다.

특히, 한국의 병합은, 메이지유신으로부터 이어진 군부의 정치적인 영향력을 중심으로 병부성 참모본부에서 시작된 조선연구, 이익선론의 국책 결의, 육군 북진대륙진출계획(일본제국국방방침, 1907)의 최고 국책 결정으로 이어진 군부와 군부출신 관료의 국정운영방침 속에 준비되어 이루어진 것이었다. 그 결과 조선총독정치체제는 군사(軍事)가 정치에 우월한 체제로 구축되었다. 거기서 정치란 천황에 직예하여 조선지배의 전권을 장악한 무소불위의 조선총독이 지배하는 정책과 관련된 행위만 의미하는 것이었다. 그러한 정치의 개념은 식민지시기 내내 변하지 않았다.

제1차 세계대전으로부터 러시아혁명, 이탈리아 파시즘의 대두를 통해서 전세계적으로 확산된 다양한 '개조(改造)'의 사조가 '문화정치'라고 하는 식민지배정책의 변화를 가져오고, 조선인의 정치참여 요구와 고등교육에 대한 요구가 분출되어, '지방자치'가 일부 시행되고 제국대학이 설치되었지만 현실의 정치는 변하지 않았다. 일본에서도 다이쇼기 '사회'의 개념을 거점으로 국가만이 행하는 정치의 개념에 대한 비판이 제기되기는 했지만 그것이 실제로 전전 정치의 개념에 변화를 가져오지는 못하였다. 조선총독부는 총독정치가 허용하는 범위에서 지방자치를 시행했음에도 불구하고, 지방자치의 상황은 물론이고 참정권운동과 조선평의회설치운동, 지병병제도실시 요망운동 등 일체의 조선인의 정치적 요구와 관련된 것은 모두 조선인 "정치운동"이라고 규정하였고 엄중히 감시하였다(朝鮮總督府警務局, 1938: 34-51). 사실, 제국헌법 밖의 '외지'란 실질적으로 정치적 발언권이 원천봉쇄되었음을 의미하는 것이었다. 원론적으로 일본제국헌법의 적용을 고려하지 않는 한, 그리하여 외지와 내지라고 하는 명칭 자체가 없어지지 않는 한 외지 조선인에게 정치참여란 불가능한 것이었다. 그러므로 조선인은 조선총독정치의 피지배자, 지배의 대상일 뿐 정치의 주체일 수는 없었다. 그들에게 정치학은 정치와 같이 허용될 수 없는 것이었다.

따라서 대학설립운동으로 전개된 조선인의 고등교육에 대한 요구 또한 사실상 수용될 수 없는 것이었다. 일본에서 대학은 "국가의 수요(須要)에 응하는 학술 기예"를 가르치고 연구하는 곳이었다(細谷俊夫 外, 1990: 89). 독일형 국가학을 선택적으로 채용한 일본에서 대학은 도쿄제국대학의 설립을 축으로 국가가 주도하는 '관학 아카데미즘'을 형성하며 근대 일본 국가체제를 정립하는 '정통적인 학문'을 하는 곳이었다(鹿野政直, 2008: 15-25). 거기서 '정통적인 학문'은, 일본 국가학, 국가주의 정치학으로써 중앙집권적 정치체제의 정치를 합리화하며 학술적으로 정당화하는 것이었다. 1918년 대학령이 시행되어 제국대학 이외에도 공·사립대학 수립이 허용되었지만 문부대신의 감독권을 통한 국가적 대학교육 통제는 지속되었다(寺崎昌男 外, 1979: 47). 그러므로 정치의 대상일 뿐인 피지배민 조선인이 요구하는 바와 같은 고등교육기관으로서의 대학 설립은 당초에 용인될 수 없는 것이었다.

그런데 조선총독이, 경성에 대학의 설치를 부정하는 본국에 맞서서, 천황에 직예한 특수한 정치적 자율통치권을(전상숙, 2012a) 학술 면에서도 관철시켰다. 조선총독이 경성에 제국대학을 설치한 것이다. 주지하듯이, 이른바 '내지연장주의'를 표방하며 단행된 문화정치는 헌병을 대신한 경찰력의 확충을 통해서 3·1운동으로 표출된 조선인의 민족의식을 더욱 철저히 감시하는 통제체제를 구축하였다. 경성제대가 설치된 1925년은, 조선공산당이 설립되고 그에 대응하여 조선총독부가 치안유지법을 시행하며 조선인에 대한 사상탄압을 본격적으로 강화하던 때였다. 조선총독이 설치한 경성제대는 공식적으로 제국대학령에 의거한 제국대학이었다. 그렇지만 그 실질은 조선총독부 직할 관립(官立) 교육기관이었다(전상숙, 2015: 7). 조선총독이 제국대학을 설치한 것은, 제국대학을 통해서 지배체제를 공고히 한 일본 국가학의 정치를 조선에서도 시행하기 위해서였다. 경성제국대학의 강좌를 통해서 일본 국가학과 같은 조선총독부 관학의 학문체계를 정립하고 이를 통해서 조선총독정치를 학술적으로 정당화함으로써 조선총독정치체제의 안정성을 제고하려는 의미가 내포되어 있었던 것이다.

사실상 헌법과도 같았던 조선총독의 제령권(制令權)을 통해서 통치된 조선에서 정치란 조선총독의 전제적 권력의 행사와 그와 관련된 위로부터의 관제적 지배만이 존재하였다. 따라서 국가재정과 문부대신이 아닌 조선총독부의 교육재정과 조선총독의 권한으로 관철시켜 운영한 경성제대에는3) 정치학과조차 설치될 필요가 없었다. 일본에서 민권운동이 발흥하여 정당정치가 활성화되고 정당내각이 들어서기도 했지만 블룬칠리의 국가학이 채용된 이래 정치는 국가만이 행하는 것이고 정치의 주체는 정치권이라는 인식은 여전히 지배적이었다. 그러한 정치개념을 비판하며 '과학적 정치학'이 주창되고 '정치개념논쟁'이 일었어도 국가주의 정치학의 정통성을 흔들 정도는 아니었다(蠟山正道, 1925: 159-160; 戶澤鐵彦, 1927: 8; 蠟山正道, 1949: 151-154). 그러므로 사실상 군부통치체제로 구축된 조선총독정치체제 아래의 정치와 정치학은 더 말할 것도 없었다.

1926년 당초 법문학부조차 설치하지 않으면 조선인들이 대학을 설치한 의의를 인정하지 않을 것이라는 정치적인 판단에서 설치된 법문학

---

3) 1922년 개정 조선교육령 제12조는 고등교육을 수행하는 문부대신의 직무를 조선총독이 수행하도록 규정하고 있다.

부에는(大野謙一, 1936: 143) 법률학과, 철학과, 사학과, 문학과와 함께 정치학과가 설치되었다. 그렇지만 1927년 정치학과는 없어지고 정치학 정치사강좌만 남았다(京城帝國大學 編, 1926-1928). 경성제대에서 정치학 관련 강좌는, 1926년부터 강의를 맡았던 도자와(戸澤鐵彦)와 오쿠히라(奧平武彦)를 필두로 한 정치학정치사 제1강좌와 1928년 오다카(尾高朝雄)로부터 시작된 정치학정치사 제2강좌가 있었다. 제2강좌는 1929년 -31년과 1940-1945년 후지모토(藤本直), 1931년-1940년 마츠모토(松本馨)가 담당하였다. 또한 1931년부터 법학과에 설치된 외교사강좌는 정치학정치사 제1강좌를 분담했던 오쿠히라가 1943년 강좌가 존속될 때까지 담당하였다(京城帝國大學 編, 1927-1943).

1926년부터 1945년까지 정치학·정치사 제1강좌를 맡았던 도자와는 도쿄제대 최초의 전임 정치학강좌 교수이자 정치학을 국가학으로부터 독립시켜야 할 필요를 처음으로 선언했던 오노즈카(小野塚喜平次, 1896)의 제자였다. 도자와는 경성제대에 재직하면서 정치를 기존 국가학의 개념과는 다른 의미로 정의한 글을 발표하였다. 그의 글은 일본에서 정치개념논쟁을 촉발하여 전후 일본정치학사에까지 영향을 미쳤다(大塚桂, 2001: 1-4). 그의 정치 개념은, 국가의 목적을 국가 구성원들 사이의 사회관계 일반을 유지·개선하는데 있다고 보고, 정치 또한 각 주체들에 의해서 행해질 수 있다는 것이었다. 여기서 정치학은 정치현상인 경험적 존재를 인식 대상으로 하여 그 본질을 명확히 하고 법칙을 발견하는 경험과학으로 규정된다. 반면에 정책론 또는 정책원론은 처음부터 인간이 이상으로 하는 것을 설정하고 거기에 도달하기 위한 수단을 선택하는 것이므로 과학이 아니고 하나의 기술이고, 이상을 연구대상으로 하는 방법은 철학적 방법이지 과학이 아니라고 한다(戸澤鐵彦, 1927: 1-76).

도자와의 국가학의 정책적 기능과 그 정치학을 비판한 글은 경성제
대에 재직하면서 발표되기 시작했다는 점에서 눈여겨보게 된다. 그의
글은, 본국과 떨어져 제3자로서 연구자로서 일본제국의 정치를 비판한
것이었다. 그것은 일본의 국가주의 정치를 민주화하기 위한 사회적 비
판의 일환으로써 정치적인 저항의 의미를 갖는다고 할 수 있다. 그는
외지의 강의실에서 서양의 민주적 근대 정치학을 토대로 일본의 국가
주의 정치를 문제시하고 일본 정치를 개선할 수 있는 정치학연구를 하
였다. 그런데 그가 속해있던 공간은, 외지 조선이었고 조선총독부의 관
학이었다. 그의 글은 자신이 속한 조선과 조선총독부의 정치와는 무관
했고, 그의 경성제대 정치학정치사 강좌는 조선의 실상과는 무관한 정
치학 일반론에 대한 것이었다. 그는 자신이 속한 조선에 대해서 연구자
로서 문제의식도 관심도 없었던 듯하다. 따라서 그가 일본 군부파시즘
지배체제의 기초가 된 고노에 내각의 '신체제성명'에 입각하여 동아협
동체론을 주장한(戸澤鐵彦, 1940a: 56-84; 戸澤鐵彦, 1940b, 122-154) 것은
그리 놀랄만한 일이 아니라고 할 수 있다. 국가를 상대화하며 정치와
사회를 논하는 근대 정치학이란 헌정에 의거하여 참정권을 갖고 있던
일본인만의 것이었던 것이다. 그나마도 본국보다 경성제대의 강의실에
서 더 가능한 것이었다.

1928년에 설치된 정치학정치사 제2강좌를 시작한 오다카는 1899년
시부사와 에이이찌(澁澤榮一)의 사위인 아버지가 제일국립은행 부산지
점 지배인으로 근무하던 때 부산에서 태어나 도쿄제대 법학부 정치학
과를 졸업하였다. 그는 경성제대 부임 직후 법리학강좌를 담당하다 총
독부의 명으로 독일에서 법리학을 연구하고 다시 경성제대에서 법리학
을 강의하였다.[4] 그는 경성제대 학생들 사이에 자유주의자로 알려져
있었지만 중일전쟁이 일어나자 맹렬한 국가주의자가 되어 군국의 대륙

침략을 합리화하였다(이항녕, 1967: 51; 이항녕 1968: 58-59). 1931년-1940
년 정치학정치사 제2강좌를 강의했던 마츠모토도 도쿄제대 법학부 정
치학과 출신이었다. 영국 옥스퍼드대학 석사, 독일 하이델베르그대학
박사인 그는 경성제대 재직 중이던 1940년 4월 외무성 촉탁으로 외교관
생활을 시작해 종전 시까지 영국과 태국에서 근무하였다(白鳥令, 1990).
경성제대 재직시 그는 주로 영국정치사에 관한 글을5) 일본 국가학을
대표하는 국가학회(石田雄, 2003: 51-55; 전상숙, 2012c: 52) 학술지에 게
재하였다.

경성제대의 정치학 강좌 일본인 교수들은 비국가주의적 · 민주적인
정치개념을 주창하거나, 헌법에 입각한 입헌군주국 연구를 통해서 국
가주의의 문제를 극복하기 위한 방식을 논하는(尾高朝雄, 1941: 48-49;
尾高朝雄, 1942: 554) 등 자유주의적인 연구로 학생들은 물론 일본에도
영향을 미쳤다. 그들은 조선총독부의 교원 및 총장 선출에 맞서 대학령
제1조를 근거로 조선총독부 중심의 대학이념을 비판하고 제국대학 특
유의 자치를 주창하고 부분적으로 관철시키기도 하였다(정준영 2011,
22-31).

그렇지만 그들의 자유주의적인 연구자로서의 시각과 활동은 자신들
이 연구하던 공간인 식민지 조선과 조선인의 실상과는 유리된 것이었
다. 그렇다고 일본 국가주의 정치학과 같이 조선총독정치체제를 정당
화하고 합리화한 것도 아니었다. 외지 조선에서 그들은 일본의 국가주
의 정치학을 서양 근대 정치학 일반론에 입각하여 비판하고 개선하고
자 하였다. 몸은 물리적으로 모국에서 벗어나 있었지만 정치학자로서

---

4) 『朝鮮總督府官報』 1928. 3. 23; 1923. 11. 17; 1930. 7. 1; 1932. 7. 4.
5) 앵글로색슨영국침략(1933), 앵글로색슨시대 영국의 왕위계승(1933), 빅토리아여황과
　글래드스톤(1935).

의 시선과 정신은 모국을 향하고 있었다. 다시 말해서, 몸은 물리적으로 외지 조선에 있었지만 정치학자로서의 정신은 자신이 속한 지역 조선으로부터 벗어나 있었다. 그러므로 그들의 정치학은, 도쿄제대의 정치학과 마찬가지로, '제국대학' 강단의 정치학일 뿐 현실 정치사회와는 유리된 것이었다.

그 정도가 조선총독정치체제가 허용할 수 있는 학문으로서의 정치학이었다고 하겠다. 법문학부를 설치한 이유와 마찬가지로, 제국대학을 설치하면서 정치학강좌조차 설치하지 않을 수는 없어 설치하기는 했지만 그것이 현실 정치와 연계되어서는 안되는 것이었다. 그러므로 자유주의적인 일본인 교수는 단지 개별 연구자로서 외지의 제국대학에서 제국대학의 학문적 자율권을 확보하여 본국의 국가주의 정치를 문제시하기도 하고 할 수 있었지만, 굳이 외지의 정치에 관심을 갖거나 문제시하려 하지 않았다고 할 수 있다.

조선총독정치체제 하의 정치학의 일면은 또한, 만주사변이 발생한 1931년에 법학과에 개설된 외교사강좌가를 통해서도 알 수 있다. 외교사는 관학 경성제대의 '조선연구'를 국제정치적인 측면에서 역사적으로 조응하며 실증적으로 고찰하는 것이었다. 이러한 외교사강좌는, 조선을 교두보로 구축된 군부통치체제인 조선총독정치체제가 일본제국의 북진에 일익을 담당하기 위한 학술 조사의 일환으로 추진한 조선연구 곧 경성제대의 '조선학'(전상숙, 2015: 14-22)과 함께 조선총독부 관학의 정치학을 완성하는 것이자 그 성격을 특징지우는 것이었다고 할 수 있다.

외교사강좌를 담당했던 오쿠히라는 도자와와 같이 도쿄제대 법학부 정치학과 출신으로 오노즈카 교수의 제자였다. 그는 오노즈카의 첫 제자인 요시노의 직제자로 더 알려져 있다(魯炳浩, 2004: 39-50). 1926년 경성제대 정치학정치사 담당 교수가 된 그는 1928년부터 1930년까지 영국과 독일 미국 등지에서 유학하고 돌아와 외교사를 강의하며 1939년부터 조선총독부 보물고적명승기념물보존위원, 조선박물관위원, 이왕가미술관평의원이 되어 조선미술을 연구하였다(国書刊行会 編, 1990: 86). 오쿠히라는 당대의 이른바 '실증주의'에 기초하여 일본 국사학을 제국사로 정립하는데 충실하게 조선사를 연구한 경성제대 국사학과 다보(田保橋潔, 1897-1945)의 『근대조선의 개항연구』와 시가타(四方博)의 『조선 근대 자본주의 성립과정』을 참조하여 『조선개국교섭시말』을 집필하였다. 여기서 그는 조미수호통상조약의 체결과정을 세력균형론으로 설명하며 일본의 조선병합이 불가피한 역사적 필연이었다고 역설하였다(奥平武彦, 1935: 1-14).

오쿠히라의 외교사 강좌와 조선미술 연구는 조선총독부가 출범 직후부터 "고적조사사업"을 실시하며 현장에서 예산절충과 조사계획의 중심에 있던 학무관료들을 (오다와, 藤田亮策 등) 법문학부 교수로 이동시켜 조선사 연구를 지속케 하고(永島広紀, 2014: 24-25), 외국문학의 일환으로 '지나(支那)강좌'를 설치하여 중화사상을 해체시키면서 서양에 대한 동양이라는 공간 속에서 조선과 제국 일본을 인식하는 학술체계를 구축해간 것과 직결된 것이었다. 특히, 만주사변 이후 조선을 중국 대륙 만주와 관련해서 파악하는 이른바 '선만(鮮滿)연구'가, 조선사편수회 위원과 경성제대 교수들이 중심이 된 '극동(極東)문화'의 연구와 보급을 목적으로 한 청구학회(1932)를 중심으로 한 '선만사'체계로, 다시 만주와 몽고의 일체성을 역설하는 '만몽(滿蒙)연구'로 확대, 변용되어간(전상숙, 2015: 18-21) 과정에 위치한다. "동양외교사"를 전제로 한 조선 근대 외교사 연구와 조선미술 연구는 종래 중화주의의 주변부 지역의 문화적 독창성을 부각시키고 이를 매개로 대륙과 일본의 관계를 밝혀

탈중화주의의 일본 제국 중심의 동양학을 문화사·외교사적으로 구축
해간 조선총독부의 정책적 의도와 결부된 것이었다(기유정, 2013: 224-
228).

이와 관련해서 법학과에 중일전쟁이 발발한 1937년부터 국제사법강
좌가 개설되고, 중일전쟁의 장기화에 대한 대책을 준비하던 1938년부터
국제공법강좌가 개설되어 1943년까지 존속했던 것이다. 일본의 대동아
전쟁 수행을 위한 총동원체제인 '신체제'에 조응하여 조선총동원체제를
구축하여 제국의 전쟁에 일익을 담당하고자 했던 조선총독은(전상숙,
2004), 1945년 6월 4일 칙령 제336호로 경성제대가 "대륙에 존재하는 유
일의 제국대학"임을 재확인하며 "대륙자원과학연구소"를 설치하였다.
이것은 대만의 '남방자원과학연구소'와 함께 전쟁 수행에 필요한 자원
을 조달하기 위하여 연구하는 기관이었다.

이와 같이, 조선총독의 자율통치권에 의거하여 조선총독부의 관학으
로 설치된 경성제대의 정치학 관련 강좌는, 일본 국가학적 인식체계 속
에서 '동양학'의 일부로 위치지워진 북진대륙정책을, 조선총독의 감독
아래 조선을 교두보로 하여 추진하는 학술체계를 구축하는데 이바지하
였다. 조선총독정치체제 수립 이후 총독의 군부통치체제를 정당화하고
그 의의를 확충하기 위하여 본격화된 '조선연구'는 도쿄제국대학 출신
교수들을 통해서 근대 정치학과 외교사의 일반 이론적 차원에서 재정
리되어 당대의 '실증적인 사회과학'으로 뒷받침되었다. 총독이 지배의
전권을 장악하고 정치란 조선총독이 행하는 정책적 결정과 집행만이
존재하던 식민지 조선의 제국대학 정치학은, 담임 교수의 학문적 자율
성은 있었을지언정 그것이 존재하는 지역과 지역민에 대한 근대 정치
학적 또는 사회과학적인 문제의식은 거세된 것이었다.

4. 식민지시기 '사회과학'과 조선인의 정치학

'제국대학'의 이름을 빌은 최고 고등교육기관은 설치되었지만, 총독의 통치행위와 관련된 것만이 정치로 인정되던 조선총독정치체제 아래서 정치학은 경성제대의 강단에서만 그것도 현실과 유리되어 이름조차도 사실상 유명무실한 것이었다. 보호국화 이래 피지배의 대상이 된 조선인은, 조선총독부가 구축한 관립(官立)보통학교체제 속에서 편의적으로 적용된 천황을 중심으로 한 일본의 국가적 이념교육을 받으며 보통학교로 교육을 완료해야(幣原坦, 1919: 145; 駒込武, 1996: 85) 할 대상이었다. '병합'으로 조선인은 '일본제국의 신민'이 되었지만 조선은 제국헌법이 적용되지 않는 '외지'였고 조선인은 지배의 전권을 장악한 조선총독의 피지배 대상일 뿐이었다. 당대에 일반명사와 같이 사용된 '조선총독정치'라는 용어는 그러한 조선지배의 실상을 총칭하는 의미를 내포하는 것이었다. 그러므로 조선인의 민족적, 정치적 의식을 계발할 수 있는 고등교육기관으로서의 대학은 물론이고 정치학도 허용되지 않았다.

사실, 일본에서도 국립 제국대학 이외에 일반 대학이 허용된 것은 1918년 대학령을 시행하면서였다. 또한 대학은 새로운 시대적 변화에 대응하기 위한 국가적 급무로 소학교와 실업교육을 충실히 하면서, 실용적이고 현실적인 국가적 목적에 충실을 기하기 위한 국가주의적 국립 고등교육기관으로서 설치되었다. 그와 마찬가지로, 총독이 설치한 조선의 제국대학도, 문화정치로 분출되기 시작한 조선인의 정치 사회적 요구에 총독부 차원에서 대응하면서 조선총독정치의 안정을 기하려는, 실용적이고 현실적인 조선총독정치의 목적을 달성하기 위한 관료주의적 관립 고등교육기관이었다.[6] 식민지시기 유일한 대학이었던 경성제국대학은 공식적으로 제국대학령 제1조에 입각한 제국대학의 '지방적 분산' 형태로 설립된 것이었다. 그러나 실상은 조선총독정치체제의 정치적 안정을 위하여 조선인을 회유하고 일본국민화를 강제하기 위하여 '제국대학'의 이름을 빌어 설치된 조선총독부의 관학이었다(泉靖一, 1970: 152; 전상숙, 2015: 16-17). 총독을 정점으로 한 총독부 관료주의 지배체제의 일환이었다.

그러므로 1922년 조선교육령이 개정되어 조선인을 위한 고등교육기관으로 사립 전문학교의 수립이 허용되었지만 정치학과 같이 조선인의 민족적 독립 의식을 자극하여 조선총독정치를 문제시할만한 학문은 허용되지 않았다. 때문에 사립 전문학교는, 조선인들에게 총독부가 대학부를 인정하지 않아 '대학'에 비해서 비록 "명칭은 퇴보"했지만 조선인들의 민족적 교육열을 흡수하며 "더욱 진보"되었다고(『동아일보』, 1926. 1.12) 평가되었다. 사실상 사립 전문학교는 식민지시기 조선인의 조선인을 위한 최고 고등교육기관이었다. 그리하여 3·1운동 이후 자유주의 열강에 대한 실망이 반영된 공산주의의 확산을 배경으로 고조된 조선인의 민족적 대결의식을 흡수하며 경성제대의 조선연구에 대항하여 대자적으로 조선사회를 과학적으로 연구하는 당대의 '사회과학' 연구의 온상이 되었다.

당시 '사회과학'이라는 용어는 실증적 과학적인 사회 연구를 통해서 권위주의적인 국가에 대한 대안을 모색하며 개선을 촉구하는 학술연구를 의미하는 것이었다. 그러한 '사회과학'이라는 용어는 다이쇼 말기 일본에서부터 사용된 것이었다(랍, 1968: 283). 다이쇼데모크라시와 제1차

---

6) 조선총독의 일본제국의 대륙국가화를 위한 조선교두보관은, 천황에 직예하여 조선 지배의 전권을 갖는 조선총독이 일본 정부에 대하여 갖는 독특한 상대적인 '정치적 자율성'과 결부된 것으로 식민지시기 내내 지속되었다(이에 대하여는 전상숙(2012) 참조).

세계대전을 계기로 세계적으로 확산된 자본주의의 제국주의화에 대한 '개조(改造)'의 사조와 러시아 공산주의혁명, 이탈리아 파시스트의 대두는 서양 열강에 비해서 뒤쳐진 일본의 데모크라시 세력에도 영향을 미쳤다. 정치학분야에서도, 메이지유신 이래 왜곡된 근대 정치의식을 배경으로 각종 분야의 방향을 학문적으로 뒷받침하며 체계를 구축해온 근대 일본 정치학의 협애한 정치 개념으로부터 벗어나려는 새로운 시도가 나타났다. 그것은 개조의 현실 정치 현상에 즉응해야 한다는 것이었다. 새로운 방법론은 국가학의 정치로부터 벗어나 민주적인 바이마르헌법을 성립시키고 세계적으로 확산되고 있던 독일 신칸트파의 과학방법론으로부터 발견되었다. 신칸트파적 과학방법론은, 독일에서와 같이, 일본에서도 새로운 사회적·민주적 동향에 즉응하여 구래의 관학아카데미즘으로부터 탈각하는 새로운 통로가 되었다. 이미 정치학 인접학문인 법률학, 경제학, 사회학 등에서 신칸트파적 과학방법론이 성과를 내고 있었다. 그렇지만 오노즈카, 요시노, 하세가와, 오오야마 등 국가학파로부터 전개된 새로운 정치학 연구가 국가학파의 완고한 정치적 영향력과 결합된 관학의 규제를 쉽게 흔들 수는 없었다(蠟山政道, 1949: 151-158).

그리하여 일본 근대 정치학이 국가학의 지배로부터 벗어나지 못한 반면에, 신칸트학파의 실증주의적 비판적 관점에서 국가를 비판하는 '새로운 사회학'은 근대 정치학의 영역을 침투해갔다. 그것이 현재화된 것이 다이쇼 말기에 이르러 국가주의 정치학에 대한 반항적인 성격을 갖는 '사회과학'이라는 용어가 보급되어 사용되기 시작한 것이었다. 사회과학이라는 용어가, 정치학이 현실정치와 유리되어 갖던에 미무는 한계를 노정하는 가운데 국가주의 정치를 사회적으로 비판하며 전개된 학술적인 연구를 총칭하는 의미로 사용되었다.

정치학 분야에서는 오펜하이머(F. Oppenheimer), 굼프로비츠(L. Gumplowitz), 라쩬호퍼(G. Ratzenhofer)의 저서를 비롯해서 독일사회학이 큰 영향을 미쳤다. 국가를 사회적 기초에서 비판하며, 그 계급구조를 분석하고, 이데올로기를 평가하여, 일정한 사회적 법칙으로 설명하였다. 정치현상을 역사적인 현실적 작용으로 관찰하여 그 인과법칙적인 설명을 가함으로써 국가의 절대화를 파괴하고 유동적인 사회학적인 분야로 해소시킨 것이었다. 과학적 정치학을 주창한 오오야마에게 '과학으로서의 정치학'의 방법을 제공한 것도 그러한 사회학(soziologie)이었고, 그것은 사회학적 국가관으로 귀결되었다(蠟山政道, 1968: 282-84; 大山郁夫, 1923: 133). 정치학을 넓은 의미의 사회과학의 일부를 구성하는 사회학 속에 해소시켜서, 종래 지배적이었던 국가학적 정치학에 대항하는 새로운 '사회' 개념을 거점으로 하여, 사회적 개인과 지배체제로서의 국가의 관계를 설명하였다. 그럼으로써 국가에 국한되었던 정치의 영역을 사회와 사회를 구성하는 개인으로 확대하여 국가주의적 정치학을 개선하고자 한 것이었다. 그렇지만 그와 같이 사회학을 기초로 하는 사회과학으로서의 정치학의 발전은, 국가와 사회의 구별 위에 수립된 민주주의가 발달하지 못한 일본에서는 그 방법론적 성격 때문에 맑시즘의 '사적유물론'으로 합류되거나 흡수되고 말았다. 사회학적 국가론은 정치지배나 국가권력을 사회적으로 분석하여 사회법칙을 파악하려는 것이었다. 그런데 거기에는 '정치적인 것'이나 '국가적인 것'에 대한 정의가 빠져있었다. 사회집단과 사회계급의 투쟁은 정치적인 의미와 가치를 포함하여 시작되는 정치현상이다. 그러므로 결국 '정치'의 문제로 되돌아가게 된다. 그런데 그 정치에 대한 정의가 없었던 것이다. 이에 비해서 사적유물론은 처음부터 계급투쟁의 정치적 가치를 의식하고 혁명으로 나아가는 정치적 현실 상황 판단에 대한 지적 무기가 되는 이론과 법칙을 제공하였다. 그럼으로써 프롤레타리아의 혁명운동과 내면적으로도 방법론적으로도 결합되었다(蠟山政道, 1968: 284-286). 여기서 '사회과학'이라는 용어는 맑시즘이 되고 사적유물론의 다른 이름이 되어, 국가학의 정치학에 저항하는 민주사회의 정치적 지향을 포함하는 용어이자 정치학의 다른 이름으로 보급되고 사용되었던 것이다.

그와 같은 사회과학이라는 용어는, 억압된 고등교육에 대한 욕구를 그나마 가능했던 일본유학을 통해서 충족시키던 일본유학생들과 3·1운동 이후 대거 전파된 개조 사조 속에서 조선에도 전파되어 일본에서와 같은 의미로 사용되었다. 당대에 사립 전문학교가 '사회과학'의 온상이 되었다는 것은 그 용어가 내포한 의미를 담은 것이었다. 사회과학이라는 말은, 식민지배체제에 대한 정치적 저항과 비판의 논리를 담아 제국주의에 대한 정치혁명, 독립의 지향을 담은 것이었다. 그러한 사회과학은, 학교 안팎에서 학생들이 조선총독부 관학의 정책학적 조선연구에 대항하여, 대자적인 관점에서 조선을 과학적으로 연구하여 민족 독립의 방안을 모색하는 과학적 조선연구를 총칭하는 의미로 사용되었다. 또한 그것은, 일본에서처럼 정치적 가치를 의식하고 혁명으로 나아가는 정치적 현실 상황 판단에 대한 지적 무기가 되는 이론과 법칙을 제공하는 사적유물론의 방법과 결합되었다. 그리하여 사회과학은 맑스주의적으로 조선사회를 연구하는 학문과 같이 사용되었다. 식민지시기 "사회과학은 정말 조선의 총애받는 학문이요 조선 학문중의 왕자"로 군림한다거나 사회과학("사회주의")을 하지 않으면 현대인이 아니라고 할 정도였다(『동아일보』, 1935.01.01).

그러한 조선인의 사회과학 연구는 총독부의 관학 경성제대에서도 싹텄다. 제국대학에 걸맞는 위상을 제고하기 위하여 영입된 교수들 가운데는 도자와와 같이 학문적 자율성을 강조하던 상대적으로 자유주의적인 교수들이 있었다. 그들은 조선 학생들이 자유주의적인 관점을 접하고 사고를 형성하는데 영향을 미쳤다. 다른 한편으로 대학의 고등교육은 조선인 학생들이 지식인으로서 현실적인 존재론적 문제와 분리될 수 없는 식민지 상황을 돌아보게 하였다. 그리하여 경성제대라는 학문적 공간 속에서 조선인 학생들 가운데 지식과 민족적 실천운동이 접합되어 조선총독부와 일본의 국가적 관립 고등교육이 규정하는 국가주의적 지적 종속성에서 벗어나 민족해방의 주체로서 안목을 키워나가기도 하였다. 이른바 '성대그룹'이라고 불린 일군의 조선인 경성제대생들이 대표적이라고 할 수 있다. 검거 당시 '미야케사건'이라고 불린 경성제대 조선인 공산주의학생운동단체였다. 당시 일본 내외에서 강력한 영향력을 미치던 맑스주의 사회과학의 내용을 학생들에게 강의한 미야케(三宅鹿之助) 교수로부터 수업을 듣고 영향을 받은 조선인 학생들이 사회과학을 통하여 정치적 실천운동을 전개한 것이었다(전상숙, 2015: 24-25).

이와 같이 사립 전문학교와 경성제대 안팎에서 전개된 당대의 '사회과학'은 조선인이 주체가 되어 일본 제국주의와 대결적인 관점에서 반(反)관학 과학적 조선연구를 하는 것이었다. 그것은 반제국주의 민족해방/독립운동을[7) 위한 실천운동이자 정치운동이었다. 이러한 의미에서 식민지시기 조선인의 사회과학, '조선학'이라 총칭될 수 있는 조선연구(전상숙, 2015)는 한국 근대 사회과학의 맹아이자 전사이며 또한 한국

---

7) 일반적으로 '민족독립운동'이 민족주의적 항일독립운동을 지칭하는데 비하여, 식민지시기 조선민족 내부의 계급 문제를 문제시하며 민족문제와 계급문제를 동시에 지향한 사회주의 항일독립운동은 '민족해방운동'이라고 한다. 이 글에서는 조선인의 '사회과학' 연구가 서로 다른 관점을 가진 양 측에서 전개되었다는 점에서 민족해방/독립운동이라고 하였다.

근대 정치학의 맹아이자 전사라고 할 수 있다.

정치학이나 정치참여가 허용되지 않았던 조선사회에서 사회과학은, 일본에서 그것이 국가에 대한 사회운동을 배경으로 국가주의 정치 개념을 개선하고 시민사회적 영역을 확보하기 위한 학술연구로 전개된데 비해서, 문화정치가 허용하는 범위 안에서 이론과 방법을 제공하는 맑스주의 사적유물론을 토대로 조선사회를 분석하여 민족이 처한 현실을 분석하고 문제를 극복하기 위한 현실적인 정치적 방안을 모색하는 것이었다. 그러므로 조선인의 사회과학은 민족적 실천운동과 결부된 것이었다. 일본 근대 국가주의 정치학이 그 틀에서 벗어나기 위하여 사회과학 속에서 자구책으로 사회학적 국가관으로 변용되었다고 한다면, 학적 체계를 갖출 여지도 없이 학문적 존재 자체가 허용되지 않았던 조선인의 조선을 대상으로 한 근대 정치학은, 식민지 조선사회의 사회과학을 통해서 식민지사회의 현실을 분석하고 설명하며 그 돌파구를 마련함으로써 제국주의 지배체제를 전복시키기 위한 실천적 정치운동 속에서 맹아가 형성되고 있었다고 할 수 있다. 이러한 의미에서 식민지시기 조선인의 '사회과학'은 한국 근대 정치학의 맹아이자 전사라고 할 수있다.

물론, 그 밖에도 한국 근대 정치학의 맹아는 경성제대 출신으로 해방 이후 서울대 정치학과 교수가 된 사람들(1947-1953 정치사 담당 김경수, 1947-1959 정치사 담당 서임수, 1954-1964 정당론 구민정치사 담당 김성희)을 통해서도 이미 발아되고 있었다(서울대학교정치학과발간위원회 편, 2009: 6). 해방 전후의 맥락에서 경성제대 출신 교수들이 한국 근대 정치학과 사회과학에 미친 영향은, 독특한 일본의 국립/관학 국가학의 권위주의와 정치가 용인되지 않았던 식민지 조선의 예속성과 저항성을 염두에 두고 '과학적' 학문의 객관성과 학문 주체의 문제를 함께 고려하며 또 다른 과제로 풀어나가야 할 것이다.

5. 맺음말

천황에 직예한 조선총독이 조선지배의 전권을 장악한 조선총독정치 체제 아래서 정치란 총독이 조선지배와 관련한 행위만을 의미하는 것이었다. 지배체제의 권력행사만을 의미하는 정치의 의미는, 일본의 다이쇼데모크라시와 제1차 세계대전을 거치며 확산된 개조사조의 영향으로 문화정치로 지배정책이 변화되고 3·1운동으로 분출된 조선인들의 정치적 요구가 표출되기 시작했어도 변하지 않았다. 일본에서 메이지유신 이후 독일형 국가학을 채용한 국가학적 정치학의 협애한 정치 개념은 조선총독부를 통해서 그대로 한층 강화되어 조선사회에도 관철되었다. 또한 전전 일본 근대사에서 자유주의가 융성했던 독특한 1920년대를 거치며 국가주의 정치 개념으로부터 벗어나 사회적으로 정치 개념을 확장시키고 개선하고자 했던 근대 정치학의 노력은, 일본이 조선을 거쳐 북측 대륙으로 제국주의적 팽창을 현재화하면서 더 이상 사회적인 영향을 미칠 수 없게 되었다. 결국 20세기 전반 일본 국가주의 정치학의 아성이 정치적으로 고수된 것처럼 조선총독정치 하에서 조선의 정치 개념도 변하지 않고 견지되었다.

더욱이 일본 국가주의 정치 개념은 '제국대학'의 이름을 빌은 조선총독부의 관학 경성제국대학을 통해서 1920년대 일본에서와 같이 학술적으로도 비판되거나 개선하기 위한 시도가 이루어지거나 하지도 못하고 조선총독정치를 공고히 하는 일원적인 의미로 고수되었다. 지배의 전권을 장악하고 사실상 무단정치를 지속한 조선총독정치는 독특한 정치

적 자율권을 학술면에도 관철시켜서 경성제국대학을 서울에 설치하였
다. 조선총독이 일본 정부의 반대를 무릅쓰고 경성제대를 수립한 것은,
3·1운동 이후 분출된 조선인들의 정치사회적 욕구를 흡수하면서 회유
하여 조선총독정치체제의 안정성을 높이기 위한 제도적 장치를 마련한
것이었다. 따라서 경성제대에는 정치학과도 부설되지 않았고 정치학개
론을 강의하는 정치학정치사 제1강좌로 시작해서 조선총독부의 '조선
연구', 조선학과 관련된 정치학정치사 제2강좌, 두 강좌만 개설되었다.
정치학정치사 제2강좌는 일본의 북진 대륙팽창과 함께 개설된 외교사
강좌, 국제사법강좌와 더불어 조선총독부의 정책학적 학술체계를 사회
과학적으로 재구성하며 일본 제국주의의 북진대륙팽창을 위한 제국의
사회과학의 일환으로써 충실히 봉사하는 것이었다.

그러므로 조선총독부의 관학 경성제대의 정치학은 조선총독정치의
실상, 조선인과 조선인사회와는 완전히 유리된 것이었다. 정치학정치
사강좌는 일본의 제국주의적 지배정책을 틀 안에서 조선과 조선총독정
치의 입지를 공고히 하는 것이었다. 따라서 일본 근대 정치학의 국가주
의적 성격은 조선총독정치체제 아래서 더욱 집약적으로 강화되었다.
그러한 특성이 두드러진 것이 외교사와 정치학정치사 제2강좌였다. 학
문으로서의 정치학은, 일본의 그것과 마찬가지로, 조선과 조선인의 현
실 정치와는 유리되어 제국헌법이 적용되는 일본과 일본인을 논할 때
만 그것도 강단에서만 존재하는 것이었다. 설립 당초부터 조선총독의
조선지배의 안정화라는 정책적 차원에서 설치된 총독부 관학의 정치학
은 조선총독정치에 봉사하거나 그와는 무관한 기초 교양 정치학강좌로
존재하였다. '정치'라는 것이 조선총독정치 그 자체로부터 벗어날 수 없
었던 조선에서 '정치학'이란 학문은 그 명칭조차 편히 언급할 수 없는
것이었다고 하겠다.

현실적으로 조선인들이 정치학을 논할 수 있는 공간은 학술적으로도 없었다. 따라서 '사회과학'이라는 이름으로 근대 정치학의 국가에 대한 시민 사회적인 정치적 요구가 전개되었다. 전문학교를 중심으로 전개된 사회과학은 일본에서와 마찬가지로 국가나 지배체제를 직접 공격할 수 없었던 상황에서 정치적인 요구와 정치학의 내용을 내포한 것이었다. 일본에서 사회과학이 사회학적 국가관으로 표출되었다고 한다면, 조선에서 사회과학은 반제국주의 항일 민족독립/해방운동과 결부되어 조선총독정치체제에 대한 조선인의 사회운동이자 이민족 제국주의지배에 대한 민족적 항일 독립/해방운동으로 전개되었다. 여기서 실천운동의 실천적 목적과 이론을 구비한 맑스주의가 반제 · 반봉건 항일 민족독립/해방을 위한 정치적 실천운동으로 자리할 수 있었다(전상숙, 2010: 95-134). 정치와 정치학을 논하고 배우는 것이 봉쇄된 조선사회에서 항일 제국주의 실천운동은 예속된 민족을 해방시키고 근대 독립국가를 건설하기 위한 정치운동이었다. 따라서 그 속에는 단지 맑스주의적 유물사관만 있는 것이 아니라, 제국주의로 전개된 자본주의와 그 체제를 사상적으로 뒷받침하는 자유주의에 대한 비판도, 독립국가에 대한 상과 국가에 대한 시민사회적 인식과 인민주권에 대한 인식도 내재되어 있었다.

위와 같은 관학의 정치학과 당대의 '사회과학'에 내재된 근대 정치학의 요소와 의미는 당대를 살아내며 공부한 한국인 연구자들을 통해서 해방 이후 대학의 정치학 강의와 연구에 영향을 미치지 않을 수 없었다. 그러므로 해방 전후의 맥락에서 그 내용을 고찰하여 일본 국가주의 정치학의 연속과 변용, 식민지적 수용과 변용 및 단절의 국면을, 한국 정치학의 주체와 '과학적' 학문의 객관성 문제를 염두에 두고 풀어가야 할 것이다. 또한 해방이후 세계적 냉전과 함께 한 남 · 북 분단의 정치적 현실을 정치학 연구의 주어진 현실로 당연시할 것이 아니라, 식민지시기 '사회과학'의 일환이었던 정치학의 연속과 변용이라는 측면에서 역사정치적으로 그 내용과 정치학자의 학적 계보를 고찰하여 정치학사의 일환으로 복원해 내야 할 것이다. 그것이 이후의 과제가 될 것이다.

■ 참고문헌

기유정(2013), 「경성제대 정치학 강좌와 식민지 조선에서의 의미: 戶澤鐵彦과 奧平武彦의 사상 분석을 중심으로」, 『동방학지』 163.

기유정(2014), 「근대 한국의 정치학과 그 학적 전환의 논리」, 『정치사상연구』 20-1.

김영국(1979), 「한국에 있어서의 정치학의 발전」, 『한국정치학회보』 11.

서울대학교 정치학과 발간위원회 편(2009), 『서울대학교정치학과60면사』, 서울대학교 사회과학대학 정치학과.

서중석(1959), 「8·15해방후의 한국정치학계」, 『한국정치학회보』 1.

야마무로 신이치(2011), 「제국형성에서 공간인식과 학지」, 『한림일본학』 19.

윤천주(1959), 「행태과학 "Behavioral science"적 정치학의 역할」, 『한국정치학회보』 1.

이선근(1959), 「창간사」, 『한국정치학회보』 1.

이항녕(1967), 「學窓三十年 3: '국가구조론'」, 『法政』 201.

이항녕(1968), 「學窓三十年 21: 尾高敎授의 별세」, 『法政』 219.

이홍구(1986), 「근대 한국 정치학 백년」, 『한국정치학회보』 20-2.

전상숙(2004), 「일제 군부파시즘체제와 '식민지 파시즘'」, 방기중 편, 『일제 파시즘 지배정책과 민중생활』, 선인.

전상숙(2010) 「일제하 한국 민족주의와 사회주의의 접합: 한국 민족주의의 한 특성」, 전상숙·문상석·금인숙, 『한국 민족주의와 변혁적 이념체계』, 나남.

전상숙(2012a), 『조선총독정치연구: 조선총독의 '상대적 자율성'과 일본의 한국지배정책 특질』, 지식산업사.

전상숙(2012b), 「근대 '사회과학'의 동아시아 수용과 메이지 일본 '사회과학'의 특

질: 블룬칠리 국가학 수용을 중심으로」, 『이화사학연구』 44.

전상숙(2012c),「한말 신문·잡지 언설을 통해 본 근대 서양 '사회과학' 수용의 역
　　　사정치적 성격」, 『담론201』 15-2.

전상숙(2015),「'한국인' 정치 참여 부재와 조선총독부의 관학을 통한 사회과학의
　　　전개」, 『한국정치외교사논총』 37-1.

정준영(2011),「식민지 제국대학의 존재방식: 경성제대와 식민지의 '대학자치론'」,
　　　『역사문제연구』 26.

한배호(2003),「한국정치학 학사-총론」, 한국정치학회 편, 『한국정치학회오십년사』,
　　　한국정치학회.

京城帝國大學 編(1926-1943), 『京城帝國大學一覽』, 京城帝國大學.

駒込武(1996), 『植民地帝国日本の文化統合』, 岩波書店.

国書刊行会 編(1990),「奧平武彦」, 『日本美術年鑑 1944-46年版』.

吉野作造(1927),「我國近代史に於ける政治意識發生」, 『小野塚敎授在職二十五年
　　　記念 政治學研究 第二卷』, 岩波書店.

蠟山政道(1925), 『政治學の任務と對象』, 巖松堂書.

蠟山政道(1927),「現代國家の職能問題」, 吉野作造 編, 『小野塚敎授在職二五年紀
　　　念政治學研究 第一卷』, 岩波書店.

蠟山政道(1949), 『日本に於ける近代政治學の發達』, 實業之日本社版.

蠟山政道(1968), 『日本に於ける近代政治學の發達』, 新泉社.

魯炳浩(2004),「吉野作造の弟子奧平武彦の朝鮮」, 『歷史文化社會論講座紀要』 1,
　　　京都: 京都大大院人間環境究科史文化社論講座 .

鹿野政直(2008), 서정완 역, 『근대 일본의 학문-관학과 민간학』, 소화.

大山郁夫(1923), 『政治の社會的基礎』, 同人社.

大野謙一(1936), 『朝鮮敎育問題管見』, 京城: 朝鮮敎育會.

大塚桂(2001), 『近代日本の政治學者群像: 政治槪念論爭をめぐって』, 勁草書房.

渡邊浩(1997), 『東アジアの王權と思想』. 東京大學出版會.

尾高朝雄(1941), 「昭和十五年度朝鮮總督府視學委員視察報告(中等學校)公民科」,
　　　『文敎の朝鮮』 186.

尾高朝雄(1942), 『實定法秩序論』, 岩波書店.

白鳥令(1990), 「松本馨敎授 追悼辭」, 東海大學政治經濟學部.

本山幸彦(1998), 『明治國家の敎育思想』, 思文閣出版.

寺崎昌男 外(1979), 『日本における大學自治制度の成立』, 評論社.

石田雄(2003), 한영혜 옮김, 『일본의 사회과학』. 소화.

小野塚喜平次(1896), 「政治學の系統」, 『國家學會雜誌』 116號.

細谷俊夫 外 編(1990), 「帝國大學令」, 『新敎育學大事典 7』, 第一法規出版.

永島広紀(2014), 「帝国大学法文学部の比較史的検討: 内外地・正系と傍系・朝鮮
人学生」, 『九州史学』 167.

奥平武彦(1935), 『朝鮮開國交渉始末』, 刀江書院.

田中彰(1976), 「岩倉使節團とプロシアー'歐美回覽實期'にみる」, 『現代思想』 4-4,
靑土社.

朝鮮總督府警務局 編(1938), 『最近における朝鮮治安狀況』, 朝鮮總督府 警務局.

泉靖一(1970.7), "舊植民地大學考." 『中央公論』, 中央公論社.

幣原垣(1919), 『朝鮮敎育論』, 東京: 六盟館.

戶澤鐵彦(1927), 「政治の本質」, 『小野塚敎授在職二十五年 記念 政治學研究 第一
卷』, 岩波書店.

戶澤鐵彦(1940a), 「爲政者に希む」, 『國政論集』, 中央公論社.

戶澤鐵彦(1940b), 「政策の確立を望む」, 『國政論集』, 中央公論社.

丸山眞男(1947), 「科學としての政治學」, 『人文』 2.

丸山眞男(1997), 김석근 역, 『현대정치의 사상과 행동』, 한길사.

G. イエリネク(1974), 芦部・阿部・石村他 譯, 『一般国家学』, 学陽書房.

일제하 사회경제사학의 발달과 白南雲

우 대 형

1. 머리말

이 글에서 살펴볼 인물은 白南雲이다. 1894년 고창군 아산면 반암리에서 태어난 백남운은 1915년 수원농림학교를 졸업한 후 강화공립보통학교 교원 및 산림조합 기수(1915~1917)를 거쳐 동경상과대학에서 유학(1919~1925)한 뒤, 연희전문학교에서 근무(1925~1938) 중 유물사관을 한국사에 최초로 적용한 『조선사회경제사』(1933), 『조선봉건사회경제사(상)』(1937)을 출판하였다. 1938년 연희전문 '경제연구회사건'으로 구속된 뒤 은둔하던 백남운은 해방 이후 정계에 투신한 다음 월북하여 북한의 초대 교육상을 지낸 뒤 1979년 사망하였다. 그런데 이러한 그의 이력은 특별히 각주를 달 필요가 없이 이미 잘 정리되어 있다.[1]

게다가 기왕의 연구들이 그의 이력과 학문 세계를 너무나 잘 분석해 놓았다. 이런 시절 부친 배나규로부터 私塾을 통해 민족의식과 반일사

---

[1] 예컨대 위키피디아에는 그의 생애와 업적이 일목요연하게 잘 요약되어 있다.
https://ko.wikipedia.org/wiki/%EB%B0%B1%EB%82%A8%EC%9A%B4

상을 체득하였을 것이란 사실부터 그가 유학한 東京商大의 학풍과 거기서 공부한 내용까지 자세히 분석되었다(방기중, 1992; 이준식, 2004). 그리고 유학 도중 일본의 사상계가 마르크스주의 쪽으로 경도되면서 백남운도 여기에 영향을 받았을 것이라는 점, 특히 福田德三과 河上肇와 논쟁[2])에서 자기의 스승보다 마르크스주의자인 河上肇쪽에 더 끌렸다는 사실도 소개된 바 있다(방기중, 1992; 이준식, 2004). 연희 전문에 부임한 이후에는 대외적으로는 비판적 입장에서 조선학운동에 참여한 사실(이지원, 2002), 그리고 정치적으로는 주로 민족주의계열 사람들과 교유하면서 좌우합작 노선을 지지한 것도 잘 알려져 있다(조동걸, 1991; 도진순, 1998). 그리고 무엇보다 두 권의 저서에 나타난 백남운의 한국사에 대한 인식과 거기에서 드러난 이론적 결함들에 대해서는 방기중(1992)에 의해 치밀하게 분석되었다. 최근에는 백남운의 최측근으로 불리는 申南徹(1907~)에 대한 연구(정종현, 2010; 이태훈, 2015; 이태우, 2016)도 발표됨으로써, 백남운의 사상을 이해하는데 큰 도움이 되고 있다. 李成市(2008)는 백남운의 고대사 인식과 동 시기 일본 내 연구동향과의 관련성을 검토하였다. 1938년 구속된 이후 해방까지의 행적에 대해서는 윤기중(1998)에 다루어진 바가 있으며, 정치 일선에 참여한 이후에는 심지연(1989)에 의해 분석되었다. 그러나 무엇보다 방기중(1992)의 연구는 백남운 연구의 종결판으로써, 위 개별 연구를 모두 아우르고 있다.

이와 같은 백남운 연구의 '홍수' 속에서, 이 글은 백남운이 활동했던 당대의 사상 '지형도' 속에서 그의 사상적 위치가 어디쯤에 있는지를 자리매김하고자 하는데 목적이 있다. 보다 더 구체적으로 말하면, 이 글

---

2) 福田德三과 河上肇와 논쟁에 대해서는 Inoue and Yagi(1998)와 Endo(2004), pp.482-491을 참조.

은 한국(경제)史像을 둘러싼 당시의 지배적 담론 속에서 그의 한국사
및 나아가 세계사 인식이 얼마나 독특하였는지를 드러내는데 관심이
있다. 그런데 어떤 사람의 생각이 얼마나 독특한가 또는 얼마만큼 다른
가 하는 것은 타자를 전제로 할 때만 성립한다. 이 글에서 염두에 두고
있는 비교 대상은 福田德三, 마르크스, 그리고 당대 주류로 불리는 조
선인 마르크스주의 경제학자 등 세 그룹이다. 이 세 그룹은 당대 사상
의 지형도에서 가장 큰 시장지배력을 행사한 사람들이면서, 백남운의
역사인식과 대극점에 있는 인물이기도 하다.

　백남운의 동경상대 유학시절 스승이었던 福田德三은 러일전쟁 직전
조선을 방문한 후「한국의 경제조직과 경제단위」를 발표한 사람으로
잘 알려져 있다.[3] 한국 경제사를 다룬 최초의 학술 논문으로 기록되는
이 논문의 내용은 잘 알려진 대로, 20세기 초 한국의 수준은 일본의
9~10세기에 해당될 정도로 정체되어 있어 이를 벗어나는 길은 문명국
일본에 동화되는 수밖에 없다고 주장한 글이다. 福田은 한국이 이처럼
정체된 이유를 봉건제의 경험이 결여되었기 때문이라는 그럴듯한 이유
를 덧붙였다.[4] 그런데 사실 여기까지는 잘 알려져 있지만, 그가 한국을

---

[3] 이 논문은 1903年부터 1905年까지『內外論叢』이란 잡지에「経済発展史上ノ韓国ノ
　地位」라는 제목으로 4回에 걸쳐 연재되었다가 이후 그의 저서에「韓國ノ經濟組織
　ト經濟單位」라는 제목으로 재수록 되었다. 이 글에서 페이지 수는 福田德三(1925),
　『改正 經濟學硏究』(乾)에 따른 것이다.

[4] "이제 근본 원인을 구명하기에 나는 (한국에 – 인용자) 봉건제도가 존재하지 않았다
　는 것을 결론으로 얻었다. 근세국가와 국민경제조직의 연원은 전제적 경찰국가(절
　대주의국가 – 인용자)에 있다. 하지만 전제적 경찰국가의 발생은 이것에 우선하여
　장기간 엄정한 봉건교육시대를 경과한 이후에야 가능하다. 한국은 결국 봉건적인
　교육을 받을 운명이 아니었다. 나는 일찍이 우리나라의 오늘이 있는 씨뤰은 가마가
　라 막부의 봉건시대와 도쿠가와 막부의 경찰국가 두 시대의… 선물로 인해, 후지하
　라시대가 영원히 지속되지 않았기 때문에 결국 명운이 한국과 달랐음을 입증하고자
　노력했다."(福田德三, 1925: 119-120). 복전덕삼의 봉건제 결여론에 대한 비판은 강진
　철(1992) 참조.

방문하기 전에 썼던 학위논문에 대해서는 상대적으로 덜 알려져 있다. 독일 역사학파의 브렌타노(Lujo Brentano) 지도하에 쓴 그의 학위논문의 제목은 *Die gesellschaftliche und wirtschaftliche Entwicklung in Japan* (Social and Economic Development in Japan)[5]으로, 주된 내용은 일본경제사의 발전 과정이 서구와 동등한 경로를 거쳤음을 증명하고자 한 것이었다.[6] 즉 福田에 따르면 '일본의 성공'이 明治維新에 의해 하루아침에 이루어진 것이 아니라 오랜 정상적인 역사발전의 산물이라는 것이다. 福田은 학위를 마친 뒤 귀국하자마자 한국을 방문하였다.[7] 姜尚中 (1987)이 지적한 바와 같이, 福田은 일본 경제의 정상적 경로를 다시 한 번 확인하기 이 경로부터 '일탈'한 이단이 필요하였고, 자신의 우월성을 드러내는 거울로 한국이 선택된 것이다. 즉 이 논문에서 그의 관심은 한국이 아니라 일본이었던 것이다.[8] 그럼에도 이 논문에서 福田이 제기한 두 가지 키워드 즉 '조선사회정체론'과 '봉건제결여론'은 이후 조선사를 연구한 일본인 관학자 黑正巖(1923)과 四方博(1933; 1951)에 의해 增補되면서 일제의 식민통치를 합리화하는 지배적 담론으로 자리 잡았다. 여기에서 우리의 관심은 백남운은 이 두 가지 담론—조선사회정체론과 봉건제결여론—을 어떻게 넘어서고자 하였는가 하는 점이다.

---

5) 이 책은 1900년 슈튜트가르트에서 출판되어 일본경제사 입문서로 널리 읽혔으며, 1907년 『일본경제사론』이란 제목으로 일본어로 번역되었다. 그의 박사학위 원본과 일본어판은 각각 다음 사이트에서 내려 받을 수 있다.
   http://reader.digitale-sammlungen.de/de/fs1/object/display/bsb11124149_00006.html
   http://kindai.ndl.go.jp/info:ndljp/pid/799499/1

6) 보다 자세한 것은 이 글 각주 27 참조.

7) 福田이 한국을 방문한 1902년은 러일전쟁 직전으로, 일본 내에서는 '역사주의'(historicism)로 잔뜩 고조되고 있었던 시기였다. 보다 자세한 것은 Nishizawa(2001: 159) 참조.

8) 실제로 福田德三은 이 논문 이후 한국에 대해 더 이상 논문을 쓰지 않았다. 福田의 연구목록은 http://fukuda.lib.hit-u.ac.jp/person/fukuda/kanazawa/chosakunenpu.html 참조.

福田德三에 이어 당대 사상 지형도에 또 다른 영향을 미친 사람은 마르크스였다. 마르크스는 백남운으로 하여금 사적 유물론에 입각하여 한국사의 발전과정이 서구와 마찬가지의 정상적 궤도를 걸어왔음을 증명할 수 있도록 자극을 준 인물이지만, 다른 한편 유럽의 역사는 역동적으로 그린 반면, 아시아는 수천 년 동안 정체에 잠긴 것으로 서술하여(Avinery, 1968; Anderson, 1974: 462-495; 송영배, 1986) 한국사를 유물사관에 입각해 한국사를 재해석하고자 하는 그에게 혼란을 준 인물이기도 하다.[9] 또한 마르크스는 그의 동료 엥겔스와 함께 '아시아적 정체성'을 근거로 유럽의 식민 지배와 억압을 합리화한 인물이기도 하다(임지현, 1990; 호스톤, 1991: 167-168). 요약하면, 유물사관에 입각해 福田의 조선사회정체론을 극복하고자 한 백남운에게 마르크스는 사적 유물론이라는 무기를 주기도 했지만, 다른 한편 '아시아적 정체성'이란 시험에 빠지게 한 사람이기도 하다. 그렇다면 백남운은 이 두 가지 상반된 마르크스의 역사이론을 어떻게 선택적으로 받아들였을까? 이것이 이 논문의 두 번째 관심 사항이다.

마지막으로 당대 사상 지형에 영향력을 미친 또 다른 인물로 全錫淡, 朴克采 등 이른바 '주류' 마르크스주의 경제학자들(이환병, 2002)을 꼽을 수 있다. 이들은 마르크스의 '아시아적 정체성론'을 적극적으로 수용하여, 조선의 역사발전이 서구와 일본과 달리 비정상적 경로(=정체)로부터 스스로 벗어날 수 없었기 때문에, 식민 통치는 불가피했다는 주장을 편 인물들이다. 이들은 또한 조선공산당 외곽 단체인 조선과학자동맹에 소속된 학자들로써, 백남운에게 '관념론자' 혹은 '사회개량주의자'

---

9) 특히 그는 『경제학비판』 서언에 '아시아적 생산양식'이란 애매한 단어를 포함시킴으로써 악명 높은 '아시아적 생산양식' 논쟁을 일으키게 만들어 백남운으로 하여금 더욱 더 미로로 몰아넣기도 하였다

로 몰아붙인 그룹들이기도 하였다. 흔히 이들은 백남운과 함께 '사회경제사학자'로 분류되지만(강진철, 1989), 이들 역시 조선사회정체론을 지지하고 있는다 점에서 일본인관학자와 마찬가지로 백남운의 입장에서는 넘어야 할 대상에 불과하다.

정리하면, 福田德三, 마르크스, 그리고 주류 마르크스주의 경제학자는 그 입론과 논거가 조금씩 다르지만, 유럽 및 일본을 보편=정상적 발전, 아시아 및 조선을 특수=정체라는 이원적 역사관을 갖고 있다는 점에서 공통점이 있다. 그렇다면 백남운은 이러한 불리한 사상 지형도 속에서 이들의 이원적 역사관을 어떻게 극복하고자 하였으며, 그리고 그 극복에 얼마나 성공하였는가. 다음 본문에서 이를 좀 더 구체적으로 살펴보기로 하자.

2. 前史: 백남운의 역사인식

백남운은 연희 전문에 첫 직장을 구한 1925년부터 1933년 그의 첫 번째 저서인 『조선사회경제사』를 출간하기까지, 여기저기에 10여 편이 넘는 글을 썼다. 그런데 그가 쓴 글 중 시사와 관련되어 있는 것을 제외하면 계, 보, 장꾼, 향약 등 경제사보다 사회사에 더 관심이 많았음을 알 수 있다.[10] 동경상대 유학시절 경제사를 연구하겠다고 마음을 먹은 사람이 왜 경제제도보다 사회제도에 더 관심이 많았을까? 이에 대답은 그의 글을 통해서 유추해볼 수 있다.[11]

---

10) 백남운이 쓴 두 권의 책을 제외한 나머지 대부분의 글들은 하일식 편 『彙編』에 수록되어 있다. 이 글에서 백남운이 쓴 두 권의 책을 제외한 나머지 글의 인용 페이지는 모두 『彙編』을 따랐다.

11) 백남운은 1937년 조선일보 인터뷰에서 "학생시절에 경제학사를 공부하려고 하엿더

조선의 계가 과연 본질적으로 조선사적 특수성을 가진 것은 별 문제로 하고 우선 형식상으로 보와 특수적 명사에 속한 것은 사실이다. 그러나 오인은 여기서 사적 특수성을 논단하는 것이 목적이 아니다. 조선민족의 역사적 발전을 사회사 방면으로나 경제사적 방면으로 관찰할 때, 계가 사회적 단위 또는 경제적 단위로써 조선사에서 범주적 지위를 점령한 것을 표명할 뿐이다.(「조선계의 사회사적 고찰」, 1927.7, 『彙編』, 14쪽).

조선의 시장제도는 조선인의 경제생활의 발전사와 직접관계를 맺고 있는 것이다. 다시 말하면 조선인의 경제적 발전에 관한 역사적 범주를 구성한 것으로 볼 수 있다 그러므로 경제사나 사회사 방면으로 보아서 중대한 관심을 끄는 것이다.(「장꾼의 내력」, 1932.2, 『彙編』, 64쪽).

사회제도의 특수형태에서 세계사적 일반성을 추상하고 그 일반성에서 각 시대의 특수성을 파악하는 것이 실로 조선의 사회제도를 과학적으로 이해하는 인식방법일 것이다(「조선특유의 사회제도」, 1934.10, 『彙編』, 97쪽)

요약하면, 사회제도는 조선인의 경제생활의 발전사와 직접 관계가 있기 때문에 이를 통해 각 시대의 특수성을 파악할 수 있고, 나아가 동서양 각국의 유사한 제도와 비교를 통해서 세계사적 일반성을 "추상"할 수 있기 때문이라는 것이다. 이러한 그의 접근 방법은 논문의 구성과 내용에서도 그대로 드러난다. 예컨대 백남운은 '계'를 분석할 때 특정 시기의 계만 살펴보는 것이 아니라, 발생 시기를 알 수 있는 語原은 물론, 먼 과거부터 현대까지 계의 변천사를 모두 살펴보고, 또 이를 로마, 러시아 등 다른 나라의 유사한 제도와 함께 비교하고 있다. 이러한 사

니 경제사를 거치지 안코는 될 수가 업슴으로 이룰 연구하기 시작하여 그대로 파들어 가서 지금은 주로 경제사를 연구하고 있다"(『조선일보』, 1937.1.1)한 바 있으며, 1957년의 한 토론에서는 1922년부터 경제사 관련 글을 기고하였다(과학원력사연구소편, 1957: 336)고 회고하였다.

회제도의 연구를 통해 마침내,

> 나는 과거 조선의 특수적 사회제도에 있어서 정확할 정도로 세계사적 일
> 반성을 파악할 수 있는 동시에 상하 수천재를 이어온 역사적 일반성으로부
> 터 각 시대의 구체적 특수성을 지적할 수 있을 것이다(「조선특유의 사회제
> 도」, 1934.10, 『彙編』, 97쪽).

> 현대로부터 상고로, 상고로부터 현대에 이르기까지 상하 4~5천재의 역사
> 선로를 순력해보았으나, 사회제도의 본질에 있어서 다른 문화민족과 특별
> 히 구별할만한 차별성을 나의 시안으로는 발견할 수 없었으며, 발견되지 못
> 하는 것이 당연하다(「조선특유의 사회제도」, 1934.10, 『彙編』, 98쪽).

즉 현재로부터 과거로, 과거에서 다시 현재로, 상하 수천 번 역사 순례
를 반복함으로써, 각 시대의 구체적 특수성을 훤히 알 수 있게 되었고,
나아가 정확할 정도로 세계사적 일반성까지 파악할 수 있는 경지에 이
르게 되었다는 것이다. 그 결과 백남운에 따르면, 다른 문화민족에는
있고 조선에만 없는, 그런 특별한 것은 없다는 것을 깨닫게 되었다는
것이다. 결국 백남운에게 사회제도 연구는 시대적 특수성뿐 아니라 세
계사적 보편성을 찾기 위한 범주적 소재에 불과했던 셈이다. 뒤에서 살
펴보겠지만, 이러한 그의 발견은 향후 백남운의 역사인식의 출발점이
된다.
  그러나 그의 연구는 1920년대 말까지 여전히 사회제도에 머물고 있
을 뿐, 그 사회제도가 어느 생산관계로부터 나온 것인지에 대해서는 언
급을 유보하고 있다. 물론 백남운은 사회제도가 생산관계의 조응물이
란 사실을 잘 알고 있었다.

"사회제도의 모태는 광의의 생산관계인 동시에 사회제도의 제반성격은
생산관계의 본질을 따라 결정되는 것이므로 사회제도를 근본석으로 이해하
려면 그 모태인 생산관계의 본질과 역사적으로 발전된 내용을 검토해보아
야 하는 것이다. 그리하여 만일 생산관계의 본질과 내용이 역사적으로 발전
된 사실을 이해한다면 그것으로부터 반영된 사회제도의 특수형태에 관한
모든 難問은 자연스럽게 눈 녹듯 사라질 것이다."(「조선 특유의 사회제도」,
1934.10, 『彙編』, 98쪽)

또한 백남운은 특정 사회제도를 통해 그 시대적 특수성과 세계사적
일반성까지 파악하게 되었다고만 말을 할 뿐, 구체적으로 어느 시기에
해당하는지 그리고 어느 사회구성에 속하는지는 아직 특정하지 못하고
있다. 예컨대 그는 1920년대 말까지 조선사회에 대해 봉건사회라는 표
현도 쓰지 않고 있다. 아직 대답할 준비가 충분하지 않았기 때문일 것
이다.

방기중(1992: 82-84)에 따르면, 이 시기 즈음 그는 연희전문 동료 교수
였던 鄭寅普 등의 도움으로 사료 분석에 진력을 하는 한편, 마르크스·
엥겔스의 저작물을 집중적으로 공부하였다고 한다. 아마 이에 대한 해
답을 얻기 위함이었을 것이다. 그런데 백남운은 이 시기 중국혁명의 노
선투쟁을 둘러싸고 촉발된 아시아적 생산양식 논쟁의 결말을 기다리고
있었는지도 모른다.

아시아적 생산양식 논쟁은 중국사회의 성격을 둘러싸고 중국을 아시
아적 생산양식의 사회로 보는 마자르(Ludvig I. Mad'iar)와 바르가(Evgenii
S. Varga) 등 아시아파와 (반)봉건 반식민지사회라고 보는 고데스(Mikhail
Godes)와 욜크(Yevgeny Ilok) 등 반아시아파 간에 벌어진 논쟁이다.[12]

---

12) 이 시기 벌어진 아시아생산양식 논쟁에 대한 개설적 설명에 대해서는 Sawer(1977),
   Dunn(1982), Mehdi(1988), Fogel(1988) 참조.

양 진영은 이와 함께 마르크스의 『경제학비판』 서언에서 언급된 '아시아적 생산양식'이 전 세계에 보편적으로 나타나는 독자적인 사회구성인지 아니면 봉건세의 아시아석 변송인지를 두고 치열한 설전을 벌였다.[13] 논쟁이 뜨거워진 것은 마르크스의 아시아에 관한 서술이 단편적이고 모호하다는 점과 마르크스의 저술에 나타난 아시아 사회상과 실제 아시아의 현실 간에 작지 않은 갭이 존재한다는 점 때문이었다. 여기에다 공산주의혁명의 실천 전략을 둘러싼 노선의 갈등이 그 근저에 있었다(Bailey and Llobera eds., 1981: 1) 1920년대 중반 중국에서 시작된 논쟁은 무대를 소련으로 옮겨 1931년 레닌그라드 대토론회에서 스탈린의 지원을 받는 반아시아파의 승리로 막을 내렸다. 1931년 소련에서 발행한 『세계사교정』은 고데스의 학설에 따라 아시아적 생산양식을 봉건제의 아시아적 변종이라고 규정하였다.[14] 이 논쟁은 유럽의 경험을 바탕으로 탄생된 사적 유물론이 중국 등 아시아사회에도 적용 가능한가 하는 문제와 연결되어 있어 사적 유물론의 한국사 적용에 고민하는 백남운에게는 곧 자신의 문제이기도 하였다. 아시아적 생산양식 논쟁이 끝난 이듬해, 백남운은 「조선사관수립의 제창」(1932.6)이란 제목의 강연에서 아시아적 생산양식에 대한 자신의 생각을 드러냈다.[15]

---

13) 1859년에 쓰여진 『경제학비판』 서언에는 "개략적으로 아시아적 · 고대적 · 봉건적 · 근대 부르주아적 생산양식을 가지고 경제적 사회구성의 발전적 제 시기로 구별할 수 있다."고 되어 있다. 따라서 서언에 적혀 있는 생산양식 모두를 계기적으로 해석하면 아시아적 생산양식은 전 세계에 보편적으로 존재하는 첫 계급사회가 되고, 아시아를 유럽과 대비되는 지역 개념으로 해석하면, 아시아에는 아시아적 생산양식 단 하나의 사회만 존재한 것이 되고, 유럽에서는 고대 봉건 근대 생산양식이 계기적으로 나타난 것으로 해석할 수 있다. 보다 자세한 것은 Brook ed(1989), pp.7-9.

14) 이 책은 1932년 일본어로 번역되었다. ポチヤロフ, ヨアニシアニ, 早川二郎 譯, 『世界史 教程』, 白揚社.

15) 아시아적 생산양식 논쟁이 국내 지상에 처음 소개된 것은 1934년 盧東奎에 의해서였다. 노동규는 「아세아적 생생산양식에 대하여」(『신동아』 4-7)라는 제목으로 아시아적 생산양식 논쟁을 소개하였다. 노동규는 연전 상과 시절 백남운의 동료 교수였

　　아시아 생산방법론은 이미 「경제학비판」 서언에 있었으나, 東邦 방식에
적용되기는 삼사년래 일이다. 지나 문제로써 보편사관을 삼기는 극히 최근
의 일이다. 조선사를 본질적으로 파악하자면 동양 민족의 발달사를 조망해
보아야 할 것이다. 아시아적 생산관계라는 것은, 첫째 지나, 인도, 애굽 외
諸國을 정치적으로 보아 중앙집권적 전제국가이고, 둘째 전체적으로 보아
토지재산이 공유이었고, 셋째 생산방식으로 보아 灌漑와 水利는 국가에서
또는 지방 관청에서 통제하고, 넷째 국가관리계급의 지배관계이다... <u>일반
민중이 토지를 소유하지 못했지만 국가가 통제했다. 중앙집권적이라 해서
봉건제가 아니라고 하는 것은 너무나 피상적인 관찰이다. 그 내용을 보면
본질에 있어서 봉건제도였다.</u>(「조선사관수립의 제창」, 1932.6, 『彙編』, 83쪽)

　　중앙 집권이냐, 분권이냐 하는 것은 봉건제의 본질이 아니라는 백남
운의 생각은 아시아적 생산양식을 봉건제의 아시아적 변종이라고 주장
한 고데스의 견해였다.[16] 백남운은 아시아파와 반아시아파의 양 주장
중에서 반아시아파의 주장이 옳다고 본 것이다. 이 강연에서 백남운은
고데스의 이론에 기대어, 조선사회에 봉건제가 없었다는 福田德三이
주장이 틀렸음을 선언하였다.

　　조선에 봉건제가 없었다고 하는 학자는 福田德三이다. 이 단언에 대하여
나는 그가 나의 스승이요 또한 고인이 되었지만 그에 대하여 논박하지 않을
수 없다. 나는 조선에도 봉건제가 있었다고 믿는다.(「조선사관수립의 제창」,
1932.6, 『彙編』, 83쪽)

　　으며, 1938년 경제연구회 사건으로 함께 구속되었다.

16) 고데스에 따르면, 마르크스의 착취방식에는 노예제, 농선세, 사농구의 등 세 끼지
밖에 없으며 또 착취양식에는 생산수단을 누가 소유하는지는 부차적인 문제이기 때
문에, 아시아적 생산양식은 국가=지주, 조세=지대인 봉건제의 아시아적 변종에 불
과하다. 고데스의 발표 논문은 ソヴェトマルクス主義東洋學會者協會 편(1933)쪽에
서 볼 수 있으며 영역본은 Bailey and Llobera eds.(1981: 99-105) 참조.

이로서 그동안 유보했던 의문이 해소되면서 백남운은 책의 출간에 박차를 가할 수 있었다. 1938년 경제연구회사건으로 투옥된 이후 그의 판결문에는 "피고인 백남운은... 1930년부터 유물사관의 입장에서 조선경제사 연구에 뜻을 품고 유물변증법의 이론을 연구하는데 미쳐..."(조선총독부검사국, 『刑事判決原本』 제6책, 1940.12.19)라고 적고 있다.[17]

3. 백남운의 역사인식

백남운은 1933년 출판된 『조선사회경제사』의 서문을 통해 그동안 고심해왔던 한국경제사에 대한 자신의 이해 방식을 아래와 같이 밝혔다. 그러나 실제 그의 작업은 경제연구회사건으로 갑작스럽게 구속되면서 고려시대를 다룬 『조선봉건사회경제사』(상)에서 끝나고 말았다.[18] 그러나 이 구상을 통해서, 그리고 그가 남긴 여러 편의 글과 두 권의 책을 통해서 그가 한국경제사의 시대적 변화를 어떻게 이해하고 있는지를 짐작할 수 있다. 나아가 동서양을 포함한 세계사에 대한 그의 인식, 그리고 일본인 경제학자들의 '조선사회정체론'에 대한 그의 생각도 읽을 수 있다.

제1. 元始氏族共産體의 樣態
제2. 三國의 鼎立時代에 있어서의 奴隸經濟
제3. 三國時代의 末期頃부터 最近世에 이르기까지의 아시아적 封建社會
　　의 특질

---

[17] 연희전문 경제연구회 사건에 대해서는 홍성찬(1994) 참조.

[18] 백남운의 동경상대 후배이자 보성전문 김광진 교수는 1933년 9월 21일자 『동아일보』의 신간 서평에 『조선사회경제사』를 소개하면서, 백남운이 총 5권으로 낼 계획이었다고 한다.

위의 구상에서 가장 먼저 눈에 띄는 대목은 어느 한 사회구성의 비약 없이 원시공산사회로부터 자본주의로 이어지는 '일원론적 역사법칙'을 적용했다는 점이다. 이와 함께 노예경제 앞에는 수식어가 붙어 있지 않은 반면, 봉건사회 앞에만 '아시아적'이란 수식어가 붙어 있음도 알 수 있다. 즉 한국사에서 첫 번째 계급사회는 로마나 희랍 사회처럼 노예노동이 주요 생산을 담당한 노예제사회였으며, 삼국시대 말기부터 아시아적 특성을 갖는 봉건사회로 이행하였다는 것이다. 그에 따르면, 아시아적 특성을 갖는 봉건사회의 역사적 기원은 원시공동체사회가 아니라 서구와 같은 유형의 노동노예제사회에 있게 된다. 논리적 정합성에 문제의 소지가 있는 이러한 이해 방식에 대해,[19] 백남운도 다른 사람들이 이 부분을 가장 의아하게 생각할 것이라는 점을 의식하여 출판 소감에서 다음과 같이 언급하였다.

"삼국시대의 사회적 구성을 노예경제로 규정하는 점에서 혹은 이론이 있을지 모르나 방법론에 관한 것인 만큼 적당한 기회에 다시 상론하려니와 필자로서는 아직은 불혹의 감을 가지게 된다. 다만 희랍이나 로마경제와 유비의 이론을 전개하지 못한 것이 유감스러우나 후일의 적당한 기회를 기다려 논급하려고 한다. 또 한 가지 부언할 것은 아시아적 생산양식에 관한 것인데, 금번의 졸저에 있어서 그에 관한 전반적 이론을 가하지 않았다. 그것은 현내의 사학이론의 최고수준에 고응헤블 때 서구 희과 비교된 아세아적 본

---

19) 백남운의 시기구분에 나타나 있는 논리적 부정합성에 대해서는 방기중(1992: 157-160) 참조.

건제도로 규정된 이상에 삼국시대에도 이미 아세아적 생산양식의 맹아형태
가 존재한 것은 물론이며, 신라 멸망의 내재적 원인은 그 아시아적 생산양
식의 발전성이었다는 점을 졸저에도 해둔 바 있다.(「『조선사회경제사』 출판
에 대한 소감」, 1933.11, 『彙編』, 88쪽)

봉건사회 앞에 집권적이라는 표현 대신 '아시아적'이란 수식어가 붙
어 있는 것은 고데스의 용법에 따른 것으로서, 앞선 강연을 통해 짐작
되고 있었다. 백남운은 두 권의 책 속에서 여러 차례 분권적 형식을 취
하고 있지 않다고 해서 봉건제가 아니라고 주장하는 사람들을 향해,
"부르주아적 관념사관에 길들여진 역사가"(白南雲, 1933: 117) "절망적인
공식주의자"(白南雲, 1937: 347), "조선사를 왜곡하면서 민족을 기만하는
자들"(白南雲, 1937: 301)이라고 강도 높게 비판하였다.[20] 이들이 누구
인지 다 알 수 있음에도 백남운은 책의 서문에서 대표적인 한 인물의
실명을 구체적으로 언급하였다.

　　근래 조선경제사 영역에 착안한 최초의 학자는 내가 알고 있는 한 先師
　福田德三 박사가 있다. 그러나 복전 박사는 한국에서 봉건제도의 존재를 부
　정하는 점에서는 승복할 수 없다.(백남운, 1933: 2)

출판 이후 "세간의 속평에 대한 과학적 논전을 각오해야할 것이라는
예감"(「『朝鮮社會經濟史』 출판에 대한 소감」, 1933.11, 『彙編』, 87쪽)대
로 칭찬보다 혹평이 우세했다.[21] "공식주의"[22] "당파성을 벗어나 실천

---

20) "봉건제사회로 하여금 봉건적이도록 하는 기초 조건은 그 형태의 분립 상에 있는 것
　이 아니다. 동양의 토지국유제에서의 전제주의적인 집권적 봉건제나 서구의 할거주
　의에서의 분할주의적인 봉건제를 불문하고, 그 생산수단인 토지와 직접 생산자인
　농민의 사회적 구성관계의 생산 특질에 의해 봉건사회다운 성격이 부여되는 것이
　다. 그런데 종래의 부르주아적 관념사관에 길들여진 내외의 역사가란 자들의 대부
　분은 봉건제를 이해하지 못한다"(白南雲 1933: 117).

에서 유리된 상아탑속의 관념론자"(李淸源, 1934: 239)라는 낙인이 잇따
랐다. 혹평의 내용을 한마디로 요약하면, 한국의 특수성을 무시한 채
일원론적인 역사관을 한국사에 적용하기에 그저 급급했다는 것이다.
특히 집중적인 비판을 받은 부분은 노예제의 설정에 관한 것이었다. 森
谷克己(1937)와 金洸鎭(1937)은 서구식 노동노예제가 한 번도 지배적
우클라드가 된 적이 없기 때문에, 삼국시대는 노예제사회로 볼 수 없다
고 비판하였으며, 李淸源(1936)은 아시아적 생산양식을 노예제의 아시
적 변종이라고 파악하는 코발레프(1935)의 新說을 받아들여 삼국시대
뿐 아니라 고려시대까지 아시아적 노예제로 보아야 한다고 주장하였
다. 그러나 백남운은 4년 뒤 출간된『조선봉건사회경제사』(상)의 서문
에서 김광진과 이청원의 주장을 각각 '평원론적인 다리미식 이론'과 '소
아병적 유희술'이라고 비판하면서 자신의 주장을 굽히지 않았다.

> 필자는 양심상의 전 책임으로서 자기 반성을 하면서 가능한 그 근거가
> 될 만한 사적의 섭렵에 노력한 결과, 강한 기쁨으로 선년의 규정을 다시 확
> 인하게 된 것이다.(白南雲, 1937: 3)

백남운이 이처럼 공식주의라는 비판을 감수하면서까지, 그리고 방기
중이 지적하였듯이 일관성에 결함이 있음을 알고 있으면서 일원론적
역사법칙을 고집한 의도는 무엇일까? 그의 표현을 빌려오면 수많은 사
료를 읽으면서 "과거로부터 현대로, 현대로부터 과거로" 하루에도 수십
번 역사 순례를 떠나고, 이를 다시 다른 나라와 끊임없이 비교한 결과,
"丕션 민족의 발전사는 그 과정이 如何히 亞細亞적이라 할지라도 사회

---

21) 보다 자세한 것은 방기중(1992: 160-165) 참조.
22) 朴士漸(박종홍), 「조선의 문화유산과 그 전승의 방법」(4), 『동아일보』 1935.1.5.

구성의 내면적 발전법칙 그 자체는 완전히 세계사적"(白南雲, 1933: 9)
이란 자기 확신에 따른 것으로 보인다. 그는 이미 사회제도 분석을 통
해 조선에서도 세계사적 보편성이 관철되고 있음을 확인한 바 있다. 그
는 이러한 생각을 책의 서문에서 "역사과학의 유일한 특수성은 사회의
역사발전단계의 특수성"(白南雲, 1933: 8) 밖에 없다고 표현하였다.[23]

그러나 무엇보다 "우리 조선의 역사적 발전의 전 과정은…대부분 다
른 여러 민족과 同軌적 발전을 걸어왔다"(白南雲, 1933: 9)는 표현에서
짐작할 수 있듯이, '서구=정상, 아시아=비정상' 또는 '일본=정상, 한국=
비정상'이란 이항 구도의 역사관을 받아들이지 않겠다는 자신의 역사관
과 밀접한 관계가 있는 것으로 보인다. 그에 따르면, 모든 문화 민족의
역사는 정상적인 길을 걸어왔으며 이 점에서 조선도 예외가 될 수 없
다. 즉 그의 역사관에는 문화민족 중 비정상의 길을 걸은 나라는 없으
며 내적 동력이 결여되어 있는 나라도 없다. 지리적 조건, 인종학적 골
상 문화형태의 외형적 특질에 따라 "발전 과정의 완만한 템포, 문화상
들의 특수한 濃淡"(白南雲, 1933: 9)만 있을 뿐이며, 또 이것들은 "결코
본질의 특수성은 아니다"(白南雲, 1933: 9).

여기에서 우리는 백남운이 왜 신화나 설화 류의 '특수사관'을 무가치

---

[23] 앞서 살펴본 아시아적 생산양식논쟁에서 고데스는 원시공산사회에서 아시아적 봉
건제로 직접 이행하였다고 보았다. 그러나 백남운은 아시아적 봉건사회 이전에 노
예제를 인정함으로써 이 부분은 고데스 견해를 따르지 않았다. 그런데 이와 관련하
여, 조기준 교수는 한 대담에서 "백남운씨는… 郭沫若의『중국고대사회사』에서 영
향을 많이 받고『조선사회경제사』를 썼다고 합니다"(조기준 · 강명규(1988: 74))라고
회고한 바 있다. 실제 郭沫若이 1930년에 쓴『중국고대사회연구』에 따르면, 西周 이
전을 아시아적 원시사회, 西周를는 그리스 · 로마의 奴隷時代, 東周 이후 특히 秦 이
후 封建時代로 설정하고 있어 백남운의『朝鮮社會經濟史研究』와 유사한 체계를 보
이고 있다. 1938년 경제연구회사건으로 구속된 뒤 압수된 백남운의 책 목록에는 마
자르와 비트포겔의 책과 함께 郭沫若의 이 책도 포함되어 있어 백남운이 이 책을
참고했음은 분명해 보인다. 그러나 郭沫若은 아시아적 생산양식을 노예제사회 이전
의 원시공산사회로 보고 있어, 백남운의 생각과 100% 일치하는 것은 아니다. 郭沫
若의 중국사 시대구분에 대해서는 전해종(1993) 참조.

하다고 주장하면서 유물사관만이 '과학적 역사관'(「조선경제사의 방법론」, 1933.12, 『彙編』, 91쪽)이라고 주장하는지를 짐작할 수 있다. 백남운이 보기에, 그러한 특수사관은 '신비적이고 감상적'이어서 현실을 잠시 잊게 해줄 수는 있어도, 백남운이 "조선특수사정의 이데올로기"(白南雲, 1933: 7)라고 에둘러 표현한 '조선사회정체론'의 허구성을 폭로할 수 없다. 백남운에 따르면, 우리 조선 민족도 다른 문화민족과 똑같이 정상적인 역사법칙의 궤도를 지나온 것을 밝히는 것만이 그 이데올로기의 허구성을 폭로할 수 있고, 이를 과학적으로 폭로하게 해주는 수단이 바로 유물사관인 것이다.

그가 아시아적 생산양식논쟁에서 '아시아파'에 찬성하지 않는 것도 같은 맥락에서 이해할 수 있다. 아시아파가 주장하는 아시아적 생산양식론의 핵심은 유럽으로부터 식민 지배를 받기 전까지 아시아사회는 내부 동력이 결여된 채 수천 년간 '정체'의 늪에 잠겨 있었다는 것인데, 모든 문화민족의 역사는 정상적인 길을 밟았다고 믿고 있는 백남운으로서는 이러한 주장을 수용하기 어렵다. 만일 아시아파의 아시아적 생산양식론을 받아들이게 되면, 같은 아시아권에 속한 조선도 '비정상=정체'된 사회였음을 인정하게 되기 때문이다. 이러한 그의 생각은 金洸鎭이 "李朝社會의 경제적 기구는 19세기말까지 아세아적 생산양식으로써, 不易성을 반복한 생산형태"라고 한 주장에 대해, 다음과 같이 반박한데서 잘 드러나 있다.[24]

---

[24] 백남운은 해방 이후 『쏘련기행』에서 일제시기 자신이 아시아적 생산양식 논쟁에 적극적으로 참여하지 않은 이유를 다음과 같이 설명하였다.
"역사발전의 기본양식인 생산 체제에 있어서 구라파와 아세아의 그것이 본질적으로 대립되는 것 같이 구별하려는 것은 맑스 레닌주의적 세계사관에 있어서 용인할 수 없다...'아시아적 생산양식'이론은 일제의 조선사를 위조하는 최신의 무기로서 악용하였다... 조선 역사의 위조를 또 다시 되풀이 하는 일은 용허할 수 없는 일이다." 백남운(1950: 166-167).

상업자본도 발생되지 못한 舊사회가 異樣船의 침입으로 돌연히 붕괴되었
다는 견해는 支那에 침입한 구라파의 자본주의가 그 아세아적 생산양식과
봉착하였다는 견해와 類型的 견해이므로 도저히 찬성할 수 없는 것이다. 요
컨대, 자기모순의 점차적 확대로 필연적 붕괴의 밟아가는 종국에 外力의 강
습으로 인하여 자력 자본주의의 계급을 결여하였을 뿐이다.(「보전학회논문
집에 대한 독후감」, 1934.1, 『彙編』, 334쪽)

백남운의 최측근이자 조선학운동에 함께 참여한 申南澈(1907~?)의
생각도 백남운과 같았다(이태우, 2016).

경제사적으로 특수한 발전을 가지고 잇다는 견해 밑에서 이'아시아적 생
산양식'의 문제가 처음으로 상정된 지는 벌서 1859년의 옛날이다. 아시아적
생산양식'이라는 것이 세계사발전에 있어서 고대적 아시아적 시대를 취급한
것에 不外하고 아시아적, 고대적, 봉건적 及 근대 뿌르조아적 생산양식은
사회의 경제적 구성의 계승적인 시대로써 생각할 수 잇으리라고 한다. 따라
서 이 아시아적 생산양식의 문제가 하등의 동양사회의 특수성을 강요하는
것이 아니라 사회구성의 사실상의 특수성을 객관적으로 분석하는 방법론적
변용이라고 하기도 한다. 어떠튼 동양과 서양과 세계사의 발전에 있어서 서
로 이질성을 가질 수가 없다. 사회의 기초적인 부분으로서의 경제적 조직과
그 사상도 구극적으로 동양과 서양과 구별되는 것이 아니다.[25]

백남운이 봉건제의 기준을 전제성과 분권으로 나누고 분권적 봉건제
만 봉건제로 인정하는 사람들에 대해 강도 높게 비판하는 것도 같은 맥
락에서 이해할 수 있다. 만일 분권적 봉건제만을 봉건제로 인정한다면,
이 기준에 따라 조선사회에서도 봉건제가 결여된 사회임을 인정하게

---

[25] 신남철, 「동양사상과 서양사상, 양자는 과연 구별되는 것인가」(5), 『동아일보』
1934.3.19.

되고, 또 봉건제 결여를 인정한다는 것은 유럽과 일본=정상, 조선=비정 상'이란 이원적 역사관으로 다시 환원되기 때문이다. 이는 또 모든 문 화민족의 역사는 정상적인 길을 걸어왔으며, 조선도 예외가 아니라는 백남운의 역사관과도 어긋난다. 따라서 그에게 있어 '아시아적 봉건제' 에서의 방점은 '아시아적'이 아니라 '봉건제'에 찍혀 있다.

이러한 백남운의 역사관이 가장 잘 드러나는 부분이 '제4 아시아적 封建國家의 붕괴과정과 資本主義의 맹아형태 문제'를 별도도 분리한 부 분이다. 소주제의 제목을 보면, 백남운은 조선 후기 혹은 개항 즈음부 터 일제에 의해 합병되기 이전 시기까지를 아시아적 봉건제가 붕괴되 면서 자본주의맹아가 싹트고 있는 것으로 파악하고 있음이 분명히 보 인다. 이 부분은 미완으로 끝났기 때문에 구체적으로 어떤 내용이 포함 될지 알 수 없지만, 그가 발표한 여러 단문을 통해 그가 생각하는 자본 주의 맹아가 무엇인지 대략 짐작할 수 있다.

먼저 살펴볼 논문은 백남운이 연희전문에 온 그 이듬해인 1926년에 발표된 「조선 사회력의 동적 고찰」이란 글이다. 이 논문은 사회주의와 민족주의 양 계열의 운동이 대립할 것이 아니라 함께 손을 잡아야 한다 는 취지로 쓴 글이다. 그런데 경제사학자답게 그는 이러한 자신의 주장 이 옳음을 밝히기 위해, 민족주의 운동의 주체인 민족부르주아지가 언 제, 그리고 어떻게 발생하여 오늘날(1926)의 쇠락한 처지에 이르게 되 었는지를 살피고 있는데, 필자가 주목하는 것은 바로 이 대목이다.

시대는 重商主義의 개막이었음으로 인해 富 자체가 사회적 총아가 되었 다. 그리하여 권력의 비호도 받지 않는 富의 새로운 수인이 은년이 나났 으니, 경제적 신흥계급이 그것이다. 이것이 조선의 중산계층을 형성한 것인 데, 외국의 예를 고증하면 봉건제도의 붕괴 후 각 도시에 출현한 상공계급

에 해당한다. 그러나 조선의 실정으로 보면 도시에 있는 상업계급뿐 아니라
농촌 신흥계급도 당연히 여기에 속할 것이다. 즉 신흥 商農계급은 그 발생
기에 있어서 전연 권력의 비호를 받지 못하였을 뿐 아니라 왕왕 권력계급의
학대도 상당하였다. 그러나 제3계급의 富力은 남이 알까 모를까 하는 와중
에 장성기에 달하였고, 또한 점진되는 자유사상과 계급해방이 그 장성을 촉
진하였다. 그러므로 조선사회가 동질적으로 순조롭게 산업화하였다면 그들
은 오늘날 조선의 金權黨이 되었을지도 모른다. 이상의 所述을 요약하면 갑
오년 이후로 점차 자유사상이 萌動되는 동시에 신분적 계급이 해이되고 따
라서 富力이 분화되어 현대적 제3계급이 형성되었다는 결론에 도달하게 된
다.. 그러나 점차 연장되는 권력선을 따라 치미는 일본의 황금력은 조선의
모든 부르주아지 노선의 암흑이었다... 조선의 모든 부르주아지는 원칙적으
로 권력과 분리되었을 뿐 아니라 혹시 일시적 비호가 있을지라도 治者와 被
治者와 목적 방향이 교착된 것은 사실이다.(「조선 사회력의 동적 고찰」,
1926.1, 『彙編』, 297쪽)

　　요약하면, 갑오개혁 이후 기존의 최고 권력계급(제1계급)과 鄕班 계
급 및 吏族계급(제2계급) 외에 새로운 경제적 신흥계급(제3계급)이 등
장하게 되었는데, 만일 조선사회가 순조롭게 산업화하였다면 현재 이
신흥계급이 조선의 부르주아지당이 되었을 것인데, 일제의 비호를 받
는 일본자본의 진출로 인해 암흑의 처지로 내몰렸다는 것이다. 인용문
에서의 제1~3계급은 서유럽의 역사로부터 차용했음이 분명하다. 이것
으로 유추해보면, 그는 세계사적 보편성'을 발견해내기 위해 '과거에서
현재로, 다시 현재로부터 과거'로 부단히 순례하면서, 이를 유럽의 경험
과 비교했음에 틀림없다. 백남운이 2년 뒤 쓴 「猪谷교수의 '조선에서의
산업혁명'을 읽고」라는 논문에서도 이와 비슷한 주장을 발견할 수 있
다. 猪谷교수가 일본자본주의의 이식과정에서 조선에서 산업혁명과 개
인주의화가 일어났다고 한 주장에 대해 백남운은 다음과 같이 반박하

고 있다.

　　인간의 자아발전의 효과로 보아, 경제사회의 생산력 진화의 역사로부터 개인주의가 역사적 발전의 한 범주인 한, 어떤 사회 혹은 시대에는 당연히 출현하여 그 자신의 임무를 다한 뒤에는 다른 것과 교대하도록 운명 지어져 있지 않는가? 그런데 이 역사적 범주일 개인주의 내지는 자유경쟁주의가 과연 총독부 官憲에 의해 조성되었을까? 나는 용감히 아니라고, 외치고 싶다. 黃口의 외침을 잠시 허락받아 말한다면, 이미 맹아한 개인주의 내지 자유경쟁주의는 총독부 경찰국가에 의해 오히려 억압되었다.(「猪谷교수의'조선에서의 산업혁명'을 읽고」, 1928.2, 『彙編』, 151쪽)

　　요지인즉슨, 일본의 이식자본주의가 개인주의와 자유경쟁주의를 확대시키는커녕 오히려 억압하였다는 것인데, 앞의 인용문과 연결하면 그 뜻이 보다 분명해진다. 즉 갑오기 이후 성장하고 있던 자본주의 맹아, 개인주의 및 자유경쟁주의가 일제의 강제 병합으로 인해 오히려 억압되고 왜곡되었다는 것이다. 백남운은 1930년 한 대담에서도 사회자가 朝鮮學운동의 기원이 어디냐고 묻자, 숙종조에 유형원, 정다산 등 석학이 나타나 "우리를 알아보자"라고 할 때 즈음이라고 대답하면서, 이 운동을 충동한 배후에는 "봉건국가의 몰락과정과 상업자본의 대두"가 있다고 언급하였다(「조선연구의 기운에 제하여」, 1934.9, 『彙編』, 467쪽). 정다산 100주년 탄생을 기리는 강연에서도, 백남운은 조선후기를 봉건사회의 붕괴과정으로 파악하고, 정다산을 "근세적 자유주의자"로 평가하였다(「정다산 백년제의 역사적 의의」, 1935.8, 『彙編』, 119-120쪽).

　　한국부르주아지 계급의 역사적 연원을 개항기 혹은 조선후기까지 거슬러 올라가 추적하고, 또 그 발전이 일제 식민지하에 어떻게 왜곡되었는가를 살펴보는 접근은 이른바 '내재적 발전론'에서 항용 사용하는 방법인데, 놀라운 것은 조선사회정체론이 橫行하는 1920년대에 이러한 상상력을 발휘하였다는 점이다. 더구나 그의 스승은 조선사회정체론의 창시자인 福田德三이다. 백남운의 글 속에는 '萌芽' '萌動'이라는 표현도 자주 발견되는데, 1934년에 발표한 「조선특유의 사회제도」에서도 조선 후기를 "조선 봉건국가의 붕괴과정인 동시에 민간 利息資本의 맹아가 터지"(『彙編』, 109쪽)는 시기로 묘사하고 있다. 한국과 중국에서 자본주의 맹아라는 단어를 쓰기 시작한 것은 1950년대 말~1960년대 초 이후부터였다.[26]

마르크스는 자본주의가 유럽에서 발흥한 이유를 봉건제 때문이라고 보았다(Anderson, 1974: 484-487). 그리고 왕에게 권력이 집중된 아시아적 전제주의에 봉건제라는 이름을 붙이는데 반대한 사람이기도 하다(Krader, 1973: 267; Sawer, 1977: 78; Dunn, 1982: 25). 더구나 마르크스는 아시아국가에서 외부의 도움 없이 자생적으로 자본주의적 발전이 가능할 것이라고는 상상해보지도 않은 '아시아사회정체론자'였으며, 영국의 식민 지배를 옹호하기도 하였다(Avinery, 1968; 송영배, 1986). 그의 동료 엥겔스역시 영국의 인도 지배뿐만 아니라 프랑스의 알제리 정복, 멕시코령인 캘리포니아의 미국 합병도 문명의 진보라는 이름으로 식민지배와 억압을 정당화했다(임지현, 1990; 호스톤, 1991: 167-168). 따라서 마르크스가 만일 1930년대 초 살아 있었다면, 생산수단을 국가가 소유하든 영주가 소유하든 그 문제는 중요하지 않다고 주장하면서 아시아적 생산양식을 '아시아적 봉건제'라고 부르자고 제안한 고데스의 의견에 반대하였을 것이다. 마르크스에게 있어 봉건제는 라는 단어는 유럽에

---

[26] 한국 북한 그리고 중국에서 자본주의 맹아론에 관해서는 각각 김인걸(1997) 權寧旭(1966), 田中正俊(1973)을 참조. 남북한 및 중국에서의 자본주의 맹아 연구를 모두 다루고 있는 논문으로는 박기수(2007)를 참조.

만 국한해 사용해야지, 자신이 "알려진 역사가 없으며" "시간의 흐름에도 아랑곳하지 않는"이라고 표현한 인도와 중국 등 아시아에까지 함부로 사용되는 단어는 아니었다. 福田德三 역시 일본의 성공이 유럽과 유사한 분권적 봉건제 때문이라고 보았다는 점에서 마르크스의 생각과 닮아 있다.[27] 게다가 마르크스 자신도 일본을 유럽과 매우 흡사한 봉건사회라고 인정하였다.[28] 그런데 지금 백남운은 '아시아적 전제주의'를 봉건제의 아시아적 형태라고 우긴 고데스의 말에 따라, 비록 집권적 형태를 취하고 있지만 이것도 봉건제의 일종이기 때문에 조선에서도 유럽과 일본처럼 자본주의가 불가능할 리가 없다고 확신하고 있는 것이다. 이 점에서 백남운은 진심으로 분권제과 집권제는 단지 형식의 차이에 불과하다고 믿었음에 틀림이 없다. 만일 그가 일본인 관학자들이나 뒤에서 살펴볼 다른 조선인 마르크스주의자처럼 분권제과 집권제 간에 차별을 두었다면, 그리고 마르크스와 福田德三처럼 유럽과 아시아 그리고 일본과 조선 간에 차별적 사고를 하였다면, 집권적 봉건제 혹은

---

[27] 福田은 한국을 방문하기 전 독일에서 역사학파의 칼 뷔허와 브렌타노 밑에서 공부(1898~1901)하였다. 그는 박사학위 논문을 통해 유럽과 일본의 역사가 매우 닮았다고 주장하며, 일본의 성공이 일조일석으로 이루어진 것이 아니라고 주장하였다. "우리 국민이 경과해온 발전 도정을 들어 경제상의 근본 원칙이 서구 제국에 적용될 수 있다면 우리나라에도 마찬가지로 역시 적용할 수 있음을 밝히고, 남을 알지 못한 채 혼자서 잘난 채 하거나 아니면 남을 대단하게 여기고 자기를 낮추어 보는 사람들에 대해서는 서로 균일한 발전의 역사가 있음을 입증함으로써 우리 일본의 경제단위 발전사가 대체로 서유럽국가들과 크게 다르지 않고 질서적 향상의 발전을 이룩하여 오늘에 이르게 된 것이지, 일본 근세 문화의 진보가 일조일석에 이루어졌다고 보고 놀랄 일이 아님을 명확하게 하기 위해 이 책(박사학위 논문의 일본어 번역판 『일본경제사』 - 인용자)을 썼다."(福田德三, 1925: 90)

[28] 마르크스는 자본론 1권에서 "토지소유의 순봉건적인 조직과 발전한 소농민경영을 가진 일본은 대개는 부르주아적적 편견으로 서술된 우리의 모든 역사 서적들보다도 유럽의 중세의 모습을 훨씬 잘 묘사해주고 있다."(김수행 역, 『자본론』 1권(하), 비봉출판사, 1989, 903쪽)이라고 썼다. Hall(1962)에 따르면 서양에서는 일본이 개항하기 이전부터 일본을 봉건사회로 파악하고 있었는데, 마르크스가 『자본론』 1권을 쓸 무렵인 1860년대는 이러한 인식이 널리 퍼져 있을 것으로 보인다.

아시아적 전제주의 하에서 자본주의 맹아를 찾는 무모한 시도는 하지 않았을 것이다.

4. 백남운은 정통 마르크스주의자?

식민지시기 일본학자들이 한국사를 언급할 때 가장 자주 쓴 단어가 '정체'일 것이다. 이들은 조선사회의 停滯를 의심의 여지가 없는 당연한 사실이라고 전제한 다음, 그 원인이 어디에 있는지를 찾는데 관심이 많았다(강진철, 1992). 찾는 방식도 서구사람들이 아시아 정체성의 원인을 찾는 방법과 비슷해서, 일본에는 없고 조선에만 있는 것은 모두 정체의 원인이거나 결과로 지목되었다(宮嶋博史, 2000). 그리하여 그들이 찾은 최종 결론이 바로 '봉건제결여론'이었다 黑正巖(1923: 85-102)과 四方博(1951)의 주장에 따르면, 분권적 봉건제하에서는 영주가 자신의 영역을 세습 혹은 종신토록 지배하기 때문에 영내의 경제적 개발에 관심이 많은 반면, 전제주의적 군현제하에서는 수령들이 임기제여서 장기적인 경재개발에 관심이 없고, 부임초부터 苛斂誅求만을 일삼았다는 것이다. 즉 이들의 주장에 따르면, 분권과 집권이란 제도의 차이가 결국 일본과 조선이 서로 다른 길을 가게 한 근본 요인이 된다.

이와 같이 조선사회의 정체를 당연한 것으로 전제하고 그 주된 원인을 아시아적 전제주의 혹은 군현제 때문이라 보는 점에서, 백남운을 제외한 여타 대부분의 조선인 마르크스주의 경제학자들과도 생각이 다르지 않다. 이들은 한국의 전제주의 혹은 집권적 봉건제를 고데스의 용법에 따라 '아시아적 봉건제' 혹은 집권적 봉건제로 명명하여 형식적으로는 '봉건제 결여론'을 부인하고 있지만, 그들이 말하는 집권적 봉건제의

실제 내용은 일본인 관학자들의 봉건제 결여론과 아무런 차별성이 없기 때문이다. 예컨대,

> 중앙집권적 관료적 봉건제도는 조선사회 발전의 沮止적 조건으로 停滯性의 근거로 지적되지 않으면 안 된다. 영주적 토지 영유에 있어서는 영주의 독자적 견지에서 경제발전을 위한 정책의 실시가 가능하였으며 또 도시를 중심으로 하는 상품경제에 영주의 권력 그 자체가 순응하지 않을 수 없게 되어 그로 말미암아 사회적 기초가 변화하는 추진력이 준비되지만 봉건관료조직에 의한 인민의 지배는 약탈만이 원칙이었기 때문에 국가적 견지에서 사회발전을 위한 적극적 시책이 없었음은 물론이고 도로 발전의 모든 싹을 문질러버리는데 전력하였을 뿐이다(..) 토지의 봉건적 국유에 의한 관료적 농민수탈이 조선사회의 기형적 정체성의 원인이며 또 결과가 되어, 조선의 농업사회는 동일규모의 반복운동을 長久 년월에 걸쳐 경험하고 있었다. (朴克采, 1946: 84)

위 인용은 해방 직후 조선공산당 외곽단체인 조선과학자동맹이 발행한 『이조사회경제사』(노농사, 1946)에 수록된 박극채 논문의 일부이다. 인용문에서 알 수 있듯이, 그는 봉건제를 중앙집권적 관료적 봉건제와 영주적 토지 영유제 둘로 구분한 다음, 중앙집권적 관료적 봉건제가 조선사회 정체의 주요 원인으로 보고 있다. 즉 조선사회 정체의 근본 원인이 군현제 때문이라고 주장하는 일본인 관학자들과 아무런 차이가 없다. 다만 일본인 관학자들은 '집권적 봉건제'를 봉건제의 범주에 포함시키지 않는 반면, 박극채는 '중앙집권적 관료적'이란 수식어와 함께 이를 봉건제로 규정하고 있다는 점만 다를 뿐이다. 즉 앞서 살펴본 바와 같이 백남운의 '아시아적 봉건제'는 그 태내에서 자본주의적 생산양식이 자랄 수 있는 '可姙의 봉건제였다면, 이들이 말하는 중앙집권적 관

료적 봉건제는 아래의 인용문에서 볼 수 있듯이 그 가능성이 원천적으로 봉쇄된 '不姙'의 봉건제였던 것이다.

> 조선의 봉건사회의 태내에는 19세기말에 이르기까지 근대적 생산의 싹도 돋아나지 않고, 근대화의 아무런 요인도 배태하지 않았다. 사람들은 흔히 육의전을 말하고, 객주와 여각을 말하고 장시와 보부상을 말한다. 하나 전, 객주, 여각 등은 모두가 서로 얽힌 징세 공부 청부의 기생적 투기사들이었으며, 동시에 狡猾奸惡한 관용상인이었다. 자유로운 상업은 지방 장시에서 행해졌을 뿐 아니라 그것도 원시적인 교환형태를 멀리 벗어난 것은 아니다. (全錫淡, 1948: 73-74)

이들의 주장대로 조선사회가 중앙집권적 관료적 봉건제로 인해 '동일규모로 반복'만 하는 정체상태에서 영구히 벗어날 수 없다면, 해답은 외부의 힘에 의존할 수밖에 없고, 여기서 한걸음 더 나아가면 조선에 대한 일본의 침략도 容恕될 수밖에 없다는 자연스러운 결론에 도달하게 된다.

> 아시아적 생산양식 즉 아세아적 봉건제의 문제와 관련하여 세계사적 발전과정의 일선성은 전형적 동양사회에 관한 한 주체적 계기에 있어서는 부정되고 있다. 문제의 전향적 동양사회의 내적 생산력은 스스로 중세기적 舊穀으로부터 탈각하여 근대 자본주의생산양식으로 발전할 조건을 구비하지 못하고 있다. 이리하여 동양제국의 식민지내지 반식민지화과정은 역사법칙의 一線性 관철에 있어서 별개의 불가피적 필연이었다. 1853년 마르크스는 말하였다. "아세아의 산업혁명 없이는 인류가 그 사명을 다할 수 없다고 하면, 영국은 그 인도 파괴의 죄과가 여하히 다대하였다 하더라도 이 혁명의 수행에 제하여 단순히 역사의 무의식적 도구의 역할을 한 것으로 마땅히 容恕되어야 할 것이다. 이 규정은 조선에 대한 일본이 야만적 죄과에 대해서

도 적용되는 것이다.(金漢周, 1946: 194-195)

요약하면 이들 조선인 마르크스주의 경제학자들도 '서구 및 일본=발전, 조선=정체'라는 이원 구조의 세계관을 갖고 있다는 점에서, 그리고 조선의 정체가 분권적 봉건제의 결여 때문이라고 보고 있다는 점에서 일본인 관학자들의 생각과 조금도 다르지 않다. 또한 일제의 식민지배는 조선이 아시아적 정체'로부터 벗어날 수 없어 나타난, 불기피한 운명이란 점에 대해서도 양측은 모두 동의하고 있다. 단 조선인 경제학자들은 마르크스주의자답게 그 근거를 마르크스의 원전에서 찾아냈다는 점만 다를 뿐이다.

이에 반해 백남운의 글과 책에서는'정체'라는 단어를 거의 찾아보기 어렵다. 그가 정체라는 단어를 사용할 때도 유럽과 아시아, 혹은 일본과 조선 간에 질적 차이를 인정하는 의미의 정체가 아니라 완급을 나타내는 의미로 사용하고 있다. 따라서 백남운도 '아시아적 정체'라는 단어를 사용했다고 해서 다른 조선인 마르크스주의와 마찬가지로 조선사회 정체론을 인정한 것이 아닌가 하는 해석은 성급하다(홍순권, 1994, 1997). 다시 말하면, 일본인 관학자와 여타 조선인 마르크스주의자들이 사용하는 정체의 의미는 사회 내부의 동력이 결여되어 자본주의화가 구조적으로 불가능한 정체라면, 백남운의 정체는 "발전 과정의 완만한 템포"를 의미하는 정체이다.[29] 백남운에 따르면, 기본적으로 나라간 발전의

---

[29] 백남운은 해방 직후 발표한 「조선 역사학의 과학적 방법론」(1946)에서 자신의 시기구분을 ①원시씨족공산제(원시무산사회: 신석기시대 및 농업공산사회) → ②아시아적 단계(공산성 초급단계: 부족국가 및 부족동맹형태) → ③노예소유자계급단계(아시아성 노예사회: 삼국시기) → ④ 아시아성 봉건식단계(신라통일기~조선) → ⑤봉건성외래자본주의단계(일제하) → ⑥연합성 민주주의단계(8.15 해방 이후)로 재조정하였다. 원시공산사회와 노예계급사회 사이에 첫 계급사회로 아시아적 생산양식이 새로 추가되고, 노예사회에도 아시아성이란 수식어가 붙어 있다는 점이 가장 큰 변화이다. 백남운은 시기구분을 바꾸게 된 이유를 자세하게 언급하지 않아 알 수 없

양적 차이, 완급의 차이는 있을 수 있지만, 정체=비정상적인 길을 간 나라는 없다. 백남운의 글과 책에서 정체성의 원인을 설명하는 부분을 찾아보기가 어려운 이유가 여기에 있다. 따라서 그에게 왜 조선은 정체되었는지 묻는 것은 부질없는 질문이다. 왜 일본과 조선이 서로 다른 길을 걷게 되었는지 하는 질문도 어리석긴 마찬가지이다(이상호, 2010). 일본의 외압 때문이지 두 나라간 역사발전의 차이 때문이 아니라는 답변이 돌아올게 뻔하기 때문이다.[30]

  백남운은 '주류' 혹은 '정통' 마르크스주의자들로부터 '상아탑속의 관념론자' '당파성에 기초하지 못한 개량주의자'라는 비판을 자주 받았다.[31] 이런 비판은 일면 타당해 보인다. 당대의 마르크스주의자 중에 백남운과 같이 모든 문화 민족은 정상적인 역사발전의 길을 걸어왔으며, 조선도 그 예외가 아니하고 주장하는 사람을 찾아보기 쉽지 않기 때문이다. 그런데 역설적으로 그가 주류나 정통이 아니기 때문에 이러한 발상이

지만, 아시아적 생산양식을 원시사회 이후 계급사회로 보는 시각—예컨대 일본의 相川春喜의 가설을—받아들인 것으로 보인다. 그러면서 그는 아시아적 생산양식 논쟁이 "아직 완결되지 못한 채 휴전상태로 들어가.. 인도 토기기, 소아세아, 중앙아시아 방면의 역사 인식이 과학적으로 진전됨에 논전이 재연될 가능성이 충분한 것"으로 전망하였다. 즉 글의 뉘앙스는 아시아적 생산양식에 관한 좀 더 진전된 사실과 이론이 제기되면 다시 한번 수정할 수 있다는 것으로 해석된다. 그러나 이러한 시기구분의 조정을 두고, 백남운이 "서구 및 일본=정상적 발전, 아시아 및 조선= 정체"라는 이원론적 역사관으로 후퇴했다고 단정하는 것은 여전히 성급해 보인다. 그는 '아시아적 특수성'에 의도적으로 "약간"이란 수식어를 강조함으로써 자신의 새로운 구분이 "아시아적 정체성"을 전면적으로 받아들이는 것을 오해되지 않기를 원하고 있기 때문이다. 특히 앞서 지적한 바와 같이, 소련기행에서의 그의 발언을 보면, 그의 생각이 달라졌다고 보기 어렵다. 아시아생산양식에 관한 相川春喜의 가설에 대해서는 호스튼(1991: 189-197) 참조.

[30] 梶村秀樹(1981)는 일본과 조선이 서로 다른 길을 걷게 된 것을 두 나라 간 내적 요인의 차이 때문이 아니라 외압의 차이 때문이었음을 강조한 바 있다. 백남운도 아마 이와 비슷한 답변을 하였을지 모른다.

[31] 당시 직업적 사회주의 운동가들 사이에는 "조선인 중에 이상한 행동을 捲起하는 백남운 저, 『조선사회경제사』를 철저적으로 비판하라"는 이야기가 돌고 있었다(방기중, 1992: 165).

가능했을지 모른다. 정통 혹은 주류를 자처하는 마르크스주의자들일수록 오히려 마르크스 원전에 교조적으로 억매이기 쉽기 때문이다. 위에서 살펴본 전석담, 김한주, 박극채 등도 모두 이른바 당대의 주류 마르크스주의자들이었다(이환병, 2002). 또한 기본적으로 마르크스 자체가 아시아사회정체론자이자 식민통치 미화론자이기도 하다. 이 점에서 역설적으로 백남운이 당파성과 거리가 멀고, 교리에 충실하지 않은 주류 마르크스주의자가 아니라는 점이 다행일지 모른다. 만일 그랬다면, 일제시기 조선사회정체론에 맞선 유일한 사람마저 잃었을지도 모르기 때문이다. 또 그렇게 되었다면 해방 이후 한국경제사는 누구로부터 맥을 이어야 될지 난감했을지도 모를 일이다.[32]

5. 맺음말

이상 살펴보았듯이, 백남운의 한국사 인식, 나아가 동서양을 보는 역사관은 매우 독특하다. 그의 일원론적 역사관은 모든 문화 민족에게 공평하게 적용된다. 그에게는 정상과 비정상의 구분이 없으며, 유럽과 아시아, 그리고 일본과 조선의 구별도 없다. 지리적, 문화적 차이에 따라 발전 과정상 속도의 차이는 있지만, 내적 동력이 결여되어 있어 오랜 정체에 빠진 나라도 없다. 그의 '내재적 발전론'은 바로 이러한 확고한 일원론적인 역사 인식이 있었기 때문에 가능한 시도였다.

그의 이러한 역사관은 당시 지배적인 담론, 즉 유럽 및 일본=보편(=발전) vs 아시아 및 조선=특수(=정체)라는 이원론적 역사관에 대한 대

---

32) 백남운 사학을 잇는 후학들의 작업은 해방이 된지 한참 지난 1960년 전후부터 시작되었다. 이 부분에 관한 보다 자세한 것은 김인걸(1997) 참조.

항적 성격을 갖고 있다. 즉 그의 시도는 작게는 福田德三에 의해 정상 궤도로부터 이탈한 '異端(姜尙中, 1987: 84)의 조선을 정상 궤도로 돌려 놓음으로써 '조선사회 성제론'을 뛰어넘고자 하였으며, 크게는 아시아 사회를 유럽과 동등한 정상 계열의 발전 과정을 거친 보편성으로 승격 시킴으로써 마르크스의 '아시아사회정체론'을 넘어서고자 했다. 그의 역사인식이 독특하다는 것은 당대에서 백남운 이외에 이러한 역사관을 갖고 있는 사람을 찾아보기 힘들기 때문이다.

그렇다면 그가 이러한 독특한 생각을 갖게 된 배경은 어디에 있을까? 방기중(1992)은 그의 역사인식 저변에 흐르는 민족주의적 성향을 날카 롭게 끄집어낸 바 있다. 연희전문에 부임한 다음 해 쓴 좌우협동노선을 지지하는 글(「조선 사회력의 동적 고찰」, 1926.1, 『彙編』)부터 해방 이 후 연합성 신민주주의론(「조선민족의 진로」, 1946.1, 『彙編』)에 이르기 까지 그는 일관되게 좌우합작, 민족협동노선을 지지해왔다. 이와 함께 해방 이전까지 상아탑속의 관념론자라는 비판을 들을 만큼 어떠한 정 치 조직이나 정치 활동에 관여하지 않았다는 점도 지적할 필요가 있겠 다. 그의 대외활동은 주로 민족주의자들과 교유하면서, 조선사정조사 연구회(1925), 조선경제학회(1933), 중앙아카데미(1937), 조선학술원(1945) 등 학술운동 테두리를 넘어선 본 적이 없다. 다시 말하면 식민지시기의 기본모순은 계급모순이 아니라 민족모순이라는 그의 역사인식, 여기에 다 상아탑에 머물면서 어떠한 정파의 노선으로부터도 자유로울 수 있 었다는 점, 이 두 가지가 그의 사상을 남다르게 만든 요인이라고 생각 된다. 이러한 측면에서 백남운을 두고 "피지배계급을 발견하는데 너무 열중하는 나머지 '민족의 발견'에 소홀히 하였다"는 손진태(1948: 290)의 비판은 백남운으로서는 가장 받아들이기 힘든 비판이다. 그가 福田德 三과 맑스를 뛰어넘을 수 있었다면, 계급보다는 민족을 중시하였기 때문에 가능하지 않았을까.

■ 참고문헌

백남운(1993), 『朝鮮社會經濟史』, 改造社.
백남운(1937), 『朝鮮封建社會經濟史(上)』, 改造社.
백남운(1950), 방기중 해제 『쏘련인상』, 선인(2005).
백남운, 하일식 엮음(1991), 『彙編』, 이론과 실천.

강진철(1989) 「사회경제사학의 도입과 전개」, 『국사관논총』 2.
강진철(1992), 「일제 관학자가 본 한국사회의 정체성과 그 이론－특히 봉건제도
　　　　결여론과 관련하여」, 『한국사회의 역사상』, 일지사.
과학원 역사연구소편(1957), 『삼국시기의 사회경제 구성에 관한 토론집』, 일송정
　　　　(1989).
김광운(2011), 「북한 민족주의 역사학의 궤적과 환경」, 『한국사연구』 152.
김인걸(1997), 「1960·70년대 '내재적 발전론'과 한국사학」, 『한국사 인식과 역사
　　　　이론』(김용섭교수정년기념논총(1)), 지식산업사.
김한주(1946), 「이조시대 수공업연구」, 조선과학자동맹纂, 『이조사회경제사』, 노
　　　　농사.
도○○(1998), 「白南雲의 知的성숙과정과 연합성 민주주의」, 『한국사시민강좌』 17.
마르크스(18○○) 김수행 역, 『자본론』 1권, 비봉출판사(1989).
미야지마 히로시(宮嶋博史)(2000), 「일본 '국사'의 성립과 한국사에 대한 인식－봉
　　　　건제에 대한 ○의를 중심으로」, 『한일공동연구총서』, 고려대학교아세아문
　　　　제연구소.
朴克采(1946), 「○○ 봉건사회의 정체적 본질－전결제 연구」, 조선과학자동맹纂,
　　　　『이조사회경제사』, 노농사.
박기수(2007), 「한국과 중국의 자본주의맹아론」, 『사림』 28.
방기중(1992), 『한국근현대사상사연구－1930·40년대 백남운의 학문과 정치경제

사상』, 역사비평사.

손진태(1948), 『조선 민족문화의 연구』, 을유문화사 (『손진태선생전집』 2, 태학사, 1981),

송영배(1986), 「맑스 아시아관 비판과 유교적 사회구조에 관한 시론」, 『철학연구』 21.

심지연(1989), 「백남운의 역사인식과 정치노선분석」, 『한국과 국제정치』 5-2.

윤기중(1998), 「백남운의 학문세계와 사상」, 『한국현대사연구』 1.

이병희(1994), 「미완의 조선봉건사회론-『朝鮮封建社會經濟史(上)』」, 『역사와 현실』 12.

이상호(2010), 「백남운의 보편사관과 조선학 – 문화사적 맥락의 역설을 중심으로」, 『민족문화연구』 52.

이준식(2004), 「백남운의 사회경제사 연구체계형성 – 일본 유학기의 지적 체험을 중심으로」, 『한국종교사연구』 12.

이지원(2002), 「1930년대 '조선학' 논쟁」, 『논쟁으로 본 한국사회 100년』, 역사비평사.

이태우(2016), 「신남철의 마르크스주의 철학의 수용과 한국적 변용」, 『동북아문화연구』 46.

이태훈(2015), 「일제하 신남철의 보편주의적 역사인식과 지식인 사회 비판」, 『민족문화』 68.

이환병(2002), 「해방직후 맑스주의 역사학자들의 한국사 인식」, 『한국사학사학보』 5.

임지현(1990), 『마르크스 엥겔스와 민족문제』, 탐구당.

전석담(1948), 『조선사교정』, 을유문화사.

전해종(1993), 「중국사시대구분」, 『국사관논총』 50.

정종현(2010), 「신남철과 '대학'제도의 안과 밖」, 『한국어문학연구』 54.

조기준·강명규(1988), 「대담: 한국경제학의 발전과 시대의식」, 移山조기준박사고희기념논문집간행위원회, 『한국자본주의 성격논쟁』, 대왕사.

조동걸(1991), 「年報를 통해본 정인보와 백남운」, 『한국독립운동사연구』 12.

조선과학자동맹纂(1946), 『이조사회경제제사』, 勞農社.

호스톤, G.A.(1991), 김영호 류장수역, 『일본 자본주의 논쟁: 마르크스주의와 일본 경제의 위기(Marxism and the crisis of development in prewar Japan)』, 지식

산업사.

홍성찬(1994), 「일제하 연전상과의 경제학풍과 '경세연구회사건'」, 『연세경제연구』 1.

홍순권(1994), 「1930년대 한국의 마르크스주의 역사학과 아시아적 생산양식 논쟁」, 『동아논총』 31-1.

홍순권(1997), 「1930-40년대 한국 역사학계의 '보편성과 특수성'에 관한 인식 白―南雲의 일원론적 보편적 역사인식과 그에 대한 비판을 중심으로」, 『인문과학연구』 3.

姜尚中(1987), 「福田德三の「朝鮮停滯史観」－停滯論の原像」, 『三千里』 49.

權寧旭(1966), 「朝鮮における資本{主義萌芽論爭－北朝鮮歷史學會の動向を中心に」, 『思想』 510.

金洸鎮(1937), 「高句麗社會の生産樣式」, 『普專學會論集』 3.

福田德三(1907), 『日本經濟史論』, 寶文館.

福田德三(1925), 『改正 經濟學研究』(乾), 同文館.

四方博(1933), 「朝鮮に於ける近代資本主義の成立過程」, 『朝鮮社會經濟史研究』, 京城帝國大學法文學會.

四方博(1951), 「舊來の朝鮮社會の歷史的性格について」(三), 『朝鮮學報』 3.

森谷克己(1937), 『アジア生産樣式論』, 育生社.

ソヴエトマルクス主義東洋學者協會(1933), 早川二郎譯, 『アジア的生産樣式に就いて』, 白楊社.

李成市(2008), 「植民地期朝鮮におけるマルクス主義史學－白南雲の『朝鮮社會經濟史を中心に」, 『マルクス主義經驗という－1930-40年代日本の歷史學』, 青木書店.

李淸源(1934), 「『朝鮮社會經濟史』を讀む」, 『唯物論研究』 31.

李淸源(1936), 『朝鮮社會史讀本』, 白揚社.

梶村秀樹(1981), 「東アジア地域における帝国主義体制への移行」, 冨岡倍雄・梶村秀樹 編, 『発展途上経済の研究』, 世界書院.

田中正俊(1973), 『中國近代經濟史研究序說』, 東京大學出版會.

코발레프(1935), 西村雄三 譯, 『古代社會論』, 白揚社.

黑正巖(1923), 「朝鮮經濟史の研究」, 『經濟史論考』, 岩波書店.

Anderson, Perry(1974), *Lineages of the Absolutist State*, New Left Books.

Avineri, Shlomo(1969), *Karl Marx on Colonialism and Modernization*, Anchor Books.

Bailey and Llobera eds.(1981), *The Asiatic Mode of Production: Science and Politics*, Routledge & Kegan Paul.

Brook, Timothy ed.(1989), *The Asiatic Mode of Production in China*, M. E. Sharpe.

Dunn, Stephen(1982), *The Fall and Rise of the Asiatic Mode of Production*, Routledge.

Endo, Katsuhiko(2004), *The Science of Capital: The Uses and Abuses of Social Sciences in Interwar Japan*, Ph.D. Dissertation, New York Univ.

Fogel, Joshua(1988), "The Debates over the Asiatic Mode of Production in Soviet Russia, China, and Japan," *American Historical Review*, 93-1.

Hall, Whitney(1962), "Feudalism in Japan: A Reassessment," *Comparative Studies in Society and History*, 5-1.

Inoue, Takuchi and Yagi, Kiichiro(1998), "Two inquiries on the divide: Tokuzo Fukuda and Hajime," Sugihara and Tanaka eds., *Economic Thought and Modernization in Japan*, Edwar Elgar.

Krader, L(1973), *The Asiatic Mode of Production*, Van Gorecum.

Mehdi, Mahboob(1988), "A Review of the Controversy around the Asiatic Mode of Production," *Journal of Contemporary China*, 18-2.

Nishizawa, Tamotsu(2001), "Lujo Brentano, Alfred Marshall, and Tokuzo Fukuda: The Reception and Transformation of the German Historical School in Japan," Shiyonoya and Yuich ed., *The German Historical School: The Historical and Ethical Approach to Economics*, Routledge.

Sawer, Marian(1977), *Marxism and the Question of the Asiatic Mode of Production*, Springer.

식민지 지배와 저항의 사회적 공간, 그리고 사회학

문
상
석

1. 머리말: 질서와 진보의 학문

근대 서구 사회는 정치, 사회, 경제 영역에서 발생한 혁명에 의해 근본적 사회변동을 경험하였다. 생산양식을 근본적으로 바꾼 산업혁명, 정치 질서를 붕괴시키고 새로운 질서를 만들어낸 정치혁명, 신분질서의 해체와 새로운 계급의 출현을 알리는 사회혁명은 사회학이 태동하기에 주요한 사회적 조건을 만들었다. 계몽주의, 신을 대신한 이성의 등장과 과학의 발전은 사회적 조건을 연구할 학문적 토양을 쌓아 놓고 있었다. 유럽의 지식인들은 이전에 경험하지 못했던 사회변동을 보고 변동의 결과와 원인을 과학과 이성을 기반으로 파악하여 현재의 위기를 극복하고 미래를 향한 진보를 지속화하려고 하였다. 이때 등장한 것이 사회학이다. 그 이전 개인 중심으로 다루던 연구를 사회로 확대한 학문이었던 사회학은 변동으로 고통 받던 지식인들에게 사회의 미래를 제시해줄 수 있는 주요한 학문으로 각광받았다.

서구 사회학은 개인이라는 유한한 존재가 지속성을 특징으로 하는 사회의 출현을 만들어 내는 방식을 사회 중심으로 혹은 개인 중심으로 이해할 수 있는 틀을 제공해주었다. 과학적 방식에 의한 사회 인식과 분석을 토대로 사회변동의 인과관계를 개인적 판단으로 다루지 않고 객관적인 학문의 틀을 통해서 알리려고 시도했다. 사회학은 근대 이전의 신화와 초현실적 존재에 의지하여 현실을 인식하고 문제 해결을 시도했던 한계에서 벗어나 인간의 과학적 이성을 토대로 현실사회를 객관적으로 이해할 수 있는 방식을 제공해 주었다. 사회학은 사회라는 공간 안에서 삶을 살아가는 개인들을 사회화하여 영향을 미치는 사회적 힘을 발견하여 그 힘을 토대로 변동으로 파괴된 사회를 재건하고 미래 사회의 진보를 이루려고 시도하였다. 사회학이 개인들이 가지고 있었던 주관적 감(sense)이 아닌 과학적 지식에 의해서 사람과 사회를 사물처럼 객관적으로 그려낼 수 있었기 때문에, 사회변동으로 인해 파괴된 것이 무엇인지, 무엇을 생산해서 그것을 파괴된 것을 재건할 수 있을지에 대한 청사진을 제공해줄 수 있는 학문으로 인식되었던 것이다.

서구 유럽에서 사회학이 태동할 수 있게 만든 일차적 동인은 정치와 경제의 영역뿐 아니라 전 사회 차원에서 일어나고 있었던 사회변동이었다. 사회에서 발생한 변동의 결과 과거의 질서가 무너지고 새로운 질서는 확고히 뿌리내리지 못해 무질서와 혼란이 가중되었다. 이를 극복하기를 원했던 지식인들이 자신들의 사회를 지탱하는 힘(사회적 사실)을 과학적 방법으로 찾아 사회의 질서를 회복시키려는 노력의 과정에서 사회학이 역사에 등장했다. 사회학 차원에서 질서의 회복은 단순히 구질서로 돌아가는 반동이 아니었다. 사회적 질서의 회복은 지식인들이 믿었던 인류의 지속적인 진보를 추구할 수 있는 조건을 제공하는데 필수적이었다. 한쪽이 질서 추구라면 다른 한 쪽은 변화를 통한 진보였다. 언뜻 상극처럼 보이는 질서와 진보를 동시에 추구했던 서구 지식인

들의 학문적 욕구가 사회변동이 만들어낸 사회의 변화와 만나 사회학
이 태동한 것이다(신용하, 2012: 107).[1]

식민지시기에 일제의 지배는 조선사회를 근본적으로 변화시키는 정
치, 사회, 경제, 문화 등의 사회 전 영역에서 새로운 지배구조를 불러왔
다. 사회는 사회유지 기능과 사회변동 기제를 동시에 내포했다. 사회가
지닌 이런 근본적 특성은 사회를 연구하는 학문인 사회학을 태동하게
하였다.[2] 사회학이 태생적으로 지니고 있었던 장점은 모든 것이 급격
하게 변하던 시기를 경험하던 조선의 지식인들과 민중들에게 그들의
현재에 대한 객관적 이해를 제공하여 현실 문제를 해결함으로써 보다
진보된 미래 세계에 대한 희망을 알려줄 수 있는 새로운 사고와 지식
체계로 인식되었다.

특히 1920년대 조선 사회에서는 저항이 표출되고 조선 사회의 미래
청사진에 대한 고민이 커가고 있었다. 당시 조선 지식인들에게는 급격
한 사회변동이 만들어낸 결과들을 과학적으로 이해하여 현실 문제를
수정하여 건강한 사회를 만든 이후, 이를 토대로 미래 비전을 제시할
수 있는 학문이 필요했다. 일본 유학생들이 귀국하고, 문화통치 정책이
시작되었다. 문화통치 시기 조선인들의 신문과 잡지가 허용되어 사회
과학과 사회학적 지식들을 전파하였다. 대학이 설립되어 사회학을 비
롯한 사회과학 분과 학문들을 가르치기 시작하였다(문상석, 2016). 그

---

[1] 신용하는 "실증적 정치에서는 질서와 진보는 동일한 원리의 불가분리의 양면인 것
이다."라는 콩트의 주장을 인용하면서 반동과 혼란의 유럽과 프랑스의 사회상을 지
적한다. 이는 당시 조선에서 읽혀지던 사회상과 비슷한 것으로 해석된다.
[2] 사회학이란 사회를 뜻하는 라틴어 소시우스(socius)와 지식을 뜻하는 고고스(logos)
에서 온 로지(logy)를 합하여 만들어진 말이다. 콩트(August Comte)는 사회학이란 용
어를 써서 자신의 학문을 체계화시킨 사람으로 초기에는 사회물리학(physiqye sociale)
라는 단어를 사용하다가 1837년 실증철학 공개가의 47강에서 사회학이란 말을 처음
으로 학문적 목적을 위해서 체계적으로 사용하였다(신용하, 2012: 68-70).

가운데 사회학은 전근대와 근대를 가르는 기준을 제시하였고, 사회변동을 설명했다. 그리고 궁극적으로 사회가 나아갈 방향 등의 길잡이가 되었다.

사회학은 조선 사람들이 그 이전부터 믿었던 유교, 불교 등의 종교가 제공해주지 못하는 새로운 사회와 변화된 당시의 모습에 대해서 새로운 시각을 제공해줄 수 있었고, 조선의 전통적 철학과 사상이 제시해주지 못하는 새로운 과학적 방법을 제공하였다. 사회학은 서구와 일본에 비해서 정체되어 있었던 조선 사회와, 부정적인 조선인들의 모습을 보고 좌절했던 지식인들에게 조선인들과 조선 사회의 현재 모습에 대한 원인을 파악하고 해법을 제시해줄 수 있는 학문으로 여겨졌다. 사회학은 현재를 근본적으로 변혁하고 미래 대안을 제시하기를 원했던 지식인들에게 매력적이었다.

사회학은 당시 조선인들에게 혁명과 개조라는 두 차원에서 호소력을 지니고 있었다. 식민지 지배 아래 조선은 정치적 혁명을 달성할 수는 없었다. 비록 국민국가의 형태가 만들어지긴 했지만 식민지 모국의 이해를 전달하는 총독부였기 때문에 시민에 의한 국민국가 수립이라는 정치 혁명을 기대할 수 없었다. 사회적으로는 신분제가 폐지되고 임노동에 기반한 자본주의적 농업 생산양식과 산업화가 일어나 경제와 사회 차원의 혁명은 진행 중이었다. 체제를 바꾸어 인간을 해방시키는 혁명은 신분제의 철폐나 근대 국민국가의 수립으로 가능한 것이었고 전근대 인간을 근대 인간으로 변화시키는 것은 개조의 영역에 속하는 것이었다. 인간을 개조시킴으로서 사회 진보를 이루려고 했던 이들이나, 식민지 지배가 도입한 자본주의 제도와 산업화를 비롯한 근대화를 폐지하고 조선인 중심으로 민족적 가치에 기반하여 혁명을 추구했던 이들이나, 당시 조선의 지식인 모두가 전근대 양식으로부터 전면적인 단

절을 추구하고 새로운 사회를 건설하려고 한 혁명적(개혁에 대비되는)
변화 의지를 추구하는데 사회학이 필요했다.

본 연구는 식민지 지배가 이뤄지던 조선 사회라는 공간에서 혁명과
개조를 위한 사회학적 역할에 대한 당시 조선 지식인들의 기대와 이해
를 파악하고 조선에서의 사회학 발달이 이미 식민지 시대부터 싹트고
있었음을 지적하고자 한다. 서구 유럽과 마찬가지로 사회변동이 급격
히 일어나던 시기 누구의 사회학이 소개되고 그들 사회학의 소개가 지
닌 의미를 혁명과 개조의 차원에서 파악하려고 한다. 혁명의 시대가 지
나고 혁명을 구체화하려는 시도는 자본주의 질서를 대체하는 공산주의
도전과 인간을 개조라는 두 갈래로 변화되었다(Hobsbawm, 1996). 이 글
은 혁명의 시대 혁명이 공산주의를 의미하는 혁명과 인간 근대화라는
차원의 개조로 분화되었음을 지적하면서 혁명과 개조를 분석의 틀로
삼는다. 혁명과 개조는 동전의 양면처럼 조선 사회가 진보하기 위하여
필요한 조건들이었다. 혁명과 개조의 양면을 모두 포함했던 식민지 조
선에서의 사회학이 일본의 식민지 지배에 대한 저항의 방법을 찾고 구
체화하는 데에 긴요한 사회과학의 한 학문이었음을 지적하고자 한다.

2. 유럽에서의 사회변동과 사회학

18세기 서유럽에서 시작된 혁명은 산업혁명과 자본주의의 등장으로
시작되었다. 자본주의가 등장하고 노동자와 자본가가 분열되었다. 산업
혁명은 전통적 산업이었던 농업을 대체하였다. 농업 시대에 맞게 발전
했던 가족제도 및 각종 사회제도들이 붕괴되었다. 제도 붕괴에 따라서
공동체가 해체되기 시작했다. 농경 사회에서 확대가족 중심으로 편제

가 이뤄졌던 가족이 분열하여 새로운 핵가족의 형태가 등장하고 발전하였다. 전근대적 신분제에 얽매였던 농노와 지배자였던 지주 사이의 관계는 자본주의적인 임노동사와 부르주아 생산 관계로 대체되었다.

새롭게 자본주의가 산업혁명과 함께 만들어낸 생산성의 폭발적 증가는 필연적으로 노동계급의 양적 확대를 불러 일으켰다. 신분에 의해 구속되었던 이들은 자유의지를 갖는 임금노동자로 전환되었다. 이 과정에서 전통의 질서와 가치가 파괴되어 아노미 상황이 발생하였다. 노동자에 대한 착취를 내포하고 있는 자본주의 체제 아래 진행된 초기 자본주의의 무한한 착취가 만들어낸 각 종 계급 문제를 비롯한 사회문제 등이 전면적으로 일어나고 있었다. 근대 시기 세력을 확대한 부르주아들이 정치, 경제, 사회 등에서 구질서를 해체하고 부르주아들의 질서를 만든 이후 부르주아 중심체제에 도전하는 노동계급과 혁명세력에 대해 반동적 질서를 만들기도 하였다. 부르주아가 일시적으로 전통적 질서를 해체하는 과정에서 만들어낸 혁명의 상황은 곧 반동의 상황으로 변질되었다. 진보와 반동이 공존하던 시기에 사회학은 근대가 만들어낸 결과를 분석하고 동시에 미래를 예측할 수 있었다.

서구에서 사회학이 등장하고 지식인들에게 매력적이었던 이유는 사회학이 취했던 방법론에 있었다. 사회학의 창시자인 콩트(Auguste Comte)는 사회학을 수행하는 방법으로 실험, 관찰, 비교의 방법을 제시했다(Zeitlin, 2001). 서구 유럽을 넘어 사회학이 소개될 때 가장 먼저 소개된 이가 콩트였고 그의 실증주의였다. 콩트는 사회학이 정치학, 경제학, 역사학, 법학, 심리학 심지어 자연과학보다 우위에 있는 종합학문임을 정의하였을 뿐만 아니라 개인, 가족, 공동체, 결사체, 집단, 사회, 국가 등을 연구하는 분과학문으로서의 사회학도 구체화하였다(신용하, 2012: 135-136). 그에 따르면 사회학은 역사의 진보를 다루는 사회동학과 인간을 다루는 사회정학으로 나뉘는데 사회동학은 변동과 역사를 중점으로 가르쳤는데 그의 3단계 진화론은 후대 사회학자들에게 크게 영향을 미쳤다. 인류의 문명은 1단계인 신학적 군사적 단계, 2단계인 형이상학적 법률적 단계, 3단계인 과학적 산업적 단계로의 발전을 경험한다고 주장했다(윗글, 176). 콩트는 또한 지성의 진화를 신학적 단계에서 형이상학적 단계로 발전하고 이는 곧 실증적 단계로 귀결된다고 보았다. 콩트는 결국 사회진보는 지성과 지식에 의해서 가능하다는 전제를 보였고 이는 후에 스펜서에 영향을 미쳤다고 한다(신용하, 2012: 171-172).

콩트는 사회정학의 방법을 통해 인간을 연구하여 분과학문으로서 사회학을 설립했다. 그는 인간과 관련된 제도 및 조직을 학문적 대상으로 삼아서 학문적 연구를 진행할 수 있도록 만들었다. 인간을 지성과 감성의 존재로 보고 지성이 감성에 우위를 보이는 것을 통해 사회적 가치와 조직의 영향력을 측정할 수 있다고 보았다. 사회적 우월성은 이기적 자아를 누르고 이타심을 확대할 수 있게 만드는 것이었다. 이는 인간 개인에게 영향을 미치는 사회적 힘을 발견할 수 있는 토대를 제공했다. 콩트는 자연과학이 사용하는 과학적 방법을 통해서 인간행위를 객관적으로 이해할 수 있다고 보았다. 콩트에게 과학은 인류 사회가 지닌 체계의 객관적 토대이며 인간 외부의 질서를 이해시켜주는 것으로 정의했다. 과학을 통해 발견되 사회적 사실을 사용하여 인간의 이기적 감정이 만들어내는 불확실성을 외적인 힘(발견된 사회적 힘)에 종속시킬 때 이기심을 넘어서게 만들어 사회의 공공성이 증대될 수 있음을 주장한다(콩트, 2003: 51-53; 신용하, 2012: 145). 콩트는 이런 학문적 가정을 실증주의의 정신으로 불렀다. 실증주의(positivism)는 한 사회에서 과학석으로 관찰되고 실험으로 증명된 법칙들이 다른 사례에도 적용이 되어야 한다는 일반적 법칙 발견을 표방한다. 보편적 법칙을 과학적 방법을 통해서 발견·정립하고 이를 사회에 적용할 수 있도록 하는 것이 사회학의 주된 기능이라고 할 수 있다.

콩트의 학문영역에서 사회정학 부분은 외부의 힘으로서 규범과 가치를 다루는 것이었다. 뒤르케임은 그의 저서 『자살론』에서 콩트의 사회정학 연구 방식을 통합과 규율로 세분화시켜 사회변동의 결과 만들어진 무규범의 아노미 상황 속에서 개인의 자살을 사회적인 요인으로 분석하고 설명하였다. 뒤르케임은 당시로는 드문 양적인 방법론을 동원해서 자살을 개인의 심리 상태 문제로 치부하던 일반적 인식을 뒤집었다. 뒤르케임은 사회가 가지는 통합과 규범의 통제력이 각 개인이 속한 집단의 특징에 따라 다르게 영향력을 행사함을 분석하였다. 뒤르케임이 주의 깊게 바라본 것은 개인이 속한 공동체적 특성이 보이지 않게 개인들을 규제하고 공동체에 통합시키는 힘이 균형 있게 발전하지 못하고 사라지거나 과도하게 규제할 경우 자살에 이른다고 주장했다. 각 사회와 집단마다 개인들에게 영향을 미치는 사회적 사실(social facts)들이 있어 구성원들로 하여금 자신의 의지대로 선택하게 하지만 사실은 개인들 속에 존재하는 의식하지 못하는 사회적 힘이 작동하는 것이다. 그런데 콩트와 마찬가지로 뒤르케임도 개인을 이기적이고 욕망에 사로잡힌 주체로 보았고 그렇기 때문에 사회에 의해서 집합의 한 부분으로 자라나게 되어야 함을 역설했다(신동준, 2015: 83). 콩트와 뒤르케임의 사회학은 식민지 조선에서 개인들의 이기심을 제어할 사회적 힘의 생산이라는 차원에서 개량주의자들이 바라본 조선인들과 조선 사회의 문제를 해결할 수 있는 가능성을 제공해줄 수 있었다.

개인과 개인이 속한 집단의 특성에 따라서 개인들의 선택에 영향을 미치고 이를 토대로 미래 사회를 위한 발전을 제시하는 독일의 사회학자 베버였다. 베버의 『개신교윤리와 자본주의 정신』는 외부의 힘으로서 종교의 정파가 갖는 믿음 체계가 나타난다. 베버는 여러 개신교 종파 중에서도 칼뱅주의를 신봉하던 이들에게서 초월적 신에 의지하면서 개인의 세속적 목적에 맞게 합리성을 발전시켰음을 알리면서 이것이 서구 유럽의 독특한 도구적 합리성으로 성장, 자본주의 정신으로 근대 역사에 등장한 것을 찾아냈다. 베버의 연구는 종교의 특징과 세속의 합리성 사이 인과관계를 밝히면서 개인의 의도하지 않은 결과 자본주의 정신으로 발전해나가는 과정을 보여준다. 베버의 연구는 조선의 저발전과 쇠퇴의 원인을 종교나 문화 차원으로 해석하고 이를 대체할 새로운 사상과 종교를 추구했던 조선인들의 학문적 욕구를 충족시켜줄 수 있었다.

맑스의 공산주의 사상은 착한 부르주아, 불행한 노동자 등의 개념을 넘어선다. 개인들은 물적 토대 위에서 자신들의 행위를 선택하고 행동을 취한다. 개인의 나태한 정신과 행위는 사실상 제도에 의해서 결정된다. 개인의 문제는 사회 물적 조건에 의해서 결정되는 것이다. 사회진화는 매 단계마다 물적 토대에 의해서 결정된다. 생산력이 발전하게 되면 그 생산력을 담당할 생산관계가 정해진다. 생산관계가 결정되면 이것이 인간의 생산관계를 유지할 문화와 정치구조, 사회제도를 당연한 것으로 만들어 낸다. 그런데 생산력은 무한히 증대되지만 생산관계는 무한히 증대되지 않는다. 사회에서 다수를 구성하는 약자들이 연합하여 소수의 강한 자를 무너뜨리고 세우는 것을 이론화한 사회주의 및 공산주의 사상은 나약한 개인의 힘이 물적 토대 위에서 집합적 개인들로 새롭게 태어나 사회를 변혁하는 힘을 갖게 되는 것을 밝혀주었다.

초기 사회학자들의 연구는 서구의 사회변동을 거시적으로 다루면서 역사를 설명하고 그 과정에서 미시적 차원으로 개인이 사회 구조의 영향력 아래 있음을 밝혔다는 점에서 현대 시점으로 보면 종합사회학과 분과 학문으로서의 사회학을 동시에 발전시킨 공로가 있었다. 사회학 선구자들에 의해서 발전한 사회학은 동의하던 하지 않던 전근대와 근대를 이분법적으로 분리하고 각 시대의 특징을 이념형적으로 규정하고 그 규정 위에서 근대로의 전환 혹은 사회변동을 과학에 근거한 보편적 이론의 틀로 설명하고자 하였다. 비록 보편적 지식을 추구한 사회학이지만 사회학의 특성상 각 국가의 특수한 사회 조건들의 조합에 영향을 받아 서구 각 국의 사회학을 특수성을 갖게 했다. 그럼에도 사회학은 특수한 지역에서 과학적 방법과 보편적 법칙의 발견이라는 목적을 향한 학문으로서 자리매김할 수 있었다.

개인의 영역을 넘어선 사회적 차원의 분석과 보편적 이론 확립이 가능해짐에 따라서 그 이전 개인의 문제로 치부되던 다양한 사회문제들에 대한 사회 차원의 해결 시도가 가능해졌다. 사회학이 보여준 사회 차원의 문제 해결 능력은 실용성으로 인식되었으며 사회의 구조적 변혁을 앞둔 사회에서 필요한 학문이 되었다. 특히 급격한 변화를 경험하는 사회일수록 자신들의 사회의 특수성과 함께 보편적 변동 과정을 연구하려는 시도가 강해지고 사회학이 분과학문으로서 제도화되기 시작했다. 19세기 말 근대화를 시작한 미국이나 독일에서의 사회학은 현실 사회에 대한 조사 중심의 연구가 발달했다(Collins, 1985: 245).

미국의 사회학은 남북전쟁 이후 산업화로 인한 도금기(Gilded Age)시기가 도래하면서 하나님의 나라라는 신정정치의 가치였던 미국예외주가 도전을 받게 되었고, 종교에 가려졌던 이민, 인종, 범죄, 여성, 노동과 사회주의 등의 사회문제들이 표출되었다. 미국이 서유럽의 따라간 발자취를 그대로 이어가자 미국이 하늘이 선물해주신 예외국가라는 믿음이 흔들리게 되었을 때 이를 타개하기 위한 방편 즉, 미국의 우월주의를 이어가고자 하는 흐름과 미국도 유럽과 같은 경험을 할 것이니 대비하자고 하는 흐름이 생겼고 이들은 사회학을 주요한 수단으로 인식했다(로스, 2008: 170). 미국의 사회학은 산업혁명으로 노동자들이 많이 만들어지고 사회갈등이 심화되면서 사회주의에 대한 두려움 즉, 맑스가 예언한 공산주의 혁명으로 미국이 갈 것인지, 미국예외주의를 유지하면서 진보할 것인지에 대한 학문적 조사연구를 제공해주면서 성장했는데 대체로 미국의 사회학은 후자에 초점을 맞추게 되었다.

과학적 방법에 바탕을 두고 진보와 질서를 목표로 보편적 법칙 발견에 매진하는 사회학의 특성은 현실에 대한 객관적 인식을 기본에 두었기에 각 국가와 사회가 지닌 특수한 사회적 환경에 따라서 다르게 보편성에 이를 수 있었다. 각국에서는 그 해당 국가에 맞는 현실, 이데올로기 등이 사회학적 방법론과 결합하여 그 사회의 변혁 이념이나 보수이념을 탄생시키기도 하였다. 혁명을 추구하는 이념이 사회학적 방법과 만나 사회의 진보를 증명하거나 미국의 섬너처럼 미국 예외주의를 보호하고 추구하는 방법론으로서 사회학이 도입되고 발전하였다. 이런 사회학의 특징은 식민지 시기 조선 사회에서 급격한 변동과 동시에 지체와 정체가 존재하였다. 변동과 정체는 식민지 특징과 연계될 수밖에 없었고 민족이라는 문제가 서구 유럽과 달리 대두되었다. 조선에서의 사회학은 지배와 저항 그리고 진보와 질서 모두를 충족시켜줄 수 있는 학문이었다.

3. 식민지 조선사회와 혁명적 사회학의 보급

20세기 초 그 이전 왕조와 다르게 근대국민국가의 형태가 수립되어 지배하고 농업과도 전혀 다른 자본주의와 산업화가 시작하던 시기에

조선은 일본의 식민지였다. 식민 모국이었던 일본은 조선이 그 이전 수
백 년 동안 무시하던 민족이었다. 근대화 과정에 진입한 조선에서는 서
구 사회에서 보편적으로 나타났던 계급갈등, 신구갈등, 아노미와 같은
갈등 구조는 그대로 진행되었을 뿐만 아니라 식민지 사회가 겪었던 민
족갈등 및 문화 갈등이 더해지는 구조였다. 조선에서의 근대화는 민족
의 근대화로 연결될 수밖에 없었고 민족의 근대화는 일본의 식민지 지
배에 대한 조선인들의 저항을 포함할 수밖에 없었다. 사회학의 소개는
근대로 진입하던 조선에서 일어나고 있던 사회변동을 설명하고 미래
비전을 제시할 수 있는 근대 학문이 필요하던 시기에 일어났다.

현재까지 알려진 바로는 조선에서의 사회학 소개는 이인직이 「소년
한반도」에 5차례에 걸쳐서 사회학과 스펜서의 진화론을 소개하면서부
터다(이준식, 1986: 256). 안국선(安國善)은 1907년 그의 저서 『政治原論』
에서 '사회학'이라는 용어를 사용하고 있다.3) 1909년 「만국사물기원역
사」를 쓴 장지연은 '군학(羣學)'이라는 용어를 쓰면서 사회학을 소개하
고 있으며, 군학의 창시자로 콩트를, 완성자로서 스펜서의 학문을 소개
하고 있다(최재석, 1974: 7). 1912년에 정광조(鄭廣朝)가 「천도교월보」에
총 2회 8면에 걸쳐서 사회학의 창시자, 콩트와 사회학의 성격, 사회유
기체설 등을 소개하고 있었다. 1915년에는 필자 미상이 잡지 「公道」에
3회 11면에 걸쳐서 "스펜서의 사회사상"을 소개하고 있다(윗글, 9).

조선에 소개된 초기 사회학은 중국으로부터 영향을 받은 사람들에
의해서 군학이라 불리기도 했고, 일본에 영향을 받은 이들에 의해서 사
회학이라고 쓰이기도 하였다. 이들이 보여준 공통점은 콩트나 스펜서
등이 제시한 사회진화론 내용을 많이 포함하고 있었다는 것이다(이준

---

3) 안국선은 그의 저서에서 사회학이 사회문제 혹은 인간 사회 원리를 이해할 수 있도
록 돕는 학문으로 소개하고 있다(최재석, 1974: 7).

식, 1986). 사회학을 소개한 이들이 진화론에 관심을 둔 것은 조선이 처한 상황이 근대로의 전환기에 있었다는 점에 있다. 근대화가 일본에 의해서 진행되고 있었지만 근대로의 진입이 새로운 조선의 미래와 연계되는 것만은 틀림없는 사실이었다. 새롭게 근대에 진입하는 사회에서는 전근대와 근대로의 보편적 전환이 어떻게 진행되고 그 사이 각 사회의 특수성이 어떻게 보존될 수 있는지에 대한 학문적 관심이 높아지는 것은 당연했다.[4]

병합 이후 탄압과 억압 중심의 통치는 조선인들의 저항을 초래했고 조선과 일본이 다르다는 것을 더욱 각인 시켰다. 사회진화론에 따르면, 조선이 일본이 경험한 산업혁명과 사회혁명을 경험해야 했지만 그것이 일본과 조선이 하나이어야 한다는 생각으로 이어지지 않았다. 1919년 3월 1일의 저항운동은 조선인들에게 근대라는 것은 식민지로부터 독립과 근대국민국가 수립으로 이어져야 한다는 사실을 각인시켰다. 일본이 도입한 자본주의 체계와 국가체계는 사실 서구 유럽의 경험과 다른 것이었다. 사회진화론의 입장이나 사회주의 혁명 이론에 따라서도 정치혁명을 통한 근대국가 수립이 아니었고 부르주아의 완전한 지배체제를 형성한 것도 아니었다. 이는 조선에서 근대화 문제가 민족의 문제와 필연적으로 결부될 수밖에 없었던 이유를 설명해준다. 조선 사회는 지배와 저항의 공간으로 확립되었다. 식민지와 근대화가 공존하던 특수성은 조선에서의 사회학을 통해서 조선 사회를 변화시키려는 지식인들에게 개조와 혁명의 서로 다른 두 차원의 대응을 초래했다.

식민지 일제가 도입한 자본주의화 정책과 공업화 정책은 농민과 노

---

[4] 도금기 미국에서도 사회학의 초기 세대 학자들은 콩트와 스펜서의 모델에 따라서 사회학 이론을 발전시키려고 노력했다고 한다. 사회학은 이들에게 역사적 법칙인 문명의 진보를 통할하는 법칙에 관한 학문이었기 때문이다(로스, 2008: 171).

동자들의 빈곤화를 초래하였다. 주요 산업이 농업이었던 조선 사회에서 지주중심 농경사회를 만들어 내 농촌 공동체가 파괴되고 농민층이 분해되었다.[5] 일본이 조선에서 시작한 근대화는 조선인들의 소수에게 이익이 돌아가고 소수를 국가와 법이 지켜주어 계급 갈등을 심화시켰다. 농촌 빈곤화는 고율소작료와 같은 소자문제 그리고 농가부채에 의해서 심화되었고 노동자들의 실질임금은 일본인에 비해 반도 되지 않았다(정연태, 2012: 228-229).

히사마 겐이치(久間健一)는 조선 농업사에 많은 족적을 남긴 일본인 학자로 1930년대 소작관으로 소작관계를 조사하던 인물이다. 그의 연구에 따르면 일본의 근대화로 인하여 농업의 생산이 비약적 증대되었으나 지주와 관료의 이익으로 남고 중소농민의 몰락을 가져와 토지 없는 농민의 비약적 증가에도 기여하였다는 것이다(우대형, 2008: 39). 겐이치의 연구는 생산성의 증대가 자본과 권력에 의해서 지주에게만 이익이 돌아가 농민 해체에 기여했다는 사실을 보여준다는 점에서 당시 식민지 근대화가 절대 다수였던 조선 농민들에게 자본주의의 폐단만을 가져왔음을 알 수 있게 된 것이다.[6] 농민층의 분화로 인한 다수의 노민들은 소작농으로 전락하고 농촌을 떠나 도시로 이동하거나 해외로 이동하게 되었다(이상의, 1996: 166). 인구이동은 1930년대 일제의 조선공

---

[5] 김동노는 토지조사사업을 통해서 근대의 '토지소유권'과 '지세개정'으로 이어졌고 이는 일제의 지주제 중심의 농업정책의 일환으로 나타나 전통적으로 이어져 오던 농민 보호 장치가 없어지고 대지주 중심으로 재편되고 있음을 말한다(김동노, 1998: 127-128).

[6] 일본이 농업생산성 증대를 위해서 시도한 수리관개 개선을 위해서 시작한 제언과 보 확충 그리고 수리조합사업의 혜택이 일본인 지주에만 혜택이 가 있었으며 생산성의 증대는 1927년 영암 지역에는 두락당 지대량은 1743년 21.2두보다 훨씬 적은 9.7두였다(정연태, 2012: 122-123). 이 논의는 식민지 근대화론이 주장하는 바대로 생산성이 비약적으로 증가한 것도 아니라는 점이 분명하다는 것을 밝혔다는 점에 그 의미가 있다. 즉 생산성도 증대되지 않았고 법적 우위만을 지주들에게 제공하여 조선인들 사이 갈등을 초래한 것이다.

업화정책으로 이어지게 된다.

1930년대 세계 경제위기가 도래하고, 농촌경제 붕괴와 농민층 분해 및 인구이동이 일어나자 일제는 "조선공업화" 정책을 도입했다. 일제에 예속적인 산업화는 노동자 계급을 낳았다. 조선 노동자들이 열악한 노동환경, 저임금, 12시간 이상 장시간 노동 등에 시달리는 게 되자 공산주의 민족해방운동과 연계되어 노동문제가 대두되었고 노동쟁의도 증가하게 되었다. 실질 임금이 지속적으로 하락하였는데 1930년을 기준으로 1933년에 임금은 81.85로, 1935년에는 75.8로 하락하게 되었다(이상의, 1996: 158). 1930년 3월 9일자 조선일보는 "현대풍경2"라는 제목의 글에서 "남편은 공장직공으로 피땀을 흘리며 햇빛을 못 보고 질식할만한 공장 속에서 열두 시간씩 열수시간씩 노동을 하고 집으로 돌아오면."이라고 쓰고 있다. 당시 노동자들의 열악한 노동환경과 장시간 노동에 시달렸음을 알 수 있다.

정치 참여 및 행정 기구 참여도 제한,[7] 자본축적과정에서 자본가 비율도 낮았고 대지주의 비율에서도 한국인들은 일본인에 비해서 낮았다. 지주에 의한 농민 착취와 자본가에 의한 노동자 착취는 새로운 방식으로 합법의 이름으로 정당화되었고 국가는 착취의 법적 정당성을 제공하면서 노동자와 농민으로 구성된 다수 조선인들을 근대화의 혜택에서 멀어지게 만들었다. 일본이 시작한 조선 근대화의 결과는 민족문제와 계급문제를 동시에 낳았다. 자본가 비율이 낮은 상태에서의 공업화는 노동자 계급의 계급갈등이 민족문제를 내포할 수밖에 없었다. 조선에서의 사회학이 혁명의 학문으로서 인식되었던 것은 두 측면에서

---

7) 식민지 시기 고위직 비율은 일본인이 93.8%, 지방행정직도 고위직은 일본인이 하위직은 한국인이 맡았다. 면장직급이던 판임관은 한국인 20,128명으로 39%를 차지하였다(정연태, 2012: 222).

설명될 수 있었다. 하나는 사회변동으로 인하여 발생한 혁명적 상황과 지속적 진보를 위한 방편으로서의 사회학이 하나였다면 두 번째는 당시 사회학을 배웠던 학자들이 사회학이 사회주의와 동일시되던 것에 영향을 받아 조선에서도 같은 맥락의 사회학을 소개하였기 때문이었다.

제국주의 시기 일본 지식체계 발전에 있어서 사회적 현실을 종합적으로 바라보는 종합사회과학이 발달했다. 이 시기 일본에서 연구된 이들은 콩트, 루소, 스펜서 등 고전 사회학자들이 많았으며 맑스주의는 역사발전 인식에 있어서 총체적으로 바라보는 과학적 시각을 대표한다고 인식되었다(마루야마 마사오, 2012: 116, 120).[8] 19세기 말 종합사회과학의 발전이 있었고, 20세기 초 분과학문으로 발전하면서, 법학, 경제학 등이 분화되었지만, 19세기 말부터 유지되어오던 '사회'가 지니던 의미가, 사회문제, 사회학, 사회주의 용어 등과 비슷한 의미로 받아들여지고 있었다(이시다 다케시, 2003: 77).

일본에서 국가학 이외의 학문 발달이 이뤄지던 시기는 대체로 20세기 초부터였다. 다이쇼 데모크라시의 영향을 자유롭게 학문이 발달할 수 있게 되면서 그 이전부터 진행되어온 자본주의의 부정적 결과와 학문의 발달이 만나면서 맑시즘과 사회학이 연결되었던 것이다. 당시 일본에서는 '사회과학'이라는 용어가 권위주의적 국가에 대한 대안을 제시하고 실증적 과학의 방법에 의해서 연구를 매진하는 것을 의미했다. 특히 당시 일본의 사회상에 대해서 실증적 방법에 의해서 계급중심으로 사회를 분석하고 일반 법칙을 만들어내어 일본을 지배하던 이데올로기를 비판하던 학풍에 사회학이 지대한 영향을 미치면서 사회학 중

---

8) 당시 맑스주의를 소개한 후쿠모토와 그의 이론인 후쿠모토이즘에서 보여준 맑시즘은 보편성, 체계성, 비판성을 과학이라는 이름으로 합리화하여 당시 일본이 자본주의 세계로 진입하고 나타난 많은 사회문제를 학문적으로 다루었기 때문이었다(이시다 다케시, 2003: 160).

심의 사회과학이 발달하였다(전상숙, 2016: 21).

이 시기 조선 유학생들은 동경제대를 비롯한 제국대학, 전문대학, 사립대학 등에서 맑스주의를 배울 수 있었다. 당시 재일조선유학생들은 신문과 잡지에 일본 맑시즘 논객들의 글을 번역하여 실었으며 3·1운동 직전 발표한 「독립선언서」에는 러시아혁명에 대한 긍정적 논지를 실기도 하였다(전상숙, 2004: 53). 당시 지식인들은 역사발전 단계를 유물사관에 입각해서 설명하려고 하였으며 사회학은 사회변혁을 학문적으로 설명해줄 수 있다고 믿었다. 사회학이라는 주제로 당시 조선과 동아에 실린 백남운이나 배성룡 등의 사회학과 역사발전 단계를 연결해 고찰하고 있었다.

식민지시기 지식인들은 다양한 분야의 사회학을 변혁의 주제로 연구했는데 대표적으로 배성룡이 있다. 일본 니혼(日本)대학을 1923년 졸업하고 귀국한 후 조선일보에서 기자 생활을 시작한 배성룡은 1923년 7월 25일부터 같은 해 8월 21일까지 총 25회에 걸쳐서 "사회변혁과 사상적 고찰"이라는 기사를 쓴다. 그는 사회변동과 혁명을 연결하고 정의한 후 이를 사회학적으로 규정하는 글을 실었다. 사회변동은 독립변수로서 혁명이 가능한 사회적 공간을 만들 수 있다. 이때 혁명은 무엇인지? 무산자계급 해방운동인지 아닌지 등에 대해서 지적한다. 무엇보다 그는 혁명과 사회변동을 설명하기 위해서 사회학이란 학문이 무엇인지를 시작하였다(『조선일보』, 1923.7.25). 이 글에서 배성룡은 "사회학이란 말 그대로 사회생활에 관한 학설의 체계"라고 언급하면서 정적인 사회문제는 시간적 문제이며 동적인 문제가 공간적인 즉 횡적인 문제이고 그 대상을 객관적으로 바라 볼 수 있어야 그 사회의 변동을 정확한 관찰을 통하여 사회의 발전의 정확한 법칙을 발견하는 것이 사회학자의 임무라고 소개하고 있다. 이런 법칙을 통해서 사회변혁을 위한 학문이 사회학임을 지적하였다. 조선공산당에 가입한 그는 사회주의 혁명, 맑스주의 사상이 어떻게 전파되고 이것이 혁명에 기여하는 바에 대해서 고찰하였다.

프롤레타리아 운동에 참여했던 박영희(朴英熙)는 "예술사회학의 출발점"이라는 글을 1930년 8월 29일부터 9월5일까지 8회에 걸쳐서 실었다. 조선일보는 여름철 특별강좌를 개설하여 박영희의 글을 실었다. 서론에서 박영희는 유물사관과 예술의 기능을 중심으로 서술하고 있다. 30일에 실린 2회에는 유물사관이 하부구조와 상부구조로 연결과 예술의 관계를 변증법이라는 것에 의해서 설명을 시도한다. 예술의 박영희가 인식한 사회학은 역사발전과 예술이라는 것을 하부구조인 물적 토대에 의해서 결정되는 것을 전제하고 있다. 예술이란 사회생활에서 어떤 기능을 갖고 있는가 하는 문제에 답하는 것이라고 정의한다. 계급적 관점에서 예술사회학을 바라보는 박영희가 받아들인 것은 맑스의 과학적 사회주의가 지니고 있었던 '과학'을 통해 각기 다른 생산양식의 시대와 그 시대에 따라 다르게 발전했던 예술의 모습을 탐구하고 향후 전개될 프롤레타리아 예술 활동을 그릴 수 있도록 만드는 것임을 밝히고자 하였다.

백남운은 대표적 맑스주의 경제학자로 알려져 있다. 그는 1922년에서 25년까지 도쿄 상대에서 수학했는데 본과에 재학하면서 경제학, 사회학, 역사학을 전공하였다. 흥미로운 것은 백남운은 논문지도교수로 다나카 교수는 일본의 주류 사회학과는 달리 종합사회학이 아닌 분과학문으로서의 사회학과 부르주아 사회학을 가르친 소수에 속하고 있었다. 그러나 백남운이 후에 비판할 부르주아 사회학에 대한 깊은 이해를 할 수 있었던 계기를 제공해주었다(이준식, 1993: 27; 방기중, 1994: 54). 연희전문에서 경제학을 강의했을 뿐 아니라, 보성전문과 이화여전에서도 사회학을 강의한 백남운은 조선일보 1930년 8월 20일자부터 같은 달 23일까지 "사회학의 성립 由來와 任務"라는 글을 실었다. 사회학이 다른 사회과학보다 성립된 지 얼마 되지 않은 학문이지만 인간 대 인간을 연구하는 학문으로 공동사회와 이익사회, 사회적 생활 등 개인을 넘어선 사회 차원을 연구하는 학문임을 지적하였다. 근대적 의미의 노동 계급의 출현과 맑스의 유물론 이론을 소개하고 다윈의 진화론을 설명하였다. 이 글에서 백남운은 의식은 존재를 반영하며 관념은 인간의 사회적 생산관계의 결과임을 지적하는 등 유물론에 입각하였다(방기중, 1994: 100-101).

김태준(金台俊)은 1933년 5월 1일과 2일 조선일보에 "조선학의 국학적 연구와 사회학적 연구 (上·下)"라는 제목의 글을 싣는다. 김태준의 기본적 시각은 유물사관에 의해서 역사를 분석해야 하는 것을 주장하면서 역사의 단계를 체계적으로 이해하는 학문으로 사회학을 소개한다. 김태준은 경성제대 예과에 입학하여 법문학과 지나문학과를 졸업하고 재학 중에 잡지 『신흥』을 창간하고 조선문학사를 다룬 맑스주의자 쪽에 가까운 지식인이었다. 김태준은 맑스주의와 실증주의에 입각해서 정인보의 '조선학'을 비판한 것으로 유명한데 그의 기본적 시각은 백남운, 신남철 등 맑스주의 학자들과 비슷한 실증주의 과학관에 입각해서 유물사관을 설명의 틀로 삼아 조선을 설명하고자 했다(이황직, 2015).

1920년대에 이르러 많은 단체들이 만들어져 새로운 사상을 전파하기도 하였고 사회학이 대중을 향해서 확산될 수 있는 조건을 마련하였다. 시대일보는 1925년 8월 31일자 신문에서 전북 익산의 청년회에서 사회학설 강연회를 소개했다. 강사는 윤창용과 박충겸이 있다고 보도하였다. 이근섭이 1925년 11월 30일에 현대 자본제도와 계급문제에 대해서 사회학적 논의를 제공하였다고 서술한다. 그리고 12월 27일에는 사회학강좌를 무산농촌청년들에게 열 것임을 공지한다. 다음 해인 1926년 4월 22일에는 연희전문 교수 백남운이 사회문제를 강연한 것과 같은 해 7월 13일 사회학 논지를 실었던 월간잡지 『신사회』가 압수낭하였음을 알렸다. 전남 장성과(『시대일보』, 1926.7.27), 경남 서천(『시대일보』, 1927.7.29) 그리고 평북 의주(『시대일보』, 1927.8.7; 『시대일보』, 1927.8.17) 유학생회에서 시대일보 후원 아래 사회학 강좌가 열렸음을 알렸다. 1926년 7월 1일자 『조선일보』는 간도 용정에서 사회학설 강연회를 개최하여 '영웅시대와 군중 시대,' '바로 본 사회', '노동자와 무산지식계급 등과 같은 새로운 계급의 출현에 관한 사회학적 해석의 강의가 열릴 것을 소개하고 있다.[9]

사회학 강좌 소개뿐만 아니라 신문들은 사회학을 전공하는 이들의 동정기사도 실었다. 『동아일보』 1926년 7월 23일자 신문에서는 여성운동과 사회주의 연구 경력이 있는 최영숙이 사회과학을 공부하러 스웨덴으로 유학한다는 사실을 기사로 실었다. 1927년 7월 7일자에는 전남 청년연맹에서 철학, 사회학, 경제학 등 강좌 개최를 계획하고 있으며 일반 청강을 환영한다는 광고를 실었다. 『동아일보』 1931년 4월 19일자 신문에서는 동경여자경제전문학교에서 사회학과 가정경제를 전공한 김춘숙이 귀국한다는 기사를 실었는데 가정학의 성장과 사회학 및 경제학의 연계를 엿볼 수 있는 기사였다. 정일형(鄭一亨)은 연희전문 문과에서 수료 드류(Drew University)에서 사회학으로 철학박사 학위를 받고 귀국한다(『동아일보』, 1935.11.13). 1937년 연희전문 교수 등을 역임한다.

---

[9] 문화통치 시기에 접어들면서 집회와 결사의 약간의 자유를 허용하자 1920년에 약 393개였던 사회, 노동, 농민, 청년회 등 등록단체가 1921년에는 783개, 1922년에는 881개로 늘어났다(전상숙, 2004: 63).

『매일신보』 1926년 3월 25일자와 4월 9일자 신문에서는 일본발 기사를 통해서 일본 의회가 사회학 연구를 금지하거나 통제해야 함을 의결했다고 지적한다. 이와 비슷한 견해를 『동아일보』 1924년 3월 5일자가 실었는데 일본 문부상이 고등학교 학생의 사회학 연구를 금지하고 제국대학의 신인회(新人會)도 위험하다고 판단할 때 해산할 수 있다는 발표를 실었다. 1920년대 사회학이 혁명적 사고를 전파하는 학문으로 받아들여졌음을 알 수 있다. 『조선일보』는 1927년 2월 21일자에 "법학전문학교(이전 법관양성소)에서 법률과와 정치경제과를 나눌 것을 인가 요청했으나 조선에서는 정치경제과가 온당치 못하며 사회학과 사회법률학은 불온하여 이를 폐지하고 행정경제과를 신설한다."라는 행정변화를 기사로 실었다.

식민지시기 조선 지식인들에 의한 사회학 소개는 1920년대 불었던 문화통치기의 부분적으로 부여된 일시적 자율성에 기인했다. 조선에서의 사회학은 일본에 의해서 조선인의 정치참여가 근본적으로 차단되었다는 점에서 서구 유럽과 다른 사회혁명의 길로 갈 수밖에 없었다. 그것은 사회혁명과 정치혁명을 통해서 조선의 새로운 사회 건설이 불가능해짐에 따라서 조선민족에 의한 국가 수립이라는 목표로 한 저항과 실력양성이라는 것을 목표로 하는 개량주의적 개조 운동으로 갈래지어 변화되었다. 1930년대 사회학이 일본의 탄압에 사회학이나 사회주의를 사용하지 못하고 과학이란 이름으로 종합사회학적 접근을 시도하였던 흐름으로 이어지기도 했으나 분과학문으로서 개인의 욕망이나 이기심, 무질서 등과 같은 것을 사회의 도덕성으로 통제하려는 시도하는 보수적 흐름으로도 이어지게 된다.

4. 식민지 조선에서 개조 사회학의 소개와 발전

개량주의 혹은 보수주의 학문으로서 사회학을 비판할 때 사회학이 인간을 관계로 파악하지 않고 개별 행위자로 파악하고 사회가 이를 어떻게 통제할 것인지에 대해서 지적한다. 이런 경향은 사회변동기 유럽과 미국에서 사회학의 보수적 필연성과 연관되어 있었다.[10] 개조의 학문으로서 사회학은 꽁트, 뒤르케임과 같은 초기 사회학자들이 개인의 욕망을 사회의 도덕에 맞추어 통제해야 한다는 인식에서 비롯되었다. 비록 변동을 이야기하더라도 개조의 사회학에서는 물적 변동이 아닌 개인과 개인이 속한 단체가 역사의 발전을 이끄는 주요한 사회적 힘(social forces)이었다고 믿었다. 인간개조를 통해서 개인이 과학적 지식을 배우고 개조가 되면, 사회가 개인들의 합과 그 이상으로 만들어져 있기 때문에 사회 또한 강한 사회로 진보한다고 사회학이 설명하고 있었기 때문이었다. 꽁트, 퇴니스, 뒤르케임, 스펜서, 베버 등의 연구는 맑스주의 유물론에 대비되었다. 근대 세계가 경험한 거대한 사회변동의 출발선에서는 개인들과 그들이 내재화한 사회적 힘이 있었다. 개인들의 선택과 행동은 사회를 변화시킬 수 있었다. 개인들은 심리적으로 자신이 속한 집단을 자신의 것으로 동일시하게 되는 사회적 동물의 특성을 내포하고 있었다.[11] 사회학이 발전시킨 개인에서 변동을 바라보는

---

[10] 1967년 로버트 니스벳(Robert Nisbet)은 『사회학의 전통』이라는 글을 출판하면서 이념에 따라서 초기 사회학자를 이야기하여 많은 논쟁을 불러일으키게 된다. 니스벳은 산업혁명과 프랑스혁명에 대한 응답으로 사회학이 출현했음을 이야기하면서 혁명의 응답이었던 사회학은 사회주의, 자유주의, 보수주의를 통해서 걸러지게 되었으며, 사회학이 과거에 대한 회귀와 개인에 대한 통제를 회복하는 것을 이야기함으로써 보수주의의 길로 접어들었음을 이야기한다(터너, 1998: 19).

[11] 사회심리학적 설명 방식이 퇴니스로부터 왔고 퇴니스의 진화설명은 고영환의 퇴니스 논문 번역으로도 나타났다. 고영환은 1926년 『시종』에 퇴니스가 이탈리아 사회학협회에서 발표한 논문이었던 "인민진보의 개념과 법칙"을 소개하였으며 주로 민

시각은 맑시즘에서 주장한 유물론적 사회진화와는 근본적으로 다른 것
이었다.

개조이론은 '개인'과 개인이 사회변동의 조건들을 변화시킨다고 인식
하는 미시사회학에 기초하고 있었다. 미시사회학의 기초는 당시 미국
사회학이 퇴니스 공동사회(Gemeinschaft)에서 이익사회(Gesellschaft)로
의 사회변동과정에서 나타난 사회심리학적 뿌리에 있었다(Collins, 1994:
243-244). 이후 로스(Edward A. Ross)와 쿨리(Charles H. Cooley)는 퇴니
스의 독일 심리학적 사회학에 뿌리를 내리고 미국 사회학의 심리학적
방법에 기초한 사회학을 체계화하였다. 심리학적 방법을 집대성한 이
는 윌리엄 토마스(William I. Thomas)였다. 시카고 학파의 전통을 새롭
게 만든 1918년 토마스는 『유럽과 미국의 폴란드 농민』이라는 저서를
발간하였는데 조선의 개조론에 접목할 만한 특이점은 로스에 따르면,
"토마스는 변화하는 물질적 조건만으로는 충분치 않으며 이 조건이 어
떻게 활용되는가가 이를 사용하는 사람들의 태도에 달려 있기 때문이
라는 것을 알게 되었다."로 학문적 연구 관심을 유물사관이 지배적이던
역사 설명 방식에서 개인의 심리적 상태로 돌려놓는 것이었다(로스,
2005: 177).[12]

근대화라는 이름으로 진행된 식민지화는 조선을 현실적으로 식민지
이면서 전근대 사회에서 근대사회로의 사회변동이 진행되던 이중적인
공간으로 만들어 버렸다. 식민지 권력은 새로운 지식을 만들어내고 이
것을 통해서 조선을 효율적으로 지배하고자 하였다. 이를 위해서 조선
총독부는 끊임없이 다카하시 도루 같은 관변 학자들을 동원하여 조선

주주의와 의회정치를 강의하였다.

[12] 로버트 파크(Robert E. Park)도 토마스처럼 사회심리학적 방식을 사회학에 접목시켜
개인과 개인이 속한 집단의 특성을 파악하려는 연구경향을 보였다(로스, 2005: 182).

에 대한 부정적 인식을 확산시키고 조선에 대한 식민지배의 정당성을 확보하려고 하였다. 조선 지식인들은 총독부의 지식권력에 대항하는 대응지식을 만들 필요가 있었다. 민족적 필요는 현재를 만들어낸 원인에 대한 분석을 바라보고 해결 방안을 찾는 과정에서 즉, 민족의 과업을 수행 방식에서 개조와 혁명이 갈리게 되었다. 이로써 식민지시기 사회학은 조선사회의 진보를 위해서 사회 구성을 근본적으로 바꾸는 혁명의 필요성과 사회진보를 위해서 인간개조가 필요하다는 인식을 확산시키는 것에 학문적 역할을 하게 되었다.

개조와 혁명의 분화는 인간 사회가 추구해야할 보편성을 연구의 목적에 두고 그 목적을 어떻게 성취할 것인가를 다루는 방법론에 따라서 이뤄진다. 개조는 전근대적 인간을 근대적 인간으로 바꿔 사회진보의 길로 접어들어야 한다고 보는 것인 반면, 혁명은 인간의 무능과 지체는 제도와 구조에 의해서 만들어지기 때문에 이를 폐지하고 새롭게 만들어 사회진보를 이뤄야 한다고 바라본다. 개조는 인간을 바꿈으로서 사회를 강하게 변화시켜 적자생존하게 만드는 것이고 나아가 인간들이 모여 사는 사회를 궁극적 발전의 단계로 이끌어야 한다고 바라본다. 그럼에도 개조와 혁명의 시각은 현실 이해를 기반으로 해야 한다. 사회학은 근대학문으로서 현실을 연구하여 과거에 연결하고 미래에까지 확장시킬 수 있는 그래서 무정부나 반동적 길이 아닌 유기적이고 진보적이며 체계적인 학문이었기에 개조와 혁명에 알맞은 근대 학문이었다(콩트, 2003: 448).

맑스는 『공산당선언』에서 부르주아의 두 가지 혁명성을 지적했다. 두 혁명성은 노동자 해방과 생산성의 향상이었는데 부르주아 혁명의 결과는 기존의 양식에서 근본적으로 벗어난 새로운 것들이 만들어진 것이었다. "산업혁명과 프랑스혁명에 대한 응답은 사회학을 낳았다."는 니스벳의 주장대로 조선에서의 사회학은 근대화라는 이름으로 진행되고 있었던 혁명적 상황에 대한 응답으로 소개되었다. 보수 혹은 진보로 귀결되었을지라도 근대주의자들이 받아들인 현실은 사회변동으로 초래된 결과가 지배하는 사회였고 그것을 연구하기 위해서 사회학 공부가 필요했다. 이들은 조선 사회에서 근대 개인을 전근대적 속박으로부터 해방시키고 그리고 새로운 사회에 알맞게 계몽된 개인을 만들어 내려고 하였다.

1920년대는 개조라는 말이 유행할 정도로 인간 개조를 통한 실력양성이 혁명과 대응되는 개념으로 자리를 잡고 있었다. 1920년에는 일본 와세다 대학에서 사회학을 공부한 최정순이 졸업하던 해인 1920년 유학생이 만든 잡지 『학지광』에 "사회생장의 사회학적 原理."라는 글을 발표했는데 이 글에서 최정순은 사회진보의 개념과 이론을 다루면서 발전을 위해서는 상호 협력과 협동이 강조되었다(박영신, 1985: 12). 1921년 4월 1일자 제10호에서 김기전(金起瀍)은 "사회봉공의 근본의의"라는 글에서 합리적 개인의 합으로서 사회의 기원을 이야기하는 콩트의 사회유기체설을 부인하면서 개인이 확대된 사회, 개인의 연장으로서의 사회를 이야기하고 루소의 계약론은 비판하지만 그의 영향을 받아서 계약론이 그리는 "일반의지(general will)"을 현실사회에서 실현하는 길로 사회봉공의 정신을 제시하고 있다. 김기전에 따르면 사회봉공의 정신은 육체적으로 정신적으로 강건한 개인을 필요로 한다. 정신적·육체적 강인한 사람이 모여 개인적 차원에서 사회봉공의 책무를 다 하면 사회가 발전하고 자신이 최고의 경지까지 자아 실현할 수 있기에 자기에게도 도움이 된다고 서술하고 있다. 개인의 욕구에 지배받지 않는 새로운 봉사의 힘 즉 협력을 중요시하는 글이었다.

춘원 이광수는 1922년 5월 1일자 제23호 『개벽』지에 "민족개조론"을

저술하고 발표하였다. 민족개조론과 곧이어 이광수가 『동아일보』에 발
표한 "민족적 경륜"은 많은 조선인들이 거부반응을 보였다. 이유는 조
선인들을 가장 못되고 나약하고, 쇠퇴하고, 타락한 인간으로 만들었기
때문이었다. 즉 개조 이전 인간에 대한 모습이 일본이 그리던 모습과 너
무나 흡사했기 때문이었다.[13] 그 이전부터 이광수가 지니고 있었던 조
선인들의 이미지는 사실상 일본이 만들어 이데올로기화한 것이었다. 이
광수가 일본에 유학하던 1916년 10월 21일자 1면에 춘원객의 이름으로
"조선인은 세계에 제일 사치하다."라는 기사의 제목에서 나라를 읽고
가난한 나라 사람인 조선인의 도덕적 타락을 비난하고 있다. 곧이어
『매일신보』에 기고한 소설 『무정』에서는 보편적 인간이 지니는 도덕적
판단력이 주요한 메시지였다(김현주, 2005: 127). 이광수가 일본이 추구
한 근대화의 방향으로 따라갈 수밖에 없었던 이유는 바로 개조론에 있
었다. 그가 주장한 개조론은 전혀 새로운 인간에 대한 이념형을 만들었
기 때문이다. 이광수는 민족개조론에서 조선인들의 도덕적 타락이 얼
마가 무서운지에 대해서 저술했다. 그에게 있어서 민족개조란 것은 조
선인들이 도덕을 배우고 도덕을 생활에서 실천하는 것이었다. 도덕적
원리라는 것은 다름 아닌 개인이 아닌 사회의 본성이었고 개인은 이런
도덕에 의해서 통제받아야 하는 것이었다.

스위스 쮜리히 대학에서 "의식의 근본 사실로서의 의욕론"을 주제로
철학박사학위를 받은 이관용은 사회학의 시초와 사회 유기체설을 설명
하는 글을 『동아일보』 1922년 10월 6일자에 실었다. 과학과 학문 즉 과

---

[13] 조선총독부가 1927년 편저한 글에서 조선인은 게으르고 나약하고 타락하고 개선의
여지가 없는 무지한 인간들로 그려진다. 조선총독부는 분석에서 성격, 경향, 정치
및 경제사상, 신앙, 문화 예술까지 모든 분야의 조선인들의 특성을 분석하였다(조선
총독부, 2010). 이런 분석과 당시 개량주의 사회학자들이 바라보던 조선인에 대한
인식은 일치하고 있었다.

학적 학문이 민족의 무지와 빈궁을 타파하는 데 이용되어야 한다는 사설을 『동아일보』 1923년 11월 9일자에 싣기도 하였다. 사회진화론을 설명하면서 미국 남가주대학에서 철학박사를 받고 이화여전 가정과에서 강의하던 한치진은 『조선일보』에 사회진화론과 조직론을 1930년 3월 12일부터 13월 23일까지 총 10회에 걸쳐서 진화론, 사회진화론, 그리고 조직 이론을 소개하였다. 한치진의 사회진화는 1927년 11월 『조선지광』 73호에 실은 "唯物이냐 唯心이냐"라는 글에서 사회변동의 추진력은 사회력(현대는 사회적 힘(social forces))에 의해서 가능해지며 사회력은 경제적 조건이 아니라 어떤 것을 하려는 개인의 의지라고 바라보면서 유물사관에 의한 진화과정을 부인하였다(이준식, 1986: 262). 이런 한치진의 논의는 1933년 저술한 『사회학개론』에서도 잘 나타나 있다. 역사변동이 사회의 규범에 의해서 통제되는 개인들의 도전에 따라서 이뤄진다는 것을 설명했다(최재석, 1974: 178).

즉, 조선이라는 사회적 공간은 일본의 식민지적 지배와 과거 가치와 유물의 지배가 공존하고 있었고 이에 대다수 피지배 조선인들은 제도에 의해서 나태하고 게으르게 사회화되었다. 그런 이들을 바꾸고자 한 방식은 달랐으나 진보와 질서가 하나였듯이 하나의 변화라는 목적 안에서 합해질 수 있는 것들이었다. 사회학은 그런 틀을 제공해줌으로써 학문적 역할을 하게 되었다. 사회심리학적 사회학의 연구방법은 설명 단위를 개인과 집단으로 삼아 그 특징을 파악하고 기존 거대 구조에 어떤 영향을 미치고 자신들의 내면화를 가져오는 지를 설명하였는데 이런 설명 방식은 이광수, 한치진, 김윤경, 김기전, 하경덕 등과 같은 개량주의 사회학자들의 논의에서 나타났다(김현주, 2013; 이준식, 1986; 안계춘, 1974). 이 중 하경덕과 한치진은 미국에서 직접 사회심리학적 사회학을 연구하고 귀국한 이들이었다. 독일 라이프니쯔에서 박사학위를 받고 귀국하고 보성전문에서 사회학을 가르치던 김현준은 비록 개량주의적인 방법을 취하지는 않았으나 1930년 저술한『근대사회학』에서 대체로 실증적 정신과학으로서 사회학을 정의 내렸다(박영신, 1985: 13; 최재석, 1974: 172). 이들은 분석 단위를 보편적 사회라는 특징을 이야기하지 않고 미시적 집단과 사회를 분석함으로써 사회의 보편적 변화를 설명하고자 했다.

혁명적 방식으로 전근대로부터 탈피하려던 시도는 개조와 혁명으로 나뉘고 학문적으로 혁명적 사고는 일제의 탄압의 대상이었다. 반면 개조는 일제가 조선에서 만들려고 한 새로운 인간형을 위한 학문적 접근이었다. 개량주의자들이 하려고 시도했던 것들은 "개량(改良)"이라는 단어에 이미 그 한계가 포함되어 있었다. 무엇인가를 실천적으로 하려는 시도였던 개량에는 개인을 조직하고, 집합적 단위의 운동을 통해 사회의 변혁을 꿈꾸던 혁명과 달리 개인의 역량 변화의 추구밖에 할 수 없었다. 학자로서 혁명가의 길이 아닌 학문의 길을 통해서 사회를 바꾸려고 했던 그 시도 안에서만 머물면서 멈추었던 것이다. 이광수, 김준현, 김기전, 한치진, 하경덕 등과 같은 개량을 주장한 지식인들에게 당시 조선의 사회상은 암울했다. 이들이 바라보았던 조선 사회와 조선인들은 백남운의 지도교수였던 후쿠다 도쿠죠(福田德三)와 같은 일본 지식인들이 바라 본 대상과 다르지 않았다. 인간개조를 원했던 지식인들이 정체되어 있었던 조선과 조선인들에 대해서 인식의 차이가 발생한 것은 그들이 공부한 국가였던 일본이나 미국에서 살았던 일본인이나 미국인들과 달랐기 때문이었다.

5. 식민지 현실 인식과 혁명과 개조의 공존

진화는 혁명과 개조를 주장한 사회학 지식인들에게 공통으로 받아들여졌던 미래의 문제였다. 진화를 위한 접근 즉 방법론에서 혁명과 개조가 갈랐다면 현실 인식에서는 비슷한 태도를 보였다. 조선과 동아로 대표되는 식민지시기 민영신문의 사설에서 사회문제를 바라보는 시각에서 당시 지식인들이 조선을 어떻게 보았는지 이해할 수 있다. 1920년부터 1940년까지 사설 중 사회문제를 다루는 주제는 의식개혁, 관습개혁, 제도 등에 관한 것이 조선의 경우 81.7%, 동아는 78.0%에 이르렀다(김민환, 2008: 59). 당시 식민지 지식인들의 관심을 받았던 주제들은 크게 사회학의 주된 연구 대상인 제도와 개인 둘로 나눌 수 있었다. 제도는 인간을 둘러싼 환경과 시스템이었고 개인은 그것을 담지하고 수행해나가는 이들이었다. 사회학의 두 대상이 식민지 사회문제에서 그대로 드러나고 있었다. 근대가 만들어낸 문제와 전근대적인 문제가 혼합되어 있던 상황에서 사회학은 지식인이 받아들인 이념에 따라 다양하게 쓰임을 받고 있었다.

1920년대 이후 조선에서는 서로 다른 사상, 이념, 종교에 의해서 조선인들을 계몽하려는 차원에서 수백여 종류의 잡지가 창간되고 유지되었다. 진보를 향한 다양한 방식들이 선호되었는데 이 때 방식과 사상이 달랐음에도 조선이라는 민족 문제에 대한 접근이 주류를 이루었다(문상석, 2016). 1935년 7월 8일자 석간 2와 4면에서 『조선일보』는 "신문화건설책－사회과학폐지"를 주제로 특집을 실었다. 경제학, 사회학, 언어학 등의 문화 건설을 위한 학문의 전문가로 교토 제국대학을 졸업한 경제학자 이순탁(연희전문 교수), 미국 하버드 대학에서 박사를 받은 사회학자 하경덕(연희전문 교수), 교토 제국대학 문학부를 졸업한 조선어학자 최현배(연희전문교수) 등에게 새로운 문화 건설을 위한 대비책을 묻는다. 사회과학의 부분을 맡았던 3명 모두 서로 다른 학문에 따라서 서로 다른 시각을 이야기한다.

『조선일보』 지면에서 이순탁은 "특수사정에 감(鑑)한 경제학의 조선적 연구론"을 써서 보편적 특성을 띠는 일반경제학과 조선의 민족적 지역적 특징을 고려하면서 역사와 현재를 고루 돌아보아야 함을 역설하고 있다. 이순탁은 그의 일본인 스승이었던 카와카미 하지메(河上肇)로부터 맑스주의를 배웠으며 맑스주의를 내면화했다. 또한 동경 유학시절 자신에게 도움을 주었던 김연수 같은 우파 지식인들과 친분이 있었고 세계 공산주의 대신 민족문제로서의 맑시즘을 수용하게 되었다(홍성찬, 1996). 그의 이러한 배경은 조선의 특수성을 맑시즘이 추구한 보편적 질서보다 더 주요하게 바라보게 하였다. 그럼에도 신문에서도 이순탁이 언급하지만 현재를 알기 위해서 연구 재료 수집을 잘 해야 한다는 사회학적 사고를 그대로 지니고 있었다.

하경덕은 "신문화 건설과 사회학의 개념 규정"이라는 기사를 낸다. 하경덕은 신문화를 만드는데 사회학이 기여한다면 할 수 있음을 이야기하나 사회학이란 것은 보편적인 학문으로 특정한 지역에 한정할 수 없음을 이야기하면서 오거스트 콩트의 실증사회학을 이야기한다. 그가 받아들인 학문은 특정한 민족이나 국가를 다루는 학문이 아니라 사회 현상에 대한 과학적 연구를 하는 것이라고 주장한다. 하경덕이 받아들인 사회학은 이순탁이 일본에서 맑시즘과 함께 받아들였던 사회학과 비슷하면서도 달랐다. 그는 과학적 사회법칙의 중요성을 이야기하면서 과학적 사회법칙이란 "변함없는 형태를 통합되고 완전한 것으로 만들어주는 방법으로 사회 인과관계를 설명하는 것이다."라고 주장했다(안계춘, 1974: 196).[14] 인류 보편의 법칙을 추구해서 변이를 보이지 않는 형태로 법칙을 만들려는 하경덕의 눈에 조선만의 문화를 사회과학이 만드는데 기여해달라는 요청은 사실상 흥미가 없을 뿐만 아니라 세련되지 못한 것이었다.

최현배는 "조선어문의 통일책"이라는 제목 아래 세계에서 보편적으로 받아들여지는 일반 언어과학의 방법 위에서 연구노력을 충분히 하여 좁은 이론에만 갇혀있기를 거부하고 실행 가능한 큰 문으로 나아갈 역사적 사명에 대해서 이야기하고 있다. 즉 최현배는 조선학 혹은 국학을 서양의 틀로서 연구하여 조선만의 특수한 언어 체계를 발전시켜야 함을 지적하는 것이다. 최현배는 학문의 출발은 자신이 누구인가를 먼저 알아야한다는 것을 인식시켜주었다. 이순탁이나 최현배가 하경덕과 달랐던 것은 이들이 한 지역이라는 특수성에 맞게 학문적 방법을 제시한 것이었다. 그럼에도 이들이 공통으로 인식하고 있었던 것은 보편성을 가능하게 만들어주는 과학에 대한 것이었다. 과학에 대한 논쟁은 1930년대에 이르면 맑스주의 과학과 비맑스주의 과학의 대립에서 비롯되었다.

특집 '신문화건설'이 실린 1935년 7월 8일자 『조선일보』는 당시 시점에서 조선인들이 불안해하고 있으며, 이것은 사라지지 않고 확대되고 있음을 이야기한다. 이런 불안감의 확산은 '과학'의 위기에서 비롯되었다고 주장한다. 과학의 위기가 생활의 위기를 초래한 원인이라고 진단하였다. 과학이 위기를 초래한 이유는 맑스주의 과학이 되었기 때문이다. 사회과학이 폐지되어야 한다고 주장하는 논리에는 당시 사회과학은 유물론이나 변증법을 일컫는 것으로 인식되었기 때문이다. 과학하

---

14) 안계춘은 하경덕이 저술한 영어 원문을 논문에 실었는데 첫 문장은, "과학적 사회법칙(a scientific social law)이라는 것은 사회현상을 변함없는 것으로 기술하는 것(a description of an invariant pattern of social phenomenon)"으로 시작한다.

면, 사회과학이었고, 사회과학하면 맑스주의 학문을 일컫던 시대상황과 맞닿아 있었다. 민족운동을 하다 친일파로 변절한 현상윤은 1936년『사해공론』8월호에서 조선의 중등생들이 유물론, 변증법, 분배경제론만을 토론하고 있음을 걱정하면서 중등생들이 다양한 공부하기를 권하고 있다. 이런 시대상에서 새로운 조선 문화 건설이라는 주제와 기존 맑스주의 중점의 사회과학적 사고는 바뀌어야 한다는 시각이 존재했다. 이런 시각의 반대편에는 개조론이 있었다.

식민지 지배 아래서 조선인들은 서구 사회가 경험한 프랑스혁명이 보여준 정치혁명과 사회혁명을 경험하지 못했다. 따라서 식민지배와 사회학연구는 새로운 국가건설을 기반으로 하는 미래 사회 건설로 이어지게 되었다. 이는 식민지배에 대한 저항으로 이어질 수밖에 없었다. 조선인에 대한 차별적 구조는 산업화가 만들어낸 급격한 변동으로 만들어낸 계급 갈등에 민족갈등과 문제를 전면에 등장시켰다. 사회학은 이 시기 조선이라는 사회적 공간에서 진보와 혁명을 통한 저항의 길을 제시해줄 수 있었다. 그러나 만주사변과 중일전쟁으로 이어지면서 일제의 탄압이 강화되었고 강한 탄압으로 인한 학문 영역에서의 혁명에 관한 연구는 불가능해지게 되었다. 시간이 지나면서 미국과 유럽에서 사회학을 전공한 이들이 귀국하면서 사회학은 좀 더 세분화되고 전문화된 분과학문영역으로 인식되었다.

6. 결론: 변혁과 사회학 그리고 근대 조선

사회학의 태동은 사화변동이 만들어낸 원인을 과학적으로 직시하고 이를 해소하기 위한 미래의 가능한 대안을 찾아가는 과정에서 태어났다. 혁명이 만들어낸 결과를 보수주의적으로 옛것을 회복하여 질서를 찾으려고 한 보수주의적 시도와 모든 것을 무너뜨리고 무산자의 사회를 만들려고 한 사회주의적 시도는 혁명과 개조의 흐름으로 이어졌다. 진보와 질서를 동시에 추구하였던 사회학의 특성 자체로도 이미 그 안에 반대방향으로 흘러가려는 힘을 내포하고 있었다. 혁명과 개조는 현재에 대한 과학적, 객관적 연구를 통해서 미래 진보를 추구했다. 두 흐름이 사회의 진보를 추구하였고 과학적 방법을 사용하였다. 사회학은 과거와 현재가 혼재되어 있는 상황에서 현실을 극복하고 사회 진보에 대한 욕구를 충족시켜줄 수 있는 방법과 이론을 제공해 주었다.

일제에 의해서 시작된 사회변동이 식민지 자본주의에 의해서 계급갈등을 양산했고 파괴된 전통적 질서로 인해 혼란이 대두되었다. 식민지라는 특성은 계급갈등에 민족모순을 더했다. 조선에서 지식인들의 학문적 욕구는 사회 혼란을 극복하고 건강한 사회를 만드는 것 이외에 자신들의 힘으로 국가를 세워야 하는 정치적 목적까지 포함되어야 했다. 거시와 미시적 차원에서 동시에 조선을 객관적으로 파악하고 조선의 미래 진보를 설명해줄 학문이 필요했다. 이때 사회학이 유학파 지식인들에 의해서 소개되고, 민족모순과 더불어 계급 모순을 설명해줄 수 있는 새로운 학문으로 인식되었기에 진보와 보수 양쪽으로부터 환영받았다.

이광수는 논란의 글 "민족개조론"에서 제도와 권력자가 조선 민족의 퇴락에 대한 독립변수였음을 인정한다. 그럼에도 불구하고 비판의 주된 대상은 조선인들이었다. 권력자이든 평범한 농민이든 당시 조선인들이 사회의 도덕에 통제되지 않고 짐승처럼 자신의 욕망에 따라 살아가는 것을 한탄했다. 그리고 개인의 개조를 통해서 민족이 개조된다는 시각을 견지했다.

반면 혁명의 사회학은 사회 전체를 바꾸고 개인들의 행복추구를 지원한다. 경제력을 독점한 양반과 위정자들이 다수를 배제한 소외 제도를 만들어 내고 폭압적 통치를 하였기 때문에 피지배층의 정체를 가져온 것이다. 이 논의는 그 제도와 체제를 없애야만 다수의 농민과 피지배집단들이 새로운 근대적 인간형이 될 수 있다는 논리를 가지고 있다. 자신의 미래를 위해서 투쟁할 줄 아는 개인들은 자신들이 속한 계급 내에서 투쟁을 통한 자각을 통해서 집단화된 의식을 공유할 수 있게 되었다.

식민지시기 사회학은 진보와 질서를 추구하였기에 서로 다른 방향으로 나아가려는 힘을 동력으로 삼아 활동적인 학문적 영역을 구축할 수 있었다. 그러나 일제의 탄압과 분과학문으로서 사회학이 강조되면서 사회학은 점차 기계적으로 과학적 방법론을 현실사회에 적용하여 인과관계 분석만을 제시해주는 재미없는 학문으로 변화되어 갔고 사회학을 전공한 대부분의 학자들이 대학에서 사회학을 제도화하는데 기여하지 못하고 변혁의 시기에 다른 분야로 관심의 영역을 옮겨 갔고 사회학의 제도화와 사회적 기여는 해방 이후 그것도 한국전쟁 이후로 옮겨갔다.

◼ 참고문헌

김동노(1998), 「식민지시대의 근대적 수탈과 수탈을 통한 근대화」, 『창작과 비평』, 26(1).

김민환(2008), 「일제강점기 민영신문의 사회사상」, 김민환, 박용규, 김문종 저, 『일제강점기 언론사 연구』, 나남.

김예림(2015), 「해방기 한치진의 빈곤론과 경제 민주주의론」, 『서강인문논총』 42.

김현주(2005), 『이광수와 문화의 기획』, 태학사.

김현주(2014), 『사회의 발견: 식민지시기 '사회'에 대한 이론과 사상, 그리고 실천 (1910~1925)』, 소명출판.

도로시 로스(2005), 백창재 · 정병기 역, 『미국 사회과학의 기원 1 · 2』, 나남.

마루야마 마사오(2012), 김석근 역, 『일본의 사상』, 한길사.

박영신(1985), 「해방 40년의 학문 연구사 비판: 사회학연구의 사회학적 역사」, 『현상과인식』 9(1).

방기중(1994), 『한국 근현대 사상사 연구－1930 · 1940년대 백남운의 학문과 정치경제사상－』, 역사비평사.

성희엽(2016), 『조용한 혁명: 메이지유신과 일본의 건국』, 소명출판.

신동준(2015), 「사회구조와 문화의 불균형: 아노미」, 김준호 외 저, 『일탈과 범죄의 사회학』, 다산출판사.

브라이언 터너(1998), 「에밀 뒤르케임에 대한 해석」, 권기돈 역, 『직업윤리와 시민도덕』, 새물결.

신명직(2008), 「일제하 도시 소시민의 일상에 관한 소고찰」, 『일제하 경제정책과 일상생활』, 혜안.

신용하(2012), 『사회학의 성립과 역사사회학－오귀스트 콩트의 사회학 창설－』, 지식산업사.

안계춘(1973), 「우리나라 사회학의 선구자 하경덕」, 『인문과학』 30.

에밀 뒤르케임(1998), 권기돈 역, 『직업윤리와 시민도덕』, 새물결.

오귀스트 콩트(2003), 김점석 역, 『실증주의 서설』, 한길사.

우대형(2008), 「久間健一의 농업 인식과 식민지 농정의 모순」, 『일제하 경제정책과 일상생활』, 혜안.

이시다 다케시(2003), 한영혜 역, 『일본의 사회과학』, 소화.

이상의(1996), 「1930년대 일제의 노동정책과 노동력 收奪」, 『한국사연구』 94.

이준식(1986), 「일제 침략기 개량주의 사회학의 흐름」, 『사회학연구』 4.

이준식(1993), 「백남운의 사회사 인식」, 『사회와역사』 40.

이황직(2015), 「김태준 조선학의 구상과 한계」, 『한국인물사연구』 23.

전상숙(2004), 『일제시기 한국 사회주의 지식인 연구』, 지식산업사.

진싱쇼(2010), 「식민기 시기 정치와 정치학 '한국인' 정치 참여 부재의 정치학」, 『식민지 시기 한국사회과학연구』 자료집 미간행.

정연태(2012), 『한국근대와 식민지 근대화 논쟁－장기 근대사론을 제기하며－』, 푸른역사.

정진석(2014), 『한국잡지역사』, 커뮤니케이션북.

조선총독부 편저(2010), 김문학 역, 『일제가 식민통치를 위해 분석한 조선인의 사상과 성격』, 북타임.

崔在錫(1974), 「한국의 초기사회학」, 『한국사회학』 9.

崔在錫(1977), 「1930년대의 社會學 振興運動」, 『민족문화연구』 12.

홍성찬(1996), 「한국 근현대 이순탁의 정치경제사상연구」, 『역사문제연구』 1.

Collins, Randall(1994), *Four Sociological Traditions*, Oxford University Press.

Coser, Lewis A.(1977), *Masters of Sociological Thought: Ideas in Historical and Social Context*, second edition, Harcourt Brace Jovanovich College Publishers.

Hunt, Elgin F. and David C. Colander(2014), *Social Science: an Introduction to the Study of Society*, Fifteenth Edition, Pearson.

Hwang, Kyung Moon(2016), *Rationalizing Korea: The Rise of The Modern State, 1894-1945*, University of California Press.

Zeitlin, Irving M.(2001), *Ideology and the Development of Sociological Theory*, seventh edition, Prentice Hall.

식민지 관제역사학과 근대학문으로서의 한국 역사학의 태동

진단학회를 중심으로

정
병
준

1. 머리말

일본은 한국을 식민지화하면서, 그 필연성과 합리성을 다양한 측면에서 주장했다. 문명개화를 위한 한국의 보호·통치의 필요가 정치·외교적 측면에서의 주장이었다면, 일본과 한국이 동일한 조상을 갖고 있다는 '일선동조론(日鮮同祖論)'은 역사적 측면의 주장이었다. 메이지유신기 정한론(征韓論)에서 비롯된 한국에 대한 침략정책과 관심은 한국사 분야에 대한 관심과 연구로 확대되었다. 식민사학 혹은 식민주의사학으로 불리는 이러한 역사적 접근은 1920년대 중반 이후 제도적으로 체계화되기 시작했다(조동걸, 2010: 291-380).

식민지 한국에서 시도된 일본의 식민지 역사학의 제도화·체계화는 기본적으로 일본 본토의 제도를 식민지에 적용·변용시킨 것이다. 메이시 유신 이래 일본에서는 국사(國史)로 불리는 일본사의 정립을 위한 제도적 접근이 이뤄졌는데, 이는 국가적 역사편찬기구의 설립과 공식 역사서의 간행, 이를 뒷받침할 수 있는 도쿄제국대학 사학과의 설립과 역사학자 양성, 그리고 이를 뒷받침하는 역사학계와 전문학술지의 발행으로 요약할 수 있는 것이었다. 일본 관학(官學) 아카데미즘을 대표하는 '도쿄제국대학 사학과의 실증주의를 표방한 아카데미즘 사학'이 그 중심에 있었다(백영서, 2014: 118). 즉 일본에서는 메이지시기 국사편찬기구(史料編輯國史校正局—修史局—修史館—臨時修史局)를 거쳐 도쿄제국대학 본부 직속 임시편년사편찬괘(臨時編年史編纂掛)(1888)·도쿄제국대학 문과대학 사료편찬괘(史料編纂掛)의 성립(1895, 1929년 사료편찬소로 개칭)과 『대일본사료(大日本史料)』의 간행(1901~), 도쿄제국대학 사학과의 성립(1887) 및 국사학과 신설(1889), 도쿄제국대학 사학과가 중심이 된 사학회(史學會) 성립(1889)과 『사학회잡지(史學會雜誌)』 간행(1889)이 진행되었다. 일본에서는 국가의 주도하에 제국대학과 학회 및 학지가 거의 동시에 만들어짐으로써 근대 역사학의 체계화 기반이 유럽과는 달리 한꺼번에 이루어졌고, 그 중심에는 제국대학 사학과가 위치해 있었다. 도쿄제국대학은 사학과 설치(1887), 일본사를 의미하는 국사학과 신설(1889), 국사학·지나사학(동양사)·역사학(서양사) 세 분야로 개혁(1904), 국사학·동양사학·서양사학 3분과제의 확립(1910)을 거쳤다(백영서, 2014: 120).

이러한 제도적 체계화는 식민지 대만과 한국에도 확산되면서, 식민지의 실정에 맞게 변형·적용되기 시작했다. 식민지 사료편찬기구의 설립과 공식 역사서의 간행, 식민지 제국대학의 설립과 사학과의 운용, 그리고 제국대학·사료편찬기구가 중심이 되는 학회 및 학회지의 운영이 도입되었다. 이는 식민지에 일본제국의 관학 아카데미즘, 도쿄제국대학 사학과의 실증주의 아카데미즘 사학이 도입되었음을 뜻했다.

그런데 이미 한국에서는 대한제국기 이래 계몽사학이 발달하면서 민족주의운동의 중심이 된 바 있었다. 소중화를 자처하던 대한제국이 중국과 일본으로부터 정신적 · 역사적으로 독립하기 위해 단군 · 고대사와 영웅주의, 관념적 접근이 강조되었고(앙드레 슈미드, 2007: 405-455), '제도 안의 학문'이 아닌 '운동으로서의 학문' 혹은 '민간사학'이 강하게 부각된 상태였다.[1] 1920년대 중반 이래 경성제국대학의 성립, 조선사편수회의 성립과 『조선사』 편찬, 식민사학회의 설립과 학회지 발간에 맞서 1930년대 중반 한국인 중심의 역사학의 동향은 크게 세 가지였다. 첫째 안재홍 · 정인보 · 문일평 등 민족주의자들이 중심이 된 '조선학운동', 둘째 마르크스주의자들이 중심이 된 사회경제사 연구, 셋째 진단학회를 중심으로 한 실증 연구 등이다. 이러한 세 가지 연구경향은 서로 연계 · 격려하거나 혹은 경쟁 · 비판하면서 한국사연구의 범위와 폭을 넓히고 있었다.

　이 글은 이처럼 조선총독부를 중심으로 한 식민지 관제 역사학, 관학 아카데미즘이 성립하는 과정과 이에 비견되는 한국 역사학계의 동향을 살펴보는 것을 목적으로 하고 있다. 식민지 관제 역사학의 성립에 대해 간략히 정리한 후 한국인 역사학계의 동향에 대해서는 당대의 지형뿐만 아니라 해방 이후 한국 역사학계의 성립이라는 관점에서 접근할 것이다. 특히 진단학회의 성립과 활동에 대해 접근가능한 범위 내에서 재평가를 시도하는 것을 목표로 하고 있다. 특히 해방 이후 한국 역사학계의 주역이 된 인물들의 해당 시기 활동과 배경을 분석함으로써 진단학회의 학문적 지향과 학문적 범위를 분석하도록 하겠다.

---

[1] 이 용어들은 백영서의 용례를 인용한 것이다(백영서, 2014: 5-24).

2. 1920~30년대 식민지 관제역사학의 정비와
진단학회의 성립

1) 1920~30년대 식민지 관제역사학의 제도적 정비

식민지 관제역사학은 1920년대 중반 크게 세 가지 조직·기구의 성립을 통해 정립되었다. 이는 일본 본토에서 실행되던 제국의 관제역사학 시스템의 식민지 적용·변용이었다. 첫째 조선사편수회라는 식민지 역사편찬기구의 설립과 『조선사』 편찬이었다. 병합 이래 한국사에 깊은 관심을 가진 총독부는 다양한 조사·정리사업에 착수했고, 1915년부터 '조선반도사 편찬사업'에 착수했다. 그러나 『조선반도사』 편찬은 3·1운동의 발발과 학문적 역량부족을 중단되었다(조동걸, 2010: 324; 정상우, 2013: 167). 이후 1922년 조선사편찬위원회가 조직되어 『조선사』 편찬이 시작되었다. 조선사편찬위원회는 1925년 조선사편수회로 개편되었다. 이전의 『조선반도사』가 단수의 집필자에 의지하는 통사형 서술체였던 데 반해 『조선사』는 '조선사료'의 수집과 편찬에 기초한 『조선사』의 편수를 지향했다. 즉 『조선사』는 수집한 '중요 사료'를 연대기순으로 직접 제시하거나 사료 중 중요 내용을 요약해 제시하는 방식을 취함으로써, 편년체의 '자료집'(조동걸), '사료집'(김용섭), '색인집'(中村榮孝)의 형태를 취했다(조동걸, 2010: 324; 김용섭, 1966: 135; 中村榮孝, 1981: 52; 정상우, 2013: 153).

조선총독부가 주체가 되어 실행한 사료 수집·편찬―『조선사』 간행의 공정은 제국주의 일본의 영향권 하에서 공통적으로 실행되던 과정이었다. 일본 내에서도 메이지시기 『육국사(六國史)』를 계승한 통사형 정사(正史) 서술을 추구하다가 1895년 도쿄제국대학 문과대학에 사료편찬괘(사료편찬소)를 설치하고, 1901년 이래 편년체 사료집 형태인『대일본사료』를 간행하게 되었다. 일본 각지에서 수집한 중요사료를 편찬한 후 이에 기초해 편년체 사료집을 간행하기 시작했다. 이 편찬과정에서 학자이자 관료였던 제국대학 사학과가 중심적인 역할을 담당했다.

대만의 경우 1922년 대만총독부사료편찬위원회를 조직하고『신대만사(新臺灣史)』편찬을 기획했으나, 대만총독부의 능력을 벗어나는 기획 범위였으므로 실패로 귀결되었다. 이후 1929년 대만총독부사료편찬회가 설립되어 타이페이(臺北)제국대학 교수를 중심으로 대만과 관련된 사료의 수집·편찬작업이 이루어졌다. 이 결과 1932년까지『대만사료잡찬(臺灣史料雜纂)』(7책),『대만사료(臺灣史料)』(稿本 27책, 綱文 25책) 등 총 59책이 간행되었다(정상우, 2013: 164-165).

결국 이러한 사료의 수집―중요사료의 선별·편찬―편년체 사료집의 편수·간행이라는 일련의 프로세스는 일본의 국가권력이 법률적 정당성과 학문적 권위에 입각해 사료를 독점적으로 수집·장악하고 그 중요성을 판단해 선별한 후, 이를 편년체 사료집의 형태로 간행하는 것이었다. 때문에 외형적으로는 가치중립적이고 아카데미즘에 기초한 것으로 비춰졌지만,[2] 사료의 선별과 가치평가에서 국가권력의 의도가 깊숙이 개입할 수밖에 없는 것이었다(김성민, 1989: 136-139). 일본 본토에서는 국체(國體)를 정당화하기 위한 역사편찬이, 식민지 한국과 대만에서는 식민 지배를 정당화하기 위한 역사편찬이 이뤄질 수밖에 없는 구조였다.

조선편수회는 13년간 활동하면서『조선사』37책,『조선사료총간』22

---

[2] 이런 맥락에서 해방 후 최남선은 「자열서」에서 완성된『조선사』37권은 "다만 고래의 자료를 수집 배차(排次)한 것이요 아무 창의와 학설이 개입하지 아니한 것인 만큼 그 내용에 금일 반민족행위 추구(追究)의 대상될 것은 일건 일행(一件一行)이 들어있지 않을 것이다"라고 주장했다. 崔南善,「自列書」,『자유신문』1949. 3. 9.

책,『조선사료진집(朝鮮史料眞集)』3책을 편찬·간행했다. 위원 대다수
는 총독부 관료였고, 학자들은 만선지리역사조사실에 근무했던 이나바
이와키치(稻葉岩吉)와 한국인 최남선을 제외하면 오다 쇼고(小田省吾),
이마니시 류(今西龍), 오타니 가쓰마(大谷勝眞), 후지타 료사쿠(藤田亮
策) 등 경성제대 사학과 교수가 중심이었다. 이들은 모두 도쿄제대 사
학과 출신으로 도쿄제대 사료편찬괘의 활동과 밀접한 관련을 맺고 있
었다.

　한편 조선사편수회에는 다수의 한국인이 참가했다. 고문(이완용, 권
중현, 박영효, 이윤용), 위원(유맹, 이능화, 정만조, 어윤적, 이병소, 윤
영구, 현채, 홍희, 이상영, 이진호, 최남선), 간사(정교원, 이동진, 손영
목, 엄창섭, 김대우, 김병욱) 등이었다. 또한 실무를 담당하는 수사관·
수사관보, 촉탁에도 다수의 한국인이 관계했다(조동걸, 2010: 329-332;
김성민, 1989: 146-147; 정상우, 2011: 108). 이들 한국인들은 첫째 종래
총독부 직원이나 촉탁으로 근무했던 한국인(유맹, 어윤적, 이능화, 홍
희)과 둘째 이병도(수사관보·촉탁), 신석호(촉탁·수사관보·수사관),
윤용균(촉탁) 등 대학 사학과를 졸업한 신진학자였다. 이들은 도쿄제
대·경성제대 일본인 교수의 추천을 받아 입사했다(유홍렬, 1984: 245).

　둘째 경성제국대학 내 사학과의 설치와 동양사·지방사로서 한국사
연구의 권위 확립이었다. 일반적으로 한국학계에서는 경성제대가 3·1
운동 이후 가열화되었던 한국인들의 민립대학설립운동을 좌절시키기
위한 총독부측 기획이라는 점이 강조되었다. 그러나 다른 한편으로 경
성제대는 일본에 설치된 5개의 제국대학 시스템을 식민지에 축소 적용
한 제국대학의 연장이었고, 1918년 일본에서 대학령이 제정되어 고등교
육을 재편함에 따라 식민지 당국이 정책을 전환한 결과 식민지에 수립
된 제국대학이었다(백영서, 2005: 176). 경성제대는 법문학부와 의학부

라는 2개의 학부로 구성된 소규모 대학이었는데, 법문학부는 도쿄제대의 문학부·법학부·경제학부를 통합, 축소한 것으로, '제국대학의 축소형'이었다(백영서, 2014: 126).

1926년 경성제국대학의 출범으로 식민지 한국에는 제국대학-관립전문학교-사립전문학교라는 고등교육기관의 명백한 법률적·제도적 위계서열과 학문적 권위의 층위가 정착되기 시작했다. 학문연구와 교육기관으로서 4년제 '대학'은 경성제국대학이 유일했고, 그 아래 공업·농업·광업·의학·법학 분야의 실무인력을 양성하는 3년제 관립전문학교가 위치했으며, 그 아래에는 주로 교원·은행원·회사원 등 기타인력을 양성하는 한국인 사립전문학교가 위치하게 되었다. 제도적으로는 학문연구 및 학문 후속세대 양성은 경성제국대학의 몫이 되었다. 당시 식민지에 설치된 제국대학은 경성제대(1924년 예과, 1926년 정식 개교)와 타이페이제대(1928년 개교)였는데, 이들 식민지의 제국대학에는 모두 도쿄제대 출신들이 주요 지위를 점하며, 제국 일본의 학문적 위계체계를 식민지에 확립했다. 또한 식민지 현지의 특수한 지리적 환경을 학술연구에 구현해 경성제대에서는 동양학을, 타이페이제대에서는 남양학(南洋學)을 특화시켰다(백영서, 2005: 178). 법문학부 밑에 사학과가 설치되었는데, 경성제대에는 조선어문학, 사회학·종교학종교사, 조선사학이, 타이페이제대에서는 언어학, 토속인종학, 남양사가 특별히 설치되었다(전경수, 2002: 75-82).

경성제대 사학과에는 국사학, 조선사학, 동양사학이라는 세 전공을 두었는데, 이는 메이지 일본이 '동양사학'을 발명한 이래 정착된 사학과의 3분과 시스템을 한국상황에 맞게 변용한 것이었다. 즉 일본에서는 국사(일본사)·동양사(중국사)·서양사의 3분과 체제였는데, 한국에서는 서양사 대신 한국사가 들어가 일본사·한국사·동양사 3분과 체제가 되었다. 반면 대만에서는 일본사·남양사·동양사 3분과 체제를 이루었다.

경성제대 사학과의 교수·조교수·강사는 모두 도쿄제대 사학과 출신들로 선후배 관계였다(장신, 2014: 81). 때문에 경성제대는 '식민지학계의 종속성'을 벗어날 수 없었고, 사학과는 '동경제대 사학과의 출장소 또는 식민지'라는 악평을 받았다(정준영, 2013: 82; 장신, 2014: 99). 경성제대 사학과 교수들은 대학 내부에서 교육과 연구 활동을 통해서, 대학 외부에서는 다양한 활동을 통해 식민지 관학아카데미즘의 주도자이자 식민지 체제의 학술적 수호자로 기능했다. 식민지 관제 역사학, 관학 아카데미즘의 형성과 관련해서 가장 중요한 것은 조선총독부와 연계된 조선사편수회 활동이었다. 경성제대 사학과 교수들은 조선사편수회 위원으로 참가했으며 촉탁을 겸해서 『조선사』 편찬주임을 맡았다. 이들은 경성제국대학이라는 학문적 권위로 조선사편수회를 주도하며 식민통치에 필요한 방식으로 조선사 편찬을 이끌어갔다.[3]

이들이 연구하는 한국사의 실체는 동양사의 일부로서 특수한 존재인 '조선'사이자, 동시에 제국 일본의 식민지이자 한 지방으로서 보편적인 존재인 조선 '지방'사 사이에 위치해 있었다(박걸순, 1998: 122; 박용규, 2007: 124-146; 정상우, 2013: 173). 즉 문화적·역사적 유래가 있는 한국사의 독자적 실체가 인정되지만, 전체사로서의 일본사에 부속되는 지방사·지역사로서 한국사라는 양가적 위상을 점하고 있었다.

셋째 식민지 관제역사학의 마지막 축은 학회의 조직과 학회지의 발

---

3) 예를 들어 조선사편찬위원회 제1차 위원회(1926. 1. 7~9)에서 이능화는 신라통일 이전 시기의 문제, 단군문제를 제기하며 고대조선으로 하자는 안을 제기했으나, 이나바(稻葉岩吉)에 의해 묵살되었고, 조선사편수회 제4차 위원회(1930. 8. 22)에서 최남선은 발해를 포함하자고 했으나, 이마니시(今西龍)는 한국사와 무관하다며 이를 일축했다(친일반민족행위진상규명위원회, 2008: 441-446, 498, 508-510).

간을 통한 외연의 확대 및 대중화작업이었다. 일본 본토에서 19세기 후반 20세기 초반에 전문 역사학 학회지로서 『역사잡지』 『동양학보』 등이 간행되었지만, 한국에서는 역시 1920년대 중반에 넘어서야 이러한 학회 및 학술지의 간행이 가능했다. 이를 뒷받침할 수 있는 전문적인 연구자 및 연구업적의 축적, 재정적 후원 등이 필요했기 때문이다. 한국에서 설립된 최초의 관제학회인 조선사학회(朝鮮史學會)(1923)를 필두로, 경성독사회(京城讀史會)(1927)가 조직되었고, 조선사편수회 내부자들이 동원된 사담회(史談會: 1925~1926), 조선사학동고회(朝鮮史學同攷會: 1925~1926), 정양회(貞陽會: 1930~1934) 등이 있었다(박걸순, 1998: 123-128). 이 가운데 조선사학동고회가 『조선사학』을 간행(1926)했고, 경성제대 교수 이마니시 류(今西龍)가 『조선학보(朝鮮學報)』를 간행(1930)하기도 했다.

식민지 관제학회의 정점에는 1930년 조직된 청구학회(靑丘學會)가 있었다. 경성제대 교수, 조선사편수회 직원, 총독부 관리 등이 참가한 청구학회는 일제 시대 최대 규모의 사학 관련 학회였다. 경성제대와 조선사편수회라는 식민사학 양대 기구를 기반으로 일반회원을 포함시켜서 회원규모는 100명을 상회했으며, "조선과 만주를 중심한 극동문화연구와 연구결과의 보급을 목적"으로 하는 학회지 『청구학총(靑丘學叢)』을 발간했다. 평의원은 대부분 경성제대 교수, 조선사편수회 수사관·촉탁, 총독부 관리로 구성되었으며, 한국인으로는 홍희·최남선·정만조·이창근·이능화(이상 평의원), 신석호·이병도(이상 위원)가 참여했다. 논문투고자 71명 가운데 일본인 55명, 한국인 16명이었다. 일본인은 이나바(稻葉岩吉. 16건 22편), 나카무라 히데타카(中村榮孝. 12건 13편), 스에마쓰 야스카즈(末松保和. 9건 11편), 오다 쇼고(小田省吾)·다보하시 기요시(田保橋潔)(9건 9편) 등이 집중적으로 논문을 게재했다. 이는 일본 내에서 간행되던 학술지와 동등한 수준으로 인식되었고, 일본의 학회지들도 『청구학총』의 논문 등을 자국 연구 활동의 일환으로 소개했다(박걸순, 1998: 136, 155-156). 『청구학총』은 30호(1939.11)를 마지막으로 폐간되었다.

2) 1930년대 한국사 연구의 세 가지 경향

한말 계몽운동기에 대두한 계몽사학은 한국 민족주의역사학의 첫 출발이자 역사학을 대중적 관심과 토대 위에 위치시킨 것이었다. 1919년 3·1운동 이후 1920년대 광범위하게 전개된 단군연구 및 역사적 재조명 역시 같은 맥락에서 민족주의적 정서에 바탕한 운동으로서의 역사학이었다. 1920년대 중반 이래 식민지 관제역사학이 정비되자 이에 비판·대항하거나 그 영향을 받은 한국인 연구자들이 성립하게 되었다. 여기에는 크게 세 그룹이 존재했는데, 역사연구를 반(反)식민사학적 입장에 서서 민족주의 운동의 일환으로 추구한 안재홍·정인보·문일평 등의 조선학운동 그룹, 둘째 일본제국주의의 식민사학을 비판할 뿐만 아니라 민족주의자들의 역사연구를 비과학적이라고 비판한 백남운·인정식·김광진·박문규 등 마르크스주의경제사학자 그룹, 셋째 조선학운동·마르크스주의경제사학자 그룹·식민지 관제역사학 사이에 위치하며, '운동으로서의 역사학'·'마르크스주의역사학'과 일정한 비판과 협력관계를 유지한 진단학회 그룹 등이다.[4]

---

[4] 한영우는 1930년대의 역사학을 우익(진단학회), 순정우익(민족주의 좌파), 좌익(유물사관)으로 구분했고(한영우, 2002: 265-267) 조동걸은 1930년대 역사학계의 동향을 민족주의사학, 유물론사학, 실증사학으로 구분(조동걸, 2010: 205-208)하는 한편 역사방법론에 따라 민족주의역사학, 보편주의역사학, 고증학으로 분류했다. 이만열은 민족주의사학, 유물사학, 실증사학으로 구분했다.

이 세 그룹은 '제도 밖의 역사학' 혹은 '운동으로서의 역사학'의 성격
과 '제도 안의 역사학'으로서의 성격을 가지고 있었다.[5] 첫째와 둘째 그
룹은 역사연구를 민족주의운동 혹은 사회주의운동의 일환이자 수단·
도구로서 활용한 '제도 밖의 역사학' 혹은 '운동으로서의 역사학'의 성격
이 강했다. 셋째 그룹은 식민지 관제역사학과 대항해 한글학술지를 간
행한다는 측면에서는 '제도 밖의 역사학'을 추구했으나 일본 관제역사
학의 아카데미즘이 용납하는 범위의 학술활동을 추구했다는 측면에서
는 '제도 안의 역사학'을 추구했다.

첫째 1930년대 안재홍·정인보·문일평 등은 총독부의 역사왜곡, 말
살정책에 대항하여 왜곡된 한국사를 바로 잡으려는 목적으로 역사연구
를 시작했다. 안재홍은 일본 와세다대학 재학시절부터 독립운동에 가담
했고, 3·1운동 이후 신간회에 이르기까지 비타협적 민족주의자의 대표
적인 인물이었다. 그는 조선사편수회의 조선사 기획을 비판했고, 1930
년대 정약용을 필두로 한 실학파의 발굴과 조선학운동의 주도자가 되
었다(한영우, 1987: 261-279). 안재홍은 조선학운동의 연장선상에서 조
선문화건설협회와 같은 문화운동조직이 필요하다고 판단했다(이지원,
2007: 346). 양명학자이자 한학자인 정인보는 1910년대 중국에 망명해
신규식·신채호·박은식·홍명희·김규식 등과 동제사를 조직해서 활
동한 경험이 있는 민족주의자였다. 연희전문에서 가르치던 정인보는
1930년대 '조선얼'을 강조하며 실학자들의 계보와 정리함으로써 조선학
운동의 중심인물이 되었다. 문일평은 와세다대학에 다니며 안재홍과
교류했고, 1912년 중국에서 홍명희·조소앙·정인보·박은식·신규식·
신채호 등과 함께 지냈다. 문일평은 역사적 사실도 중요하지만 역사성

---

5) 이 용어는 백영서의 '제도 안의 학문' '제도 밖의 학문'이라는 호명을 차용한 것이다
(백영서, 2014: 5-24).

을 부여하는 것이 중요하다고 생각해 역사를 연구했다. 그는 '조선심'을 내세웠는데, 이는 민족의식·민족정신 고취를 위한 일원적 정신이었다.

민족주의사이자 독립운동에 직접적으로 연관이 있던 이들은 활발하게 언론 기고를 하고 각종 사업을 펼침으로써 한국인들에게 강한 대중적 호소력을 지녔다. 이들의 조선학운동은 단순한 역사연구 차원을 넘어서는 민족주의운동의 일환으로 평가되었다(이기백, 1994: 508-509). 이들의 조선학운동은 단순히 민속·토속적인 문화가치를 현향하기보다는 보편적·주체적인 근대 민족국가의 가능성을 과거 전통에서 찾으려는 것이었다(이지원, 2007: 326). 이들은 일본 관제 역사학, 관학 아카데미즘과는 전혀 연계되지 않았으며, 반대로 대척적이며 대립적인 입장을 취했다. 해방 후 조선학운동의 주도자였던 안재홍은 정치일선에 나섰고, 정인보도 현실 정치운동에 참여했으며, 문일평은 해방 전 사망했다. 나아가 한국전쟁기 안재홍과 정인보는 납북되었기 때문에, 전후 이들의 영향력은 제한적이었다.

둘째 마르크스주의경제사학자들이다. 이들의 범위를 명확하게 정하는 것은 어렵다. 여러 층위의 인물들이 복잡하게 관련되었다. 주로 일본 유학을 통해 마르크스주의를 확신하게 된 경제학자들이 중심을 이루었다. 대표적인 인물은 백남운, 이청원, 김광진 등이며, 해방 후 북한 역사학계를 이끈 인물들을 염두에 둔다면 여기에 김석형, 김한주, 박문규, 박시형, 인정식, 전석담이 포함될 수 있다.[6] 이 가운데 대학에서 역

---

[6] 임영태는 해방 후 북한으로 간 학자들을 경제학, 역사학, 철학, 어학, 기타로 구분했다(임영태, 1989: 301-302). 한편 김광운은 북한에 합류한 역사학자들을 시기별로 정리했다(김광운, 2011: 278). 해방 직후(金洸鎭, 李淸源, 김경인), 김일성대학 개교 직후(金錫亨, 朴時亨, 都宥浩, 韓興洙, 이동화, 조좌호), 북한정권 수립 전후(白南雲, 李萬珪, 鄭魯湜, 洪起文, 金漢周), 한국전쟁 발발 직후(全錫淡, 金一出, 印貞植, 朴文圭, 李如星, 金思億, 林健相, 高晶玉, 洪憙裕, 鄭燦永, 金世翊), 남한출신 의용군(리준항, 리종현, 손영종, 원종규).

사학을 전공한 것은 김석형, 박시형 정도이다. 그밖에 경제학 전공자들로 박극채 · 이기수 · 김한주 · 박문병 · 이북만 등이 있으나, 이들은 마르크스주의경제연구자로 조선학 · 한국사 연구와는 일정한 거리가 있었다(임영태, 1985).

[표] 1930~40년대 마르크스주의경제사학자의 경력

이름	출신대학	식민지시대 경력	해방후 경력	연구분야
김광진(1902~)	동경상과대학	조선사회사정연구소, 경성제대 조수, 보성전문 교수	평남 인민정치위원회, 김일성대 교수, 사회과학원 박사	조선후기 화폐재정사
○ 김석형(1915~96)	경성제대 (1940졸)		김일성대 교수, 부총장, 역사연구소 소장	조선후기 토지제도 · 경제사
김한주(1913~)	법정대	동아일보 기자	경성상업전문, 서울상대교수, 조선공산당, 김일성대 교수	경제평론, 조선후기 토지제도사
△ 박문규(1906~71)	경성제대 (1930졸)	경제연구회, 조선사회사정연구소, 건국동맹	건준 · 인공 · 민전, 북한 농림상, 국가검열상, 내무상, 당중앙위원	토지 조사 사업, 토지 · 농업사
○ 박시형(1912~01)	경성제대 (1940졸)	경성제대 조수	김일성대 교수, 역사연구소 소장, 당후보중앙위원	조선사회경제사
백남운(1894~1979)	동경상과대학	연희전문 교수, 조선사정조사연구회	경성제대 교수, 신민당 위원장, 북한 교육상, 당중앙위원	사회경제사
이청원(~1956)	보통학교	일본공산청년동맹, 일본반제동맹	김일성대 교수, 역사연구소 소장, 당 후보중앙위원	사회경제사
인정식(1907~)	법정대학	고려공산청년회, 4차 조선공산당 일본총국, 전향	농림신문 주필, 남로당, 보도연맹	농업사
전석담(1916~)	동북제대 (1940졸)	종로경찰서 수감	경성상업전문 교수, 국대안 반대, 김일성대 교수	사회경제사

비고 : △표시는 진단학회 발기인. ○표시는 진단학회 신입 통상회원
[출전] 임영태, 1989: 303-336을 재정리. 이환병, 2002: 41-86; 임정혁 편저, 김기석 감수, 김향미 옮김, 2003; 김광운, 2011: 278.

백남운과 이청원은 일본 본토의 사학계에 의해서 인정받는 연구자였다. 일본 역사학연구회가 1933년부터 간행한 『역사학연구』는 중앙과 지방, 제국대학과 사립대학을 포함하는 일본 역사학계의 학술지였는데, 이 학술지가 다룬 한국인의 책은 백남운의 『조선사회경제사』와 이청원의 『조선사회사독본』 2책뿐이다(旗田巍, 1934; 旗田巍, 1936). 마르크스주의경제사학자들은 아시아적 정체성론, 봉건제결여론, 노예제 등을 둘러싸고 첨예하게 입장이 대립되었지만, 그 핵심은 식민사학이 주장하는 정체성론, 봉건제결여론 등을 학문적으로 부정하는 한편 당시 사회주의·공산주의운동의 진로와 관련해 방향을 제시하기 위한 것이었다는 점에서 공통적이었다. 이들은 사립전문학교, 사회운동, 경성제대 연구실 등에서 활동하는 한편 조선공산당 재건운동, 혁명적 노동조합운동, 일본공산당 관련 운동 등과 직간접적으로 연관되었다. 이들은 민족주의자들의 조선학운동, 특히 정인보의 '조선얼' 등을 강하게 비판하는 경향을 보였으며, 백남운의 경우 학술운동세력을 결집한 중앙아카데미 같은 조직형태가 필요하다고 판단했다. 해방 후 대부분의 마르크스주의경제사학자들은 현실정치에 몸담거나 월북함으로써 이들의 이름은 남한에서 금시기되었다.

셋째 진단학회였다. 진단학회는 일본 관학아카데미즘이 요구하는 학문적 수준에 기초해 '조선과 그 인근의 문화연구'를 추구한 학회였다. 한글로 된 『진단학보』를 1934~41년간 총14권 발간했으며, 수록된 논문의 수준은 일본 관제사학은 물론 일본 본토의 사학계가 인정할 수 있는 것이었다. 진단학회의 구성원들은 일본 대학 및 경성제대를 졸업한 엘리트들로 민족주의역사학 및 마르크스주의역사학과는 일정한 관계 및 거리를 유지했다. 나아가 해방 후 진단학회에 참가한 주요 인사들은 해방 후 남북한의 최고대학에서 학문적 권위자로 위치했다. 이병도·손

진태 · 이인영(이상 국사), 김상기(동양사), 이상백(사회학), 이희승 · 조
윤제 · 이숭녕(국어국문학), 김두헌(윤리학) 등은 서울대 교수가 되었다
(김재원, 1984: 226). 또한 김석형 · 도유호 · 박문규 · 박시형 · 신남철 ·
유응호 · 이여성 · 한흥수 등이 김일성대 교수가 되었다. 이 사실은 잘
알려지지 않았고, 또한 주목을 받지 못했다. 외형적 수치만으로 놓고
보자면 진단학회는 해방 직후 남북한 최고대학에서 교수직을 가장 많
이 배출한 학회였다고 할 수 있다. 그런데 이러한 진단학회에 대해서는
충분한 연구가 진행되지는 못했다.[7] 지금까지 역사학계에서는 일제시
대 진단학회에 대해 다음과 같은 세 가지 평가를 해왔다.

첫째 진단학회가 일본학자의 한국사 왜곡에 대한 "학술적 또는 민족
적 항쟁에서 출발"한 것이라는 입장이다(진단학회, 1966: 477; 민현구,
1994: 5; 문은정, 1989: 16). 즉 진단학회의 회원들은 일본과 한국의 대학
에서 역사학 등 제도적 훈련 · 교육을 통해 문헌고증적 실증사학과 사
료취급의 훈련을 받았으며 이런 교육배경 속에서 이들은 "주관적인 판
단없이 역사적 사실을 원래 있는 그대로 기술해야 한다"고 강조하는 입
장에서 한국사를 연구했다고 보는 것이다(이만열, 1981: 94). 문헌고증
적 실증사학도 사실은 식민사학과 싸운 반(反)식민사학으로 볼 수 있으
며(이만열, 2007: 605-606), 나아가 진단학회는 조선어학회와 함께 "일제
강점기 우리나라를 대표하는 두 학회였고, 또 민족사적 입장에서 볼 때
에 그 공로가 크다는 것은 천하가 다 알고 있는 일"이라는 평가이다(이
기백, 1994: 505).

둘째 진단학회의 활동을 '민족사와 민족문화의 정통성을 지키기 위
한' '반일애국적 항쟁'으로 높게 평가하는 입장이나.[8] 이런 평가의 근거

---

7) 진단학회에 대한 구체적인 연구는 다음을 참조할 수 있다. 閔賢九, 1994; 문은정,
   1989.

로는 조국광복회 관련자 최일천이 비밀리에 조선어학회의 이극로·이
윤재를 만남으로써, 이들이 조국광복회의 비밀 조직원이 되었다는 점,
북한 역사학계의 중심인물이 된 김석형·박시형이 진단학회에 회원으
로 가담했다는 점, 여운형·이극로 같은 반일애국자들이 찬조회원이었
던 점, 수록 논문들이 반일애국적이었다는 점 등을 강조한다. 나아가
"『진단학보』는 일제 어용학자들의 그릇된 주장에 타격을 가하고 우리
민족사와 민족문화의 정통성을 올바로 세움으로써 국학을 가일층 발전
시키는데 이바지한 반일애국적인 국학운동의 학술전문지였다"고 평가
했다(김영황, 2015: 13).

셋째 진단학회는 식민지 현실을 정면으로 직시하지 않고 현실과 관
련된 연구과제를 설정하지 않음으로써 일본에 비판적 태도를 취할 의
사가 없었고, 재조일본인 연구자들과의 '협력적 경쟁' 속에서 조선문화
를 향상시키려함으로써, 불완전하지만 '제도로서의 조선학'을 추구했다
는 평가이다(신주백, 2014: 123-130). 진단학회가 식민주의에 대항했다
기보다 협력하며 실증경쟁이라는 외피를 쓰면서 경계선상에서 한국인
이라는 민족적 처지와 제도권을 지향하는 조선학 연구 사이에 동요하
는 존재였다는 것이다(신주백, 2014: 134-135). 이 학파는 랑케류의 문헌
고증적인 실증사학 학풍에 따라 민족정신의 앙양이라던가 일제에의 민
족적 저항이라는 문제를 제기하지 않았고, 식민지 통치하에서 한국사 연
구에 종사하는 것 자체를 민족적인 것으로 생각했다는 것이다. 즉 "민족
의식의 발로는 오직 학문적 대결"뿐이었고, 일본 관학자들이 세운 체계
와 문제의식에서 벗어날 수 없었다는 평가이다(김용섭, 1966: 139-140)

그런데 이러한 평가들은 진단학회의 성원 및 그 지향을 본격적으로

---

8) 김영황, 2015: 12-13. 김일성대 교수인 김영황은 동국대 재학 중 북한 의용군으로 참
전한 후 월북한 국어학자이다.

분석한 데 기초한 것은 아니었다. 이하에서는 진단학회의 성립 배경, 구성원의 특징, 학문적 지향과 학문적 범위 등을 구체적으로 분석함으로써 이들이 1930~40년대 한국사 연구에서 차지한 위치, 해방 후 한국사 연구에 미친 영향 등을 점검하도록 하겠다.

3) 진단학회의 성립 배경

1934년 진단학회의 중심을 이룬 것은 학문적으로 한국사, 한국어문학, 민속학 전공자들이며, 출신별로는 일본 대학 출신 중년층과 경성제대 출신 소장층으로 구성되어 있었다. 진단학회가 성립(1934)될 수 있는 배경은 첫째 인적 자원의 축적, 둘째 학회 결성의 시대적 필요성·요구, 셋째 학회지 발행자금의 확보 등으로 생각해볼 수 있다.

먼저 인적자원의 축적면을 살펴보자. 1920년대 중반 이후 한국에서 이전의 전통적 역사학자들과 다른 새로운 역사학자들이 대두하기 시작했다. 진단학회 활동과 해방 후 남북한 역사학계를 염두에 둔다면 크게 두 부류로 구성되었다.

첫째 일본 본토의 대학 사학과를 졸업한 사람들이다. 이들의 상당수가 와세다(早稻田)대학 출신이었는데, 이병도, 손진태, 김상기, 이상백, 이선근, 홍순혁 등이 이에 해당한다. 이들은 진단학회는 물론 해방 후 서울대 사학과·사회학과·정치학과, 연세대 사학과의 중심인물이 되었다. 도쿄제대 사학과 출신은 이홍직, 이능식, 조좌호 등을 들 수 있다.

[표] 1930~40년대 일본대학 사학과 출신 한국인 역사학자

이름	출신대학	일제시대 경력	해방 후 경력	연구분야
^ 문일평(1888 1939) 文一平	早稻田대 (1911입) 사학	중국망명, 중동·중앙·배재 교사, 조선일보 편집고문		역사논설, 한미관계사
△ 이병도(1896~1989) 李丙燾	早稻田대 (1919졸) 사학	조선사편수회 수사관보·촉탁, 진단학회, 중앙전문·이화여전 강사	서울대 교수, 대학원장, 문교부장관, 학술원회장	유학사, 지리도참, 고대사
△ 손진태(1900~) 孫晉泰	早稻田대 (1927졸) 사학	조선민속학회, 진단학회, 연희전문·보성전문 강사	서울대 교수, 사범대학장, 문리과대학장, 납북	민속학
△ 이상백(1904~1966) 李相佰	早稻田대 (1927졸) 사회철학	早稻田대 동양사상연구소 연구원, 재외특별연구원, 건국동맹	서울대 사회학과 교수, 한국체육회장, IOC위원	사회사, 조선시대사
△ 홍순혁 (1899~) 洪淳赫	早稻田대 (1927졸) 문과	경신학교·영생여고보 교유	연희대 교수, 납북	사학사, 서지학, 국어학
△ 이선근(1905~1983) 李瑄根	早稻田대 (1929졸) 서양	조선일보 기자, 만몽산업주식회사 전무, 만주국협화회 위원	서울대 정치학과 교수, 국방부 정훈국장, 국사편찬위원장, 성균관대 총장, 정문연 원장	최근세사, 화랑도
△ 김상기(1901~1977) 金庠基	早稻田대 (1931졸) 동양	중앙고보 교유, 이화여전 강사	서울대 교수, 문리과대학장, 동아대 교수	동양사, 고려시대사, 한중관계사
○ 이홍직(1909~1970) 李弘稙	도쿄제대 (1935졸) 국사	이왕직 촉탁, 연희전문·명륜전문 강사	국립박물관, 연희대 교수, 고려대 교수	고대사
조좌호(1917~1991) 趙佐鎬	도쿄제대 (1941졸) 동양	동아연구소 연구원	연희전문 교수, 성균관대 교수·총장	동양사, 과거제
이능식(1919~1996) 李能植	도쿄제대 (1942졸) 동양	경북중학 교사	연희전문·서울대 사범대 교수, 재북, 김일성대·김형직사범대 교수	동양사, 화폐사
강진철(1917~1991) 姜晉哲	慶應義塾대 (1941졸) 서양	중국 천진 일본회사	서울대 조교수, 동아대 교수, 숙명여대·고려대 교수	고려시대사, 토지제도사
김일출(1919~) 金一出	華北大學·동북제대 (1941졸) 동양	건국동맹	인민당·근민당, 서울대 교수, 역사학회, 월북, 과학원 고고학 및 민속학 연구사	동양사, 민속학

비고 : △표시는 진단학회 발기인. ○표시는 진단학회 신입 통상회원

[출전] 『한국민족문화대백과사전』 온라인판(http://encykorea.aks.ac.kr); 최기영, 1994; 민현구, 2012; 최광식, 2012; 李丙燾 외, 1967; 霞城李瑄根博士古稀紀念論文集刊行委員會, 1974; 조윤제, 1964; 이홍직, 1972; 南溪曺佐鎬博士華甲紀念論叢刊行委員會, 1977; 강진철, 1988; 문경호, 2013; 연세학풍사업단, 2015; 도현철, 2015.

둘째 경성제국대학 사학과 출신들이다. 1929년부터 졸업생을 배출하기 시작한 경성제대 사학과는 1926~42년간 입학생수 총 124명(한국인 46명, 일본인 78명, 선과생 18명 포함), 1929~43년간 졸업생수 총 93명(한국인 34명, 일본인 61명)이었다.[9] 사학과 학생들 가운데 한국인 학생은 국사(일본사)를 아무도 전공하지 않았고, 한국사와 동양사 전공비율은 비슷했다. 전체로는 일본사 25%, 한국사 34%, 동양사 41%를 차지했다(장신, 2014: 95).

이들 39명의 경성제대 사학과 졸업생 가운데 일제 시대와 해방 후 역사학계에 종사한 경력이 확인되는 졸업생들의 경력과 진로를 정리하면 다음과 같다.

[표] 경성제대 사학과 졸업생 중 역사학계 종사자

이름 (졸업연도)	일제시대 경력	해방 후 경력	전공
金昌均 (1929)	학무국 편수서기 · 편수관	충남대 교수	한국사
△ 申奭鎬 (1929)	조선사편수회 수사관	고려대 교수	한국사
尹瑢均 (1930)	조선사편수회 촉탁	사망(1931. 9)	한국사
成樂緖 (1930)	중앙불교전문학교 · 이화여전 교수	제헌의원, 충남도지사, 충남대 총장	한국사
梁柱華 (1931)	양정고보 교유	성동고 · 경기고 교장, 납북	한국사
嚴武鉉 (1931)	동양사연구실 조수, 간도 광명고 등여학교, 간도성립국민고교	재북	동양사

9) 장신, 2014: 93. 경성제대 동창회의 졸업생 통계에는 1929~42년까지 한국인 29명, 일본인 56명, 총 85명이 졸업한 것으로 나타나있다. 여기에는 선과생이 제외되어 있다. 京城帝國大學創立五十周年記念誌編纂委員會 編, 1974: 768; 정근식 외, 2011: 483, 555-556.

金鐘武 (1932)	동양사연구실 조수, 해주고보 · 경성제이고보 교유	서울대 교수, 경기중 · 서울상고 · 경복중고 교장	동양사
李源鶴 (1932)	외무성(경성제대) 만몽문화연구사업부 조수, 송도중학 교유	동국대 교수, 납북	동양사
李興鐘 (1934)	송도고보 교유, 조선총독부 도서관 · 학무국 촉탁	미군정 문교부 중등교육과장, 성균관대 교수	동양사
蔡奎鐸 (1933)	계성고보 교유, 봉천 동광학교, 봉천 내외무역해동공사	광주서중 · 목포고 교장, 전남대 상과대학장	동양사
金聲均 (1934)	경무국 도서과 촉탁	국학 · 신흥 · 경희대 교수	동양사
李昌業 (1935)	광주고보 교유	목포상업 · 광주동중 · 광주사범 교장	동양사
○ 柳洪烈 (1935)	사회학종교학연구실 조수, 동성상업학교	서울대 · 성균관대 교수	한국사
○ 蔡羲順 (1932)	선천 보성여중, 사회학종교학연구실 조수, 함흥 영생중학, 경성 배화고녀 교유	동국대 · 서울사대 교수	동양사
徐廷德 (1932)	철학과 재입학, 중앙고보 교유, 덕원신학교 교수, 중앙중학 교유, 교육윤리학연구실 조수	대구사대 · 청구대 교수, 대건중학 교장, 경북 학무국장	동양사
○ 李仁榮 (1937)	대구부사편찬위 촉탁, 보성 · 연희 전문 강사	서울대 교수, 납북	한국사
李明遠 (1936)	재령 명신중학 교유	서울여의대 교수, 납북	동양사
辛兌鉉 (1937)	총독관방 문서과 촉탁	문교부 편수국장, 경희대 교수	동양사
鄭在覺 (1937)	대구 계성학교, 경성 경신중학 교유	고려대 교수, 동국대 총장	동양사
○ 盧聖錫 (1938)	조선사연구실 사무촉탁, 잡지『신시대』발행인	박문서관 경영	한국사
○ 金錫亨 (1940)	양정중학 교유	재북(김일성대 교수)	한국사
○ 朴時亨 (1940)	(선과) 조선문호학원, 경신학교	재북(김일성대 교수)	한국사
金潗鎭 (1941)	청주상업 · 평안공업학교	재북	한국사

金相五 (1941)		전북대 교수	한국사
金廷鶴 (1943)		부산대 교수, 한국정신문화연구원 원장	한국사
金得中 (1943)		재북	한국사
金聖七 (1941 입학)	선과, 금융조합연합회	경성대 졸, 서울대 교수	한국사

비고 : △표시는 진단학회 발기인. ○표시는 진단학회 신입 통상회원
[출전] 장신, 2014: 102-104을 재정리

　　경성제대는 구조적·제도적으로 일본인 교수, 일본인 학생이 중심이 된 대학이었다. 1942년까지 전체 졸업생 총 1,710명 가운데 한국인은 582명(34%), 일본인은 1,128명(66%)을 점했고, 사학과의 경우 졸업생 총 93명 중 한국인 34명(36.6%), 일본인 61명(65.4%)을 차지했다.[10] 때문에 경성제대는 전반적으로 식민지의 극소수 엘리트들을 통치체제로 끌어들이는 식민지대학으로 기능했지만, 부분적으로는 식민지 엘리트들이 제국의 언어와 프레임을 익혀 그에 대항할 수 있는 비판적 능력을 제고시키기도 했다.

　　해방 이후 한국역사학계의 주요 포스트를 차지한 27명의 경성제대 사학과 졸업생들은 전반적으로 취업난에 시달렸던 것으로 보인다. 조선총독부의 역사관련 기관 종사자는 1~2회인 김창균, 신석호, 윤용균, 신태열 정도에 불과했고, 대부분은 중학교 교사로 생활해야 했다. 반면 진단학회 발기인·회원이 8명이나 된 것은 진단학회가 이들이 경험한 일본 관학아카데미즘의 학문적 수준에 부응했기 때문이라고 볼 수 있다.

---

[10] 백영서, 2005: 178. 타이페이제대의 경우 1942년까지 총 741명이 졸업했는데, 그중 대만인은 54명, 일본인은 587명으로 대만인의 비율은 21%를 점했다.

결국 1930년대에 이르면 일본대학 사학과를 졸업한 연구자들과 경성 제대 사학과 졸업생 등 일본 사학계의 아카데미즘을 경험하고 수련한 한국인 연구자 수십 명이 배출되었고, 이들은 전문학교, 중학교에서 가르치거나 연구실 조수, 언론사, 회사 등에 근무하면서 전문적 연구자의 길을 희망하였다.

다음으로 학회 결성의 시대적 필요성·요구라는 측면을 살펴보자. 여기에 대해서는 몇 가지 요인이 작용했다고 판단된다. 첫째 1930년 초의 조선학운동과 각분과 학문별 학회의 조직에 따른 역사학계의 대응, 둘째 역사학·조선어문학·민속학 연구자의 결합, 셋째 청구학회와 조선사편수회의 활발한 한국사연구 활동에 대한 맞대응이다.

먼저 1930년대 대중적·언론적 차원에서 조선학운동이 발흥하고 고전 재발견이 이뤄지면서, 각 분과학문별 학회가 조직되기 시작했다. 조선어문학회·조선사회사정연구소(1931), 조선민속학회(1932), 조선경제학회·철학연구회(1933)가 연달아 결성되었고, 한국인들에게 가장 대중적으로 인지도가 높았던 조선어학회가 한글맞춤법 통일안을 제정(1933)하였다. 이런 연장선상에서 진단학회가 1934년 결성되기에 이른 것이다(민현구, 1994: 5-6). 이미 1920년대 중반 일본 동경에서 역사학 전공자들이 10년 내에 학술지를 만들자는 얘기를 주고받은 바 있었다(민현구, 1994: 7-8). 즉 진단학회의 성립은 1930년대 초반 각 분과학문의 학회 조직 및 학술지 간행 시도의 연장선상에 놓인 것이었다.

둘째 진단학회 조직에서 핵심적 역할을 한 인물은 이병도, 손진태, 조윤제, 이윤재, 송석하 등이었는데, 역사학자·국어국문학자·민속학자가 협력한 것이었다. 조윤제는 경성제대 조선어문학전공 제1회 졸업생이었는데, 진단학회의 예비모임을 자택에서 열 정도로 진단학회 성립과 운영에서 핵심인물이었다. 그는 진단학회의 성립에 대해 이렇게 기록했다.

· 1934. 5. 송석하, 손진태, 이병도, 이윤재 등 제동지와 협의하여 진단학회를 조직하고 기관지『진단학보』를 발간하기로 결정하니, 이것은 사실상 당시의 조선민속학회의『조선민속』과 조선어문학회의『조선어문』을 통합한 종합학술지다(조윤제, 1964: 17).

즉 조윤제는『진단학보』의 발간이 조선민속학회의『조선민속』과 조선어문학회의『조선어문』을 통합한 '종합학술지'라고 평가했다. 이는 지금까지 전혀 알려지지 않은 사실이다. 실제로 1932년 4월 발족한 조선민속학회의 민속학 전문학술지인『조선민속』은 1933년 창간호, 1934년 제2호를 냈고, 1940년 제3호로 종간했다. 조선민속학회는 송석하(宋錫夏)·손진태(孫晉泰)·정인섭(鄭寅燮)이 발기하고 아키바(秋葉隆, 경성제대 교수)·이마무라(今村鞆, 조선총독부 촉탁)가 참가했는데, 송석하·손진태는 진단학회의 발기인, 정인섭은 신입통상회원(1937.3)이 되었다.

조선어문학회는 1931년 경성제대 조선어학·문학과 졸업생·재학생이 조직한 학회로, 7월『조선어문학회보(朝鮮語文學會報)』제1호를 간행했는데, 1933년 7월『조선어문(朝鮮語文)』으로 제호를 바꿔 제7호를 간행하고 중단했다. 필진은 어학 이희승(2회)·이숭녕(5회)·방종현(5회)·김재철(3회), 문학 조윤제 등이었다(박광현, 2009: 352-354). 조윤제·이희승은 진단학회 발기인·위원이었고, 이숭녕·방종현은 통상회원이 되었다.『조선민속』와『조선어문』이 1934년 이후 사실상 더 이상 학회지를 발행하지 않았고, 송석하, 손진태, 정인섭, 조윤제, 이희승, 이숭녕, 방종현 등이 진단학회의 핵심멤버가 되었으므로 조윤제의 진술은 진단학회 성립의 주요 동력 중 하나인 조선어문학·민속학의 동력이 어떻게 역사학과 결합했는지를 보여주는 주요 증언이 될 것이다.

셋째 진단학회는 청구학회 등 식민지 관제역사학과 맞서 대결하기 위한 목직이 강했나. 『진난학보』 제1호는 이렇게 쓰고 있다.

　　근래 조선(문화)을 연구하는 경향과 誠熱이 날로 높아가는 상태에 있는 것은 참으로 慶賀에 견디지 못하는 바이나, 그런 경향과 誠熱이 조선인 자체에서보다 조선인 이외의 인사간에 더많고 큼을 발견하게 된다. 그 까닭은 우리 스스로 냉정히 캐어볼 필요가 있지만, 어떻든 우리는 그런 연구까지 남에게 밀어 맡기어, 오직 그들의 노력과 성과만을 기다리고 힘입기를 바라는 자이 아니다. 비록 우리의 힘이 빈약하고 연구가 졸열할지라고, 自奮自進하야 또 서로 협력하야, 조선문화를 개척 발전 향상시키지 않으면 안될 의무와 사명을 가진 것이다. 어느 사회의 문화든지 그것을 진실 且 정확히 검토 인식하고, 또 이를 향상발달함에는 그 사회에 生을 受하고, 그 풍속 관습 중에서 자라나고, 그 언어를 말하는 사회의 사람의 노력과 誠熱에 기대함이 더 큰 까닭이다(진단학회, 1934: 223).

즉 일본인들이 한국사·한국문화 연구를 주도하는데 현실에 대응해서 "조선문화를 개척 발전 향상"시킬 의무와 사명감을 토로한 것이다. 즉 조선학(한국학)은 한국에서 태어나 한국사회에서 살며, 풍속·관습을 익히고 언어를 사용하는 한국학자가 주도해야 한다고 주장한 것이다. 이런 면에서 진단학회가 일본학자의 한국사 왜곡에 대한 학술적 항쟁, '민족사와 민족문화의 정통성을 지키기 위한' '반일애국적 항쟁'이었다고 평가할 수 있겠다(진단학회, 1966: 478; 민현구, 1994: 5; 김영황, 2015: 12-13).

셋째 가장 실용적으로 필요했던 것은 학회지 발행자금의 확보였다. 조선사편수회·경성제대가 중심이 된 여러 번의 학회와 학술지는 대부

분 총독부의 자금지원으로 유지되었으며, 그렇지 않을 경우 오래 지속
될 수 없는 구조였다. 진단학회 창립의 가장 중요한 동기는 한성도서주
식회사가 『진단학보』의 발간 비용을 부담하겠다고 나선데 있었다(이병
도, 1984: 217). 이 일을 주선한 것은 이윤재였는데, 그는 조선어학회 기
관지 『한글』의 편집을 담당했다. 그가 『한글』을 주간한 것은 1934년 4월
(11호)에서 1937년 5월(45호)까지였고, 인쇄소가 바로 한성도서주식회
사였다. 인쇄비가 밀리자 이윤재는 자신이 편집한 『문예독본』의 판권
을 한성도서주식회사에 넘길 정도로 애정을 갖고 있었다(박용규, 2013:
85-86). 즉 이윤재와 한성도서주식회사의 밀접한 관계가 『진단학보』 발
행비용 전담으로 이어졌을 것이다. 또한 진단학회 발기인인 이선근이
한성도서주식회사 상무취체역이었다는 점도 한성도서주식회사의 후원
을 얻는데 큰 작용을 했을 것으로 판단된다(霞城李瑄根博士古稀紀念論
文集刊行委員會, 1974).[11] 한성도서의 전무 한규상도 진단학회의 찬조
회원이 되었다.

결국 이윤재·이선근의 도움으로 한성도서주식회사가 『진단학보』
창간호 발행비용을 제공했지만, 이는 순수 전문학술지여서 전혀 대중
성이 없었다.[12] 창간호 발행 이후 한성도서주식회사는 발을 뺐고, 그
이후는 찬조회원(윤치호·김성수·김연수·윤보선·방응모·윤치창·최
선익·이완영), 이병도·이인영·노익형·최규동 등의 사재로 충당되었
다.[13] 진단학보의 1회 발행비용은 200~300원이었다.

---

[11] 한성도서주식회사는 1920년 설립되었고, 이선근은 1939~42년간 이사로 등재되어 있
다. 『朝鮮銀行會社組合要錄』 1939~42년판.

[12] 이기백은 자신의 부친이 『한글』은 물론 『어유빙진서』·『한글맞춤법통일안』 등을
모두 사볼 정도의 정성을 지녔는데 『진단학보』를 사지 않았다며, "진단학회라는 것
은 대중적인 국민 상대의 학회가 아니고, 학자를 상대로 한 그런 학회였다"고 회상
했다(이기백, 1994: 506).

[13] 이병도는 부족한 출판비를 자신의 사재로 보충했다고 했다(진단학회, 1966: 477). 이

[표] 『진단학보』 발행비용

1호 (1934. 11)	2호 (1935. 4)	3호 (1935. 9)	4호 (1936. 4)	5호 (1936. 7)	6호 (1936. 11)	7호 (1937. 3)
한성도서				윤치호 300원	김성수 50원 김연수 60원 방응모 ○원	윤보선 50원 윤치창 30원

8호 (1937. 11)	9호 (1938. 7)	10호 (1939. 4)	11호 (1939. 12)	12호 (1940. 9)	13호 (1941. 3)	14호 (1941. 5)
최선익 50원 노익형 40원 이완영 30원	윤치호 30원		이인영 전액	노익형 전액		

[출전] 『진단학보』 제1호-제14호 「휘보」

3. 진단학회 참여자의 구성과 특징

1) 진단학회 '적극회원'의 구성과 특징

일제시대 진단학회에 대한 다양한 평가에도 불구하고 실제로 진단학회의 성격이 어떠했는가에 대한 본격적인 분석은 이루어지지 않았다. 이하에서는 진단학회의 인적 구성원을 적극 회원(발기인·위원·논문투고자), 찬조회원, 신입 통상회원 등으로 구분해 살펴봄으로써, 진단학회의 인적구성에서 드러나는 특징을 살펴보겠다.

먼저 『진단학보』에 나타난 발기인, 위원, 논문투고자를 정리하면 다음과 같다. 발기인은 총24인이었다. 위원은 편집위원 겸 임원을 겸하는

기백은 이병도가 계동에 살던 집을 줄여 성북동으로 이사하면서 진단학보 간행에 보탰다는 말을 들었다(이기백, 1991: 98).

자리였는데, 출입이 있으나 모두 합하면 17인이었다. 또한 진단학보 논문투고자는 총 21인(78편)이었다. 이 가운데 중복을 제외하면 총 36인이 집계되는데, 이들은 진단학회의 주력이자 학문적 동력을 제공한 '적극 회원'이라고 할 수 있다.

[표] 진단학회 발기인 · 위원 · 논문투고자

	발기인	위원	논문투고	학력 (졸업연도)	전공	비고
고유섭 高裕燮 1905~1944	○	1939	5	경성제대(1930)	미술사	사망(1944)
김두헌 金斗憲 1903~1981	○	1936, 1937, 1939	3	도쿄제대(1929)	윤리학	서울대 교수
김상기 金庠基 1901~1977	○	1937, 1939	7	早稻田대(1931)	역사(동양사)	서울대 교수
김석형 金錫亨 1915~96	×	×	1	경성제대(1940)	역사(사회경제사)	서울대 교수, 월북 김일성대
김영건 金永鍵 1910~	×	×	1	경성제이고보 (1927)	문학(베트남)	월북, 김일성대교수
김영수 金映遂 1884~1967	×	×	3	입산	불교학	동국대 학장
김태준 金台俊 1905~1950	○	1934, 1937	-	경성제대(1931)	국문학사	■사망(1950)
김효경 金孝敬 1904~	○	×	-	大正대(1932)	종교학 · 민속학	동국대교수, 납북
도유호 都宥浩 1905~82	×	×	4	빈대학(1935)	고고학 박사	월북, 김일성대교수
문일평 文一平 1888~1939	○	×	-	早稻田대 (1911입)	역사	사망(1939)
박문규 朴文奎 1906~71	○	×	-	경성제대(1930)	경제사	월북, 김일성대 교수
박시형 朴時亨 1912~2001	×	×	1	경성제대(1940)	역사(사회경제사)	월북, 김일성대 교수
백낙준 白樂濬 1895~1985	○	×	-	예일대(1927)	철학(교회사)박사	경성대 총장, 연희대 총장
서두수 徐斗銖 1907~1994	×	1937	-	경성제대(1930)	일본문학	워싱턴주립대 교수

손진태 孫晉泰 1900~	○	1934, 1936, 1937, 1939	5	早稻田대(1927)	민속학	●동산, 서울대 교수, 납북
송석하 宋錫夏 1904~48	○	1937, 1939	2	동경상과대 (1922입)	민속학	●서울대교수, 사망 (1948)
신남철 申南鐵 1903~	×	×	1	경성제대(1931)	철학	월북, 김일성대 교수
신석호 申奭鎬 1904~1981	○	×	-	경성제대(1929)	역사	조선사편수회, 고려 대 교수
양주동 梁柱東 1903~1977	×	1939	1	早稻田대(1928)	국문학사	동국대 교수
우호익 禹浩翊 1897~1983	○	×	-	早稻田대(1927)	역사	숭실대 교수
유홍렬 柳洪烈 1911~1995		1937, 1939	2	경성제대(1935)	역사	서울대 교수
이병기 李秉岐 1891~1968	○	1936, 1937, 1939	4	한성사범(1913)	국문학(시조)	▲서울대 교수
이병도 李丙燾 1896~1989	○	1934, 1936, 1937, 1939	17	早稻田대(1919)	역사	편집겸발행인 서울대 교수
이상백 李相佰 1904~1966	○	1939	6	早稻田대(1927)	사회학(사회사)	서울대 교수
이선근 李瑄根 1905~1983	○	×	-	早稻田대(1929)	역사(서양사)	서울대 교수
이숭녕 李崇寧 1908~1994	×	1939	3	경성제대(1933)	국어학	■서울대 교수
이윤재 李允宰 1888~1943	○	1934	-	北京대(1921입)	국어학	▲옥사(1943)
이은상 李殷相 1903~1982	○	×	-	早稻田대 (1925~27청강)	국문학/역사	▲세종대왕기념사 업회
이인영 李仁榮 1911~	×	1939	4	경성제대(1937)	역사	서울대 교수, 납북
이재욱 李在郁 1906~	○	×	-	경성제대(1931)	국문학	총독부도서관, 납북
이중화 李重華 1881~	×	×	1	흥화학교(1904)	국어학	▲납북
이희승 李熙昇 1896~1989	○	1934, 1937	-	경성제대(1930)	국어학	■▲서울대 교수
조윤제 趙潤濟 1904~1976	○	1934, 1936, 1937, 1939	6	경성제대(1929)	국문학사	■동산, 서울대 교수

최현배 崔鉉培 1894~1970	○	×	-	교토제대(1925)	국어학	▲ 연세대 교수
한흥수 韓興洙 1909~	×	×	1	프리부르대 (1941)	고고학 박사	월북, 김일성대교수
홍순혁 洪淳赫 1899~	○	×	-	早稻田대(1927)	역사(국어학)	연세대 교수, 납북
소 계	24인	17인	21인 (78편)			

[비고] 자료, 강좌, 소개 등도 논문편수에 포함, 연재된 논문도 별개의 편수로 합산.
　　■: 조선어문학회 회원, ●: 조선민속학회 회원, ▲: 조선어학회사건 관련자, 동산: 동산학파
[출전]『한국민족문화대백과사전』온라인판(http://encykorea.aks.ac.kr); 6・25전쟁납북인사가족협의회
　　납북인사DB(http://www.kwafu.org/korean/directory.php); 閔賢九, 1994: 11; 박광현, 2003; 박광현,
　　2009; 야로슬라브 올샤, jr., 2011; 양은용, 2015; 이충우・최종고, 2013; 이희환, 2009; 전경수,
　　2015; 조용만, 2013; Jaroslav Olša, jr. & Andreas Schirmer, 2012.

　전공별로 보면 역사 11명, 국문학 6명, 국어학 5명, 민속학 3명, 고고
학 2명, 미술사 1명, 사회학 1명, 불교사 1명, 베트남문학 1명, 일본문학
1명, 윤리학 1명, 종교 1명, 경제 1명, 철학 1명으로 구성되어 있다. 즉
진단학회의 핵심은 역사 전공자, 국어국문학 전공자, 민속학 전공자였
다고 볼 수 있으며 그 외에 고고학, 미술사, 불교사 등 다양한 학문분야
가 참가했다. 진단학회의 창립 당시 표방된 '조선과 그 인근문화의 연
구'가 핵심이었음을 알 수 있다.

　또한 조윤제가 기억하는 바 조선민속학회의『조선민속』과 조선어문
학회의『조선어문』을 통합해『진단학보』를 만들었다는 내용과 일치하
는 것이다(陶南 趙潤濟博士 回甲紀念事業會, 1964: 17). 진단학회의 적
극 회원 가운데에는 조선어문학회 회원 4명, 조선민속학회 회원 2명,
조선어학회사건 관련자 6명이 포함되어 있다. 회원의 숫자와 투고논문
의 숫자는 한국사를 다룬 내용이 가장 많았지만, 그럼에도 불구하고 다
양한 논문이 게재된 것으로 보아 진단학회가 조선학 관련 종합잡지로
서 다양한 학문분야의 연구자가 결집한 조직이었음을 분명히 알 수 있

다. 굵은선으로 표시한 김두헌, 손진태, 이병기, 이병도, 조윤제 등은 발기인·위원·논문투고 등을 통해 실질적으로 진단학회를 처음부터 끝까지 주도한 인물로 볼 수 있는데, 이들은 윤리학, 민속학, 한국문학, 한국사, 한국문학 연구자로 진단학회의 종합 학회로서의 모습을 잘 반영하고 있다.

대학별로는 경성제대 14명, 와세다대 10명, 도쿄제대 1명, 교토제대 1명, 다이쇼대 1명 등 일본의 제국대학 및 사립대학 출신들이 압도적 다수를 차지했고, 일본 이외에는 미국 예일대 1명, 오스트리아 빈대 1명, 스위스 프리부르대 1명, 중국 베이징대 1명 등이 있었다. 1930~40년대 한국의 학문지형에서 최고의 엘리트들의 결집체였다고 할 수 있다. 나아가 도유호의 독일어 논문, 프랑스 학자와의 의견교류, 해외에 체류 중인 한흥수와의 서신왕복 등은 모두 진단학보에 게재함으로써, 국제적 학술교류와 명성 획득에 노력하는 모습을 충분히 보여주었다. 이런 교류의 노력과 흔적은 당시 청구학회 등 일본인 주도 학회에서는 나타나지 않는 지점이기도 하다.

경성제대와 와세다대에서 수학한 이들이 학습한 일본 아카데미즘의 기준과 실증주의적 학풍이 진단학회의 저류에 흐르게 되는 것은 당연한 이치였다. 진단학회에 참가한 대부분의 경성제대 출신들은 법문학부의 각종 학회지 등을 통해 자신의 연구자로서의 가능성을 시험하고 있었다. 해외에서 수학한 도유호, 백낙준, 한흥수의 경우 비슷한 경향을 보였다. 때문에 이들 가운데 해방 후 대학진출 상황은 서울대 교수 15명, 동국대 교수 3명, 연대 교수 2명 등으로 서울대 교수가 압도적 다수를 점했다. 또한 월북해서 김일성종합대학 교수를 지낸 사람이 6명이었다. 남과 북에서 최고의 자리에 오른 것이다.

2) 찬조회원·통상회원의 특징

진단학회의 이러한 경향성은 찬조회원·신입통상회원을 통해서도 잘 드러난다.

[표] 진단학회 역대 찬조회원

이름 (가입연도)	직업 (생몰년)	이름 (가입연도)	직업 (생몰년)
권덕규(1934) 權悳奎	국어학자(1890~1950)	이극로(1934) 李克魯	한글학자(1893~1978)
권상로(1934) 權相老	불교학자(1879~1965)	이능화(1934) 李能和	종교·역사학자(1869~1943)
김성수(1934) 金性洙	교육·언론·정치인 (1891~1955)	이완영(1937) 李完榮	朝鮮鼈具·中央商工대주주 (~1943)
김양수(1939) 金良洙	실업가(1896~1971)	이윤주(1934) 李潤柱	휘문고보 교장(1885?~)
김연수(1936) 金秊洙	실업가(1896~1979)	이종린(1934) 李鍾麟	천도교 교령(1885~1950)
김영수(1936) 金暎邃	불교학자(1884~1967)	이중건(1934) 李重乾	조선교육협회 이사(1888~)
김원근(1934) 金瑗根	한학자(1868~)	이중화(1934) 李重華	국어학자(1881~납북)
김진호(1934) 金鎭浩	목사(1873~1960)	이헌녕(1937) 李憲寧	대지주·자산가
노익형(1937) 盧益亨	박문서관	이훈구(1939) 李勳求	조선일보주필(1896~1961)
박승빈(1936) 朴勝彬	변호사·보성전문교장 (1880~1943)	장현식(1940) 張鉉植	동아일보 감사, 조선어학회 (1896?~납북)
박한영(1934) 朴漢永	승려(1870~1948)	조동식(1934) 趙東植	동덕여학교교장(1887~1969)
방응모(1936) 方應模	조선일보사장(1890~납북)	조만식(1934) 曺晩植	조선일보사장(1883~1950)
송진우(1934) 宋鎭禹	언론·정치인(1887~1950)	최규동(1934) 崔奎東	중동학교 교장(1881~1950)
안일영(1934) 安一英	김천중학교장(1885~1939)	최남선(1939) 崔南善	문학가(1890~1957)
안확(1934) 安廓	역사학자(1886~1946)	최두선(1934) 崔斗善	중앙고보 교장, 경방 전무 (1894~1974)
여운형(1935) 呂運亨	조선중앙일보 사장 (1886~1947)	최선익(1937) 崔善益	조선중앙일보 편집발행인 (1905~)
유억겸(1934) 俞億兼	연희전문교장(1895~1947)	한규상(1934) 韓奎相	한성도서주식회사 전무
윤보선(1937) 尹潽善	임정·영국유학(1897~1990)	현상윤(1934) 玄相允	중앙고보 교장(1893~납북)
윤치창(1937) 尹致昌	사업가(1899~1973)	홍희(1934) 洪憙	한학자(1884~1935)
윤치호(1934) 尹致昊	YMCA회장(1865~1945)	황의돈(1934) 黃義敦	사학자(1890~1964)
이광수(1934) 李光洙	문학가(1892~1950)		

[출전] 한국학중앙연구원 한국역대인물종합정보시스템(http://people.aks.ac.kr/index.aks);
　　　『한국민족문화대백과사전』온라인판(http://encykorea.aks.ac.kr);
　　　국사편찬위원회 한국사데이터베이스(http://db.history.go.kr/)

이들 41명의 찬조회원은 대체적으로 1930~40년대 한국사회·문화계의 대표적인 저명인사들이라고 할 수 있다. 일제하 주요 한국인 신문인 동아일보·조선일보·조선중앙일보의 사장(김성수, 방응모, 송진우, 여운형), 대표적인 한국인 학교인 보성전문, 연희전문, 휘문고보, 중동학교, 동덕여학교, 중앙고보, 김천중학 교장(박승빈, 유억겸, 이윤주, 조동식, 최규동, 최두선, 현상윤), 실업가·자산가(김성수, 김연수, 안일영, 윤보선, 윤치호, 윤치창, 이완영, 이헌녕, 최선익), 저명한 학자(권덕규, 권상로, 김영수, 김원근, 안확, 이극로, 이능화, 이중화, 최남선, 홍희, 황의돈), 종교인(김진호, 박한영, 이종린), 언론인(이훈구), 변호사(박승빈) 등이 참가했다.

이광수·이종린·최남선처럼 반민특위에 소환된 친일인사들이 있는 반면 여운형·이극로 등 중도좌파 인물들도 포함되어 있다. 조선공산당 계열의 좌파인물은 전혀 포함되지 않았다. 그러나 전반적으로 진단학회가 1930~40년대 "당시 한국사회의 학술·문화계의 정수분자를 거의 망라한 셈"이라고 해도 과언이 아니었다(민현구, 1994: 8-9). 찬조회원들은 진단학회가 당대 한국사회에서 차지하는 사회적 위계를 보여주는 것이었으며, 또한 이들은 진단학회를 위해 기꺼이 학회지 발간비를 후원했다.

[표] 진단학회 신입 통상회원 이력

이 름 생몰년	입회	학력·일제시대 경력	해방 후 경력
강유문 姜裕文	1938	중앙불교전문, 혜화전문 강사, 불교사	
고영환 高永煥 1895~	1940	동아일보사원	납북

고재휴 高在烋	1940	조선어학연구회	
구자균 具滋均 1912~1964	1937	경성제대(1936), 대구사범 교유	우리어문학회, 고려대 교수
김구경 金九經 1899~행불	1941	大谷대(1927), 北京대, 불교학·종교사	서울대 교수, 한국전쟁 행불
김극상 金克相	1941		부산 東洋化學工業(株) 대표?
김사엽 金思燁 1912~1992	1939	경성제대(1938), 조선어문학, 광주사범 교유	서울대 교수, 경북대 교수, 大阪외국어대 교수
김석형 金錫亨 1915~1996	1941	경성제대(1940), 사회경제사, 양정고보 교유	서울대 교수, 월북, 김일성대교수·부총장
김용국 金龍國	1937	민속학·역사학	사학자
김운하 金雲夏	1939	동경농업대, 민족주의비밀결사 검거(1941)?	
김재원 金載元 1909~1990	1940	벨기에 켄트대(1934), 소성준문 교수, 고고학	국립박물관장
김희종 金熙鍾	1939	휘문고보 학생맹휴(1928)?	
노성석 盧聖錫 1914~1946	1938	경성제대(1938), 조선사연구실 사무촉탁, 노익형의 아들	박문서관
민병도 閔丙燾 1916~2006	1941	慶應대, 조선은행, 동일은행, 민영휘손자	을유문화사 사장, 배화여중·휘문의숙 이사장, 한국은행 총재
박계양 朴啓陽 1882~1970	1941	대한의원(1907), 조선의사회 회장, 한양의원	조선이비인후과학회 초대회장
박봉석 朴奉石 1905~납북	1937	중앙불교전문, 총독부도서관 사서	국립중앙도서관 부관장, 납북
박시형 朴時亨 1912~2001	1941	경성제대(1940), 경성제대 조수, 사회경제사	월북, 김일성대 교수, 당후보중앙위원
박충서 朴忠緖	1941	미상	
방종현 方鍾鉉 1905~1952	1937	경성제대(1934), 『朝光』주관, 국어학	서울대 교수·학장
배호 裵澔	1939	경성제대(1937), 경성제대 조수, 중국문학	조선문학동맹, 월북
사공환 司空桓	1939	숭봉학교 역사교사	조선교육연합회, 기범교육부
서두수 徐斗銖 1907~1994	1937	경성제대(1930), 일본문학, 이화여전 교수, 서남표 부친	연희전문·서울대 교수, 하버드대·워싱턴주립대 교수

양주동 梁柱東 1903~1977	1935	早稻田대(1930), 국문학	동국대 교수
유응호 柳應浩 1911~월북	1937	도쿄제대(1935), 혜화전문·성대 예과 강사, 언어학, 류근일 부친	서울대 교수, 월북, 김일성대 교수
유자후 柳子厚 1895~납북	1938	연희전문 강사, 기자, 민속학, 이준 사위	동방문화사, 납북
유택규 柳澤圭	1937	안양보통학교 훈도?	중앙신문 기자?
유홍렬 柳洪烈 1911~1995	1937	경성제대(1935), 역사	서울대 교수
윤순삼 尹淳三	1939	미상	
이관구 李寬求 1898~1991	1939	京都제대(1926), 보성전문 강사, 언론인	입법의원, 경향신문 주필, 성균관대 이사장
이근배 李瑾培	1939	미상	
이배근 李培根	1940	개성송남서관주	
이숭녕 李崇寧 1908~1994	1935	경성제대(1933), 평양사범 교유	서울대 교수
이여성 李如星 1901~월북	1938	立敎대, 일월회, 기자, 건국동맹, 미술사	월북, 김일성대 교수, 최고인민회의 대의원
이영구 李榮求 1912~	1940	明治대, 조선일보사원	농무부?
이영희 李永熙	1938	朝鮮輸出工藝(株) 이사(1941)?	
이인영 李仁榮 1911~납북	1937	경성제대(1937), 연희전문 강사	서울대·연희대 교수, 문교부 국장, 납북
이재훈 李載壎 1902~	1941	立敎대(1924), 휘문중학 교유, 철학과	휘문중고 교장
이하복 李夏馥 1911~1987	1939	早稻田대(1939), 보성전문 교원	동강학원·동강중학 서립
이홍렬 李洪烈	1940	논산식은지점	
이홍직 李弘稙 1900~1970	1938	도쿄제대(1935), 이왕직촉탁, 연희전문 강사	국립박물관, 연희대·고려대 교수
임건상 林健相 월북	1941		서울대(1948), 『조선사개설』(1949), 월북
임석재 任晳宰 1903~1998	1939	경성제대(1930), 신성·양정중학 교사, 민속학	서울대·중앙대 교수, 심리학
임충서 林忠熙	1940	육영당서점주	

전몽수 田蒙秀	1941	민속학, 언어학	월북
정병욱 鄭炳昱 1922~1982	1941	연희전문 문과, 서울대, 국문학	서울대 교수
정인섭 鄭寅燮 1905~1983	1937	早稻田대(1929), 연희전문 교수, 영문학	중앙대 교수 · 대학원장
정학모 鄭鶴模 1910~	1935	경성제대(1935)	우리어문학회, 서울대 교수, 납북
조명기 趙明基 1905~1988	1938	東洋대(1937), 중앙불교전문 강사, 성대 조수	동국대 교수, 불교사
주도순 朱道淳	1938	미상	
채동선 蔡東鮮 1901~1953	1938	早稻田대(1924), 슈테른쉔음악학원, 이화여전 교수	고려음악협회장, 작곡가협회장
채희순 蔡羲順 1907~1986	1939	경성제대(1930), 영생중 교유, 경성제대 조교	동국대 · 성균관대 · 서울대 교수
최익한 崔益翰 1897~월북	1940	早稻田대, 3차 조선공산당, 동아일보사원	월북, 최고인민회의 대의원, 이청원의 장인
한흥수 韓興洙 1909~월북	1935	프리부르대학, 프라하동양학원, 고고학	김일성대 교수, 조선물질문화유물 조사보존위원회 위원장
홍이섭 洪以燮 1914~1974	1939	연희전문(1938), 서울기독청년회 교사, 홍병선목사 아들, 역사	연세대 교수
황석주 黃錫周 1897~	1935	早稻田대 사학과(1932), 송도중학 교유	송도중학 교장

[비고] 경력 뒤 물음표(?)는 추정.
[출전] 한국학중앙연구원 한국역대인물종합정보시스템 (http://people.aks.ac.kr/index.aks); 『한국민족문화대백과사전』 온라인판(http://encykorea.aks.ac.kr); 국사편찬위원회 한국사데이터베이스(http://db.history.go.kr/); 국립중앙도서관, 2012; 이희승, 1996; 黃錫周 校長(http://songmisinsun.blog.me/90194385884); 이충우 · 최종고, 2013.

『진단학보』「휘보」를 통해 확인되는 신입 통상회원은 모두 55명이다. 연도별로 1935년 5명, 1936년 0명, 1937년 10명, 1938년 9명, 1939년 12명, 1940년 8명, 1941년 11명이다. 창립 이후 신입회원들의 가입이 꾸준하게 증가했음을 보여준다. 일제가 전시 총동원체제로 전환한 다음인 1937년 이래 1941년까지 매년 10여 명의 회원이 입회했다는 사실은 진단학회가 일제로부터 전혀 주목받지 않는 '순수학술단체'를 지향했음을 보여준다.

　회원 가운데에는 기존 회원의 추천으로 입회한 경우가 많이 있었는데, 총 35명의 추천자가 나타나 있다. 이병도가 총 18명(강유문, 고영환, 고재휴, 김사엽, 김재원, 노성석, 유자후, 이관구, 이배근, 이여성, 이영구, 이영희, 이홍렬, 이홍직, 임충희, 조명기, 채동선, 최익한)을 추천해 회원이 되었는데, 다양한 방면의 인사들로 구성되었다. 해방 후 한국학계에서 이름을 남긴 사람은 김사엽, 김재원, 이홍직, 조명기 등이며, 이미 문화방면의 유명인사이던 유자후, 이관구, 이여성, 채동선도 포함되었다. 특이하게 사회주의자 최익한이 추천되었다. 다음으로 이인영이 총10명(김석형, 김희종, 박시형, 박충서, 이근배, 이재훈, 임건상, 정병욱, 주도순, 채희순)을 추천했는데, 해방 후 북한역사학계의 거물이 된 김석형, 박시형, 임건상이 모두 이인영의 추천인물이었다. 이인영의 추천인물 가운데 미상인물이 가장 많다. 송석하는 모두 6명(김구경, 김극상, 민병도, 박계양, 임석재, 전몽수)을 추천했는데, 김구경, 임석재, 전몽수 등 민속학·종교사 전공자를 추천했다. 노성석은 비슷한 연배의 2명(배호, 홍이섭)을 추천했다. 김상기는 1명(윤순삼)을 추천했다.

　진단학회의 신입 통상회원 가운데 식민지시대 활발한 참여를 보인 사람은 김재원, 노성석, 이숭녕, 이인영, 유홍렬, 한흥수 등이다. 이들 가운데 사망(노성석)·월북(한흥수)하지 않은 인물들은 해방 후 재건된 진단학회의 중심인물이 되었다. 통상회원들은 경성제대 등을 졸업한 소장·중견연구자들(강유문, 구자균, 김구경, 김사엽, 김석형, 김재원, 노성석, 박시형, 방종현, 배호, 서두수, 양주동, 유응호, 유홍렬, 이숭녕, 이인영, 이홍직, 임건상, 임석재, 전몽수, 정병욱, 정인섭, 조명기, 채희순, 한흥수, 홍이섭)이 중심을 이루었다. 이외에 문화방면의 저명인사들(고영환, 유자후, 이관구, 이여성, 채동선, 최익한), 찬조회원에 어울릴만한 인물(민병도, 박계양, 이재훈), 서점주인(노성석, 이배근, 임충희)을 포함했다. 학문분야별로는 역사학이 압도적으로 다수를 차지했고, 그 다음으로 국어학, 국문학, 민속학, 불교학, 고고학 등 전공자로 구성되어 있었다.

직업은 사범학교·중학교 교원, 전문학교 교수·강사, 대학 조수, 연구소 연구원·촉탁, 신문기자, 평론가, 사서, 서점주인 등인데, 교육기관에 종사하는 사람들이 가장 많았다. 한국인 대학졸업자들의 취업난을 생각할 때, 교육기관에서 재직하면서 연구자로서의 미래를 꿈꾸었을 것이다. 이들에게 해방은 정치적 해방이기도 했지만, 학문적 해방이었고, 해방 후 폭발적으로 증가한 대학설립은 이들이 상상하지 못했던 대학교수 지위를 제공했다.

전반적으로 진단학회 통상회원들은 해방 후 한국사, 국어국문학, 민속학, 고고학, 불교학의 중견 인물이 되었다. 중복을 포함해서 서울대 교수 12명, 연세대 교수 4명, 고려대 교수 2명, 김일성대 교수 6명이 배출되었다.

이상에서 진단학회의 적극 회원(발기인·위원·논문투고자), 찬조회원, 통상회원에 대해 살펴보았다. 이를 통해서 진단학회의 인적구성상 특징을 정리하면 첫째 진단학회는 역사, 민속학, 국어학, 고고학, 미술사 등 조선학 연구자들의 광범위한 결합이었다, 둘째 적극 회원의 외곽에 찬조회원들 두어 회세(會勢)의 확대를 노렸고, 여기에 한국 문화·학계의 최고 인물들을 망라했다, 셋째 통상회원들은 학문후속세대로 진단학회의 예비동력을 형성했는데, 이들은 해방 후 남북한 학계의 중심인물을 망라했다고 정리할 수 있다. 즉 진단학회는 적극회원(36명), 통상회원(41명), 신입 통상회원(55명) 등 평균 100여 명 이상의 회원을 보유·운영하는 학회였다고 할 수 있다.

4. 진단학회의 학문적 지향과 그 범위

1) 진단학회의 학문적 지향

분과학문으로는 역사학, 어문학, 민속학, 고고학, 미술사 등이 결합했고, 출신대학으로는 일본 와세다대학과 경성제대를 주축으로 기타 일본·외국대학 출신들이 결합한 진단학회의 학문적 지향은 어떤 것이었으며, 그 수준은 어떻게 평가할 수 있는 것인가 하는 점을 살펴보자.

첫째 가장 중요한 특징은 진단학회 회원들이 대부분 일본·국내·해외의 대학 출신에서 근대 학문의 수련을 통과한 엘리트이자 근대적 논문쓰기가 가능한 존재였다는 점이다. 즉 진단학회·진단학보는 일본 제국의 아카데미즘과 경쟁하고 인정받을 수 있는 있는 수준의 연구성과를 게재하는 것이 목표였다. 이것이 진단학회 회원 및 투고자들의 최소공배수였다.

그렇다면 일본 제국의 아카데미즘에는 어떻게 접근이 가능한 것이고, 그 아카데미즘과는 어떻게 경쟁할 수 있는 것인가? 역시 통로는 도쿄제국대학이었다. 진단학회를 주도한 이병도는 자신의 학문에 직접·간접으로 격려·자극·영향을 준 것은 와세다대학의 은사인 츠다 소우키치(津田左右吉)와 동경대학의 이케우치 히로시(池內宏)였다고 여러 차례 회고했다(진단학회, 1966: 476-477; 斗溪李丙燾博士九旬紀念韓國史學論叢刊行委員會, 1987: 846). 이병도는 이케우치를 통해서 도쿄제대가 주도하던 『사학잡지(史學雜誌)』와 『동양학보(東洋學報)』에도 여러 차례 논문을 실을 수 있었고, 또 그의 추천으로 조선사편수회에서 일했다(진단학회, 1966: 477). 또한 이병도는 조선사편수회와 관련된 관제역사학회가 간행하는 잡지인 『조선사학』과 『조선학보(朝鮮學報)』에도 논문을 게재했다.[14] 이병도는 츠다교수의 소개를 통해 와세다에 유학 중이던 이상백과 손진태의 존재를 알게 되었다(이병도 외, 1967: 215).

도쿄의 일본인 교수를 통해 일본 본토 학계로의 접근이 가능했다는 이병도의 회고는 정확한 것이다. 식민지 시대 일본 본토 사학계를 대표하는 역사학 잡지인 『사학잡지』·『동양학보』·『역사학연구』의 한국사 관련 논문과 투고자를 분석해 보면, 이들 잡지에 가장 많은 글을 쓴 것이 이병도였음을 알 수 있다.

먼저 일본에서 가장 오래된 역사종합지인 『사학잡지』는 1889년부터 도쿄제대가 발행한 것인데, 일본역사학계의 고증학적 아카데미즘을 대표하는 잡지였다. 『사학잡지』는 초기에는 한국 고대사를 집중적으로 고증하는데 초점을 맞추었다. 『사학잡지』에 수록된 한국관계 역사, 지리, 언어, 문화, 한일관계 등은 논문(고증·논설·잡록·설림) 181편, 서평(서평·해제·비평·소개) 42편이었다(史學會, 1993). 한국인으로서 『사학잡지』에 논문을 게재한 것은 이병도가 유일했다. 그의 논문 3편은 4회에 걸쳐 게재되었다(이병도, 1927; 1929; 1930). 한국인의 저작으로 서평에 다뤄진 것은 와세다 출신의 손진태가 저술한 『조선고가요집(朝鮮古歌謠集)』뿐이었다(瀧, 1929: 1419).

동양문고(東洋文庫)가 간행한 『동양학보(東洋學報)』의 경우에도 마찬가지였다. 한국사 관련은 논문(논설·설림) 68편, 기타(휘보·部報)

---

14) 이병도, 1926, 「이율곡 '입산'에 대해」, 『조선사학』 1; 1926, 「음양지리설과 고려역대의 천도론」, 『조선사학』 2-3; 1926, 「고려 三蘇에 대해」, 『조선사학』 5; 1926, 「고구려 국민의 기상과 당시의 세력」, 『조선사학』 6; 1930, 「이조 초기의 건도문제(1)(2)」, 『조선학보』 1-1, 1-2.

13편 등 총 81편이 실렸다(동양문고, 1994).『동양학보(東洋學報)』의 경우에도 1910년대에는 경주, 낙랑, 대방, 고구려 등 고대사 관련 유적에 관한 소개 및 지명 등에 고증학적 연구, 언어의 비교연구 등이 중심을 이루었고, 1920년대에 들어서 고려, 조선시대에 대한 연구들이 점차 등장하기 시작했다.『동양학보』에 논문을 게재한 한국인 연구자는 이병도 3회 2편(이병도, 1927; 1929(a); 1929(b)), 이상백 1회 1편(李相佰, 1941)이었다.

마지막으로 역사학연구회가 1933년부터 간행되기 시작한『역사학연구』의 경우를 살펴보자. 이 잡지는 중앙과 지방, 제국대학과 사립대학을 포함하는 일본 역사학계의 종합 학술지였다.『역사학연구』에 논문을 게재한 유일한 한국인은 김영건(金永鍵)으로 베트남 연구자였다(김영건, 1937; 김영건, 1939).

이상과 같이 일본 본토의 역사학 아카데미즘의 틀 내에서 다수의 한국사 관련논문들이 생산되었지만, 그 절대 다수는 도쿄제대와 경성제대 등 제국대학 사학과 출신들이 생산해낸 것들이었다. 대부분은 고증학적인 접근방법에 기초한 것이며, 1930년대 후반 이후에 사회사·경제사에 대한 일부 논문들이 제출되는 상황이었다. 이런 가운데 한국인 연구자로 논문을 게재하거나 성과를 인정받은 것은 이병도, 이상백, 김영건이었으며, 백남운·이청원·손진태의 책은 서평으로 다루어졌다. 이들은 모두 일본 대학 사학과 혹은 경제학과를 졸업함으로써 일본 역사학계 아카데미즘이 요구하는 최소한의 학문적 수련과정을 거쳤으며, 아카데미즘의 기본언어인 일본어를 능숙하게 구사할 수 있는 존재들이었다. 이 가운데 이병도, 이상백, 김영건, 손진태가 모두 진단학회의 핵심인물이 되었다. 이들이 지향하는 진단학회·진단학보라는 것은 제국의 수도 도쿄에서 간행되는 본격적인 학술지와 겨룰 수 있는 한글로

된, 한국학자들의 학술지라는 의미가 강했다.

반면 경성제대 사학과 출신으로 일본 본토에서 간행되는 역사잡지에 논문을 쓴 인물은 존재하지 않았다. 국어국문학, 민속학, 미술사 등의 경우 관련 학술지를 찾아보지는 않았지만, 상황은 크게 다르지 않았을 것이다. 경성제대 출신들은 먼저 경성제대 법문학부 산하 각종 연구회들이 간행하는 회지·회보, 그리고 졸업생·재학생들이 만든 동호회 잡지를 통해서 학문적 성과를 외화하려고 노력했다.

이 경우 경성제대 일본인 교수의 역할과 지도가 결정적인 역할을 할 수밖에 없었다. 경성제대 사학회는 1931년부터 『경성제대사학회보(京城帝大史學會報)』(제1호~제8호)·『경성제대사학회지(京城帝大史學會誌)』(제9호~18호)를 간행했는데, 한국인 학생으로는 김종무, 채규택, 이원학, 이인영, 박시형, 김석형 등이 논문을 수록했다.[15] 경성제대 교수의 인정을 받아 실린 논문이므로, 관제 아카데미즘의 관문을 통과한 것이며 진단학회에 합류한 이인영, 박시형, 김석형의 실력의 일단을 알 수 있다. 김종무, 채규탁, 이원학, 이인영, 박시형, 김석형은 모두 전후 남북한 역사학계의 중진이 되었다. 경성제대 법문학부의 『경성제국대학 법문학회 논집』에 수록된 한국인 논문이 박문규 1인인 것에 비교한다면(박광현, 2003: 268), 상당한 숫자임을 알 수 있다.

전반적으로 경성제대 졸업생들은 일본 교육시스템에 의해 한국 유일의 대학 졸업생으로 학사학위를 수여받았으나, 일본 관학아카데미즘이

---

15) 金鍾武, 1932, 「先秦時代に於ける經濟生活の一面」, 『京城帝大史學會報』 2; 蔡奎鐸, 1933, 「魏の均田に就て(淸水泰次 史學雜誌 43편 7호 彙報)を讀む」, 『京城帝大史學會報』 4; 李源鶴, 1935-36, 「司馬遷の史觀( )(二)(二)」, 『京城帝大史學會報』 7·9; 李仁榮, 1938, 「南蠻人朴燕考」, 『京城帝大史學會誌』 7; 李仁榮, 1938, 「大邱藥令市の起源に就いて」, 『京城帝大史學會誌』 13; 朴時亨, 1938, 「契丹の燕雲十六州領有とその史的意義」, 『京城帝大史學會誌』 13; 金錫亨, 1939, 「新羅崔致遠と其時代」, 『京城帝大史學會誌』 14.

지배하는 학문사회로의 진입은 쉽지 않았다. 때문에 경성제대 졸업생들은 잡지 『신흥(新興)』(1929~37)을 창간하고, 자신들의 학문적 가능성을 피력하고 시험하고자 했다(박광현, 2003: 259-262). 진단학회에 관여한 사람들도 다양하게 글을 썼다. 고유섭(미술사) 6편, 조윤제(국문학) 5편, 김태준(중국문학) 5편, 신남철(철학) 4편, 윤용균(조선사) 2편, 이재욱(국문학) 2편, 서두수(일본문학) 3편의 글을 썼다. 이희승(국어학) 1편, 이숭녕(국어학) 1편, 김재철(국문학) 1편, 박문규(경제학) 1편, 그리고 한국사의 신석호·김창균·성낙서·유홍렬·엄무현이 각각 1편의 글을 실었다. 조선어문학과 졸업생 1~5회 출신들은 『조선어문학회보』를 발행해 간행(1931~1933)하기도 했다(이희승, 1993: 88).

경성제대의 테두리 안에서 시도되던 이러한 노력은 1930년 창간된 『청구학총』 참여로 이어졌다. 『청구학총』은 조선문화 연구기관이었으므로, 경성제대 출신 역사·문학 전공자들이 다수 참가했다. 일본 학자가 주도하고 한국 학자들이 부분적으로 참가한 『청구학총』은 역설적으로 진단학회의 창설 주역인 와세다대 출신 역사학자들과 경성제대 출신 역사·문학·철학 전공자들이 만나는 공간이 되었다. 한국인으로는 역사학자 이병도(4건 5편), 손진태(1건 4편), 홍희(3건 6편), 유홍렬(3건 3편), 신석호(2건, 3편), 이능화(2건 2편), 신태현(2건 2편), 이인영(2건 1편) 등이 여러 편 논문을 게재했고, 이홍직, 이종명, 윤용균, 최남선 등도 논문을 실었다. 국문학자로는 조윤제, 양주동, 철학자 김두헌 등도 참여했다. 이들은 대부분 진단학회에서 적극 활동했다.[16]

경성제대 출신들은 민족문제에 대한 생각과 사상적 지향이 어떠했는

---

16) 『청구학총』 폐간 이후 『歷史學硏究』의 「조선사연구동향」란에 한국인들이 논문을 게재한 것으로 확인된 잡지는 다음과 같다. 『朝鮮總督府 調査月報』·『朝鮮』·『朝鮮及滿洲』·『宗敎硏究』·『書物同好會會報』.

지와 무관하게 일본 제국대학 시스템이 부여하는 학문적 아카데미즘의 수련을 받았으며, 강좌교수들의 권위에 의지했다. 이들이 처음 접한 학문적 수련이었고, 제도로서 학문의 수준이었다. 국어국문학에서는 다카하시 도루(高橋亨), 오구라 신페이(小倉進平), 사학에서는 이마니시(今西龍)・오다(小田省吾)・스에마쓰(末松保和), 중국문학에서는 가라시마 다케시(辛島驍), 민속학에서 아키바 다카시(秋葉隆)・아카마츠 지조(赤松智城)가 경성제대 학생 및 연구자들에게 미친 영향은 지대했다. 국어국문학의 조윤제, 이희승, 사학의 이병도・신석호・유홍렬・이인영, 중국문학의 김태준, 민속학의 손진태・송석하 등의 사례가 이를 잘 보여준다.

둘째 이들은 학문적 언어로 일본어를 학습했고, 동시에 모국어인 한국어를 구사할 수 있는 존재였다. 이들은 일본의 대학과 학회에서 일본어를 학문적 언어로 훈련했지만, 진단학보는 한글로 간행했다. 일제시기를 통틀어 일본 관학 아카데미즘의 수준에 도달했으면서 동시에 한글로 간행된 종합학술지는 진단학보가 유일했다. 진단학보는 자신의 정체성과 민족적 성격이 여기에 있다고 생각했다. 때문에 일본인 학자들은 글을 투고하거나 개입할 공간이 전무했다. 진단학회는 계간지를 지향했으나, 매년 1~2호를 간행하는데 그쳤다. 진단학보는 학회명과 학회지명의 영문표기를 일본어 읽기가 아니라 한국어 읽기로 표기했고, 발행지가 게이조(京城)가 아닌 서울(Seoul)로 표기하고 있다.17)

셋째 진단학회가 1930년대 한국역사학계의 또 다른 중심축이던 기성의 역사학자, 조선학운동, 마르크스주의 사회경제사와 어떤 관계를 형

---

17) 『진단학보』 제4권의 후면 영문표기는 다음과 같다. The CHIN-TAN HAKPO, Quarterly Journal devoted to the Studies of Korea and her neighborhood, Published by The Chin-Tan Society, Seoul, Korea.

성했는지를 살펴보자. 먼저 진단학회를 주도한 이병도는 당시 역사학
자의 중심이던 인물들에 대해 이렇게 평가했다.

> 당시 우리나라 분으로 국사방면에 조예가 깊은 분은 李能和, 崔南善, 李
> 重華, 安自山(安廓), 文一平, 黃義敦, 權悳奎 등 제씨이어서, 이분들과의 교
> 유에서 계몽자극을 받은 일도 있다(진단학회, 1966: 476).

즉 계몽사가들의 맥락을 잇는 이들 기성의 사학자들에게서는 배운
것이 아니라 '계몽자극'을 받았다는 것이다. 이병도는 "구학에 대한 공
통된 이해와 소양"을 바탕으로 이들 7인 그룹과 교류했고, 이들은 모두
진단학회의 찬조회원이 되었다(이병도, 1952: 435; 민현구, 1994: 291).
실제로 이들과의 관계 및 진단학회 내부의 인간적 관계는 이병기의 일
기에 잘 드러나 있다. 『가람일기』에서 진단학회와 관련된 기사들을 뽑
아보면 다음과 같다.

- 1934. 5. 7. 오후 4시 이병도 군과 함께 플라타누 다방에 가서 진단학회
  발기 및 총회에 참여.
- 1934. 8. 25. 『진단(震檀)』 원고 「시조의 발생과 가곡과의 구분」을 쓰기
  시작하다.
- 1934. 12. 10. 두계가 오다. 『진단학보』 제1권이 나왔다.
- 1936. 5. 19. 두계와 함께 안정사(安靜寺) 안홍관(安興館)에 나가다. 진단
  학회 총회가 있었다. 김윤경, 손진태, 조윤제가 더 왔다.
- 1936. 6. 13. 오후5시 신흥사 앞 요리집에서 진단학회 총회. 이병도, 김두헌,
  정열모, 조윤제, 손진태와 나. 석반하고 음벽정(飮碧亭)에 가서 또 맥주.
- 1936. 10. 18. 성북동 이병도군을 찾다. 손진태, 조윤제, 김두헌, 김상기,
  이상백군이 모여있다. 이상백군의 구주 여행담을 듣고 저녁 먹고 진단학
  보 편집의논을 하고 음벽정에 가서 소연(小宴)을 벌였다.

- 1936. 11. 21. 손진태군 집에 가서 진단학회 간사회를 하고 방응모(조선일
  보사)의 출자를 토의.
- 1937. 6. 10. 신흥사에 가다. 진단학회 총회 겸 조윤제군의 『조선시가사강
  (朝鮮詩歌史綱)』, 최현배군의 『우리말본』 출판 축하회가 있다. 10여 명
  출석. 나도 그 위원으로 인임(因任).
- 1938. 1. 16. 인촌(仁村: 김성수)을 가보다. 손진태, 백남운 군이 왔다. 또
  이찬(李燦), 고원훈(高元勳), 송진우(宋鎭禹) 군이 오다. 점심 먹고 찬군
  (燦君)만 가고, 일행 6인이 자동차를 타고 양주, 정동, 광릉 구경을 가다.
- 1939. 3. 13. 문일평 군을 찾다. 이병도 군이 와 있다. 같이들 나서 죽첨정
  방응모 씨 집을 가다. 한용운, 이중화군은 와있다. 방종현, 이훈구, 함상
  훈도 있다. 추후하여 홍명희, 황의돈 군이 오다.
- 1939. 6. 3. 이관구, 송석하, 이여성, 최익한, 이원조, 이병도 군과 함께 자
  동차를 타고 광나루를 지나서 광주 동부 백수현리(白水峴里) 면사무소
  앞에서 내리다.
- 1939. 7. 21. 손진태 군 문상. 이상백 군, 조윤제 군, 이병도 군, 이인영
  군을 만나다. 영도사(永導寺)로 같이들 오르다. 김두헌, 송석하 군도 오
  다. 오후 5시 경성호텔로 가다. 고 문일평 군 유저 『호암사화집(湖岩史話
  集)』 출판기념회. 끝난 후 나와 두계, 석남(石南: 송석하)은 청정(靑汀: 이
  여성) 집으로 자동차를 몰아갔다.
- 1939. 12. 27. 진단학회 회우 망년회.
- 1940. 5. 10. 오후 5시, 오문출판사(梧文出版社)서 진단학회 위원회를 하
  고 제일루(第一樓)로 가서 석찬(夕餐).
- 1940. 8. 17. 오후 2시 조윤제 군 집에 가다. 진단학회 편집위원회. 제13호
  부터 오문출판사에 인쇄, 판매를 위탁하기로 하였다.
- 1940. 8. 24. 김상기 군을 경성역서 만나 문곡(文谷: 서상천)을 찾고 오후
  3시 30분 인천행, 동행은 두계, 석남(송석하), 도남(陶南: 조윤제), 이인영,
  김상기, 성재(誠齋: 金永胤)
- 1940. 8. 26. 버스로 강화읍에 오다. 석남(송석하)은 고비(古碑) 탁본에 지
  성이고, 두계와 김상기 군은 고궁조사에 골몰하다. 도남(조윤제)의 주정

으로 파하다. 사색(四色), 사색을 부르짖어 남을 격노케 하였다.

- 1942. 10. 22. 오전 6시 함남경찰부 형사와 종로서 형사가 와 수색하여 『조선말본』과 휴지 등을 뽑고, 조반을 재촉하여 먹이고 가자 하여 나섰다.
- 1944. 3. 21. 오후 6시 태화정(泰和亭)으로 가 성비(盛備)한 석찬을 받다. 두계, 석남, 손진태, 조윤제, 서원출(徐元出), 방종현(方鍾鉉), 민병도(民丙燾), 안호상(安浩相), 이상백(李相佰), 김상기, 배정국, 이홍직, 김두헌, 구영근 등을 석별함이다. 서로 취하고 배불렀다(이병기, 1975: 362-542).

평생 양란(養蘭), 애련(愛蓮), 애주(愛酒)로 유명했던 이병기의 일기는 그의 교우록에 가깝다. 그의 일기에 따르자면 진단학회나 그와 관련해 이병기가 만난 사람들은 '진보'·'과학'·'운동' 등과는 전혀 거리가 멀다. 학문적으로는 호고(好古)적 취미가 가득하고, 인간적으로는 풍류를 아는 친구들의 모임으로 그려져 있다. 가람일기에 그려져 있는 인간관계의 그물이 진단학회의 한 축을 이룬다고 판단해도 과하지 않을 것이다. 이병기는 이병도와 친밀한 관계로 나타나는데, 둘이 함께 한 자리는 고서점, 서적박람회, 도서관, 아악연주회 등이었고, 술자리가 이어졌다.

다음으로 조선학운동에 대해서는 명확한 언급이 없다. 이병기는 정인보와 일정한 교류가 있었지만, 이병도 등과는 전혀 접점이 없었던 것으로 보인다. 이병도는 정인보가 진단학회와는 전혀 무관했다며, 찬조위원이 많았는데 어떻게 정인보를 빠뜨렸는지는 기억이 없으나, "그분이 속으로는 좋지 않게 생각했을 것"이라고 기억했다(두계이병도, 1987: 850). 다른 자리에서 이병도는 정인보가 한문학자로 역사전공이 아니었기에 진단학회와 별로 관계가 없었다고 밝혔다(진단학회, 1966: 478). 일본 대학 아카데미즘의 훈련을 받은 진단학회 측으로서는 정인보의 민족주의적 사론을 '비과학적'인 것으로 인식했을 개연성이 높다. 반대로 정인보 측에서는 진단학회류의 실증사학을 '얼'이 없는, '얼'이 빠진 학문이라는 식으로 이해했을 것이다(斗溪李丙燾博士九旬紀念韓國史學論叢刊行委員會, 1987: 850; 강진철, 1984: 18). 생존한 진단학회 초기 회원들은 최남선의 불함문화론 등에 대해서도 역시 호언장담만 할 뿐 실증 연구하는 사람들에게서는 그다지 반응이 없었다고 기억했다(斗溪李丙燾博士九旬紀念韓國史學論叢刊行委員會, 1987: 843).

마르크스주의역사학과의 관계에 대해서 50여 년 뒤 이병도는 이렇게 기억했다.

> 백남운 씨하고도 달랐습니다. 백남운 씨는 우리 회원도 아니었고, 또 그
> 가 유물사관쪽 입장에 있었기 때문에 ─ 사관이라는 것은 그렇게 편벽되어
> 서는 안되지요. 유물사관이다 유심사관이다 하는 것이 도대체 있을 수가 없
> 는 것이거든요. 물심양면, 주관·객관 이것이 합치되어 가지고 해야지 어느
> 사관으로 치우치면 안되지요. 그래서 나는 찬성을 안했습니다. 그때가 바로
> 백남운이 최고라고 하던 때였습니다(斗溪李丙燾博士九旬紀念韓國史學論叢
> 刊行委員會, 1987: 850).

그렇지만 진단학회 내부에 마르크스주의 역사학자가 없던 것은 아니다. 고고학을 전공한 도유호와 한흥수는 이미 이름을 떨치고 있던 마르크스주의 역사학자였다. 도유호는 경성고등상업을 졸업(1929)한 후 북경 연경대학(燕京大學) 문학원을 거쳐 1931년 독일 프랑크푸르트대학으로 유학했다. 1933년 오스크리아 빈대학에서 고고학을 전공해, 1935년 박사학위를 취득했다. 빈대학 선사연구소에서 근무하다 1939년 귀국했다(이광린, 1990; 한창균, 1992). 김재원의 회고에 따르자면 유학시절 이병도와 편지왕래가 있던 도유호는 "국내의 모든 국학 관계 학자들은 다 고루한 사람들이라고 경멸하면서도 두계 선생께는 무조건 머리를 숙이

고 있었다"고 한다(김재원, 1987: I). 도유호는 해방 후 김일성종합대 교수, 고고학연구소장, 과학원 물질문화연구소 소장직을 역임했다.

한흥수는 1933년 이래 한국 석기문화에 관한 연구자로 명성을 얻고 있었다. 유학을 떠나기 전인 1935년과 1936년에 『진단학보』에 두 차례에 걸쳐 한국의 거석문화와 석기문화에 관한 글을 발표했고, 백남운의 『조선사회경제사』원시사회 부분을 반박하는 글을 세 차례에 걸쳐 『비판』에 실은 바 있다.[18] 해방 당시 체코 프라하에 거주하고 있던 한흥수는 북한에 들어가 1948년 7월 김일성 대학 사회학분야에서 가르치기 시작했고, 1948년 11월 조선물질문화유물 조사보존위원회가 설치되자 위원장을 맡았다.

조선후기 사회경제사 분야에서는 경성제대 출신 김석형과 박시형이 대표적인 마르크스주의사학자였다. 그러나 식민시 시기 이들은 아직 본격적인 연구자로서 목소리를 내기 전이었다.

또한 진단학회 발기인 박문규, 찬조회원 여운형, 통상회원 유응호, 이여성, 최익한 등이 좌파·중도좌파적 성향이 강한 인물이었던 점, 해방 후 진단학회의 임원이 된 김수경, 김영건, 도유호, 이여성 등이 월북한 사실, 해방 후 신민족주의 역사학의 핵심인물인 손진태·이인영·조윤제 등이 해방 전후 진단학회의 핵심 임원이었던 점 등으로 미루어볼 때 진단학회의 사상적 지향이 일률적으로 우파적이었다고 단정하기는 어려울 것으로 보인다.

---

18) 韓興洙, 1933,「原始社會研究의 重大性과 그 다음에 오는 諸問題」,『批判』11월; 1935,「朝鮮의 巨石文化研究」,『진단학보』3; 1935,「朝鮮原始社會論: 白南雲氏著『朝鮮社會經濟史』에 對한 批判을 兼하야」,『비판』12월; 1936,「人種과 民族과 文化: 歷史科學의 領域에서」,『비판』3월; 1936,「朝鮮文化研究의 特殊性」,『비판』7월; 1936,「朝鮮石器文化概說」,『진단학보』4; 1936,「휘보: 한흥수 씨의 서신」,『진단학보』6.

2) 진단학회의 학문적 범위

진단학회의 학문적 범위는 일본의 관학 아카데미즘과의 교집합, 조선학운동과의 교집합, 마르크스주의역사학과의 교집합이 교차하는 지점에 놓여 있었다. 학문적으로는 한국사가 중심을 이루지만 국어국문학과 민속학이 중요한 2개의 또 다른 축을 형성했으며, 미술사·고고학·철학·종교학 등의 학문분야도 포섭하고 있었다. 때문에 진단학회는 일제시기 다양한 가능성을 내포한 학회였다고 할 수 있을 것이다. 조직적으로는 제도 안의 학문과 제도 밖의 학문에 걸쳐져 있었으며, 뚜렷하게 학회의 이념적 지향이 드러나지 않는 상황이었다. 표면적으로 강조된 것은 일본 관학아카데미즘의 학문적 수준에 필적하는 '고증학적 연구방법'과 '연구태도'였으며, 내면적으로는 마르크스주의역사학, 해방후 전개될 민족문학·신민족주의사관의 지향이 내포하고 있었다.

역사학에서는 계몽사학, 조선학운동, 마르크스주의사학, 식민사학과 교차하는 측면이 있었으며, 주된 방향은 학문적 실증성을 강조하는 일본 제도 역사학계의 방향에 조응하고 있었다. 이들에게 실천은 학문적 엄격성과 검증을 통한 학문적 언어를 넘어서지 않았다. 그러나 그 가운데 도유호·한흥수 등 고고학과 김석형·박시형 등 사회경제사 전공자를 중심으로 한 마르크수주의역사학, 손진태·이인영 등 신민족주의역사학의 지향이 꿈틀대고 있었다. 그러나 이들의 개화는 해방 이후로 예정되어 있었다.

국문학에서는 대중적 접촉면이 넓고 활발하게 활동하던 조선어학회 관계자들이 다수 포함되었으나, 대부분 경성제대 출신이었으므로 제도 아카데미즘의 방향 속에서 학문적 글쓰기를 영위했다. 그 가운데 민족주의적 경향은 조선어학회사건으로 표현되었으며, 김수경, 김태준, 유

응호, 이극로 등 상당수의 마르크스주의자들이 포함되어 있었다. 이들
은 해방 후 좌파적 지향을 분명히 했다.

민속학에서는 송석하, 손진태를 중심으로 김구경, 김효경, 유자후, 임
석재, 전몽수 등이 활동했는데, 이들은 경성제대의 아키바 다카시(秋葉
隆)·아카마츠 지조(赤松智城)뿐만 아니라 동양문고의 마에마 교사쿠
(前間恭作)와 밀접하게 교류했다(전경수, 2008; 최광식, 2012). 이들도 제
국의 아카데미즘의 궤도를 크게 이탈하지는 않았다. 다만 해방 이후 이
들의 행로가 다양하게 갈라졌고, 좌우로 흩어졌다는 점은 분명하다. 이
상에서 살펴본 진단학회의 학문적 범위를 표시하면 다음 그림과 같다.

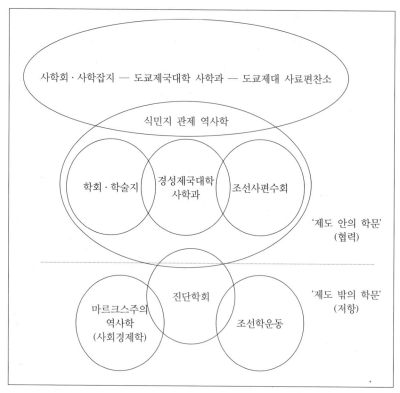

[그림] 1930~40년대 진단학회의 학문적 범위

일제의 식민사학·식민사관을 중심에 놓고 얘기하자면, 합법 학술단체이던 진단학회의 활동 자체가 대중적·공개적 반일활동에 놓인 것은 아니었다고 할 수 있다. 실제로 진단학회의 회의 시에는 사전신고를 한 후 형사 배석하에 회의를 진행했고, 진단학보 간행은 총독부의 사전검열을 통과해야 발행이 가능했다. 진단학회는 학회운영과 관련해 아무런 일본의 제지를 받지 않았다. 나아가 일제가 수양동우회 사건(1937)·흥업구락부 사건(1938) 등의 대대적 검거소동을 벌인 이후에도 수년간 꾸준히 잡지를 간행할 수 있었으며, 윤치호는 흥업구락부사건(1938)으로 경찰의 심문을 받은 와중에서 진단학보 제9권(1938.7) 후원금 30원을 낸 바 있다.19) 이것은 진단학회가 위치한 공간의 합법성을 의미하는 것이다. 그럼에도 불구하고 진단학회의 실증주의 사학은 역사연구에서 문헌비판과 합리성을 추구하는 연구태도 및 실증적 방법을 심화시켜 한국 근대역사학을 방법론적으로 한층 심화시켰고, 식민주의 사학을 일본인 학자들의 '학문적 논리로써 극복'하려고 하였다(이만열, 2007: 606).

진단학회의 중심 동력이 한국사 연구자였지만, 국어국문학·민속학이라는 또 다른 축이 존재했음에도 불구하고 왜 진단학회가 한국사 중심의 학회인 것처럼 인식되게 이르렀는가 하는 점을 살펴볼 필요가 있다.20) 가장 큰 이유는 해방 이후 한국전쟁 시기 국어국문학과 민속학을 주도한 인물들의 사망·납북·배제, 한국사 연구자들의 상당수가 월

---

19) 당시 윤치호는 사위 정광현이 연희전문 경제연구회 사건으로 구속 중인 상태였고, 그의 동생 윤치소는 서남 손원일이 구속된 지찌에 깽페고부디 급견갑취 협박을 당하는 와중이었다. 윤치호는 국방헌금 4천 원, 휼병금 1천 원을 냈다(정병준, 2005: 388-389).

20) 지금까지 대부분의 한국사사학 연구에서는 진단학회를 한국사 중심으로 평가해 왔으며, 일제시대, 해방 직후, 한국전쟁 이후 진단학회를 동일하게 취급하고 있다.

북·납북된 사정과 밀접한 관련이 있을 것이다.

먼저 국어국문학 분야의 핵심인물이었던 조윤제는 해방 후 진단학회의 총무로 활동하다가 1948년 진단학회 조직개편 과정에서 사실상 축출되었다.[21] 또한 한국전쟁의 와중에서 서울대를 떠나 성균관대에 몸담게 되었다. 이후 진단학회 내에서 조윤제의 목소리, 학회 창립의 맥락에 대한 기억이 거의 남지 않게 되었던 것으로 보인다. 이병기는 진단학회 자체 보다는 이병도와의 개인적 친분이 남달랐던 것으로 보인다. 그가 남긴 『가람일기』에는 1930~40년대 이병도, 문일평, 황의돈, 이관구, 송석하, 이여성, 최익한, 이원조, 이태준, 김상기, 손진태, 조윤제, 이상백, 김두헌, 이인영 등과 어울려 답사하고 고서점과 전람회를 다니며, 주흥을 즐긴 많은 이야기들이 등장한다. 이병기도 한국전쟁기 서울대학을 떠나야 했다(정병준, 2009: 446-461). 이 결과 국어국문학 분야에서 진단학회 활동에 가장 적극적이었던 조윤제와 이병기는 한국전쟁 이후 진단학회와 관계가 소원해졌다. 나아가 진단학회 창립에 적극적으로 기여했던 이윤재는 일제 말 옥사했고, 한국전쟁기 이후 생존한 양주동, 이은상, 이희승, 최현배 등은 진단학회에 대한 명확한 기억이 없었다.[22]

민속학의 대표적인 인물인 손진태와 송석하도 마찬가지 운명을 맞았다. 손진태는 일제 말기 보성전문에서 조윤제·이인영과 함께 새로운 연구방향을 모색한 소위 '동산학파(東山學派)'의 일원이었는데, 해방 후

---

[21] 조윤제는 해방 후 민족문학을 내세우며, 진단학회 내부에서 친일분자의 청산을 주장했고, 그 여파는 경성대학으로 번져 법문학부장이던 그의 지위를 둘러싼 서울대 18교수진의 반대성명이 나왔다. 진단학회는 1948년 조직개편을 통해 총무이던 조윤제를 축출했다(이숭녕, 1984: 241-242).
[22] 발기인이자 위원이었던 이희승의 회고록에는 진단학회가 들어 있지 않다(이희승, 1996).

서울대 18교수단 사건에서 이인영과 함께 조윤제를 옹호했고, 한국전쟁기 납북되었다(김성준, 1997: 424-425). 손진태·이인영은 해방 후 신민족주의사관을 내세우며, 조윤제와 함께 '민족사관' '민족문학'을 주창한 바 있는데, 이들은 국대안 파동을 전후해서 서울대를 떠나거나, 그 여파로 타격을 받았다.[23] 나아가 한국전쟁기 납북됨으로써 역사학계의 새로운 방향을 제시하려던 노력은 중단되었다.

송석하는 해방 후 재건된 진단학회의 위원장이자 재무로 활동하며, 민족박물관을 건립하고 조선산악회의 국토구명(國土究明)활동을 주도하는 등 적극적으로 활동했다.[24] 그는 서울대에 인류학과를 설립하는 등 민속학 발전을 위해 노력했으나, 1948년 고혈압으로 사망했다. 송석하는 1947년 재간된 진단학회 편집후기에 "재작년(1945년) 인쇄소에 넘긴 회원의 노작이 이래 3년간 세상에 나오지 못함은 오로지 제반 사정에 기인한 것"이라고 한탄했다(송석하, 1947: 154).

진단학회 발기인·위원·논문투고자로 적극 활동한 그밖의 인사는 고유섭, 김상기, 이상백이다. 고유섭은 미술사 전공자로 개성박물관장을 지냈으나 해방 직전인 1944년 타계했다. 이상백은 사회학·사회사 전공자로 진단학회의 적극회원이었으나, 해방 직전 여운형의 건국동맹, 해방 후 인민당·근민당에 관계했다. 여운형의 사망(1947.7) 이후 정계와 발을 끊었으나, 진단학회 보다는 체육계 활동 등 대외활동에 주력했다. 김상기는 『한국사』 간행을 둘러싼 마찰이 일기 전까지 진단학회에

---

23) 이인영은 서울대 18교수단 사건·국대안파동 등에서 이병도와 다른 입장을 취했다. 이인영은 "진단학회는 이병도교수가 혼자 설립한 학회가 아닌데도 주인행세를 해오다가 회원 여러 사람을 서명에 끌고 들어감으로써 학회운영에 막대한 지장을 초래한 것"이라고 비판했다(김성준, 1997: 425).

24) 송석하는 조선산악회 회장이었는데, 1947년 민정장관 안재홍과 협력해서 한국 최초의 독도조사를 실시했다(정병준, 2010: 110-175).

서 적극적으로 활동했다.

해방 후 진단학회는 이전의 진단학회와는 다른 조직적 방향성을 지향했던 깃으로 보인다.25) 해방 이후 정세에 석극 대저하며 건국준비위원회와도 협력하며 국사강좌를 개최하는 등 현실 문제에 개입하려는 시도가 적지 않았다. 진단학회 상임위원 가운데 직책을 맡은 인사들의 적극성이 반영된 것으로 보인다. 특히 신민족주의 사관을 추구한 조윤제, 손진태, 이인영 등과 이후 월북한 김수경, 김영건, 도유호, 이여성이 진단학회의 핵심 임원을 맡은 점에서 이러한 경향성을 엿볼 수 있다. 그런데 해방 후 진단학회를 이끈 핵심 간부진 가운데 송석하(위원장, 사망), 조윤제(총무, 축출), 손진태(출판, 납북), 김수경(간사, 월북), 김영건(간사, 월북), 도유호(상임위원, 월북), 이여성(상임위원, 월북), 이인영(상임위원, 납북) 등이 사라졌다. 즉 해방 후 진단학회의 주력 인사 상당수가 사망, 월북, 납북된 것이다.

이념적으로 볼 때 전체 36명의 적극회원 가운데 월북한 인물이 7명(김석형, 김영건, 도유호, 박문규, 박시형, 신남철, 한흥수)에 이르렀으며, 해방 후 진단학회 상임위원 중 월북한 인물도 4명(김수경, 김영건, 도유호, 이여성)이었다. 중복을 제외하면 진단학회 적극회원·상임임원 가운데 월북한 인물은 9명이었다. 이러한 월북자의 존재는 진단학회가 우익적 경향성을 대표한다는 종래의 사학사적 평가가 재고될 필요가 있음을 보여주는 것이며, 이에 대해서는 추가적인 분석이 필요할 것이다.

이처럼 해방·분단·한국전쟁을 거치면서 진단학회 내부에 존재하던

---

25) 해방 후 재건된 진단학회의 임원진은 다음과 같다. 상임위원 : 송석하(위원장), 조윤제(총무), 김상기(편집), 손진태(출판), 송석하(재무), 유홍렬(재무), 김수경(간사), 김영건(간사), 조명기(간사), 김두헌·도유호·신석호·이병도·이상백·이숭녕·이여성·이인영.

민속학·국어국문학의 주요 동력과 좌파적 흐름·신민족주의적 흐름이 단절된 것이다. 이로써 한국전쟁 이후 진단학회는 일제 시대 이래 이어지던 학문범위의 축소·위축, 다양한 학문적 흐름·경향의 단절 속에 새로운 구성원들을 통해 활로를 모색해야 했다.

5. 맺음말

이상에서 살펴본 것처럼 1920~30년대 일본 관제역사학은 조선사편수회라는 식민지 역사편찬기구의 정립 및 조선사 편찬, 식민지 역사교육·연구기관인 경성제대 사학과의 성립과 학문적 권위의 수립, 식민지 역사학회의 조직과 학회지 발간이라는 세 축으로 이루어졌다.

이에 맞서서 한국역사학계는 계몽사학의 민족주의적 흐름을 계승한 조선학운동, 마르크스주의역사학, 진단학회라는 세 축의 흐름을 형성했다. 진단학회는 일본 대학 사학과를 졸업한 연장자들과 경성제대를 졸업한 연소자들 그룹으로 구성되었으며, 그 학문적 구성은 역사학, 국어국문학, 민속학이라는 세 뼈대로 이루어져 있었다. 그밖에 미술사, 고고학, 철학, 종교학 등의 학문분야도 포함하고 있는 조선학 종합학술단체였다.

진단학회의 학문적 지향은 일본의 관학아카데미즘, 조선학운동, 마르크스주의역사학과 교차하는 지점에 위치해 있었다. 일본의 제국 아카데미즘의 영향을 강하게 받았으나, 그 안에는 민족주의·마르크스주의·신민족주의 등 다양한 가능성과 잠재력을 내포하고 있었다. 조직적으로는 제도 안의 학문과 제도 밖의 학문에 걸쳐져 있었다. 이들의 학문적·실천적 방향을 이끈 것은 해방 후 시대상황과 주체들의 선택이었다. 다만 식민지시기 학회의 이념적 지향을 뚜렷하게 드러나지 않았고, 일본의 관학아카데미즘과 경쟁할 수 있는 수준의 연구성과를 제출하는데 집중했다. 학회의 활동은 반일적이거나 반제도적인 것을 표방하지는 않았지만, 학회의 창립 자체가 일제 관제역사학과 경쟁하며 독자적인 한국사·한국학연구를 목적한 것이었다. 또한 7년간 한국어 잡지를 간행하며, 해외 학계와의 국제적 교류를 지속적으로 추구함으로써, 국내외 한국사·한국학연구자들의 연구중심이 되었다. 학문 자체를 통한 일제 관제역사학과의 대결·경쟁, 일본 관학아카데미즘의 수준과 경쟁할 수 있는 학문의 추구라는 학회의 특징은 진단학회가 오랫동안 지속될 수 있는 동력이자, 해방 후 남북한의 서울대학·김일성대학을 비롯한 주요 대학에 이들이 자리할 수 있는 기반이 되었다.

해방 후 진단학회를 본격적으로 분석하지는 않았지만, 일제 시대 진단학회에 내재했던 신민족주의·마르크스주의 등의 저류가 해방된 정세에 따라 분출하면서 새로운 방향 정립과 학회운영을 시도한 것으로 볼 수 있다. 그러나 분단과 전쟁의 결과 국어국문학, 민속학을 이끈 상당수의 적극회원들이 타계·납북·배제되었고, 역사학계의 상당수 회원들도 월북함으로써 전후 진단학회에는 역사학계의 실증주의적 기풍이 지배적인 상황이 되었다.

이런 맥락을 염두에 둔다면 지금까지 행해온 진단학회의 역할과 위상에 대해서는 평가는 조정될 필요가 있다. 위에서 살펴본 것처럼 일제하 진단학회는 어떤 특정 개인의 것이 아니며, 식민지 상황이 창출해낸 한국학 종합연구 학회였다. 식민지 관제역사학의 성립이 미친 영향과 그에 맞서는 대결의식이 교차하는 가운데 진단학회가 창립되었으며, 학회는 역사학·국어국문학·민속학 등의 합력(合力)에 의해 조직·운영되었다. 진단학회는 큰 틀에서는 일본 제국아카데미즘이 설정한 보편적·객관적 학문, 제도로서의 학문 수준에 부응하고 이와 경쟁하는 한국인들의 학문을 추구했다. 이 속에는 역사학·국어국문학·민속학의 정치적·사상적 지향, 방법론에 대한 다양한 지향, 고민들이 교차·포함되어 있었다. 이러한 다양한 지향·고민들은 해방 후 개화를 기다려야 했다.

■ 참고문헌

6·25전쟁납북인사가족협의회 납북인사DB(http://www.kwafu.org/korean/directory.php)
국사편찬위원회 한국사데이터베이스(http://db.history.go.kr/)
한국학중앙연구원 한국역대인물종합정보시스템 (http://people.aks.ac.kr/index.aks)
『한국민족문화대백과사전』, 온라인판(http://encykorea.aks.ac.kr)
黃錫周 校長(http://songmisinsun.blog.me/90194385884)

강진철(1988), 「연구생활의 회고: 학창시절과 연구생활을 되돌아보며」, 『한국사시
        민강좌』 3, 일조각.
京城帝國大學創立五十周年記念誌編纂委員會 編(1974), 『紺碧遙かに一京城帝國大
        學創立五十周年記念誌』, 京城帝國大學同窓會.
국립중앙도서관(2012), 『박봉석도서관사상조명』, 킨텍스.
旗田巍(1934), 「書評: 白南雲 著『朝鮮社會經濟史』」, 『歷史學研究』 3.
旗田巍(1936), 「紹介と批判: 李淸源 著『朝鮮社會史讀本』」, 『歷史學研究』 35.
김광운(2011), 「북한 민족주의 역사학의 궤적과 환경」, 『한국사연구』 152.
김성민(1989), 「조선사편수회의 조직과 운용」, 『한국민족운동사연구』 3.
김성준(1997), 「회고: 학산선생과 6·25」, 『鶴山李仁榮全集』 4, 국학자료원.
金永鍵(1937), 「雲屯と日本人」, 『歷史學研究』 46.
金永鍵(1939), 「迦知安に於ける日本人の十字架」, 『歷史學研究』 67.
김영황(2015), 「민족수난기에 전개된 반일애국적인 국학운동」, 『중국조선어문』 4.

김용섭(1966),「일본·한국에 있어서의 한국사 서술」,『역사학보』31.

김재원(1984),「진단학회 50년 회고: 광복에서 오늘까지」,『진단학보』57.

南溪曺佐鎬博士華甲紀念論叢刊行委員會(1977),『南溪曺佐鎬博士華甲紀念論叢』, 일조각.

陶南 趙潤濟博士 回甲紀念事業會(1964),『陶南 趙潤濟博士 回甲紀念論文集』, 신 진사.

도현철(2015),「김일출의 학술활동과 역사연구」, 연세대 국학연구원 제441회 국학 연구발표회『근현대 한국의 지성과 연세』.

斗溪李丙燾博士九旬紀念韓國史學論叢刊行委員會(1987),『斗溪李丙燾博士九旬紀 念韓國史學論叢』, 知識産業社.

瀧(1929),「孫晉泰 編,『朝鮮古歌謠集』」,『책명』40-11.

문경호(2013),「이능식의 생애와 역사연구」,『역사교육』126.

문은정(1989),「일제시대 진단학회에 대한 연구-『진단학보』(1934~1945)를 중심 으로-」, 이화여대 교육대학원 사회과교육 석사학위논문.

閔賢九(1994),「震檀學會 六十年略史」,『震檀學會六十年誌』, 진단학회.

민현구(2012),「두계 이병도의 수학과정과 초기 학술활동」,『진단학보』116.

박걸순(1998),『한국근대사학사연구』, 국학자료원.

박광현(2003),「경성제대와『新興』」,『한국문학연구』26.

박광현(2009),「'국문학'과 조선문학이라는 제도의 사이에서-'국문학자'로서 서두 수의 학문적 동일성을 중심으로」,『한민족어문학』54.

박용규(2007),「경성제국대학과 지방학으로서의 조선학」, 민족문학사연구소,『조 선적인 것의 형성과 근대문화담론』, 소명출판.

박용규(2013),『우리말 우리역사 보급의 거목 이윤재』, 역사공간.

백영서(2005),「상상 속의 차이성, 구조 속의 동일성-京城帝大와 臺北帝大의 비 교」,『한국학연구』14.

백영서(2014),『제도로서의 학문, 운동으로서의 학문 사회인문학의 길』, 창비.

송석하(1947),「편집후기」,『진단학보』15.

신주백(2014),「'조선학' 학술장(學術場)의 재구성」, 신주백 편,『한국 근현대 인문 학의 제도화: 1910~1959』, 혜안.

야로슬라브 올샤, jr.(2011),「체코슬로바키아와 한국의 관계」,『체코슬로바키아

중립국감독위원단이 본 정전 후 남과 북』, 서울역사박물관.

양은용(2015), 「현대한국의 불교학자 김영수(金映遂)」, 『불교평론』 61.

연세학풍사업단(2015), 『홍순혁저작집』, 혜안.

유홍렬(1984), 「진단학회 50년 회고: 진단학회와 나」, 『진단학보』 57.

이광린(1990), 「북한의 고고학: 특히 도유호都宥浩의 연구를 중심으로」, 『동아연구』 20.

이기백(1991), 「두계선생의 학문」, 『역사가의 유향』, 일조각.

이기백(1994), 「기념강연: 한국학의 전통과 계승」, 『진단학보』 78.

이만열(1981), 『한국 근대역사학의 이해』, 문학과지성사.

이만열(2007), 『한국 근현대 역사학의 흐름』, 푸른역사.

이병기 저, 정병욱·최승범 편(1975), 『가람일기』, 신구문화사.

李丙燾(1927a), 「高句麗三蘇考」, 『東洋學報』 16-2.

李丙燾(1927b), 「妙淸の遷都運動に就いての一考察」, 『史學雜誌』 38-9.

李丙燾(1929a), 「權陽村の入學圖說に對する(上)」, 『東洋學報』 17-4.

李丙燾(1929b), 「權陽村の入學圖說に對する(下)」, 『東洋學報』 18-1.

李丙燾(1929c), 「眞蕃郡考」, 『史學雜誌』 40-5.

李丙燾(1930), 「玄菟郡及臨屯郡考」, 『史學雜誌』 41-4·5.

이병도(1954), 「나의 연구생활의 회고」, 『국사와 지도이념』, 보문각.

이병도(1984), 「진단학회 50년 회고: 창립에서 광복까지」, 『진단학보』 57.

이병도 외(1967), 「想白 李相佰博士 追悼座談會 速記錄」, 『震檀學報』 31.

李相佰(1941), 「高麗末期李朝初期における李成桂派の田制改革運動と其實積」, 『東洋學報』 28-1.

이숭녕(1984), 「진단학회 50년 회고: 진단학회와 나−해방 직후 의외의 돌풍−」, 『진단학보』 57.

이지원(2007), 『한국 근대 문화사상사 연구』, 혜안.

이홍직(1972), 『한 史家의 遺薰』, 통문관.

이훤병(2002), 「해방직후 맑스주의 역사학자들의 한국사 인식」, 『한국사학사학보』 3.

이희승(1996), 『일석 이희승 회고록: 딸깍발이 선비의 일생』, 창작과비평사.

이희환(2009), 「해방기 김영건의 문학활동과 비평사적 의의」, 『한국학연구』 21.

임영태(1985), 「한국식민지 시대에 활동한 경제연구자들에 대한 조사」, 『식민지시대 한국사회와 운동』, 사계절.

임영태(1989), 「북으로 간 맑스주의 역사학자와 사회경제학자들」, 『역사비평』 가을호.

임정혁 편저, 김기석 감수, 김향미 옮김(2003), 『현대 조선의 과학자들』, 교육과학사.

장신(2014), 「경성제국대학 사학과의 자장(磁場)」, 신주백 편, 『한국 근현대 인문학의 제도화: 1910~1959』, 혜안.

東洋文庫(1994), 『東洋學報總目錄(第1卷~第75卷))』, 東京ブルス.

史學會 編(1993) 『史學雜誌 總目錄(創刊號~第100篇)』, 山川出版社.

전경수(2002), 「식민과 전쟁의 일제인류학 ─ 대북제대와 경성제대의 인맥과 활동을 중심으로」, 『비교문화연구』 8-1.

전경수(2008), 「아카마츠 지조(赤松智城)의 학문세계에 관한 일고찰」, 『서울대학교박물관 소장 식민지시기 유리건판』, 서울대학교출판부.

전경수(2015), 「宗敎民族學者 金孝敬의 學問訓鍊과 帝國背景」, 『민속학연구』 36.

정근식 외(2011), 『식민권력과 근대지식: 경성제국대학 연구』, 서울대학교출판부.

정병준(2005), 『우남이승만연구』, 역사비평사.

정병준(2009), 「해제: 김성칠의 삶과 한국전쟁」, 『역사앞에서』, 창비.

정상우(2011), 「조선총독부의 『조선사』 편찬사업」, 서울대 국사학과 박사학위논문.

정상우(2013), 「식민지에서의 제국 일본의 역사편찬사업 ─ 조선 · 대만을 중심으로」, 『한국사연구』 160.

조동걸(2010), 『한국근대사학사』, 역사공간.

조용만(2013), 「6 · 25에 생각나는 사람들⑤ 이재욱李在郁」, 『근대서지』 7.

조윤제(1964), 「(趙潤濟自編) 陶南年譜」, 陶南 趙潤濟博士 回甲紀念事業會, 『陶南 趙潤濟博士 回甲紀念論文集』, 신진사.

中村榮孝(1981), 「朝鮮史と私」, 『日本歷史』 400.

진단학회(1934), 「진단학회창립」, 『진단학보』 1.

진단학회(1966), 「두계 이병도박사 고희기념좌담회 속기록」, 『진단학보』 29 · 30.

최광식 엮음(2012), 『남창손진태선생 유고집 우리나라 역사와 민속』, 지식산업사.

최기영(1994), 「문일평」, 『한국사시민강좌』 15, 일조각.

친일반민족행위진상규명위원회(2008), 『친일반민족행위관계사료집Ⅴ ─ 일제의 조선사 편찬사업-』, 선인.

霞城李瑄根博士古稀紀念論文集刊行委員會(1974), 『韓國學論』, 형설출판사.

한영우(1987), 「안재홍의 신민족주의와 사학」, 『한국독립운동사연구』 1.

한영우(2002), 『역사학의 역사』, 지식산업사.

한창균(1992), 「초기(1945~1950년)의 북한 고고학」, 『중재장충식박사화갑기념논총 (상) 역사학편』, 단국대학교출판부.

Jaroslav Olša, jr. & Andreas Schirmer(2012), "An Unsung Korean Hero in Central Europe: The Life and Work of the Multi-Talented Scholar Han Hŭng-su(1909-?)," *TRANSACTIONS*, Vol. 87, ROYAL ASIATIC SOCIETY KOREA BRANCH.

일제하 사회경제사학과 '봉건제 만들기'

우
대
형

1. 머리말

최근 들어 비판이 점차 늘어나고 있지만, 조선 후기를 봉건사회 해체
기 또는 봉건사회 태내에서 근대 자본주의적 요소가 나타난 시기로 파악
하는 견해가 여전히 많은 사람들의 지지를 받고 있다(김인걸, 1997). 북
한 역시 조선 후기를 봉건체제의 붕괴기로 보고 있어, 남북한 모두 조
선 후기를 보는 시각에 큰 차이가 없음을 알 수 있다(차미희, 2000; 김
광운, 2011). 물론 이처럼 조선후기를 해체기로 보는 인식 이면에는 당
연히 그 이전 시기를 봉건사회라고 보는 인식이 전제되어 있다. 그렇다
면 한국근대역사학에서 봉건제라는 개념이 언제 도입되었으며, 어떠한
(정치적) 맥락에서 사용되기 시작하였을까? 이 글은 이러한 물음에 답
하는데 목적이 있다. 다시 말하면 이 글은 한국사에서 봉건제 실재 여
부보다는 한국근대 역사학에서 사용되어온 봉건제에 더 관심이 있다.

한국사에서 봉건제가 존재하였는가를 살펴보기 위해서는 봉건제에
대한 정의가 우선되어야 하지만, 듀스(Peter Duss)가 지적한 바와 같이

"역사가들은 서로 다른 목적으로 그 용어를 사용하고 있어"(듀스, 1991; 16) 모두가 합의하는 정의를 내리는 것은 불가능에 가깝다. 예컨대 전통주의자들은 중세시대의 서유럽 지역에 한정하여, 무장한 전사들이 주군에 대한 군사적 봉사의 대가로 토지와 권력의 분점을 인정받는 군사 및 정치조직을 묘사하는데 사용하는 반면, 인류의 역사에 어떤 보편적인 법칙이 작용한다고 믿고 있는 역사가들은 어느 사회이든 자본주의 출현 이전에 반드시 나타나는 보편적 역사단계로 파악하고 싶어 한다. 그리하여 이들은 생산수단의 소유자로서의 지주와 소농, 그리고 수취체계로서의 지대가 존재할 때 이를 봉건제로 폭넓게 정의함으로써, 서유럽은 물론, 중국, 인도 중동 등 거의 모든 비유럽국가까지 봉건제로 포함시킨다. 한편 이 두 양 극단 사이에는 다양한 절충적 정의도 가능하여, 연구자의 수만큼 봉건제의 종류도 다양할 수 있다.

이처럼 역사가들마다 봉건제에 대한 정의가 서로 다를 경우, 봉건제를 둘러싼 논쟁은 실증에 대한 문제보다 용어가 내포하는 범위를 둘러싼 논쟁으로 흐를 가능성이 높다. 이러한 문제점 때문에 최근에는 한국(宮嶋博史, 2000, 2013)을 포함하여 비유럽국가뿐 아니라 유럽사에서도 아예 봉건제라는 용어 사용을 기피하는 경향이 늘어나고 있다(Brown, 1974; Friday, 2010; Abels, 2009). 이처럼 봉건제를 둘러싼 논쟁이 소모적으로 흐를 경우, 그 개념이 언제, 그리고 어떠한 정치적 맥락에서 사용하게 되었는지, 나아가 그 개념의 도입 당시의 정치적 함의가 지금도 여전히 유효한지를 살펴보는 것도 봉건제를 둘러싼 논쟁의 실마리를 푸는데 또 하나의 도움이 될 수 있다.

2. 入歐와 일본 봉건제

1) 入歐와 일본 봉건제

'정체' 또는 '후진성'이란 단어는 한국사에만 등장하는 고유의 것은 아니다(Miller, 2010). 이러한 생각은 동양에 대한 서양의 태도 그중에서도 특히 식민 지배를 받은 나라에 대해서는 거의 보편적으로 나타난다. Anderson(1974), krader(1975: 19-75) 그리고 Sawer(1981: 4-39)는 유럽에서 '아시아적 정체성'(Asiatic stagnation) 또는 '동양적 전제주의'(Oriental despotism)라는 아이디어가 언제 그리고 어떻게 탄생되어 발전되어 왔는지를, 아리스토텔레스로부터 마키아벨리, 몽테스큐, 헤겔, 그리고 맑스의 저술을 통해 추적하였다. 보다 넓게, 에드워드 사이드(Edward W. Said)는 그의 저서 『오리엔탈리즘』에서 동양을 지배하고 억압하기 위해 서양이 만든 관념, 태도 그리고 지식 체계를 '오리엔탈리즘'으로 명명하였다. 그에 따르면 서양은 자신의 정체성을 세우고 식민 지배를 정당화하기 위해 동양에 대해 여러 편견들을 끊임없이 확대 재생산해왔다.[1]

그런데 근대 일본에서도 이러한 오리엔탈리즘을 발견할 수 있다. 일본은 아시아국가중 유일하게 근대화에 성공하였을 뿐 아니라 식민지를 거느린 제국주의국가가 되었다. 따라서 일본 역시 서양이 동양에 대해 그랬던 것처럼, 자신의 정체성을 위해 그리고 식민 지배를 합리화하기 위해 이들 국가에 대한 편견이 담긴 이데올로기, 담론 그리고 지식체계를 필요로 하였다. 강상중(1997), 다나카(2005) 그리고 고야스(2005)는 사

---

[1] 사이드에 따르면, 이러한 인식의 결과물은 단순한 관점이나 태도에서부터 예술적인 취향, 전문적인 학술연구에 이르기까지 매우 다양한 형태로 나타났다고 한다. 또한 그에 따르면, 오리엔탈리즘, 대부분의 아시아국가가 식민지로부터 벗어난 오늘까지도 서구인들의 인식에 계속해서 영향력을 미치고 있다.

이드의 오리엔탈리즘이라는 용어를 빌려, '일본판 오리엔탈리즘(Japanese Orientalism)'이 어떻게 생성되어 '유사 과학'의 체계를 갖추게 되는지를 검토한 바 있다. 이들에 따르면, 일본은 주변 아시아국가에 대해 서양이 동양을 지배할 때 사용한 것과 비슷한 이항구조들(dichotomy), 예컨대 발전 대 정체, 문명 대 야만, 이성 대 비합리성, 근면 대 게으름 등을 만들어내었다.[2]

그렇지만 '일본판 오리엔탈리즘'은 서구의 오리엔탈리즘에 비해 조금 더 복잡한 측면을 지니고 있다. 일본판 오리엔탈리즘이라는 개념 스스로 형용모순의 단어이기도 하다. 오리엔탈리즘을 동양에 대한 서양의 편견이 담긴 지식 체계라고 정의하면, 동양에 속한 일본도 그 편견에서 자유로울 수 없기 때문이다. 당시 일본의 지식인들도 이러한 서양의 편견을 잘 알고 있었다(Askew, 2004). 강상중은 이를 "이율배반적 지향성" (강상중, 1997: 87)으로 표현한다. 일본은 동양의 일원으로서 서양에 대한 열등한 아시아라는 의식에 괴로워하면서, 이웃 주변 아시아국가에 대해서는 멸시감과 우월감을 갖고 있었다는 것이다. 이러한 이율배반의 자의식에서 벗어나기 위하여 선택한 전략이 바로 일본을 아시아에서 빼내(脫亞), 유럽과 등치(入歐)시키는 것이었다. 그리고 이러한 요구에 발맞춰 일본의 근대역사학이 만들어낸 작품이 바로 '봉건제'였다.

封建이라는 단어는 원래 중국 주나라 시대의 국가통치조직을 가리킬 때 쓰던 용어였다. 그러다 명치기(1868~1912) 서양의 역사학이 일본에 소개되면서, 처음에는 유럽의 feudalism의 번역어로 사용되다가 러일전

---

[2] 예컨대 "동양에서 문명의 우두머리인 일본을 널리 세계에 과시하려고 한"(강상중, 1997: 88) 후쿠자와가 중국과 조선에 대한 표현은 '완고', '고루', '구태의연' '게으름' 등이었다. 강상중에 따르면, 이러한 표상은 "식민지에 대한 과학적 고찰 속에 반복되고 학술적, 평론적 텍스트 속에 배분되는 동시에(...) 실체화"(강상중, 1997: 89)되었다고 한다.

쟁 전후에는 'European construct'로 일본사에 본격적으로 적용되기 사용
되기 시작하였다(Hall, 1961; 宮嶋博史, 2000; Friday, 2010). 이를 선도한
사람이 나카다 가오루(中田薰, 1877-1967)와 Asakawa Kanichi(朝河 貫一,
1873-1948), 그리고 뒤에 살펴볼 福田德三 등이었다. 法制史家인 나카다
가오루는 서유럽 봉건제와 일본의 大名制를 비교하면서, "일본의 중세
법제의 원리가 프랑크시대의 법제와 매우 닮았다는 데 놀라움을 금할
수 없다"(中田薰, 1906: 38)고 썼다. Keirstead(2004)가 지적한 바와, 나카
다가 놀라움을 표시한 그 이면에는 일본이 아시아에서 유일하게 근대
화에 성공한 이유가 단순히 서양의 모방 때문이 아니라, 일본 역사 내
에서 서구와 동등한 봉건제를 경험하였기 때문이라는 사실을 강조하고
싶은 마음이 자리 잡고 있다. 在美 일본인 역사가 아사카와는 그 의도
를 보다 명시적으로 드러내었다. "1868년 국민의 감각이 깨어나게 된
것은 지난 7백년 봉건시대의 교육을 받았기 때문에 가능한 일"이었으
며, "봉건적 성장은(..) 비정상이었지만, 그것은 오히려 다행스러운 비
정상이었으며, 또 세계 역사에서 극소수의 인종만 받은 선물"이었다.[3]
그렇지만 아직 脫亞入歐의 전략이 완성된 것은 아니다. 이웃 아시아 국
가의 역사에서는 실제 봉건제가 없었는지 그리하여 神이 아시아 국가
중에 유일하게 일본에게만 봉건제라는 선물을 주었는지를 보다 과학적
으로 검증하는 일이 남아 있다. 이 역할은 후쿠다 도쿠조(福田德三)에

---

3) 이처럼 일본의 성공이 유럽과 유사한 봉건제 때문이라는 주장은 패전 이후에도 여
   전히 유력한 가설로 남아 있으며, 일본뿐 아니라 외국학계에서도 넓게 퍼졌다. 예컨
   대 미국에서 동양학의 대부 중 한 사람인 라이샤워는 일본의 성공이 봉건제 경험과
   밀접한 관계가 있는 것으로 믿고 있다.
   "지난 세기, 매우 빨리 그리고 손쉽게 일본 사회를 유럽식 모형에 따라 재조직할 수
   있었던 것은 봉건제 경험과 관련이 있을 것이다. 우리는 일본의 성공을(...) 유럽문
   명과 더 빨리 그리고 더 오랫동안 접촉하였지만, 봉건적 경험이 없는 아시아 다른
   나라사람들과 비교하지 않을 수 없다"(Reischauer, 1956: 46).

게 주어졌다.

2) 脫亞와 조선사회 봉건제결여론

1902년 한국을 방문, 약 3주 정도 머물면서 자료수집과 몇몇 사람으로부터 의견 청취를 들은 후쿠다는 이를 바탕으로 1903년부터 1905년까지 『內外論叢』에 「경제발전사상에 한국의 지위」라는 장문의 글을 연재하였다.[4] 한국경제사에 관한 최초의 논문으로 알려진 이 논문에서 그는 뷔허(Karl Bücher)의 역사발전단계설 방법을 이용하여, 20세기 초 한국경제는 자급경제 수준에서 약간의 상품 교환이 이루지는 사회, 그의 용어로 빌리면 '借金적 자급자족' 단계에 머물고 있다고 주장하였다. 후쿠다가 사용한 칼 뷔허의 경제단계설에 따르면, 인류사는 봉쇄경제에서 '도시경제'를 거쳐 마지막 단계인 '국민경제'에 도달하는 것으로 되어 있다.[5] 즉 그의 주장에 따르면, 20세기 초 한국경제는 '국민경제' 단계는 물론 그 중간 단계인 '도시경제'에도 도달하지 못한 것이다. 후쿠다는 20세기 초 한국이 처한 이러한 발전 단계를 일본의 후지하라 시대(9세기 말~12세기 초)나 서유럽의 카를로 대제의 Salica왕조(814~1125)에 比定하였다.

---

[4] 이 논문은 이후 그의 저서에 「韓國ノ經濟組織ト經濟單位」라는 제목으로 재수록 되었다. 이글의 인용은 모두 福田德三(1925), 『經濟學硏究』에 따른다.

[5] 칼 뷔허에 따르면, 각 단계의 기준은 재화가 생산자로부터 소비자에게 들어가는 동안의 유통기간의 길이에 따라 구분된다. 즉 가내 경제는 생산자가 곧 소비자가 되며 교환은 부정기적으로 밖에 이루어지지 않으며, 도시경제는 재화가 생산자에서 소비자에게 직접 전달되는 것이 아니라 가운데 상인이 계재되는 단계이다. 국민경제는 생산자가 소비자 간에 무수히 많은 상인이 계재되며, 그 범위도 도시를 넘어 전국 단위로 확장된다. 이 기준에 따르면 장시를 통한 생산자가 소비자가 직접 만나는 장시는 아무리 그 숫자가 많아도 결코 도시경제 단계가 될 수 없다. 칼 뷔허의 방법론과 문제점에 대해서는 강진철(1992: 185-186)과 Krabbe(1996: 37-43) 참조.

한국은 왜 이처럼 유럽과 일본에 비해 수백 년이나 뒤떨어지게 되었을까? 후쿠다는 이에 대해 한마디로 한국이 봉건제를 경험하지 못했기 때문이라 주장한다. 그가 보기에, 한국의 정치제도는 봉건제도와 거리가 멀다. 한국의 지배계급인 양반은 단순한 특권계급에 불과하여 서양과 일본과 같이 봉토(fief)를 갖고 있는 영주가 아니다. 지방 관리들 역시 領地를 갖고 있지 않으며 그들의 힘은 오히려 중국의 城主보다도 못하다. 얼핏 보면 전제 군주제처럼 보이지만, 후쿠다에 따르면, 군주의 힘은 매우 약하여 그 지배 범위가 왕이 거주하는 서울에서 가까운 경기도 이상을 벗어나지 못하고 있다. 즉 "일국의 군주로서 통일된 권력을 갖고 있지 못하며, 통상 주권자가 누리는 존경과 위험을 받고 있지도 못하다"(福田德三, 1925: 106). 그가 보기에, 한국의 정치제도는 이름뿐인 전제국가이며, 어떤 정치조직 이론으로도 설명할 수 없으며, 어떤 의미에서 진정한 의미로서 '국가'라고 보기도 어렵다." 요컨대 그의 주장에 따르면, 한국의 정치제도는 전제국가라고 보기도 어려우며 봉건제는 더욱 더 아니다.

그렇다면 경제발전에서 봉건제가 왜 중요한가? 그는 '국민경제'의 필요 불가결한 두 조건인 사유재산권과 개인의 독립성을 봉건제도가 완성시켜주기 때문이라고 주장한다. 즉 국민경제가 성립하기 위해서는 토지의 사적 소유와 독립적인 개인이 전제로 되어야 하는데, 봉건제의 두 구성요소인 恩貸制와 臣屬制가 사유재산권과 개인주의를 '자연스럽게 그리고 정상적 절차'를 거쳐 점차적으로 발달시켜준다는 것이다. 나아가 후쿠다는 이 두 조건을 동시에 달성시키는데 봉건제보다 더 좋은 제도는 없다고 단언한다. 또한 한국에서 토지의 사유재산권의 발달이 부진한 것, 그리고 개인과 가족이 친족 등 촌락공동체의 사슬로부터 자립하지 못한 것 역시 모두 한국이 봉건제를 겪지 않았기 때문이라고

한다.6)

그런데 그가 약 20일간 머물면서 관찰해 바에 따르면, 20세기 초 시점에서도 한국 사람들은 스스로 사유재산을 도입하고 개인을 공동체의 족쇄로부터 해방시킬 능력과 동기가 여전히 보이지 않는다. 따라서 후쿠다가 보기에, 한국이 오랜 정체에서 탈출할 수 있는 방법은 결국 국민경제에 도달한 선진 국가에 동화되는 수밖에 없다.

> 현재 한국에서(...)경제단위의 발전을 급속하게 하기 위해서는 토지를 해방하여 자본으로 만들고 인민을 해방하여 진정한 개인성을 발휘하도록 해야 한다(...) 토지의 해방은 토지사유제도를 필요로 한다. 진정한 개인성을 발휘하기 위해서는 근대 경제계급의 발생, 빈부의 격차를 필요로 한다. 그러기 위해서는 자주, 자유, 독립, 자존의 노동자와 다른 한편으로 냉정, 과단, 유의, 유력의 기업자를 만들 필요가 있다. 그런데 이 두 가지 과제를 한국인 스스로 힘에 의해 얻을 수 없다고 한다면, 결국 傳來적일 수밖에 없다. 여기서 전래적인 것이라는 것은 다른 경제단위(즉 국민경제 - 인용자)를 발전시킨 경제조직을 갖고 있는 문화에 동화된다는 것이다(福田德三, 1925: 146)

이어서 후쿠다는 한국이 동화될 수 있는 여러 잠재적 경쟁자 중에 일본이 가장 적격이라고 주장하면서 논문을 끝맺고 있다.

---

6) "이제 근본 원인을 구명하기에 나는 봉건제도가 존재하지 않았다는 것을 결론으로 얻었다(...) 근세국가와 국민경제조직의 연원은 전제적 경찰국가(절대주의국가 - 인용자)에 있다. 하지만 전제적 경찰국가의 발생은 이것에 우선하여 장기간 엄정한 봉건교육시대를 경과한 이후에야 가능하다. 한국은 결국 봉건적인 교육을 받을 운명이 아니었다(...). 나는 일찍이(...) 우리나라의 오늘이 있는 까닭은 가마쿠라 막부의 봉건시대와 도쿠가와 막부의 경찰국가 두 시대에 있어서 엄정하고 주도한 교육을 받았던 시대의 선물로 인해 후지하라 시대가 영원히 지속되지 않았기 때문에 결국 명운을 한국과 달리 했다는 이유를 입증하고자 노력했다(...) 해석에 매우 고심했던 한국의 사회조직은 이 봉건제도의 결여를 답안으로 그 진상을 알게 되었을 것이다."(福田德三, 1925: 109-110).

한국을 동화할 수 있는 문화는 반드시 토지와 인민에 대해 질서적, 개진적, 계발적인 임무에 매진하지 않으면 안 된다(...) 그렇다면 한국에서 많은 경제적 설비를 베풀고, 한인을 사역하는데 익숙하고 한국의 토지를 사실상 사유로 삼아 꾸준히 농사경영을 해왔으며, 더구나 그 생산품인 미와 대두의 최대 고객인 우리 일본인이야말로 이 사명을 충족시키는데 가장 적합한 것은 아닐까(..). 토지에 대해서는 가장 집중적인 농업자이요, 인간에 대해 말하자면 한국인에게 가장 부족한 용감한 무사적 정신의 대표자인 우리 일본 민족은(...)부패 쇠망의 극에 달한 한국과 한국인의 '민족적 특성'을 뿌리부터 소멸시킬 수 있는(..) '유력 우세한 문화'의 사명을 부여받은 자가 아니겠는가(福田德三, 1925: 146-147)

후쿠다가 독일 유학에서 돌아오자마자 어떻게 해서 한국을 방문하였는지, 자비로 왔는지 아니면 일본정부의 후원금이 있었는지, 그리고 독일에서 공부한 그가 왜 한국경제에 관해 논문을 쓰게 되었는지는 자세히 알 수 없다. 그는 한국경제에 대해 이 한 편의 글만 남겼다.[7] 그렇지만 그의 박사학위 논문[8]을 통해 그 의도를 어렵지 않게 읽어낼 수 있다. 후쿠다는 자신의 연구 목적을 다음과 같이 밝혔다.

우리 국민이 경과해온 발전 과정을 들어 경제상의 근본 원칙이 서유럽 국가에 적용될 수 있다면 우리나라에도 마찬가지로 역시 적용할 수 있음을 밝히고, 남을 알지 못한 채 혼자서 잘난 채 하거나 아니면 남을 대단하게 여

---

[7] 연보는 다음 사이트를 참조. http://fukuda.lib.hit-u.ac.jp/person/fukuda/biography.html
[8] 그가 뮌헨대학에서 독일 역사학파의 주요 인물인 브렌타노 지도하에 쓴 박사 학위 논문의 제목은 *Die gesellschaftliche und wirtschaftliche Entwicklung in Japan* (Social and Economic Development in Japan)이다. 이 논문은 1900년 슈튜트가르트에서 독일어로 출판되었으며, 1907년에는 『일본경제사론』이란 제목으로 일본어로 번역되었다. 그의 박사학위 원본과 일본어판은 다음 사이트에서 내려 받을 수 있다. http://reader.digitale-sammlungen.de/de/fs1/object/display/bsb11124149_00006.html http://kindai.ndl.go.jp/info:ndljp/pid/799499/1

기고 자기를 낮추어 보는 사람들에 대해서는 서로 균일한 발전의 역사가 있음을 입증함으로써 우리 일본의 경제단위 발전사가 대체로 서유럽국가들과 크게 다르지 않고 질서 있는 상향적 발전을 이룩하여 오늘에 이르게 된 것이지, 일본 근세 문화의 진보가 一朝一夕에 이루어졌다고 보고 놀랄 일이 아님을 명확하게 하기 위해『일본경제사론』을 쓰게 되었다"(福田德三, 1925: 90).

즉 후쿠다는 일본이 걸어온 길이 서구와 동등하게 '질서 있는 상향적 발전'이었다는 것, 그리하여 일본의 성공이 결코 하루아침에 이루어진 것이 아니라 그것을 탄생시킨 역사적 근거가 일본 역사 내부에 있었음을 증명하고 싶었던 것이다. 그가 한국에 대해 논문을 쓴 것은, 비정상적인 길을 걸은 나라와 비교를 통해 다시 한번 더 일본이 서양과 동등한 길을 거쳐 오늘에 이르게 되었다는 자신의 주장을 재확인하고 싶은 욕망이 있었다. 즉 강상중이 지적한 것처럼, 후쿠다에게 있어 한국은 정상적인 일본을 비춰주는 또 하나의 거울이었던 셈이다. 후쿠다가 한국에 대해 논문을 쓴 것은 그런 의도 외에, 봉건제의 경험이 있고 또 이로 인해 질서 있는 발전을 보여준 나라가 아시아에서 일본 밖에 없음을 보여줌으로써 '脫亞入歐'의 이론적 근거를 제공하고 싶은 욕구도 있었을 것이다. 그에게 있어 봉건제는 脫亞와 入歐의 연결 고리였던 것이다. 또 하나, 그가 한국에 관해 논문을 썼던 20세기 초가 일본 내에서 역사주의(historicism)가 고조되면서(Nishizawa, 2001) '봉건제'에 관심이 증가하고 있었던 시기였으며, 또한 한국에 대한 침략 의도가 보다 노골화하던 시기였음도 덧붙일 필요가 있겠다.

후쿠다의 마지막 연재 글이 발표된 1905년, 그의 희망대로 한국은 일본의 '보호국'이 되었다. 이와 함께 후쿠다는 더 이상 한국에 대해 논문을 쓰지 않았지만, 그가 쓴 이 한 편의 논문은 한국사에 관심이 있는 일본인 학자들에게 커다란 영향을 미쳤다. 旗田魏(1965: 32)는 식민지기 일본인 학자들의 한국사 연구는 후쿠다의 논문을 출발점으로 삼아 후쿠다와 같은 발상에 의해 그리고 후쿠다가 제기한 문제를 보다 깊이 파고 들어가는 방식으로 이루어졌다고 지적한 바 있는데, 그 대표적인 인물이 고쿠쇼 이와오(黑正巖, 1895-1949)와 시카타 히로시(四方博, 1900-1973)였다.

교토제대 교수시절 고쿠쇼는 1920년 한국을 방문한 경험을 바탕으로 육의전에 대해 논문을 발표한 바 있다(黑正巖, 1921). 이후 그는 1923년 『經濟史論考』라는 책을 낼 때, 조선에 관한 2편의 글을 더 추가하였다. 이 글들은 칼 뷔허의 방법에 따라 한국경제를 진단하고 있다는 점에서 후쿠다의 방법과 다르지 않다. 다만 '市'(장시)의 생성, 발전, 소멸의 관점에서 보다 구체적으로 살펴하고 있다는 점에서 후쿠다의 추상적 접근에 비해 진일보한 것으로 보이는데, 그러나 마지막 결론에서는 다시 후쿠다로 돌아오고 만다. 그의 관찰에 따르면, 조선의 시장경제는 생산자와 소비자가 직접 만나는 場市 중심을 벗어나 "일본처럼 직업적 수공업자들이 촌락농민을 상대로 공업제품을 생산하고 교환하는 도시경제"(黑正巖, 1923: 72)를 탄생시키는 데까지 나아가지 못했다. 그의 표현을 옮기면, 조선의 시장경제는 "지난 2천년 동안 진화의 형적이 보이지 않았다."

그렇다면 조선은 왜 도시경제를 만들어내지 못하였을까? 그는 그 해답을 福田德三과 마찬가지로 봉건제의 부재로 설명하고 있다. 도시경제 역시 국민경제와 마찬가지로 사유재산제도 위에서 자유로운 인격이 서로 교통하는 것이 전제가 되는데, 봉건제의 경험이 없어 토지의 사유화와 인간의 해방을 이룩하지 못했다는 것이다. 그는 여기에 덧붙여, 봉건제와 군현제를 대비시키면서 후쿠다의 '봉건제 결여론'과 '조선사회

정체론'의 주장을 보강하였다. 봉건제도 하에서 제후는 마치 일국의 왕처럼 자신의 영역을 세습하면서 종신토록 지배하기 때문에 영내의 산업 발전을 위해 여러 보호적 장려 정책을 시행하지만, 군현제 하에서 임기제로 파견된 관리들은 장기적인 경제발전에는 관심이 없고 취임하는 순간부터 가렴추구와 각종 私稅의 부과만 일삼았다는 것이다. 이러한 고큐쇼의 주장은 시카타에 의해서도 계승되고 있다.

시카타는 20세기 초 한국을 하라 시대에 비정한 후쿠다의 주장에 다소 과장이 있을 수 있지만, "이조 5백년간 어느 시대를 꺼내어 보아도 생활양식이 동일하고(..) 생산방식의 약진도 없고 소비생활의 변화도 없고(...) 늘 원시적 농경이 행해지면서, 국민은 최저한 생활에 만족해야 했다"면서 만일 정체를 "이러한 醉生夢死적 시간의 경과를 포괄적으로 지칭"(四方博, 1951a: 167)하는 의미로 해석한다면, 자신은 후쿠다의 견해에 동의한다고 주장하였다. 그러면서 그 역시 봉건제 결여가 조선사회 정체의 주된 이유라고 주장하였다.

> 봉건제도는 領主 하에 일체의 정치경제단위로 되어 領主와 領民이 그 경제적 번영에서 이해가 일치하는 측면이 있고, 따라서 영주가 그 정치적 지배력을 경주해서 영내의 경제적 개발에 적극적으로 노력하면 그 결과가 의식적이든 무의식적이든 영내 및 영민의 경제적 발전을 가져다주는 측면이 있는데, 이러한 사실의 결여로 조선사회의 경제 발달이 저해되었다(四方博, 1951b: 124).

3. 아시아적 생산양식양식 논쟁과 아시아봉건제의 탄생

1) 마르크스의 아시아관

이처럼 후쿠다의 '봉건제 결여론'과 '조선사회정체론'이 고쿠쇼와 시카다에 의해 증보, 보완되는 동안, 거의 30년 동안 조선인 학자들에 의해 체계적인 비판이 이루어지지 않았다는 것은 의아스럽다. 이 기간 동안 조선인 역사가들은 여전히 전통적인 왕조 중심의 역사서술을 고집하거나[9] 아니면 물질보다 민족얼 등 정신사관에 입각해 역사를 서술하는데 몰두하였다(김용섭, 1966). 조선인 학자들이 이처럼 후쿠다 류의 정체사관에 침묵한 이유는 무엇 때문이었을까. 그 이유는 단지 서양 근대 학문을 배운 조선인 학자가 적었기 때문만은 아니다. 3·1운동 이후 유학생이 늘어나면서 신학문을 배운 사람들이 연희전문과 보성전문 등에 속속 자리를 잡기 시작하였기 때문이다(李基俊, 1986; 이수일, 1997). 필자가 보기에, 보다 근본적인 이유는 이들이 배운 서양학문 역시 대부분 한국이 포함된 아시아를 부정적으로 보는 인식으로 가득 차 있어, 그들이 배운 서양학문과 정체사관이 식민사학이 별반 다르지 않기 때문이었을 것이다. 여기에는 1920년대 이후 조선의 젊은이들이 열광했던 마르크스주의도 예외가 아니다.

마르크스가 아시아사회를 어떻게 보았는지에 관한 체계적 언술은 적지만, 그리고 후술하듯이 그가 '아시아적 사회'(Asiatic society)와 아시아적 생산양식(Asiatic Mode of Production)이란 용어를 함께 사용하여 혼

---

[9] 근대적 역사서술법에 입각하여 나온 최초의 한국사 개설서로 평가받는 玄采의 『東國史略(1906) 이래, 한국사를 보급시키는 데 至大한 영향을 끼친 개설서라고 일컬어지는 崔南善의 『조선역사』 역시 왕조사의 관점에서 벗어나지 못하고 있다. 보다 자세한 것은 이기동(1996) 참조.

란을 불러일으켰지만, 그가 아시아 사회를 정체된 사회로 이해하였다는 점에서는 큰 이견이 없다(Avinery, 1968; Anderson, 1974: 462-495; 송영배, 1986). 마르크스는 서양과 구별되는 아시아 사회의 특징으로 1)사적 소유의 결여, 2) 농업과 수공업이 결합되어 있는 자급자족의 촌락공동체, 그리고 3) 전제주의적 상부구조 등 세 가지를 꼽았다(Anderson, 1974: 481-82). 마르크스에 따르면, 인공 관개의 필요에 의해[10] 조기에 성립된 동양적 전제군주(제)는 모든 토지의 유일한 지주로 나타나고,[11] 그 대극에 있는 일반 인민은 사적 소유가 결여된 채 '전반적 노예의 상태'에 있으며, 각 개인은 공동체의 성원으로만 나타날 뿐 개인의 자립성은 기대하기 어렵다(송영배, 143; Archibald, 1989: 15-18; Sahay, 2007). 호스톤(1991)이 지적한 바와 같이, 위 세 요소 중 아시아적 사회를 장기적 정체 상태로부터 벗어날 수 없게 만든 주범은 동양적 전제주의였다. 전제 군주가 사적 소유의 발전을 억제하고, 또 조세의 형태로 모든 잉여를 수취함으로써 상인, 부르주아지 등 경제 계급의 출현을 효과적으로 방해하기 때문이다. 또한 맑스에 따르면, 사유재산이 없는 곳에 계급이

---

[10] "토지소유제도의 결여는 동양을 푸는 열쇠의 핵심이다. 동양에는 정치와 종교의 역사는 있다. 하지만 동양인들이 토지소유제도, 특히 봉건적 형태에 도달하지 못한 것을 어떻게 설명할 수 있는가? 나는 그것이 토지조건들, 특히 사하라 사막으로부터 아라비아 페르시아 및 인도와 타타를 가로질러 아시아의 가장 높은 고원지대까지 관통하는 거대한 사막지대와 결합된 기후에 그 원인이 있다고 생각한다. 따라서 이 지역에서 인공 관개는 농사의 짓는데 첫 번째 조건이자, 그것이 지방정부이든 중앙정부이든 공동체의 중요한 과제이다."(Engels to Marx, 1853.6.6)
http://marxists.anu.edu.au/archive/marx/works/1853/letters/53_06_06.htm

[11] "아시아에서는 직접 생산자들이 사적 토지소유자들과 대립하는 것이 아니라 그들의 지주인 동시에 군주로서 군림하는 국가에 직접적으로 예속되며, 따라서 지대와 조세는 일치한다. 정확히 말하면, 지대와 구별되는 조세는 따로 존재하지 않는다(..). 국가는 곧 최고의 지주이다. 주권은 전국가적인 규모로 집중된 토지소유에 있다. 공적 또는 사적으로 토지를 점유하여 사용하고 있음에도 토지에 대한 사적 소유는 존재하지 않는다"(『자본론』 3권 47장).
https://www.marxists.org/archive/marx/works/1894-c3/ch47.htm

있을 수 없고, 계급이 없는 곳에 사회 동력의 원천인 계급투쟁이 있을
수 없기 때문에(Turner, 1976/1977: 388-389), 아시아사회는 봉건제와 자
본주의 등 더 높은 단계의 사회로 나아갈 수 없다. 마르크스는 아시아
에 대해 "역사가 없으며, 적어도 알려진 역사가 없다. 우리가 역사라고
부르는 것은, 무저항과 무변동의 수동적 사회에 제국을 건설한 침략자
들의 역사뿐이다"(Anderson, 1974: 520-521)이라고 썼는데, 그가 여기서
말하는 '역사가 없다'는 주장은 바로 이러한 계급투쟁의 역사가 없다는
것을 두고 한 말이었다(임지현, 1990: 176).

아시아 사회가 이러한 이유로 장기 정체라는 늪으로부터 스스로 빠
져나올 수가 없다면, 결국 외부의 힘 즉 서구 자본주의의 개입이 불가
피하다는 결론에 도달하게 된다. 실제 마르크스는 영국의 인도지배에
대해, 자민다르(Zamindari) 등 사적 소유계급이 등장하고 또 영국산 기
계제 상품의 도입을 통해 수천 년 지속되어온 공동체 내의 농업과 수공
업의 가내적 결합이 해체됨으로써, 인도는 오랜 정체에서 벗어나 진정
한 역사를 갖게 될 것으로 기대하였다.[12] 그의 동료 엥겔스 역시 영국
의 인도 지배뿐만 아니라 프랑스의 알제리 정복, 멕시코령인 캘리포니
아의 미국 합병도 문명의 진보라는 이름으로 식민 지배와 억압을 정당
화했다(임지현, 1990; 호스톤, 1991: 167-168).

아시아에 대한 이러한 맑스의 생각을 앞에서 살펴본 조선사회에 대
한 후쿠다의 생각을 비교해보면 놀랄 만큼 흡사하다는 사실이 흥미롭
다. 후쿠다가 생각하는 한국의 전제주의는 마르크스가 생각하는 동양
적 전제주의보다 훨씬 힘이 약하다는 점만 제외하면, 마르크스의 서술
에서 서양과 동양을 일본과 조선으로 바꾸어 놓아도 구별하기가 어려

---

[12] Marx, "The Future Results of British Rule in India" (1853. 7. 22)
http://marxists.anu.edu.au/archive/marx/works/1853/07/22.htm

울 정도이다. 그런데 일본판 오리엔탈리즘이 서구 오리엔탈리즘의 아시아적 변형에 불과하다는 사실을 안다면, 두 사람의 생각이 흡사하다는 것은 별로 놀라운 사실은 아니다. 또한 이것은 서구의 오리엔탈리즘으로 일본판 오리엔탈리즘을 극복한다는 것이 넌센스에 가깝다는 사실을 잘 보여주고 있다.

2) 아시아적 생산양식논쟁과 아시아봉건제의 탄생

그런데 후쿠다 류의 정체론과 봉건제결여론을 체계적으로 비판할 수 있는 기회가 우연히 찾아 왔다. 계기는 1920년대 말~1930년대 초, 중국과 소련에서 벌어진 마르크스의 '아시아적 생산양식'을 둘러싼 논쟁이었다(Sawer, 1977; Fogel, 1988; Mehdi, 1988; Dunn, 1982). 논쟁의 초점은 두 가지였다. 첫째 마르크스의 『경제학비판』 서언에 나오는 아시아적 생산양식은 어떤 사회를 가리키나. 원시공동체사회 이후에 나타나는 첫 번째 계급사회인가, 아시아사회에만 발견되는 독자적인 생산양식인가 아니면 노예제 또는 봉건제의 아시아적 변종인가.[13] 둘째, 서구 제국주의가 맞닥뜨린 아시아사회는 '아시아적 생산양식' 사회인가, 아니면 봉건사회인가? 논쟁이 뜨거워진 것은 마르크스 스스로 아시아적 생산양식에 대해 보다 구체적으로 정의를 내린 적이 없으며, 또한 마르크스의 저술에 나타난 아시아사회상과 실제 아시아사회의 현실 간에 작

---

[13] 1859년에 쓰여진 『경제학비판』 서언에는 "개략적으로 아시아적 · 고대적 · 봉건적 · 근대 부르주아적 생산양식을 가지고 경제적 사회구성의 발전적 제 시기로 구별할 수 있다."고 되어 있다. 따라서 서언에 적혀 있는 생산양식 모두를 계기적으로 해석하면 아시아적 생산양식은 전 세계에 보편적으로 존재하는 첫 원시사회가 되고, 아시아를 지역 개념으로 해석하면, 아시아에는 아시아적 생산양식 단 하나의 사회만 존재한 것이 되고, 유럽에서는 고대 봉건 근대 생산양식이 계기적으로 나타난 것으로 해석할 수 있다. 보다 자세한 것은 Brook ed(1989: 7-9).

지 않은 갭이 존재한다는 점 때문이었다. 여기에다 식민지국가에서 공산주의혁명의 실천 전략을 둘러싼 스탈린과 트로츠키 간의 노선 갈등 즉 2단계혁명론 대 영구혁명론의 대립이 그 근저에 있었다(최창남, 1987; 최규진, 1996).

　논쟁은 1925년 헝가리 출신 경제학자 바르가(Evgenii S. Varga)가 발표한 논문에서부터 시작되었다. 바르가는 중국사회를 봉건사회라고 보는 주류적 견해에 반기를 들면서, 중국의 전제 국가는 인공 관개를 통제하기 위한 필요로부터 발생하였으며, 지배계급은 사적 소유에 기반을 한 지주계급이 아니라 관료 집단이며, 또 이들이 지주 계급과 민족 부르주아지의의 출현을 방해하였다고 주장하였다. 이어서 1926년에는 칸트로비치(A. Kantrovich)가 중국사회에서 봉건제는 없었다는 바르가의 견해를 지지하면서, 중국의 농민항쟁은 체제를 전복하는 것보다 체제를 유지시키는데 기여하였을 뿐이라고 주장하였다. 같은 해 비트포겔(K.A. Wittfogel)은 중국에서 계급투쟁은 과도한 조세수탈을 일삼는 관리를 향한 것이었다면서 칸트로비치의 주장에 대해 동감을 표시하고, 봉건제는 주나라 이후 대규모 관개의 필요성 때문에 집권적 관료국가(centralized bureaucratic state system)로 대체되었다고 주장하였다. 이러한 주장들은 마침내 1927년 '中國共廣黨土地問題黨網草案' 농업강령에도 반영되어, BC 3세기 이후 중국은 아시아적 생산양식이 지배하였다는 표현이 삽입되었다. 이 표현은 Sawer(1977: 19)의 추정에 따르면, 당시 중국에서 혁명운동을 돕는 로미나제(B. Lominadze)가 집어넣은 것이었다. 로미나제는 중국의 전근대사회가 봉건제가 아니었기 때문에 토착적 민족 부르주아지가 발전할 수 없었으며, 따라서 지금의 부르수아시는 서구 식민주의에 의해 새롭게 창출된 존재이기 때문에 계급동맹의 대상이 될 수 없다고 주장하였다. 그러나 그의 주장은 스탈린의 후원을 받는 미프(P.

Milf)로부터 강한 반발을 샀다. 미프는 "왜 봉건제와 아시아적 생산양식을 비교하냐"고 질문을 던졌고, 로미나제는 "맑스가 그렇게 했기 때문"이라고 대답하였다. 이에 미프가 "맑스는 그런 시도를 하지 않았다"고 주장하자, 로미나제는 "당신은 맑스를 잘 모른다"고 되받아쳤다(Sawer, 1977: 85).

스탈린의 반대에도 불구하고 아시아적 생산양식은 여전히 코민테른 활동가들에 의해 지지를 받으면서, 1928년 6차 코민테른대회 강령에도 반영되었다. 그 표현의 삽입은 바르가와 마자르(Madiar)가 주도한 것으로 알려졌는데, 헝가리 출신인 마자르는 1926~27년 중국에서 외교관 활동을 하면서 1928년 China's Rural *Economy*라는 책을 쓴 중국전문가이자 열렬 '아시아파'(Aziatchiki)였다. 이처럼 아시아파가 득세하는 가운데, 1928년에 열린 6차 전당 대회에서 중국 공산당은 이들이 주장하는 '아시아적 생산양식'의 채택을 거부하였다. 거부를 주도한 사람은 이번에도 스탈린을 후원을 받은 미프(P. Mif)로 알려졌는데, 그는 지주가 경제 외적 강제를 통해 잉여노동을 착취하는 제도가 봉건제도이며, 따라서 이 정의에 따르면 아시아적 생산양식은 토지소유주가 국가인 것만 다를 뿐 봉건제와 동일한 경제 기초를 갖고 있기 때문에 독자적인 생산양식으로 보기 어렵다고 주장하였다(이승휘, 1988: 176-177).

중국에서 설전을 벌인 논쟁은 소련으로 옮겨져 1930-1931년 레닌그라드에서 대토론이 벌어졌지만, 이미 대세는 '반아시아파'(anti-Aziatchiki)로 기울었다. 분위기를 주도한 사람은 스탈린의 후원을 받고 있었던 욜크(Yevgeny Ilok)와 고데스(Mikhail. Godes)였다. 이들 '반아시아파'들은, 미프의 주장에 따라 생산양식은 착취양식에 따라 노예제, 봉건제 그리고 자본주의 등 세 가지밖에 없으며, 생산수단을 누가 소유하는지는 부차적인 문제라고 주장하였다. 즉 생산수단을 국가가 소유한다고 해서

굳이 아시아적 생산양식으로 따로 개념화화 필요가 없다는 것이다(ソ ヴエトマルクス主義東洋學會者協會, 1933; Sawer, 1977: 77; Bailey and Llobera ed., 1981). 고데스는 명시적으로 아시아적 생산양식은 봉건제 의 아시아적 변종에 불과하며, 동양은 유럽과 똑같은 사회발전단계를 거쳤다고 주장하였다. 나아가 그는 생산수단의 소유관계 아닌 공공적 기능에 기초한 관료 제도가 지배계급을 형성하고 있다는 아시아파의 주장은 비맑스주의적이라고 공격하였다(호스톤, 1991: 188).

> 아시아적 생산양식은 봉건제에 불과하다. 동양은 매우 독특한 방식으로, 서양과 동일한 사회발전 단계를 거쳤다. 동지들이 오늘날까지도 동양에서 의 봉건제의 존재를 알 수 없다고 한다면, 그 이유는 당신들의 눈이 트로츠 키의 안개 영향으로 의해 눈이 닫혔거나, 아니면 봉건제의 본질을 이해하는 데 실패했기 때문이다(Bailey and Llobera ed., 1981: 103).

아시아적 생산양식은 봉건제의 아시아적 형태라고 하는 고데스의 주 장은 아시아사회에서 마르크스주의자들의 논의를 지배하였으며(호스 톤, 1991: 188), 정권을 장악한 스탈린은 1938년 일원론적인 '세계사의 기본법칙'을 발표하면서 아시아적 생산양식을 제외하였다. 그리고 욜크 는 아시아적 생산양식을 거부하는 이유가 학술적인데 있지 않음을 보 다 솔직히 드러냈다.

> 아시아적 생산양식의 문제를 논의하는 것이 가능하다면, 그것은 아시아 적 생산양식 이론으로부터 도출되는 정치적 결론에 관심이 있기 때문이다 (...) 우리는 동양의 역사를 연구하여 동양을 세계사 속에 포함시킬 필요 때 문에 여기에 있는 것이 아니다. 우리가 아시아적 생산양식을 논의하는 이유 는 중국, 인도네시아, 인도에서 착취당하는 인민들의 영웅적 투쟁에 의해

이제 막 형성된 현실 역사를 올바른 방법으로 근로 인민의 이익에 부합되도
록 돌려놓기 위해서이다(..) 맑스 엥겔스의 개별적 언급에 대한 해석은 정치
적 관점에서 결코 받아들일 수 없음은 명백하다(Baily and Llobera, 1981: 97).

이로써 '아시아파'는 트로츠키주의자라는 비난과 침묵을 강요받으면
서, 논쟁은 반아시파의 승리로 끝났다. '아시아파'들에게는 제국주의의
식민정책을 옹호하고 민족 부르주아지의 역량을 과소평가하는 좌익 모
험주의자라는 평가가 내려졌다.

이처럼 논쟁은 학술적 토론보다 정치적 논리로 일단락되었지만, 아
시아적 생산양식을 봉건제 개념으로 포괄하는 것은 맑스의 생각에 반
하는 것이었다(Dunn, 1982: 25). 맑스는 아시아사회에 봉건제 개념을 적
용하려는 피어(J.B. Phear)의 시도에 항의하였으며(Sawer, 1977: 78), 인
도에 봉건제를 적용하려는 코발레프스키(M. Koralevskii)에 대해서도 분
명히 반대를 표시했다(Anderson, 1974: 462; Krader, 1975: 267; 임지현,
1990: 183). 맑스는 "서구의 발전 흐름에 벗어난 아시아의 사회형태를
설명하기 위해"(Bailey and Llobera ed., 1981: 1), 사적 소유의 결여, 촌락
공동체, 중앙집권적 전제주의라는 개념을 도입하였다. 또한 호스톤이
지적한대로 "토지를 독점하고 계급갈등이 없는 절대 통치의 전제국가
가(...) 아시아 사회의 두드러진 특징이며.. 이러한 형태의 정치적 상부
구조와 그 경제적 토대의 상호보완적 관계가 더 나은 생산양식으로 이
행을 효과적으로 방해"(호스톤, 1991: 174)하고 있었다는 것이 마르크스
의 생각이었다. 그럼에도 서양과 동양을 모두 봉건제라는 개념으로 무
한히 확장 해버리면, 맑스가 던진 질문에 대한 해답은 다른 데서 구할
수밖에 없게 되는데, 앤더슨에 따르면 이것은 결코 마르크스의 문제의
식은 아니었다(Anderson, 1974: 484-485). 어째든 Sawer(1977: 76)가 지적

한 바와 같이, 마르크스가 동양적 전제주의라고 이름을 붙인 아시아사회는 소련의 마르크주의자에 의해 '아시아적 봉건제'라는 새로운 이름으로 재탄생되었다.

3) 한국사에서 봉건제의 탄생

아시아적 생산양식논쟁이 반아시아파의 승리로 끝난 사실은 조선에서도 즉각 알려졌고,[14] 아시아적 생산양식은 봉건제의 아시아적 형태에 불과하다는 고데스의 주장은 많은 조선인 마르크스주의자들에게 열렬한 지지를 받았다.[15] 한국사에도 '아시아적 봉건제' 이론을 적용할 수 있게 되었고, 나아가 유럽에만 국한된 것으로 해석되어 온 마르크스의 역사발전 법칙을 한국사에도 적용할 수 있는 길이 열렸기 때문이다. '아시아적 봉건제'라는 개념을 바탕으로 사적 유물론을 한국사에 처음 적용한 사람은 백남운이었다(방기중, 1992).

백남운은 『조선사회경제사』(1933)와 『조선봉건사회경제사』(1937) 두 권의 책을 통해, 스탈린의 일원론적 역사법칙에 따라 한국사는 원시씨

---

14) 아시아적 생산양식논쟁은 노동규(1934)에 의해 『신동아』에 처음 소개되었지만, 백남운(1932)은 이미 YMCA 강연에서 고데스의 견해에 따라 福田德三의 봉건사회 결여론을 비판하였다. 백남운, 「조선사관수립의 제창」, 1932.6 (하일식, 백남운전집 『彙編』, 1991에 재수록).

15) 물론 모든 사람들이 고데스의 견해를 찬성한 것은 아니다. 예컨대 김재찬은 "고데스가 마자르학파에서 말하는 동양사회의 특징을 기초로 한 아시아적 생산양식은 독특한 사회경제구성이 아니고 봉건주의에 지나지 않는다라고 하여 마자르학파에 반대한 것은 정당하나, 마르크스의 소산인 아시아적 생산양식까지 봉건주의에 지나지 않는다는 것은 오류"(김재찬 1937: 60)라고 주장하였다. 즉 김재찬은 아시아적 생산양식과 아시아적 봉건제를 구별하여, 아시아적 생산양식은 『경세학 비판』의 서언에 나와 있는 순서대로 원시공동체사회를 가리키며, 서구자본주의가 맞닥뜨린 아시아사회는 아시아적 봉건제로 보아야 한다는 입장이다. 아시아적 생산양식의 성격을 둘러싼 1930년대 조선인 마르크스주의자들 간의 논쟁에 대해서는 홍순권(1994) 참조.

족공동체 → 노예경제사회(삼국)→ 아시아적 봉건사회(통일신라~조선 후기) → 이식자본주의(식민지)로 이행하였다고 주장하였다. 그의 주장에 따르면, 한국사에서 아시아적 봉건제는 삼국시대말기에 노예제사회로부터 아시아적 특성을 갖는 봉건사회로 이행한 이후 조선후기까지 약 1500년간 존속한 것으로 되어 있다.

이러한 그의 주장은 '공식주의'라는 여러 비판이 잇따랐지만, 그는 자신의 주장을 굽히지 않았다(방기중, 1992: 160-165). 그가 이처럼 '아시아적 봉건제'를 받아들이고 나아가 일원론적 역사법칙을 적용한 배경에 대해서는 "조선 민족의 발전사는 그 과정이 如何히 亞細亞적이라 할지라도 사회구성의 내면적 발전법칙 그 자체는 완전히 세계사적"(白南雲, 1933: 9)이었다거나, "우리 조선의 역사적 발전의 전 과정은(…) 대부분 다른 여러 민족과 同軌적 발전을 걸어왔다"(白南雲, 1933: 9)는 그의 언술을 통해 짐작할 수 있다. 즉 백남운은 한국사의 발달이 서구와 동일한 발전법칙에 따라 "동궤적 발전"을 해왔음을 보여줌으로써, 후쿠다에 의해 비정상 또는 '특수'로 밀려나 있는 한국사를 세계사적 법칙이 관철되는 정상적 발전의 궤도 위로 돌려놓고 싶었던 것이다.[16]

이러한 그의 의도가 잘 드러난 부분이 『조선사회경제사』의 서문에 '아시아적 封建國家의 붕괴과정과 資本主義의 맹아형태 문제'를 별도로 분리한 부분이다. 1938년 경제연구회 사건으로 백남운이 구속되면서 이 부분의 서술은 미완으로 남았지만, 소제목과 그가 예전에 썼던 글을 종합해 보면, 백남운이 조선 후기 혹은 개항 즈음부터 일제에 의해 합병되기까지의 기간을 아시아적 봉건제가 붕괴되면서 그 태내에서 자본주의 맹아가 싹트고 있는 시기로 파악하고 있음이 분명히 보인다(우대

---

16) 보다 자세한 것은 이 책의 우대형 글 참조.

형, 2016). 즉 백남운에게 있어 아시아적 봉건제는 서구의 봉건제처럼 자본주의를 낳는 모태로서 의미를 지니고 있으며, 이 점에서 아시아적 봉건제는 서구의 봉건제와 형태상 차이만 있을 뿐 아무런 질적 차이가 없다. 달리 말하면, '아시아적 봉건제'에서 백남운의 방점은 '아시아적'에 있는 것이 아니라 '봉건제'에 있었던 것이다.[17]

이처럼 조선사회를 '아시아적 봉건제'로 이해하려는 백남운의 시도에 대해서 李淸源, 全錫淡 등 당시 대부분의 마르크스주의 경제학자들도 동의하였다. 예컨대 이청원은 조선에서는 봉건사회가 결여되었다고 주장한 福田德三에 대해 백남운과 마찬가지로 고데스의 가설에 의존하여 다음과 같이 비판하고 있다.

> 조선에는 봉건제가 존재하지 않았다고 말한 사람이 있다. 즉 福田德三씨이다. 즉 조선에 있어서 弊政이 기초하는 바는 봉건제도가 없기 때문이라고 하는 것이 그것이다(..) 그러나 이것은 서구의 봉건제도와 동양의 따라서 조선의 그것과의 차이점—동일한 경제적 기초의 무한한 변형이다—을 알지 못하고, 서구와 같은 제도만을 봉건제도라고 하기 때문일 것이다. 소위 아시아적 생산양식은 그것 자신이 하나의 독자적인 경제기구도 아니며, 단지 동일한 경제적 기초가 인종적, 지리적, 역사적 조건에서 변형되고 濃淡되었기 때문일 것이다(李淸源, 1935: 149).

그렇지만 이들은 조선사회를 형태상 '아시아적 봉건제' 사회로 보는 것에만 동의할 뿐, 한국사의 시대구분, 그리고 '아시아적 봉건제'에서 '아시아적'과 '봉건제' 중 어디에 방점을 둘 것인가, 나아가 아시아적 정

---

17) 백남운은 토지를 국가가 소유하고 있다고 해서 봉건제가 아니라고 주장하는 후쿠다 류의 주장에 대해 "부르주아적 관념사관에 길들여진 역사가"(白南雲, 1933: 117) "절망적인 공식주의자"(白南雲, 1937: 347), "조선사를 왜곡하면서 민족을 기만하는 자들"(白南雲, 1937: 301)이라고 강도 높게 비판하였다.

체성을 보는 시각에 대해서는 백남운과 현저한 견해 차이를 드러내었다.[18] 예컨대 백남운이 통일신라 이후 봉건사회로 보는 것과 달리, 이칭원(1936)은 고려시대까지는 아시아적 노예제 사회이기 때문에 조선시대 이후부터만 아시아적 봉건제사회라고 보아야 한다고 주장하였으며, 全錫淡(1946)은 한국사에서 노예제사회는 존재하지 않았으며 원시공동체사회에서 '중앙집권적 봉건제'로 직접 이행하였다고 주장하였다. 또한 이들도 고데스의 용법에 따라 조선시대 이후를 '아시아적 봉건제' 혹은 '중앙집권적 봉건제'로 명명하여 백남운과 차이가 없는 것처럼 보이지만, 백남운의 '아시아적 봉건제'와 이들이 이해하는 '집권적 봉건제' 사이에는 현격한 시각 차이가 있다.

> 중앙집권적 관료적 봉건제도는 조선사회 발전의 沮止적 조건으로 停滯性의 근거로 지적되지 않으면 안 된다. 영주적 토지 영유에 있어서는 영주의 독자적 견지에서 경제발전을 위한 정책의 실시가 가능하였으며 또 도시를 중심으로 하는 상품경제에 영주의 권력 그 자체가 순응하지 않을 수 없게 되어 그로 말미암아 사회적 기초가 변화하는 추진력이 준비되지만 봉건관료조직에 의한 인민의 지배는 약탈만이 원칙이었기 때문에 국가적 견지에서 사회발전을 위한 적극적 시책이 없었음은 물론이고 도로 발전의 모든 싹을 문질러버리는데 전력하였을 뿐이다(..) 토지의 봉건적 국유에 의한 관료적 농민수탈이 조선사회의 기형적 정체성의 원인이며 또 결과가 되어, 조선의 농업사회는 동일규모의 반복운동을 長久年月에 걸쳐 경험하고 있었다(朴克采, 1946: 84).

위 인용은 해방 직후 조선공산당 외곽단체인 조선과학자동맹이 발행

---

18) 조선공산당과 해방 이후 남노당 계열의 이른바 주류 맑스주의자들의 한국사 인식에 대해서는 이환병(2002) 참조.

한 『이조사회경제사』(노농사, 1946)에 수록된 박극채 논문의 일부이다. 인용문에서 알 수 있듯이, 박극채는 봉건제를 영주적 토지 영유제와 중앙집권적 관료적 봉건제로 구분한 다음, 영주적 토지영유제하에서는 경제발전의 정책이 실시되고 그 다음 사회 즉 자본주의사회로 이행하는 추진력이 마련되지만, 조선사회의 경우처럼 집권적 관료적 봉건제하에서 "인민지배는 약탈만이 원칙"이어서 다음 단계의 사회로의 이행은 원천적으로 불가능하다고 보고 있다. 나아가 그는 조선사회가 정체된 주된 이유를 영주적 토지영유의 결여 즉 중앙집권적 봉건제에 구하고 있다.

우리는 앞에서 조선사회 정체의 근본 원인이 봉건제 결여=군현제 때문이라고 주장하는 黑正巖과 四方博의 주장을 살펴보았지만, 박극채의 주장은 이들의 주장과 아무런 차이가 없다. 다만 일본인 경제학자들은 박극채가 말하는 '중앙집권적 봉건제'를 봉건제가 아니라 군현제의 범주에 포함시킨 반면, 박극채는 '중앙집권적 관료적'이란 수식어와 함께 이를 봉건제의 범주 내에 포함시키고 있다는 점만 다를 뿐이다. 즉 앞서 살펴본 백남운의 '아시아적 봉건제'는 그 태내에서 자본주의적 생산양식이 자랄 수 있는 '可姙의 봉건제였다면, 박극채가 말하는 '중앙집권적 관료적 봉건제'는 그 가능성이 원천적으로 봉쇄된 '不姙의 봉건제였던 것이다. 실제 박극채와 함께 조선과학자동맹에서 활동하던 전석담은 조선 봉건사회 태내에서 자본주의가 맹아가 나타났다고 보는 백남운을 다음과 같이 비판하고 있다.

조선의 봉건사회의 태내에는 19세기말에 이르기까지 근대적 생산의 싹도 돋아나지 않고, 근대화의 아무런 요인도 배태하지 않았다. 사람들은 흔히 육의전을 말하고, 객주와 여각을 말하고 장시와 보부상을 말한다. 하나 전,

객주, 여각 등은 모두가 서로 얽힌 징세 공부 청부의 기생적 투기사들이었으며, 동시에 狡猾奸惡한 관용 상인이었다. 자유로운 상업은 지방 장시에서 행해졌을 뿐 아니라 그것도 원시적인 교환형태를 멀리 벗어난 것은 아니다(全錫淡, 1948: 73-74).

이들의 주장대로 조선사회가 중앙집권적 관료적 봉건제로 인해 자유로운 상업이 불가능하고 '동일규모로 반복'만 하는 정체상태에서 영구히 벗어날 수 없다면, 해답은 마르크스와 福田德三이 주장하는 것과 마찬가지로 외부의 힘에 의존할 수밖에 없고, 여기서 한걸음 더 나아가면 제국주의의 식민지배도 '역사의 무의식적 도구의 역할'을 한 것임으로 용인될 수밖에 없다는 자연스러운 결론에 도달하게 된다.

아시아적 생산양식 즉 아세아적 봉건제의 문제와 관련하여 세계사적 발전과정의 일선성은 전형적 동양사회에 관한 한 주체적 계기에 있어서는 부정되고 있다. 문제의 전향적 동양사회의 내적 생산력은 스스로 중세기적 舊穀으로부터 탈각하여 근대 자본주의생산양식으로 발전할 조건을 구비하지 못하고 있다. 이리하여 동양제국의 식민지내지 반식민지화과정은 역사법칙의 一線性 관철에 있어서 별개의 불가피적 필연이었다. 1853년 마르크스는 말하였다. "아세아의 산업혁명 없이는 인류가 그 사명을 다할 수 없다고 하면, 영국은 그 인도 파괴의 죄과가 여하히 다대하였다 하더라도 이 혁명의 수행에 제하여 단순히 역사의 무의식적 도구의 역할을 한 것으로 마땅히 容恕되어야 할 것이다." 이 규정은 조선에 대한 일본이 야만적 죄과에 대해서도 적용되는 것이다(金漢周, 1946: 194-195).

요약하면 이들 조선인 주류 마르크스주의 경제학자들은 '서구 및 일본=발전, 조선=정체'라는 이원 구조의 세계관을 갖고 있다는 점에서, 그리고 한국사의 정체가 분권적 봉건제의 결여 때문이라고 보고 있다는

점에서, 앞서 살펴본 백남운의 아시아적 봉건제론과 일원론적 세계관
─한국사 역시 서구 및 일본과 同軌의 길을 걸어왔다─과는 뚜렷한 시
각 차이를 드러내고 있다. 이들의 주장은 마르크스와 일본인 경제학자
들의 아시아 및 한국사에 대한 인식과 닮아 있으며, 특히 일제의 식민
지배가 조선이 아시아적 정체'로부터 벗어날 수 없어 나타난, 불기피한
운명이라고 보고 있다는 점에서 일본인 경제학자의 인식간의 구별은
불가능해져 버렸다.

4. 맺음말

해방 이후 백남운, 전석담, 김한주, 박극채 등 위에서 거론된 인물들
은 모두 월북하여 김일성대학과 사회과학원 등 북한의 주요 학술기관
에 요직을 맞게 되면서(임영태, 1989), 또 한 번의 의견 대립이 불가피
해졌다. 그러나 북한은 1950년대 중반 이후 여러 차례 집중 토론을 통
해 전석담 김한주 등 조선공산당, 남로당 계열의 마르크스주의자의 주
장이 아니라 백남운의 일원론적 역사인식을 공식 학설로 결정하였다
(송호정, 1989). 다만 1933년 발간된 백남운의 저서 『조선사회경제사』에
서는 봉건제의 기원이 삼국말기~통일신라로 되어 있지만, 북한의 공식
학설에 따르면 그 시기가 삼국시대까지 더 거슬러 올라갔다. 그리고 이
기회에 북한은 봉건제 앞의 '아시아적'이란 수식어도 없애버렸다(사회
과학원 력사연구소, 1962). 즉 이 주장에 따르면, 한국사에서 봉건제는
약 2000년간 존속하는 것으로 되었다(마종락, 1997). 한편 전석담은 자
신의 정체론적 시각을 수정하여, 백남운에 의해 제기된 조선 후기 자본
주의 맹아가설을 수용한 책을 펴냈다(전석담 · 허종호 · 홍희유, 1970).

이처럼 백남운의 일원론적인 역사관과 자본주의 맹아론이 북한 학계의 공식 입장으로 결정된 배경에는 남노당 출신에 대한 견제와 김일성의 민족주의적 성향이 강하게 반영되었을 것으로 추측된다(김광운, 2011).

한편 남한에서는 이들이 모두 월북함에 따라 한동안 이름과 책을 인용하는 것조차 금기시되었지만, 1960년대 이후 백남운의 역사관과 '자본주의 맹아론'은 '내재적 발전론'이라는 이름으로 남한 역사학계의 주류적 이론이 되었다(김인걸, 1997). 한국역사연구회가 펴낸 『한국사강의』는 1933년 백남운의 저서에서와 마찬가지로 통일신라시대이후부터 봉건사회라고 보고 있다. 이와 함께 북한의 교과서에서와 마찬가지로, 봉건제 앞에 '아시아적' 이란 수식어도 사라졌다. 아시아적 혹은 집권적 봉건제라는 이름으로 사용되기 시작한지 약 30년 만에 '아시아적 정체성'의 함의가 담겨 있는 '아시아적'이란 수식어가 남북에서 모두 사라지게 된 것이다.

◨ 참고문헌

강상중(1997), 이경덕, 임성모역, 『오리엔탈리즘을 넘어서』, 이산.
강진철(1992), 「일제 관학자가 본 한국사회의 정체성과 그 이론—특히 봉건제도 결여론과 관련하여」, 『한국사회의 역사상』, 일지사.
고야스 노부쿠니(子安宣邦)(2005), 이승연 역, 『동아 대동아, 동아시아: 근대 일본의 오리엔탈리즘』, 역사비평사.
김광운(2011), 「북한 민족주의 역사학의 궤적과 환경」, 『한국사연구』 152.
김인걸(1997), 「1960·70년대 '내재적 발전론'과 한국사학」, 『한국사 인식과 역사이론』(김용섭교수정년기념논총(1)), 지식산업사.
金在溓(1937), 「아세아적 생산양식문제의 비판—쏘베트에 있어서의 논쟁을 중심으로」, 『批判』 2월호.

김한주(1946), 「이조시대 수공업연구」, 조선과학자동맹纂, 『이조사회경제사』, 노농사.

다나카(2005), 박영재 함동주 역, 『동양학의 구조』(Tanaka, S. *Japan's Orient: Rendering Pasts into History*), 문학과 지성사.

듀스(1991), 양필승 나행주 역, 『일본의 봉건제』((Duus, Peter, *Feudalism in Japan*), 신서원.

나종락(1997), 「'중세봉건사회' 2천년설의 문제」, 『한국사 시민강좌』 21.

미야지마 히로시(宮嶋博史)(2000), 「일본 '국사'의 성립과 한국사에 대한 인식－봉건제에 대한 논의를 중심으로」, 『한일공동연구총서』, 고려대학교아세아문제연구소.

미야지마 히로시(2013), 『일본의 역사관을 비판한다』, 창작과 비평사.

박광용(1998), 「18~19세기 조선사회의 봉건제와 군현제 논의」, 『한국문화』 22.

朴克采(1946), 「조선 봉건사회의 정체적 본질－전결제 연구」, 조선과학자동맹纂, 『이조사회경제사』, 노농사.

박찬승(2003), 「1910년대 渡日留學과 留學生活」, 『호서사학』 34, 호서사학회.

박찬승(2004), 「1920年代 渡日留學生과 그 사상적 동향」, 『한국근현대사연구』 30.

방기중(1992), 『한국근현대사상사연구－1930 · 40년대 백남운의 학문과 정치경제사상』, 역사비평사.

방기중 · 하일식 엮음, 『彙編』, 이론과 실천(1991).

사이드(Edward W. Said)(1992), 박홍규 역, 『오리엔탈리즘』, 교보문고.

사회과학원 력사연구소(1962), 『조선통사』.

송영배(1986), 「맑스 아시아관 비판과 유교적 사회구조에 관한 시론」, 『철학연구』 21.

송호정(18989), 「북한에서의 고 · 중세사 시기구분」, 『역사와 현실』 1.

이기동(1996), 「한국사 시대구분의 반성과 전망」, 『경제사학』 21.

이수일(1997), 「1920~30년대 한국의 경제학풍과 경제연구의 동향: 연전 상과 및 보전 상과를 중심으로」, 『연세경제연구』 4(2).

李昇輝(1988), 「1930년대 일본에서의 아시아적 생산양식논쟁」, 서울대 『동양사학과논집』 12.

이청원(1935), 「아세아적 생산양식에 관하여」, 『신동아』 5-9.

이환병(2002), 「해방직후 맑스주의 역사학자들의 한국사 인식」, 『한국사학사학보』 5.

임영태(1989), 「북한의 권력과 역사학 북으로 간 맑스주의 역사학자와 사회경제학자들－김광진, 김석형, 김한주, 박문규, 박시형, 백남운, 이청원, 인정식, 전석담」, 『역사비평』 8.

임지현(1990), 「마르크스의 후기사상과 유물사관」, 『역사학보』 126.

전석담(1948), 『조선사교정』, 을유문화사.

전석담·허종호·홍희유(1970), 『조선에서의 자본주의적 관계의 발생』, 이성과현실사.

정종현·水野直樹(2012), 「일본제국대학의 조선유학생 연구(1)－경도제국대학 조선유학생의 현황, 사회경제적 출신 배경, 졸업 후 경력을 중심으로」, 『대동문화연구』 80.

차미희(2000), 「현행 남북한 중학교 국사 교과서의 비교 : 朝鮮後期 서술을 중심으로」, 『교과교육학연구』 4.

최규진(1996), 「코민테른 6차대회와 조선 공산주의자들의 정치사상 연구」, 성균관대 박사학위논문.

최창남(1987), 「중국혁명에 대한 스탈린·트로츠키 논쟁―1926～27년 국공관계를 중심으로」, 『역사비평』 9월호.

한국역사연구회편(1989), 『한국사강의』, 한울.

호스톤, G.A.(1991), 김영호 류장수 역, 『일본 자본주의 논쟁: 마르크스주의와 일본경제의 위기(Hoston, G.A., Marxism and the crisis of development in prewar Japan)』, 지식산업사.

홍순권(1994), 「1930년대 한국의 마르크스주의 역사학과 아시아적 생산양식 논쟁」, 『동아논총』 31-1.

旗田魏(1965), 「日本人の朝鮮觀」, アジア　アフリカ講座」, 『朝鮮と日本』, 勁草書房.

李基俊(1986), 『西歐經濟思想と韓國近代化: 渡日留學生と經濟學』, 東京大學出版會.

白南雲(1993), 『朝鮮社會經濟史』, 改造社.

白南雲(1937), 『朝鮮封建社會經濟史(上)』, 改造社.

福田德三(1907), 『日本經濟史論』, 寶文館.

福田德三(1925), 『改正 經濟學研究』(乾), 同文館.

四方博(1933), 「朝鮮に於ける近代資本主義の成立過程」, 『朝鮮社會經濟史研究』, 京城帝國大學法文學會.

四方博(1951a), 「舊來の朝鮮社會の歷史的性格について」(三), 『朝鮮學報』 2.

四方博(1951b), 「舊來の朝鮮社會の歷史的性格について」(三), 『朝鮮學報』 3.

소비에트 마르크스主義 東洋學會者協會(1933), 早川二郎 역, 『アジア的生産樣式 に就いて』, 白揚社.

李淸源(1936), 『朝鮮社會史讀本』, 白揚社.

中田薰(1906) 『莊園の研究』 1948 [1906], 東京: 彰考書院刊, 昭和23[1948]

黑正巖(1921), 「京城六矣廛に就いて」, 『經濟論叢』 12(2).

黑正巖(1923), 「朝鮮經濟史の研究」, 『經濟史論考』, 岩波書店.

Abels, R.(2009), "The Historiography of a Construct: 'Feudalism' and the Medieval Historian," *History Compass* 7(3).

Anderson, Perry(1974), *Lineages of the Absolutist State*, New Left Books.

Archibald, W. P.(1989), *Marx and the Missing Link : Human Nature*, Atlantic Highlands, NJ : Humanities Press International.

Asakawa Kanichi(朝河 貫一), "Some Aspects of Japanese Feudal Institutions," in *Land and Society in Medieval Japan*: 193-218.

Asakawa, Kan'ichi(1965), "Feudalism: Japanese," in Committee for the Publication of Dr K. Asakawa's Works (ed.), *Land and Society in Medieval Japan*, Tokyo: Japan Society for the Promotion of Science.

Askew, R.K.(2004), "The Cultural Paradox of Modern Japan: Japan and its Three Others," *New Zealand Journal of Asian Studies* 6(1).

Avineri, Shlomo(1969), *Karl Marx on Colonialism and Modernization*, Anchor Books.

Bailey and Llobera eds.(1981), *The Asiatic Mode of Production: Science and Politics*, Routledge & Kegan Paul.

Brook, Timothy ed.(1989), *The Asiatic Mode of Production in China*, M. E. Sharpe.

Brown, A. R.(1974), "The Tyranny of a Construct: Feudalism and Historians of

Medieval Europe," *American Historical Review* 79.

Dunn, Stephen(1982), *The Fall and Rise of the Asiatic Mode of Production*, Routledge.

Fogel, Joshua(1988), "The Debates over the Asiatic Mode of Production in Soviet Russia, China, and Japan," *American Historical Review*, 93(1).

Friday, Karl(2010), "The Futile Paradigm: in Quest of Feudalism in Early Medieval Japan," *History Compass* 8(2).

Hall, Whitney(1962), "Feudalism in Japan: A Reassessment," *Comparative Studies in Society and History*, 5(1).

Inoue and Yagi(1998), "Two inquiries on the divide: Tokuzo Fukuda and Hajime," Sugihara and Tanaka eds., *Economic Thought and Modernization in Japan*, Edwar Elgar.

Keirstead, T(1998), "Inventing Medieval Japan: The History & Politics of National Identity," *Medieval History Journal* 1(1).

Keirstead, T.(2004), "Medieval Japan: Taking the Middle Ages Outside Europe", *History Compass*, 2／AS 110.

Krabbe, J.J.(1996), *Historicism and Organicism in Economics: The Evolution of Thought*, Boston: Kluwer Academic Publishers.

Krader, L(1975), *The Asiatic Mode of Production*, Van Gorecum.

Mehdi, Mahboob(1988), "A Review of the Controversy around the Asiatic Mode of Production," Journal of Contemporary China, *Journal of Contemporary China* 18(2).

Milonakis, D.(1994/95), "Prelude to the Genesis of Capitalism: The Dynamics of the Feudal Mode of Production", *Science and Society* 57(4).

Nishizawa, T.(2001), "Lujo Brentano, Alfred Marshall, and Tokuzo Fukuda: The Reception and Transformation of the German Historical School in Japan," Shiyonoya and Yuich ed., *The German Historical School: The Historical and Ethical Approach to Economics*, Routledge.

Reischauer(1956), "Japanese Feudalism," in R. Coulborn ed., *Feudalism in History*, Princeton: Princeton University Press.

Sahay, G.R.(2007), "Marxism and the Orient: A Reading of Marx," *borderlands* (e-journal) 6(1).

Sawer, Marian(1977), *Marxism and the Question of the Asiatic Mode of Production*, Springer.

Strayer, J. R.(1956), "Feudalism in Western Europe", R. Coulborn ed., *Feudalism in History*, Princeton Univ. Press.

Tuner, B.S.(1976/1977) "Avineri's View of Marx's Theory of Colonialism: Israel," *Science and Society* 40(4).

식민지기 문학(론)의 사회적 상상

김
현
주

1. 문학과 사회, 또는 문학(론)의 사회적 상상

국내 학술논문 데이터베이스 중 하나인 DBPia에서 사회성이라는 단어를 검색하면 1973년부터 현재까지 발표된 논문 1200여 편이 뜬다. 이 가운데 용어의 정확도 기준에서 우선순위에 오른 논문들 대개는 교육학적 주제 안에 포함된다. '사회성'을 제목이나 핵심어로 사용한 논문을 30편 이상 게재한 학술지는 『정서행동장애연구』, 『한국사회체육학회지』, 『한국체육과학회지』, 『특수교육저널』, 『한국영유아보육학』 등으로 확인된다. 이로 미루어 볼 때 현재 학계에서 사회성 개념을 가장 활발히 재생산하고 있는 분야는 교육학인 듯하다.

교육학 분야에서 사회성의 의미는 보통 (교육)심리학의 관점에서 정의되는데, 일반 사전에서도 '사회성'에 대해서는 심리학적 설명이 유력하다. 포털사이드인 NAVER가 제공하는 국립국어원의 국어사전은 '사회성'의 의미를 크게 '심리'와 '언어' 분야로 나누어 설명하고 있다. 언어의 사회성이란 언어에서 소리와 의미의 관계가 사회적으로 약속된 것이어

서 개인이 마음대로 바꿀 수 없다는 의미이다. 심리학적 의미의 '사회성'
은 "사회생활을 하려고 하는 인간의 근본 성질. 인격, 혹은 성격 분류에
니다나는 특성의 하나로, 사회에 적응하는 개인의 소질이나 능력, 대인
관계의 원만성"으로 풀이된다. 비슷한 뜻을 가진 단어로는 사교성이 있
으며, 이에 대응되는 영어 표현은 sociality, 프랑스어 표현은 sociabilité이
다. 집단생활에 융합, 동화하지 못하거나 그것을 파괴하려는 성질을 가
리킬 때는 '사회성' 앞에 '비(非)'나 '반(反)'을 붙이며, 이에 대응하는 영
어 단어는 antisociality이다.

심리학적 의미의 '사회성'이 활용된 예문에는 다음과 같은 익숙한 것
들이 있다. (1) 형제 없이 홀로 자란 아이는 사회성이 부족하다. (2) 선
생님은 학생들의 학력뿐 아니라 사회성의 개발에도 신경을 써야 한다.
(3) 아동기[兒童期: 유년기와 청년기의 중간에 해당되는 6~13세의 시기.
후기에는 추상적인 사고가 가능해지는 따위의 지적 발달이 현저하며,
집단적인 행동을 함으로써 사회성도 증가된다. (4) 개밋과[-科: 곤충강
벌목의 한 과. 사회성 곤충으로 여왕개미, 일개미, 수개미로 구성된다.
대부분 땅속에서 모여 산다. 이상의 예문에서 '사회성'은 대인관계나 다
소 직접적인 관계집단 안에서 원만하게 생활하기 위해 개개인이 갖추
거나 배양해야 할 성질이나 성격의 특징을 의미한다.

학술 담론과 좀 더 일반적인 언어생활 모두에서 '사회성'에 대한 심리
학적 접근이 우세하지만, 국어사전이 제시하는 용례에는 이러한 의미
범주를 초과하는 것들도 적지 않다.

김이석 [金利錫] 소설가(1914~1964). 불우한 사람들의 모습을 담은 사회성
짙은 작품을 썼으며, 작품에 「실비명(失碑銘)」, 「뻐꾸기」, 「동면(冬眠)」 따위
가 있다.

귀요 [Guyau, Marie Jean] 프랑스의 철학자(1854~1888). 인류의 생(生)의
발전을 윤리설과 예술론의 근본 원리로 하여 생명의 사회성을 강조하였다.
저서에 『사회학적으로 본 예술』이 있다.

오프브로드웨이 [off-Broadway] 미국 브로드웨이의 상업 연극을 반대하여
그 주변 지역에서 이루어진 연극. 문학성과 사회성이 있는 작품을 공연하였
으며, 모험적이고 실험적인 시도를 많이 하였다.

아스투리아스 [Asturias, Miguel Ángel] 과테말라의 소설가(1899~1974). 신
화성과 사회성이 합치된 세계를 묘사하여 사회의 모순을 날카롭게 비판하
였으며, 1967년에 노벨 문학상을 받았다.

아츠앤드크래프츠운동 [Arts and Crafts運動] 19세기 후반에 일어난 영국의
공예 운동. 기계 문명에 저항하여 예술에서 수공의 중요성, 공예의 실용성과
사회성을 강조했으며, 모리스(Morris, W.)의 지도 아래 애슈비(Ashbee, C. R.)
등이 추진했다.[1]

위의 예문에서 사회성이라는 단어는 '불우한 사람들의 모습을 담은',
'상업적 연극에 반대하는', '사회의 모순을 날카롭게 비판하는', '기계문
명에 저항하는'이라는 다소 복잡한 의미를 집약하여 추상화하거나 적어
도 그러한 의미들과 긴밀하게 연결되어 있다. 이러한 의미들은 심리학
이 탐구하는 '사회성'과 어떤 식으로든 연결되어 있을 테지만, 그것으로
환원되지는 않는다. 이러한 복합적 의미로 충전된 '사회성'은, 마찬가지
로 복잡한 의미들로 충전된 '문학성'이나 '실용성' 같은 개념들과 연합하
여 사전의 표제어로 제시된 문학 작품이나 예술적 실천, 예술운동의 특

---

[1] 사회성의 정의와 그 단어를 사용한 예문들은 http://krdic.naver.com/search.nhn?query=
%EC%82%AC%ED%9A%8C%EC%84%B1에서 발췌 인용함.

징을 설명하는 데 참여한다.

사회성에 대한 위와 같은 해석을, 심리학적 해석과 대비하여 사회학적이라고 칭할 수 있을 것이다. '사회학'을 사회를 유일하고 단일한 대상으로 사고하는 대신에 현실적인 집단들과 그 집단들 간의 협력, 긴장, 갈등 관계를 분석하는 지식이라고 정의할 수 있다면, 위에 인용된 예문에 나타난 사회성 개념은 사회학적이다. 나아가 문학 작품이나 예술적 실천, 예술운동에 대해 이와 같은 사회성 개념을 사용하여 해설하는 것 자체가 매우 사회학적인 접근법이라고 할 수 있다. 위 예문에 등장한 19세기 말 프랑스 사회학자 마리 장 귀요의 책 제목이 암시하는 것처럼, 문학·예술에 대한 이러한 방식의 접근은 현재의 학문 분류상으로는 문학사회학 또는 예술사회학에 속한다. 예문의 설명 방식이 낯설지 않다는 것은 문학·예술에 대한 사회학적 접근이 학문적 정당성을 얻어 어느 정도 일반화되었음을 의미한다.

한국에서 '문학(예술)'과 '사회', 그리고 그것들 사이의 관계에 대한 사회학적 해석이 등장한 것은 1920년대 중반이다. 1923년 후반 즈음부터 '문예의 사회성' 개념을 필두로 하여 문학이나 예술에 대한 논의에 사회적인 것의 새로운 의미론이 전개되기 시작했다. 문예의 사회성 개념은 1920년대 후반에는 문학성과 사회성이라는 상대주의를 특징으로 하는 짝 개념으로 구조화되었다. 이와 같은 이원적 구조를 바탕으로 하여 사회성은 계급성이나 역사성 같은 단어들과 호환되거나 연관되는 의미들을 획득하게끔 되었다. 문학(사)에 대한 사회학적 탐구 방법은 1940년에 임화의 「조선문학 연구의 일 과제─신문학사의 방법론」에서 정식화되었다(임화, 1940).[2]

---

[2] 임화는 이 글에서 신문학사의 방법론적 개념으로 대상, 토대, 환경, 전통, 양식, 정신을 들었다. 김윤식은 임화의 글을 "문예학(문학의 과학)이자 문학의 사회학"으로

 이 글에서는 문학사회학적 사고의 등장을 '문학'과 '사회'의 상호 매개
적 변환 과정의 일환으로 이해하면서 1910년대 중반에서 1920년대 중반
에 이르기까지 문학(론)에서 사회적 상상이 변화해간 과정을 추적해보
고자 한다. '사회'란 리얼리티이기 이전에 개념적 구성물이며 개념적 구
성물이기 이전에 하나의 상상이다. 사회적 상상은 동시대인들이, 그들
이 그 안에서 살면서 유지하는 사회들을 상상하는 방식이자 사회에 대
한 심층의 규범적 개념과 이미지들이다(김홍중, 2013: 14). 다시 말해
'사회'는 실재하는 장소라기보다 의무와 기능, 성격에 대한 정의를 포함
하는 특수한 해석의 장소이다(레이몬드 윌리암스, 2007: 169-197; 찰스
테일러, 2010: 43-52; 김현주, 2013: 25-34). 근대 문화 담론의 중심이었던
'문학(론)'이 '사회'를 어떻게 상상 또는 해석해왔는가가 이 글의 일차적
인 관심사인데, 주목할 점은 문학에 대한 구상과 사회에 대한 상상이
상호 연동했다는 점이다. 한국에서 지금 우리에게 익숙한 문학·사회
개념이 어느 정도 안정성을 획득하면서 유통되기 시작한 것은 1910년
대 후반 즈음이었다. 이때 그 개념들과 그것들 사이의 관계에 맥락화된
의미를 부여한 지식은 주로 심리학적·철학적인 것이었다. 1920년대 중
반에 사회주의의 영향을 받으면서 문학 개념과 사회 개념 모두의 사회
학적 전환이 일어났으며, 이는 문학과 사회의 관계에 대한 사유의 틀
역시 획기적으로 변화시켰다. 이 글은 문학 담론을 중심으로 하여 사회
적인 것의 의미론적 전환 맥락을 추적하고 그 지성사적 의미를 생각해
볼 것이다.

평가한 바 있다(김윤식, 2011).

2. 1910~20년대 초 문학과 사회의 토폴로지

주지하다시피 '문학'은 'Literature'의 번역어이며, '예술'은 'Art', '사회'는 'Society'의 번역어이다. 18세기에서 19세기에 걸쳐 유럽에서 개발된 Literature, Art, Society의 근대적 개념은 19세기 후반 일본에서 각각 文學, 藝術, 社會로 번역되었다. 이 번역어들은 1900년대 후반에는 조선에도 소개되었으며 각각 다양한 의미론을 전개하기 시작했다. 예컨대 개신유학계열의 지식인들은 정치단체를 비롯한 근대적 성격의 각종 '회(會)'를 '사회'로 불렀다. 이인직 같은 일본유학생 출신 지식인은 '사회'를, 평등한 '국민'으로 구성되는 '국가'와는 달리, 개인들과 집단들이 명예와 지위와 이익을 두고 상호 경쟁하는 공간으로 소개하기도 했다. '문학'은 '학(문)'이라는 전통적인 의미론에서 벗어나, 근대적 '신문'의 글쓰기와 비슷하게, '사회'를 관찰하는 데 쓸모가 있는 글쓰기로 부상했다. 그런데 이와 같은 사회의 상상과 문학의 구상은 국가론의 시대였던 1900년대에는 활성화되기가 어려웠으며 조선이 일본의 식민지가 된 이후 '무단통치'하에서는 그나마도 해체되거나 억압되었다.

1910년대 중반 이후 문학이나 예술, 사회 같은 개념을 의미론적으로 그리고 기능론적으로 서로 연결시키면서 '문명화'의 새로운 전망을 제시한 집단은 재일 유학생들이었다. 이들은 대개 조선이 일본의 식민지가 된 이후, 그러니까 1910년 이후에 일본에서 수학한 자들로서, 보통 제2기 일본 유학생으로 불린다. 다이쇼기 일본 지성계의 자유주의적이고 교양주의적인 분위기를 호흡한 유학생들은 조선인들을 근대적 개인으로 변화시키고 그러한 개인들로 새로운 공동체를 구성해내고자 했다. 진보된 미래, 이른바 '문명'을 표상할 수 있는 집합적 주체성으로 '민족'과 함께 '사회'를 제시한 바, 이들은 이민족에 의해 점령된 국가, 즉 '정치'의 영역이 아니라 조선 '민족'으로 구성된 '사회'를 발전시키는 것을 선차적인 목표로 삼았다.

　재일 유학생들은 자신들, 즉 "청년"이 "진출"하고 "정복"해야 할 장소로 '사회'를 발견했던 것인데, 이러한 목표 설정은 '사회'에 대한 다음과 같은 두 가지 이해에 토대를 두고 있었다. '사회'는 배타적인 민족으로 구성된 단일한 공동체로서 진보된 미래를 표상할 수 있는 집합적 능력 또는 주체성을 상징하는 한편, 다양한 부문들이 기능을 분담하는 하나의 체계였다. 체계론적 구상에서 사회의 힘, 즉 "사회력"의 핵심적 요소로 부상한 것은 '경제'와 '문화'였다. '문화'는 산업 등 물질적인 영역에 대비되는 정신적 가치의 영역으로서 예술·종교(또는 도덕)·학문 같은 하위 분야로 구성되었다. 체계론적이고 기능론적인 관점에서 문학⊂예술⊂문화⊂사회⊂국가의 사고 도식이 형성되었다.

　재일 유학생들이 '사회'와 '문학'을 발견하고 둘 사이의 관계를 설명한 방식은 넓게 보아 심리학적이고 철학적인 것이었다. 이들은 개인들이 모여 사회를 구성할 수 있는 가능성을 인간이 공유하고 있는 어떤 "보편적 성질"에서 찾고자 했다. 개성이나 특이성이 아니라 "사회성"이야말로 공동체를 만들어낼 수 있는 접착제였던 것이다. 중학생 대상 교양 잡지 『청춘』에서 보성학교 교장 최린이 조선 학생들에게 특히 결여된 점으로 꼽은 '사회성'은 이와 같은 심리학적 의미의 사회성의 작용 범위를 확대한 것이었다고 할 수 있다. 재일 유학생들의 사상 동향을 대표하던 〈재동경조선유학생학우회〉의 기관지 『학지광』은 김양수 등 일부 유학생들이 심리학과는 다른 관점에서 '사회'를 관찰하면서 '사회문제' 등을 발견하고 있었다는 사실을 알려주지만, '사회'에 대한 유학생들의 일반적인 이해는 심리학적 (사회학)이었다.

　'문학'이나 '예술'의 구상은 교육론의 틀이 '지·덕·체'론에서 '지·

정·의'론으로 이동함에 의해 가능하게 되었는데, 지·정·의론은 인간 정신에 대한 심리학의 해석에 바탕을 두고 있었다. 지·정·의론은 근대사회에서 '문화' 영역의 학문(과학), 예술, 도덕(또는 종교)으로의 분화와 그러한 영역들 각각의 독립성을 정초한 계몽주의적 철학("문화철학")에 영향을 준 설명체계였다. '정'-'예술'과 '사회'의 관계는 최초의 근대적 장편소설로 평가되는『무정(無情)』(1916)의 중요한 테마 가운데 하나였는데, 무정이라는 단어로 이광수가 비판한 것은 비단 개인의 정(情)의 부재만이 아니었다.『무정(無情)』에서 예술은 개인들이 정의 능력과 함께 동정(同情)의 능력을 함양하도록 함으로써 민족=사회를 구성하는 데 기여할 '문명적' 제도로 부상했던 것이다.『학지광』의 슬로건이었던 '실력양성론'의 핵심은 '조선 사회를 문명화=근대화하기 위해서는 산업과 함께 문화를 발전시켜야 한다.'로 요약될 수 있다. 이로써 '사회'의 영역으로 진출하고자 했던 유학생들 가운데 적어도 일부는 '문화', 즉 예술이나 종교, 과학 같은 분야에서 "개척자"가 되려는 소망을 품게끔 되었다(김현주, 2013: 63-320).

　1921년에 현진건이『개벽』에 발표한 「빈처」와 「술 권하는 사회」는 '예술'과 '사회'에의 투신을 통해 자아를 실현하려던 유학생들의 열망이 3·1운동 이후 조선에서 어떤 장해물에 부딪치게 되었는지를 보여준다.3) 「빈처」의 'K(나)'는 새로운 지식을 호흡하기 위해 지나와 일본을 떠돌아다니다 반거들충이가 되어 돌아와 2년이 지나도록 독서와 창작에 몰두하고 있는 무명의 소설가이다. 「술 권하는 사회」의 '남편'은 동경에서 대학을 졸업하고 돌아와 어딘가를 분주히 돌아다니는데, 그의

---

3) 「빈처」와 「술 권하는 사회」는 「타락자」와 더불어 현진건이 일본과 중국에서 중학과정과 대학과정을 수학하고 귀국하여 언론과 문학 활동을 병행하던 당시의 체험이 투영된 초기 소설로 분류된다.

목표는 '사회에서 뭔가를 좀 해보는' 것이었다. 신지식을 충전한 '청년들'이 자신의 능력과 진정성을 입증할 장으로 각각 '문학'과 '사회'를 선택한 것인데, 소설은 청년들의 실천이 아이러니한 면모를 내포하고 있다는 사실을 암시한다.

「빈처」는 문학(예술)에 대한 지식인의 헌신을 옹호하려는 의도와 함께(박현수, 2011: 317-342),[4] 그러한 헌신에 어떤 석연치 않은 면이 있다는 점 또한 드러낸다. 화자인 K는 "저작가로 몸을 세워보았으면 하여 나날이 창작과 독서에 전심력을 바"치고 있지만 아직은 자신의 재능과 가치를 인정받지 못한 처지이다. "보수 없는 독서와 가치 없는 창작으로 해가 지며 날이 새며 쌀이 있는지 나무가 있는지 망연케" 모르는 K는, 월급이 인상되고 주식 투자로 이익을 남기며 동료들과의 경쟁에서 우수한 성적을 거두고 친척들 사이에서도 평판이 좋은 은행 사무원 T나 인천에서 기미를 해 큰 돈을 딴 손윗동서와 대비된다. K는 자신의 처량하고 무력한 처지에 곤혹스러워하지만 T의 소소한 '성공'이나 동서의 '졸부'를 선망하지는 않는다. 그렇다고 해서 문제가 완전히 해결되는 것은 아닌데, 흥미로운 점은 서술자가 K에게 그가 헌신하는 예술이나 문학의 가치를 적극적으로 표현할 기회를 좀처럼 주지 않는다는 것이다. 소설에서 예술가라는 단어는 K가 자신의 아내를 대상화하거나 추궁하는 문장("예술가의 처 노릇을 하려는 독특한 결심", "저 따위가 예술가의 처가 다 무엇이야")에 등장하고, 문학가라는 단어는 K가 자신을 무시하고 경원시하는 친족들의 평판을 재현하는 문장("제 주제에 무슨

---

[4] 박현수는 「빈처」와 「술 권하는 사회」에서 서술자가 아내들을 부정적 타자로 구성하고 배제하는 과정(물질적인 욕망을 가지거나 사회적 사고가 부새아나는 낌)을 통해 주체, 곧 지식인 '나'를 만들어낸다고 보고, 이로써 지식인 특히 문인이 사회로부터 고립된 초월적인 공간 속에 위치하게 된다고 보았다. 박현수의 분석과는 달리, 이 글에서는 아내와 함께 지식인 인물에 대해서도 거리를 두고 내려다보는 서술자의 아이러니적 시선을 중요시했다.

조선에 유명한 문학가가 된다니! 시러베 아들놈!")에만 등장한다(현진
건, 1921a: 34-38). 즉 이야기 안에서 문학이나 예술은 그 자체로 중요한
형상을 부여받지는 못하고 있으며 K의 모습도 예술가라기보다는 재택
근무자에 가깝게 세속화되어 있다. 서술자는, 물질적인 욕구나 세속적
인 시선에 휘둘리지 않(으려)는 예술가와 그의 가난한 처를 갸륵하게
바라보는 한편, 은연중에 예술가가 자신의 헌신의 가치를 주장할 수 있
는 근거가 바로 세속이나 물질에 의한 억압과 무시라는 아이러니한 상
황을 드러낸다.

「술 권하는 사회」는 '사회'에 투신한 청년 지식인이 바로 그 '사회'에
대해 실망감과 환멸을 느끼게 된 문제적 상황을 묘사하고 있다. 소설의
화자인 아내는 일본 동경에서 남편이 하고 있는 대학 "공부"를 "이 세상
에서 제일 귀한" "옛날이야기에 있는 도깨비의 부자 방방이 같은 것"으
로 여기면서 모든 고생을 참았다. 그런데 귀국한 후 몇 달이 지나도록
남편은 돈 벌 궁리를 안 한다. 그는 어디인지 분주히 돌아다니고 집에
서는 정신없이 책을 읽고 밤새도록 글을 쓰다가 깊은 한숨을 쉬기도 하
고 급기야는 야밤에 책상에 엎드려 울기까지 한다. 아래 인용문은 술
취해 귀가한 남편의 넋두리인데, 이를 통해 그의 고뇌와 눈물과 통음이
바로 '사회'라는 존재 때문이라는 사실이 밝혀진다.

> "[상략] 내게 술을 권하는 것은 홧증도 아니고 '하이칼라'도 아니요, 이 사
> 회란 것이 내게 술을 권한다오. 알았소? 팔자가 좋아서 조선에 태어났지, 딴
> 나라에 났더면 술이나 얻어먹을 수 있나……"
> 사회란 무언인가? 아내는 또 알 수가 없었다. 어찌하였든 딴 나라에는 없
> 고 조선에만 있는 요리집 이름이어니 한다.
> "조선에 있어도 아니 다니면 그만이지요"
> 남편은 또 아까 웃음을 재우친다. 술이 정말 아니 취한 것같이 또렷또렷

한 어조로,

"허허 기막혀. 그 한 분자(分子)된 이상에야 다니고 아니 다니는 게 무슨 상관이야 [중략] 저 우리 조선 사람으로 성립된 이 사회란 것이, 내게 술을 아니 못 먹게 한단 말이요. ……어째 그렇소? …. 또 내가 설명을 해드리지. 여기 회를 하나 꾸민다 합시다. 거기 모이는 사람 놈 치고 처음은 민족을 위하느니, 사회를 위하느니 그러는데, 제 목숨을 바쳐도 아깝지 않으니 아니 하는 놈이 하나도 없어. 하다가 단 이틀이 못되어, 단 이틀이 못되어……."

한층 소리를 높이며 손가락을 하나씩 둘씩 꼽으며,

"되지 못한 명예 싸움, 지위 다툼질, 내가 옳으니 네가 그르니, 내 권리가 많으니 네 권리가 적으니 …… 밤낮으로 서로 찢고 뜯고 하지, 그러니 무슨 일이 되겠소. 회(會)뿐이 아니라 회사이고 조합이고 … 우리 조선 놈이 조직한 사회는 다 그 조각이지. 이런 사회에서 무슨 일을 한단 말이요. 하려는 놈이 어리석은 놈이야. 적이 정신이 바로 박힌 놈은 피를 토하고 죽을 수밖에 없지. 나도 전자에는 무엇을 좀 해보겠다고 애도 써보았어. 그것이 모두 수포야. 내가 어리석은 놈이었지 [중략] 그저 이 사회에서 할 것은 주정꾼 노릇밖에 없어……."(현진건b, 1921: 63-64)

위 인용문을 보면, 남편에게 의미 있는 공동체는 바로 '사회'라는 것을 알 수 있다. 그는 스스로를 사회의 구성원("分子")으로 느끼고 있으며 사회의 가치가 곧 자신의 가치이고 사회의 목적이 바로 자신의 목적이라고 느끼는 인물이다. '사회'에 대한 그의 실망과 환멸은 그가 '사회'를 얼마나 중요한 가치로 여기고 있는지, 그가 얼마나 '사회' 안에서 의미 있는 존재가 되고 싶은지를 반증한다. 비단 그뿐만이 아니라 그의 여러 동료들도 '사회'를 자신들의 존재와 행위를 가치 있는 것으로 의미화할 수 있는 중요한 적도이자 기준으로 여기고 있는 듯하나.

남편에게서 '사회'는 두 가지로 이미지화된다. 하나는 '우리 조선 사람으로 성립된 사회'이다. '사회에 안 다니면 그만 아니냐'는 아내의 물

음에 남편이 대꾸한 것처럼, 이러한 의미의 사회는 조선인이라면 누구
나 소속될 수밖에 없는 단일한 공동체이다. 다른 하나는 '다양한 성격
의 중간조직들로 구성된 사회'이다. 남편이 상상하는 '사회'는 추상적인
개인들이 모인 단순한 다수성의 세계라기보다 "회", "회사", "조합" 같은
다양한 성격의 단체들이 모인 복합적 다수성의 세계이다.

'사회'에 대한 위와 같은 이미지는 완전히 새로운 것은 아니다. 앞서
살펴본 바 1910년대에 유학생들이 만들어낸 '사회'의 대표적인 이미지
는 '민족으로 구성된 공동체로서 진보된 미래를 표상할 수 있는 집합적
능력'과 '다양한 부문들이 기능을 분담하는 체계'였다. 남편이 '사회'를
설명하려 할 때 어김없이 "우리 조선 사람", "우리 조선 놈" 같은 표현이
등장하는 데서 짐작할 수 있듯이, '사회'에 대한 그의 상상에는 종족 이
미지가 달라붙어 있다. 이 소설에 제시된 사회 이미지의 창의성은, 새
로운 미래를 표상할 수 있는 집합적 능력으로서의 '사회'를 '회', '회사',
'조합' 등 다양한 성격의 "조직"들로 실체화, 가시화시키고 있다는 점이
다. '사회'를 '조직들'로 표상하는 방식은, 앞서 살펴본 것처럼, 사회 개
념이 처음 소개된 1900년대 후반에 이미 등장했으나 '무단적' 식민통치
하에서 억압, 해체되었던 것이다. 3·1운동 이후 통치정책의 전환에 의
해 비로소 결사와 표현의 자유가 어느 정도 허용되었던 바, 「술 권하는
사회」는 다양한 성격의 단체들, 조직들이 조선인들의 사회적 상상의 핵
심 요소로 다시 부상하고 있었음을 보여준다.

남편을 비롯한 지식청년들이 회, 회사, 조합을 조직하고 '사회를 위
해' 하려한 일이 무엇이었는지는 구체적으로 제시되지 않는데, 당시에
'사회사업' 또는 '사회적 사업'이라는 말로 칭해졌던 실천들에서 그 내용
을 추론할 수는 있다. 1920년대 말까지 청년단체, 여성단체, 언론기관이
나 종교기관 등은 자신들의 실천들 가운데 일부를 "사회를 위한 활동"

이나 "다수를 위한 사업, 또는 사회 일반에 이익을 줄만한 사업"에 할애하고 이를 '사회(적)사업'이라고 부르곤 했다. "사회적 이익을 줄만한 사업"의 범위는 지금 우리가 사회사업의 영역으로 분류하는 활동보다 훨씬 넓었다. 거기에는 지역 발전을 위한 일, 학교의 설립이나 운영, 잡지 발행, 노동자나 농민 대상의 야학 등 '신문화' 또는 '신사회'를 선취하는 데 필요하다고 간주된 다양한 활동이 포함되었다(조성은, 2012: 80-109).[5] 식민지 지식인들에게 '(신)사회'는 '근대'를 표상할 수 있는 자신들의 능력 자체이자 그 전부였다.

당시에 제국 일본이나 조선총독부가 시행하던 사회사업은 조선인들이 실행한 사회사업과는 성격이 달랐다. 일본에서 종래에 '자선사업'이나 '구제사업'으로 불리던 활동이 '사회사업'으로 개념화된 것은 1910년대 후반이며, 이 개념은 1920년대부터 공적 영역과 민간영역에 자리 잡게 되었다. '사회사업'은 유기체적 사회관 및 국가관을 바탕으로 하여 산업화와 도시화가 야기하는 '사회문제'를 사회개량, 노사협조에 의해 해결하려는 경향을 보였으며 점차 국가의 주도하에 사회정책 차원에서 계획, 동원해가는 제도로 발전하였다. 이와 같은 일본의 사회사업 개념을 기초로 삼아, 1920년대 이후 조선총독부는 '사회사업'을 구호사업(궁민구호, 이재민구호), 구료사업(은사구료, 실비구료), 방빈사업, 방면사업, 교화사업, 군사원호사업으로 구분했다. 일본과의 차이는, '사회문제'에 대해서 사회법이나 사회보험 등 사회정책이 아니라 반민반관의 형태나 민간의 자원을 활용하여 대응하려 한 점이었다(조성은, 2012: 64-77).

일본 정부나 조선총독부의 사회사업에서 사회적인 것의 개념은 매우

---

5) 1920년대 조선에서 사회사업 개념의 특징을 조사한 조성은에 따르면, 청년단체, 여성단체, 각종 사회단체 등 "근대화된 주체가 사회적인 것, 사회를 위한 것에 활동했을 때 그 활동을 사회사업이라고 호명하는 것이 일제 강점기 사회사업 개념의 두드러진 특징"이었다.

협소하게 규정된 것이다. 근대의 사회사업 개념은 서구에서 19세기 후반에 일어난 사회적인 것의 의미론적 전환에 바탕을 두고 있다. 19세기 후반 유럽 전역에서 발전된 사회원조제도의 출현에 첨부된 '사회적인 것'은 자선기관과 국가기관이 도덕적 개혁이나 개인의 향상을 가져오기 위해 개입할 수 있는, 확인과 설명이 가능한 환경(miliuex) 속에 개인을 고착시켰다. 이 사회적인 것의 개념은 '환경'을 빈곤이나 질병을 구제하기 위한 노력에 동원될 수 있는 개인적, 가족적, 공동체적, 제도적 자원의 범위로 규정했다. 여기서 사회적인 것은 '사회정책'의 대상이 될 수 있고 '사회개량주의자'에 의해 개혁되고 후에는 '사회사업가'에 의해 처리되는 특정한 영역이나 장(빈곤 등 사회문제)을 가리킨다(조성은, 2012: 84).

「술 권하는 사회」에서 남편을 포함한 청년 지식인들이 '사회를 위한 일'을 행하려 했을 때 염두에 둔 '사회'는 위와 같은 특정한 영역이나 장이 아니었다. 이들의 사회적 상상은 그보다는 "인간을 서로 묶는 일반적, 추상적 또는 보편적 규칙이나 관습의 체계"에 가까웠다(조성은, 2013: 84). '사회'를 규칙(약속)이나 관습, 감성의 배열 또는 조직으로 생각한 것이다. 그런데 지식인들이 스스로 복종하고 타인에게 요구한, 사회의 규칙은 서구의 고전적, 자유주의적 사회이론에 제시된 그것과는 달랐다. 이들은 '사회'를 '시민들의 자유의 영역', 즉 개인들과 집단들이 명예와 지위와 이익을 두고 서로 다투는 공간('시민사회')으로는 간주하지 않았다. 조선인들 사이에 통용된 사회사업 개념에 나타나는 것처럼, 지식인들은 개인(가정)/사회, 사적/공적, 소수/다수, 개별/일반 같은 개념체계를 작동시키면서 새로운 집합적 능력 또는 주체성을 주조해내려고 노력하고 있었다. 1920년대에 조선 각지에서 다양한 형태의 단체를 조직하고 강연회나 야학을 열고 크고 작은 규모의 인쇄물을 발행하고 무리를 이뤄 거리를 행진한, '말하는 다수'가 스스로를 소속시킨 공동체는 이와 같은 '사회'였다.

그런데 이와 같은 집합적 능력 혹은 주체성으로서의 사회 구상이 「술 권하는 사회」에서 실망과 환멸로 귀착되고 있었다는 점에 주목할 필요가 있을 것이다. 동료들에 대한 남편의 실망은 '사회적 이익에 대한 고려'의 부족, 즉 그들이 공적이고 일반적인 이익이 아니라 사사로운 명예, 지위, 권리를 주장한다는 데 있었다. 그는 '사회를 위해 뭔가를 해보려던' 자신의 노력이 모두 수포로 돌아갔으며 자신이 어리석었다고 탄식한다. 사회의 구성원이라는 의식이 확고한 그가 곧바로 '사회'로부터 퇴각했을 것 같지는 않지만, 거듭된 좌절과 실망은 그를 "주정꾼", 즉 내부망명자로 만들 수도 있다. 더 심각한 문제는 일반 사람들에게는 사회의 이미지 자체가 부재했다는 것이었다. "예술가의 처 노릇을 하려는 독특한 결심이 있"었던 「빈처」의 아내와도 달리, 「술 권하는 사회」의 아내는 남편이 밤낮으로 노심초사하는 '사회'가 무엇인지도 몰랐다. "아내에게는 그 말(사회라는 말: 인용자)이 너무 어려웠다. 고만 묵묵히 입을 다물었다. 눈에 보이지 않는 무슨 벽이, 자기와 남편 사이에, 갈리는 듯하였다. 남편과 말이 길어질 때마다, 아내는 이런 쓰디쓴 경험을 맛보았다. 이런 일은 한두 번이 아니었다." 아내에게 '사회'는 남편에게 못 먹는 술을 강권하는 "독한" 것이며 집을 뛰쳐나간 남편을 삼킨 골목의 어둠 같이 불길하고 두려운 "몹쓸" 것일 뿐이었다(현진건b, 1921: 63-66).

「빈처」와 「술 권하는 사회」에서 우리는 '문학(예술)'이나 '사회'를 '개척'하고 그것을 위해 '헌신'하겠다는 청년들의 기획이 처한 논리적·현실적 곤경을 읽을 수 있다. 「빈처」의 K와 「술 권하는 사회」의 남편은 모두 자신만을 진정한 자아("정신이 바로 박힌" 사람, "본정신"을 간직한 사람)로 인정하고 다른 사람들, 또는 바깥 세계를 타락한 것으로 간주하는, 주관주의적인 태도를 보인다는 점에 공통점이 있다. 물질이나 세속을 초월하는 낭만주의적인 '문학(예술)'의 구상과 개인적이거나 집단적인 욕구들을 초월하는 계몽주의적인 '사회'의 기획은 그들의 머릿속을 떠나면 무력할 뿐이었다. 한편 문학의 구상과 사회의 기획은 서로 결합하거나 연대하기도 어렵게 되었다. 집안에 틀어박혀 있는 K와 각종 회를 바쁘게 드나드는 남편은 서로 마주칠 일이 거의 없었을 성 싶은데, 현진건의 소설은 '문학'과 '사회'가 앞 시기의 이광수에서처럼 긴밀히 연계되기가 어렵게 되었다는 점 또한 드러낸다.

동인지 문학을 비롯한 1920년대 초의 이른바 자연주의/낭만주의 문학은 공통적으로 '사회적 사고로부터의 후퇴', 즉 사회에 대한 거리감, 무감각, 회의주의, 환멸을 드러낸다. '사회'와 거리를 두려는 '개인'은 1910년대 후반 문학에 이미 등장했었다. 내성적인 청년들에게 '사회'는 부자연스럽고 냉정하고 냉엄한, 자기 바깥에 이미 주어져 있는 객관적인 현실로 인식되었다. 사회에 대한 불만과 생활의 무의미함을 느끼는 청년들은 사회로부터 가급적 멀리 떨어진 곳에서 내면, 사적 공간, 사생활을 구축하고자 했다(김현주, 2013: 269-271). 1920년대 초 자연주의/낭만주의 문학에서 사회의 이미지는 부정적인 타자, 즉 개인을 제한하고 간섭하는 과정으로 현현했다. 사회는 개인의 고통의 원인이 된 것이다. 따라서 개인의 정신이나 영혼의 산물로서의 문학은 이와 같은 사회의 압력을 벗어난 곳에서만 창조될 수 있었다.

3. 노동·생산·교환의 공간으로서의 사회와 평등의 감성

문학 담론을 중심으로 하여 1910년대 중반에서 1920년대 초에 걸쳐 나타난 '사회'의 중요한 이미지들을 살펴보았다. 사회는 진보된 미래를 표상할 수 있는 집합적 능력으로 상상되기도 했고 다양한 부문들이 기능을 분담하는 체계로 이해되기도 했다. 민족으로 구성된 배타적인 공동체로서의 사회라는 상상이 지속적으로 민족=사회의 집합적 능력을 창조, 동원한 한편에서, 사회는 다양한 성격의 중간조직들로 실체화, 가시화되었다. 한편 사회는 개인을 제한하고 간섭하는 과정으로 현현하기도 했다. 이 절에서는 지금까지 살펴본 것들과는 사뭇 다른 사회적 상상을 살펴볼 것이다. 요약하자면, 사회에 대한 새로운 상상은 노동·생산·교환, 생활, 인류, 평등 같은 개념들로 구성되었다. 문학(론)에서 사회적인 것의 이와 같은 의미 전환은 1923년 중반에 김기진에 의해 개시되었다.

일본의 릿교(立敎)대학 영문학부에 적을 두고 있던 김기진은 1923년 5월에 귀국하여 『개벽』을 통해 이름을 알렸다. 조선의 현실에 기반을 둔 대중 계몽을 수행하고자 했던 천도교의 청년지도자들이 주도한 종합잡지 『개벽』은 당시에 문화운동의 이념적 기반인 문화주의 비판에 진력하고 있었으며, 이 비판은 종교, 예술, 학문 등 '문화'의 전 영역에 걸쳐 있었다. 이 가운데 문화주의의 예술관에 대한 비판을 선도한 이가 바로 김기진이었다. 그는 『개벽』에서 1년여 동안 '문학'과 '사회', 그리고 그 둘 사이의 관계에 대한 새로운 담론을 펼쳤는데, 이때 제시한 테제가 바로 '문예의 사회성'이었다.

문예가 자기 개인의 소유물이 아닌 이상에 문예의 사회성을 망각하고서는 안 될 것은 말할 것까지도 이르지 않을 줄로 믿는다. 이 점에 있어서 귀요의 명저 『사회학으로 본 예술』이 있는 것은 다행한 일이다. 조선에 있어서 전문 문학가(라고 부를 만한 것도 없지마는, 또 있어야 얼마나 그리 많으리요마는)라는 사람들은 극히 사회와 몰교섭한 직업으로만 문학을 아는 모양이다. 그뿐이 아니요, 또 자기 자신도 사회 일반의 사람들과 거의 교섭이 없는 거와 같이 생각하고 있는 모양이다.

　　문학청년(조선에 있어서 문사), 그들의(전부라고는 말하지 않는다) 말솜씨가 어떠하냐 하면 그네들은 "우리는 문학가다, 예술가다, 그러므로 우리는 사회 사상이니, 무슨 주의니, 무슨 운동이니 하는 떠드는 소리에는 귀를 안 기울인다. 우리는 극히 자유를 사랑하며, 우리의 할 바 '일' 즉 미를 창조함에만 노력할 뿐이다." 하고는 멀끔한 얼굴을 뭇사람의 눈앞에 드러내어놓는 것이다. 그러면 그네들이 생각하는 자유는 어떠한 것이며, 미라는 것은 무엇을 말하는 것이냐. 조선에 있어 더구나 그날그날의 '끼니'에 쫓기어 헤매이는 사람들(!)의 생활에 무슨 자유가 있으며, 무슨 미의 창조의 '심적 여유와 여지'가 있겠느냐(김기진b, 1923: 427-428).

　　김기진이 비판한 것은 문학가들이 문학과 사회 사이의 교섭이나 문학가와 사회 일반 사람들 사이의 교섭에 대한 이해가 없다는 점이었다. '문학청년(조선에 있어서 문사)'들이 '사회'의 '사상', '주의', '운동'에 대해 무관심한 것, 그리고 그러한 태도를 '자유'에 대한 '사랑'과 '미'의 '창조'로 정당화하는 것에 대한 비난이 특히 노골적이고 격렬했다. 그가 자유와 미에 대한 문학가들의 주장을 비판한 근거는 "그날그날의 '끼니'에 쫓기어 헤매이는 사람들의 생활"이었다. 문학(자유와 미)과 사회(생활)의 분열에 대한 김기진의 비판은 '문예의 사회성' 테제에 기반하고 있었다.

　　문예의 사회성이라는 테제를 제출하면서, 김기진은 프랑스의 사회학자 마리 장 귀요(Marie Jean Guyau)의 『사회학으로 본 예술』이라는 책을

언급했다. 사회학계에서 귀요는 뒤르켐의 아노미 개념의 원천과 관련
하여 자주 언급되지만, 1절에 인용한 국어사전의 예문에서처럼, 플레하
노프 등 마르크스주의 이론가들에 의해 본격적으로 발전하기 이전 단
계의 예술사회학을 설명할 때 귀요의 '사회학적 미학론'이 등장하곤 한
다. 요절한 귀요가 생시에 완성한 마지막 저서가 바로 *L'Art au point de
vue sociologique*인데,[6] 이 책에서 그는 19세기 후반 프랑스와 독일에서
유행한 낭만주의의 '예술을 위한 예술'을 비판하면서 예술의 본질과 사
회적 기능으로서 사회적 공감 작용을 중시했다. 인용문에 표현된, 미와
자유의 절대성 주장에 대한 비판과 예술(가)과 사회(일반 사람들)의 교
섭에 대한 강조는 김기진이 귀요의 '사회학적 미학론'에 공감하고 있었
음을 보여준다.[7]

　　사회나 사회성에 대한 김기진의 해석을 좀 더 정확히 이해하기 위해
서는 '바르뷔스주의'를 참조할 필요가 있다. 1923~4년에 김기진이 『개벽』
에서 펼친 문화주의(예술지상주의) 비판의 이론적 토대는 앙리 바르뷔
스의 예술(운동)론이었는데, 바르뷔스는 제1차 세계대전 종전 즈음에

---

6) Marie Jean Guyau(1889), *L'Art au point de vue sociologique*, Paris : F. Alcan.

7) 일본에서 마리 장 귀요의 수용을 추적한 스즈키 유카리에 따르면, 귀요는 생명철학
의 선구적 존재이며 메이지말기로부터 다이쇼기에 걸쳐 빈번히 소개되어 한때 일본
에서 융성을 자랑했던 프랑스 사상가이다. 당시 주요 저작은 거의 모두 번역되었고
널리 읽혔다. 특히 *L'Art au point de vue sociologique*(1889)는 전전에만 서로 다른 번
역자들에 의해 무려 5차례나 번역되었다. 大西克礼訳(1914), 『社会学より見たる芸
術』, 内田老鶴圃; 井上勇 訳(1925), 『社会学的に見たる芸術』, 聚英閣; 北吉 訳(1928),
『社会学上より見たる芸術』, 潮文閣; 大西克礼 訳, 小方庸正 訳(1930), 『社会学上よ
り見たる芸術』 全3冊, 岩波文庫; 西宮藤朝 訳(1931), 『社会学上より見たる芸術』, 春
秋社. 철학 연구자뿐만 아니라 전문 번역가도 손을 댄 것으로 보아 이 책은 아카데
미즘 미립에시도 널리 독자를 획득하고 있었던 것 같다. 김기진은 맨 첫 번째 번역
된 책을 접했을 것으로 생각된다. 鈴木 由加里(2006), 「日本におけるジャン―マ
リー・ギュヨーの 受容について」, 『明治期以降におけるフランス哲学の受容に関す
る研究』, 学習院大学人文科学研究所 참조. 이 글을 찾아 번역해주신 연세대 비교사
회문화연구소 객원연구원 다지마 테츠오 선생님께 감사드린다.

범유럽적 차원에서 결성된, 반국가주의 · 반자본주의 · 반제국주의를 표
명한 예술운동인 '클라르테 운동'의 주창자였다. '클라르테'는 그가 1918
년에 발표한 소설의 제목이었나. 김기진은 1920년대 초에 로망 롤랑과
앙리 바르뷔스가 주고받은 다섯 통의 서신을 전문 번역하여 게재하고
해설하는데,8) 이 해설을 통해 김기진의 사회적 상상의 특징을 분석할
수 있다.

> 바르뷔스의 주의, 즉 예술이 제한당하는 사회적 조건을 가지고 있는 현대
> 의 모든 사회를 부정하고서 예술을 생의 본연한 자유의 길로 해방시키기 위
> 해서 제일 첫째 먼저 현대 사회조직과 데카다닉스, 부르주아 문화의 근본적
> 파괴를 하고자 하는 실제적 현실 혁명과 로망 롤랑의 "예술은 절대적 자유
> 위에 서는 것이므로 사회적 환경에 지배되지는 않는 것이다. [중략] 우리는
> 절대적 자유를 존봉하고 노예적 경지를 싫어하는 [중략] 예술가다. 그러므로
> 지엽의 문제인 정치운동 혹은 사회운동, 더 한층 떨어져서 경제운동 같은
> 운동 속에 참여하는 것을 진심으로 절대로 즐거워하지 아니한다."하는 현실
> 회피의 고독적 자유 정신주의와의 충돌이 '클라르테 운동'의 분열을 일으키
> 게 된 원인이다(김기진b, 1923: 431-432).

김기진은, 바르뷔스의 사상을 '예술을 해방시키기 위해 실제적 현실
혁명에 참여해야 한다'는 주장으로, 롤랑의 사상을 '현실을 초월하여 절
대적 자유를 추구하는 예술'로 요약하고 있다. 그는 '롤랑주의'를 현실
을 회피한 "고독적 자유 정신주의"로 평가하고 이에 대비하여 '바르뷔스

---

8) 바르뷔스주의에 대한 김기진의 해석은 「프롬으나드 상티망탈」(『개벽』 39호, 1923.9)
과 앙리 바르뷔스와 로망 롤랑이 교환한 5통의 서신을 전재한 부분의 앞뒤, 그러니
까 「클라르테 운동의 세계화」(『개벽』 39호, 1923.9)의 앞부분과 「바르뷔스 대 로망
롤랑 간의 쟁론」(『개벽』 40호, 1923.10)의 뒷부분에 기술된다. 그리고 바르뷔스주의
에 대한 최종 평가라고 할 수 있는 글은 「또다시 '클라르테'에 대해서 – 바르뷔스 연
구의 일절」(『개벽』 41호, 1923.11)이다.

주의'를 "현실에 대한 힘 있는 철학", "현실의 굳은 철학"으로 평가하기도 했다(김기진c, 1923: 465). 김기진은 클라르테 운동이 분열하게 된 원인을 '정신주의'와 '실제주의'의 충돌로 해석했으며 바르뷔스의 '실제주의'에서 '문화'와 '현실'의 관계에 대한 문화주의적 해석을 비판, 극복할 사상을 발견했던 것이다.

위 인용문에서 주목할 점은 김기진이 표상하는 '현실'에서 '사회적인 것'이 매우 중요한 비중을 차지하고 있다는 것이다. 위 인용문에서 파괴해야 할 '현실'은 "현대 사회조직과 데카다닉스, 부르주아 문화"로 구성되어 있었다. 그리고 바르뷔스주의에 대한 일차 정리라고 할 수 있는 「또다시 '클라르테'에 대해서―바르뷔스 연구의 일절」에서 김기진은 바르뷔스주의를 "현대 문명에 대한, 현대 사회조직에 대한, 현대 국가에 대한" 비판적 분석으로 수용했다(김기진d, 1923: 471-474). 김기진에게 '현실'은 근대 문명과 국가주의 및 식민주의, 그리고 부르주아문화 등이 상호 복잡하게 결합된 것이었는데, 그 중심에 '현대 사회조직', 곧 자본주의적 사회조직이 있었다. 이와 같은 인식이 위 인용문에서는 사회적인 것, 즉 "사회", "사회적 조건", "사회조직", "사회적 환경", "사회운동" 등의 강조로 반영되어 있다. 김기진이 묘사해준 바에 따르면, 바르뷔스가 혁명하려거나 롤랑이 초월하려한 현실은 바로 사회적인 것이 압도적인 비중을 점하고 있는 세계였다.

김기진이 자주 인용한 바르뷔스의 소설(『클라르테』)이나 서신에서 '사회'는 다른 무엇이 아니라 노동과 생산과 교환이 행해지는 공간으로 나타난다. 바르뷔스는 노동·생산·교환의 발달을 억누르는 모든 장벽(군국적, 상업적, 경제적 경계)을 허물어뜨리고 "사회"를 "백주의 광명이 가득한 공간으로 만들어 놓지 않으면 안 된다."고 주장하는데, 이때 '사회'는 민족이나 국가, 지역 단위를 넘어선 '세계공화국'의 구상과 만난다. "'우리들'이라고 말할 때에는 그것은 인류를 의미하는 것이다. 전세계가 다만 한 개의, 동일한 공화국이 되지 않는 한에는, 모든 국민적 해방은 전체(세계 인류)의 해방의 겨우 그 꼬투리일 뿐이요, 겨우 그 신호인 것을 지나지 못한다!" 나아가 바르뷔스는 "조국의 관념"을 "방축 (放逐)"하고 "중대한 사회 관념"을 가질 것을 주장했는데, 여기서 '사회'는 "좁다란 국민성의 단결 때문에 분할되는" 국가(조국)와는 대비되는, "사회적·도덕적 조직"으로서의 "세계공화국"으로 이미지화된다. 국민주의와 인류주의("세계의 인민", "세계의 백성"), "국민적 해방과 전체(세계 인류)의 해방"을 대비시키는 서술을 통해 사회 또는 사회적이라는 말은 세계주의와 인류주의를 표현하게 된다(김기진a, 1923: 417; 김기진d, 1923: 472-476).

사회 개념의 두 번째 의미인 세계주의·인류주의는 3·1운동을 전후한 시기에 조선의 지식인들 사이에서 확산된 보편주의적 상상력과는 다소 다르다(권보드래, 2009: 246). 바르뷔스는 "인도주의, 사해동포와 애"를 "감상과 관념"으로 평가하면서 "상호 연대와 상호 부조"를 새로운 "질서"로 제안했는데(김기진d, 1923: 476), 이 질서는 '평등'을 기반으로 한 것이었다. 바르뷔스는 노동과 생산과 교환의 공간으로서의 사회=세계에 새로운 질서를 건설할 법칙으로 '평등'을 주창했다.

　참자유에 쫓아서, 즉 각 사람을 저하고 싶은 대로 내버려 두어가지고서 그것을(새 질서를: 인용자) 세울 수 있느냐? 확실히 안 된다. 왜 그러냐면 이 실현이 곧 무너져 들어가지 않으려면 새로운 종자의 사람이라는 것을 제조하지 않으면 안 된다. 그것은 신사회를 만드는 것보다도 더 이상으로 어려운 일이다. 자유는 소극적인 힘이다. 자유는 전정(專政)주의에서 기성법규를 빼어버릴 때에만 존재하는 것이다. 평등은 반대로 제도의 부분 내에서 정확한 과학적 관념을 가져오는 말이다. 평등은 완전하게 존재할 수 있는 것이요, 할 수 있지 않으면 안 될 것이다(김기진c, 1923: 465).

위에서 바르뷔스는 '자유'의 소극성에 '평등'의 정확성과 완전성을 대비시킨다. 자유는 기존의 법이나 제도에서 어떤 제한을 제거함으로써 존재할 수 있게 된다는 의미에서 소극적인 것이라면, 그와 달리 평등은 제도 안에서 과학적 관념을 실현하는 적극적인 것이다. 위의 문장은 의미가 다소 모호한데, 바르뷔스가 롤랑에게 보낸 편지를 참조하자면, '자유'가 제한이 없는, 즉 형상이 없고 방종하므로 위험한 힘이라면, 제한을 두는 '평등'은 사회를 구축하는 데 적극적인 힘으로 작용할 수 있다는 의미로 이해할 수 있다(김기진c, 1923: 463). 바르뷔스는 '사회'를 자주 '건물'에 비유했는데, 건설의 상상 안에서 '평등'은 질서를 구축할 수 있는 과학성과 완전성으로 나타난다. 김기진은 「또다시 '클라르테'에 대해서-바르뷔스 연구의 일편」에서 더 적극적으로 "평등설"을 조명했다. 이 글에서 평등설은 "상속"에 대한 비판을 통해 전개된다. 바르뷔스는 상속이 '권력이나 부를 세습적으로 강탈하여 전하는 것'으로서 "일반적으로 솟아나오는 평등성을 죽이는" 전통이라고 보았다. "인류의 질서"의 유일한 "근저" 또는 "힘과 부의 법칙, 생명의 법칙"은 "모든 각 개인은 공통된 운명 속에서 각 사람 스스로의 노동에 상당한 위치를 가질 것"이라는 규칙, 곧 "노동과 평등과의 질서"뿐이다(김기진d, 1923: 471-475). 바르뷔스에게 '현대사회조직' 즉 자본주의를 혁명하고 노동·생산·교환의 공간으로서의 사회=세계를 재조직할 새로운 규칙은 바로 '평등'이었다.

김기진의 '현실' 이해에서 압도적인 비중을 차지하고 있는 사회적인 것은 노동이나 생산, 생활 같은 개념으로 설명되고 있다. 바르뷔스주의를 처음 소개한 글에서 "문학이라는 것이 생활의식에서 나오는 것이면

생활의 의식이 결정되는 사회조직의 개혁에 의하지 않으면 될 수가 없다."(김기진a, 1923: 412)고 말했을 때, 바르뷔스주의에 대한 소개를 끝내고 좀 더 구체적으로 문학운동론을 피력하던 「금일의 문학, 명일의 문학」에서 "역사적 유물론은, 정신이 사회 상태에 의해서, 노동에 의해서, 생산 방법에 의해서, 어떠한 진로를 취해가지고 어떻게 진행하느냐"에 대한 것이라고 했을 때(김기진b, 1924: 23), '사회'는 생활, 노동, 생산 같은 개념들로 설명되었다. 사회조직은 생활조직과 호환되며, 사회상태=생활상태는 그 안에서 노동과 생산이 조직되는 조건을 가리킨다.

특히 바르뷔스의 평등설은 김기진의 사회 이미지에 큰 영향을 미쳤다. 김기진은 바르뷔스의 평등론을 수용하여 자유는 "소극적 원리"인 반면 평등은 "굳센 건설적 원리"라고 보았다. "대개 자유는 상승하는 원리요, 평등은 하강하는 원리이므로 건설적 가능성은 평등에 있는 것이다. 그래서 나는 여기에 '건설적 원리인 평등'이라고 쓴 것이다. 바르뷔스의 공산주의는 그의 가진 평등의 대이상 위에 섰다."(김기진d, 1923: 472) 하강의 힘에서 건설의 가능성을 포착하는 이 독특한 상상력은 그의 사회적 상상에서 질서화와 구조화에의 지향이 얼마나 강했는지를 암시한다. '혁명'은 새 법칙의 수립을 의미했던 바(김기진c, 1923: 469; 김기진d, 1923: 477), '노동'과 '생산'의 공간인 '사회'에서 '질서'는 '평등'의 원리 또는 법칙 아래서만 건설될 수 있다고 생각했던 것이다.

김기진의 바르뷔스 소개의 결론은 '예술운동'이 '사회운동'과 어떤 관계를 가지는지에 대한 것이었다(이원동, 2015: 386-387). 그는 「또다시 '클라르테'에 대해서-바르뷔스 연구의 일절」에서 "실제적 현실 혁명주의"가 곧 "바르뷔스의 예술 운동이다. 이곳에서 예술운동과 사회운동과의 제휴가 되는 것"이라고 썼다. 예술운동(예술을 생의 본연한 길로 해방시키고자 하는 운동)과 사회운동(부정당한 이익의 분배와 불합리한 특권의 소유를 제도화한 사회를 근거로부터 파괴하고자 하는 운동)은 만난다는 것이다. "바르뷔스의 예술운동은 즉 프롤레타리아와 제휴한 사회운동 속에 있다."(김기진d, 1923: 478) 이와 같은 이해에 기반하여 김기진은 문학 혁명과 사회 변혁=생활 변혁을 연관시키면서 초창기 프롤레타리아 문학운동을 이끌었다.[9]

4. 사회적 상상과 자유/평등의 배열

지금까지 문학 담론을 중심으로 하여 1910년대 중반에서 1920년대에 걸쳐 나타난 '사회'의 이미지를 살펴보았다. 문학(론)에서 사회 개념이 어느 정도 안정성을 획득하면서 유통되기 시작한 것은 1910년대 후반 즈음이었다. 이때 사회는 진보된 미래를 표상할 수 있는 집합적 능력으로 상상되기도 했고 다양한 부문들이 기능을 분담하는 체계로 이해되기도 했다. 1920년대 초에는 민족으로 구성된 배타적인 공동체로서의 사회라는 상상이 지속적으로 민족=사회의 집합적 능력을 창조·동원한 한편에서, 근대를 표상하는 사회의 집합적 능력은 다양한 성격의 중간 조직들로 실체화, 가시화되기도 했다. 다른 한편 사회는 개인을 제한하고 간섭하는 과정으로 현현하기도 했다. 1920년대 중반 문학(론)에서 사회적인 것에 대한 상상이 노동이나 생산, 생활 같은 개념들로 구성되

---

[9] 문학 혁명과 생활 변혁의 관계에 대한 김기진의 주장에 대해서는 다음과 같은 글을 참조할 수 있다. "오늘날 우리의 생활을 가만히 들여다보면 [중략] 입으로만 문학의 혁명이니 무엇이니 하는 천박한 정신주의가 얼마나한 효과도 없고, 다만 현실을, 우리의 생활을 변혁하여야만 우리의 문학을 혁명할 수 있고, 우리의 사상을 혁명할 수 있다는 것까지도 깨달을 것이다. [중략] 우리의 '결론'인 예술, 이것을 해방시키고, 생명의 본질을 찾고자 하자면 우리는 우리의 생활을 변혁하지 않으면 아니 된다—는 것은, 불을 보는 것보다도 더 명백한 논리가 아니냐."(김기진, 1924b: 24)

었는데, 이를 사회 개념의 사회학적인 전환으로 요약할 수 있을 것이다.

사회 개념의 사회학적 전환에서 사회적인 것은 '개인'과의 관계 속에서 의미 규정될 수 있는 것은 아니다. 다시 말해 김기진의 '프로문학' 제창을 "사회적 상상력의 영역으로 재범주화"하여 독해할 때, 그 내용은 비단 "개인이 사회의 일원임에 대한 자각"이나 "'개인의 집합체로서의' 전체에 대한 관심의 확장"에 그치지 않는다(소영현, 2014: 436, 437-438). 김기진의 사회적 상상의 창의성은 오히려 개인의 상대항이 아닌, 개인들의 단순한 집합체가 아닌, "계급에 의해 구성되는 현실"(박헌호, 2008: 19-20)로서의 '사회'를 발견한 데 있었다. '신사회'에 대한 김기진의 상상에는 평등의 이념이 스며들어 있는데, 이때 평등은 앞서 말한 것처럼 추상적이고 보편적인 개인들 사이의 평등이 아니었다. 사회적인 것의 조직 원리로서의 평등은 사회가 노동과 생산의 공간이라는 인식에 기반해 있다. 즉 노동을 분담한다는 사실이야말로 생존의 권리를 주장할 수 있는 근거였으며 노동의 분담은 '사회적' 개인들의 권리와 자격을 재는 저울이었다. 이러한 의미에서 사회 안에서 확고한 질서는 평등이다(김기진, 1923d: 475). 김기진의 문학론은 "사회적인 것이 평등/불평등의 코드로 세계를 식별"함을 보여준다(이치노카와 야스타카, 2015: 152).

사회적인 것에 대한 김기진의 사색에서 평등을 둘러싼 물음이 자유란 무엇인가라는 물음과 어떻게 겹쳐 있었는지를 상기할 필요가 있을 것이다. 김기진의 사회론과 예술론(문학론)에서 '자유'는 개인주의, 예술지상주의, 고독한 정신주의와 연결되었으며 '무질서'와 '방종' 가까이에 놓였다. 구조나 질서로 표상된 '사회'에서 '자유'는 그 자체 부정적인 타자가 되었다. 자유에 대한 이 같은 부정과 멸시는, 당시에 진보적 지식인들이 극복하고자 했던, 이광수 같은 보수주의적 지식인들이 그것에 대해 취한 태도와 크게 다르지 않아 보일 정도이다(김현주, 2005). 그런데 돌이켜 생각해보면 한국에서 사회에 대한 상상에서 '자유'를 적극적으로 길러내려 했던 시도를 발견하기가 쉽지 않다. 심리학적 의미의 사회성은 본래 '적응'의 능력이나 성격을 뜻했으며, 그것의 적용 범위를 민족으로 확장시킨 경우에도, 통합에의 요구가 지속적으로 자유를 제한했다. 이광수의 사회적 상상이 어떻게 귀결되었는지가 이를 증명한다. 그렇다면 '사회'에서 또는 '사회'와 함께 '자유'의 가치와 힘을 보존하거나 적극적으로 양성하려는 시도는 없었던 것인가? 한국에서 '사회'의 의미론적 전환에서 평등/자유의 배열은 주목을 요한다.

■ 참고문헌

권보드래(2009), 「진화론의 갱생, 인류의 탄생」, 『대동문화연구』 66, 성균관대 대동문화연구원.

김기진(1923a), 「프로므나드 상티망탈」, 『개벽』 37호, 개벽사.(본문에서 김기진의 비평은 홍정선 편, 『김팔봉문학전집』 I, 문학과지성사, 1988에서 인용).

김기진(1923b), 「클라르테운동의 세계화」, 『개벽』 39호, 개벽사.

김기진(1923c), 「바르뷔스 대 로망 롤랑 간의 쟁론」, 『개벽』 40호, 개벽사.

김기진(1923d), 「또다시 '클라르테'에 대해서―바르뷔스 연구의 일절」, 『개벽』 41호, 개벽사.

김기진(1924a), 「지배계급 교화, 피지배계급 교화」, 『개벽』 43호, 개벽사.

김기진(1924b), 「금일의 문학 명일의 문학」, 『개벽』 44호, 개벽사.

김기진(1925), 「붕괴의 원리 건설의 원리」, 『개벽』 55호, 개벽사.

김윤식(2011), 「서론으로서의 앞말」, 『임화의 신남철』, 역락.

김현주(2005), 『이광수와 문화의 기획』, 태학사.

김현주(2013), 『사회의 발견: 식민지시기 '사회'에 대한 이론과 상상, 그리고 실천 (1910~1925)』, 소명출판.

김홍중(2013), 「사회로 변신한 신과 행위자의 가면을 쓴 메시아의 전투: 아렌트의
　　'사회적인 것'의 개념을 중심으로」, 『한국사회학』 제47집 제5호, 한국사회
　　학회.
레이몬드 윌리엄스(2007), 성은애 옮김, 『기나긴 혁명』, 문학동네.
레이몬드 윌리엄스(2009), 박만준 옮김, 『마르크스주의와 문학』, 지식을만드는지
　　식.
박헌호(2008), 「'계급' 개념의 지식적 역학」, 『상허학보』 22, 상허학회.
박현수(2011), 「현진건 소설에서 체험의 문제」, 『대동문화연구』 73, 성균관대학교
　　대동문화연구원.
소영현(2014), 「도래할 '신사회'와 사회변혁의 매개－1920년대 전반기 김기진의 사
　　회적 상상력을 중심으로」, 『국제어문』 제60집, 국제어문학회.
엔서니 엘리엇·브라이언 터너(2015), 김정환 옮김, 『사회론』, 이학사.
이원동(2015), 「한국 프로문학의 형성과 클라르테운동의 수용－바르뷔스적인 것
　　과 김기진의 초기 프로문학론」, 『국어국문학』 172집, 국어국문학회.
이에나가 사부로(2006), 연구공간 '수유+너머' 일본근대사상팀 옮김, 『근대 일본사
　　상사』, 소명출판.
이치노카와 야스타카(2015), 강광문 옮김, 『사회』, 푸른역사.
임화(1940), 「조선문학 연구의 일 과제－신문학사의 방법론」, 『동아일보』, 동아일
　　보사.
조성은(2012), 「근대 사회사업 담론에 관한 연구」, 서울대대학원 박사학위논문.
찰스 테일러(2010), 이상길 옮김, 『근대의 사회적 상상』, 이음.
현진건(1921a), 「빈처」, 『개벽』 8호, 개벽사.(본문에서 현진건의 소설은 현진건,
　　『조선의 얼굴』, 문학과비평사, 1988에서 인용).
현진건(1921b), 「술 권하는 사회」, 『개벽』 18호, 개벽사.

鈴木 由加里(2006), 「日本におけるジャン―マリー・ギュヨーの 受容について」,
　　『明治期以降におけるフランス哲学の受容に関する研究』, 学習院大学 人文
　　科学研究所.

식민지시기 근대 과학적 지식으로서
가정학의 형성

전상숙 · 이지연

1. 머리말

한국의 '가정학사'를 집필한 최초의 책인 1976년에 간행된 『한국가정학사』(최이순 · 이기열 · 심치선, 1976)를 보면, 가정학의 전사(前史)가 다음과 같이 기술되어있다.

"여성 교훈서에서는 여성의 근본적인 자세에서부터 며느리, 아내, 어머니로서의 모든 덕성과 의무를 가르치고 있으나 이는 모두 **가문(家門)을 통한 가문 내의 교육**이었다. **제도적인 교육이 아닌 구전(口傳)과 전수의 가르침**이라는데 특징이 있는 것이다."¹⁾

'가정학'이라는 용어와 근대 지식이 등장하기 이전 가정생활과 관련하여 문화적인 의미를 가질 수 있는 지식을 '전통적인' 시기 가정학의

---

1) 이 책에서는 다루고 있는 조선시대 여성 교훈서는 총 10종으로, 내훈(內訓), 여사서(女四書), 규중요람(閨中要覽), 우암선생계녀서(尤庵先生戒女書), 사소절(士小節), 규범(閨範) 내훈여계서(內訓女戒書), 산림경제(山林經濟), 규합업서(閨閤業書), 부인필지이다(최이순 · 이기열 · 심치선, 1976: 34).

전사(前史)로 본다. 여기서 전근대적인 가정학의 특성은 가정생활의 지식과 교육이 가문의 밖을 넘지 않는 '폐쇄성'과 구전으로 전수되던 '비제도적' 성격으로 대표된다. 그리고 가정학적 지식의 근대성은 개별 가정이 보유한 독자적 지식을 전수하는 것이 아니라, 가정의 밖-사회의 교육기관에서 공유된 합리적인 지식을 제도적인 차원에서 생산하는 것을 의미하였다.

대한제국 시기 처음으로 일본으로부터 가정학 관련 교재들이 들어오고 1896년 이화학당에서 미국인 선교사들이 재봉과 자수를 가르치면서 '가정학(家政學, Home Economics)'은 근대적인 지식으로서 유통되기 시작하였다. 번역을 통해서 시작된 가정학 지식의 유통은, 1929년 이화여자전문학교에 가사과가 설치됨으로써 고등교육의 한 분과학문으로 제도적으로 자리잡게 되었다. 그리고 '과학'적 학문으로서 논의되기 시작하였다. 특히, 1930년대에 들어서 사회 전반적으로 가정학 지식이 급격히 증가하면서 가정학은 '근대적인 가정의 과학'이자 '여성의 과학'으로써 근대 지식체계의 일환으로 인정되어갔다. 다양한 근대적 지식이 서구와 일본으로부터 학문과 과학이라는 수용되던 식민지시기에 '식민지(colonial)' 특성과 '과학(science)'은 각기 별개의 것이 아니라 지식인들의 활동을 통해서 사회적인 권력 관계 속에 상호 얽혀있었다(정준영, 2015; 현재환, 2015; 정종현, 2011). 가정학 또한 그러한 식민지 근대 지식의 맥락에서 과학으로 구성되며 사회적 권력관계 속에 과학이라는 이름으로 어떤 부분은 배제되고 어떤 부분은 강조되기도 하였다.

기존 연구에서는 식민지시기에 '일본'이나 '미국'에서 번역되어 들어온 가정학의 특성과 그 영향을 밝히는데 중점을 두었다(박선미, 2007; 전미경, 2004). 특히 전미경의 연구는, 식민지 시기 중등교육기관을 중심으로 가정학이 과학적인 지식으로 표준화되던 상황에서, 일본의 가정학 지식체계가 조선에 번역될 때 가장 영향력을 발휘했던 지점-제도를 포착하고 그곳에서 번역된 지식의 내용을 상세히 분석했다는 점에서 내포하는 바가 크다. 이지연·전상숙(2015)의 연구는 고등교육 수준의 대학 분과학문으로 가정학이 설립된 것에 주목하고, 식민지시기 가정학의 형성이 일본보다 선교사들을 통해서 미국 가정학과 관계가 깊었음을 설명하였다. 특히 이 연구는 미국 가정학의 역사라고도 할 수 있는 오레곤주립대학 가정학과에서 석사학위를 하고 돌아온 한국 최초의 가정학자 김합라(金合羅)와 최이순(崔以順)의 학위논문을 발굴해 그들이 미국에서 배운 '가정학'의 내용을 분석했다는(전상숙, 2015: 267-273) 점에서 연구사적인 의미를 갖는다. 그리고 식민지시기 한국 가정학 형성을 주로 식민지 조선-일제라는 이원구조로 설명하던 방식을 넘어서, 조선-일제-서구라는 다각적 구조로 고등교육의 차원에서 가정학이 제도화된 체계를 밝혔다는 점에서 의의가 있다.

그렇지만 가정학 관련 기존 연구들은 앞에서 언급한 바와 같이, 학문과 과학이라는 이름으로 들어온 다양한 근대 지식의 하나인 가정학이 갖는 '식민지'의 특성과 '과학적' 성격 및 그것이 내포하는 사회적인 권력 관계와의 관계에 대해서는 논하지 않았다. 따라서 식민지시기 가정학이 '과학'으로 구성될 때 편입되거나 배제된 내용도, 그것이 식민지 사회에서 갖는 사회적인 효과도 설명되지 않았다. 이 점에서, 본 논문은 식민지시기에 근대적 과학 지식으로서 가정학이 형성되는 과정을 고찰하여 어떻게 식민지 상황에서 가정학이 제도적으로 과학지식으로 정립될 수 있었는지 알아보고 그 내용들을 밝히고자 한다. 우선 구체적으로 고등교육기관에서 분과학문으로 자리한 가정학이 식민지시기에 '여성의 과학'으로서 성립되는 방식을 살펴볼 것이다. 그리고 식민지시기에 가정학이 어떻게 근대학문이자 '과학'으로 정립되었고, 그 지식이

여성과 가족 담론을 관리하는 행위자들과 제도를 어떻게 배치했고 그
것이 또한 어떤 정치적/사회적 효과를 낳았는지 고찰할 것이다. 이는
당시 여성이 스스로를 지각하고 가족과 사회에 대하여 갖게 되는 주체
성이 근대적 지식체계 및 식민통치 제도와 어떤 관계가 있는지 밝히고
자 하는 것이기도 하다. 그러므로 이 연구는 기존에 식민지시기 학술사
적인 접근에서 벗어나 있던 근대 가정학을 근대 학술사의 일환으로 포
용하면서, 근대 여성의 주체성 관점에서 식민지시기 가정학의 한계와
의미를 다룰 것을 재고하고자 한다.

2. 일본의 한국 병합 이전 '가정학'의 출현과 의미

한국에서 '가정학'이라는 용어가 가정생활에 대한 지식을 체계화한
학문이라는 의미로 사용되게 된 것은 1907년 12월 일본에서 번역된『한
문가정학(漢文家政學)』과『신편가정학(新編家庭學)』이 교과서로 발행
되면서였다. 당시 문명개화론자들을 중심으로 국민계몽의 일환으로 여
성교육이 주창되고 여성들이 교육을 받아 가정(家庭)을 이끌어야 한다
는 담론이 급격히 증가하였다(이송희, 2005: 3-5). 이러한 맥락 속에서
1908년 고등여학교 가정 과목용 교과서가 학부대신의 인가로 발행되었
던 것이다.『한문가정학』은 일본 여성 가정학자인 시모다 우타코(下田
歌子)의 책을 현공렴(玄公廉)이 번역한 것이었다.[2] 시모다 우타코는 유
학을 통해서 서양 가정학을 도입해 발전시킨 일본 초기 가정학자 중 한

---

[2] 이 책의 원서는 1900년 발행된 시모다 우타코의『신선가정학(新選家政學)』으로 추
정되며, 이를 번역한『한문가정학』은 순한문본, 동시발행된『신편가정학(新編家庭
學)』이 국한문본이었다. 두 교과서는 모두 학부의 인가를 받은 가정교과서로 사용
되었다(전미경, 2005: 136-139).

명이었다. 그녀의 책 중『조양보』(1906)에 실린 "부일의독: 부인은 맛당히 일글 뎨일회라, 가정학"(됴양보스 역)은 1907년『신찬가정학(新撰家政學)』(박정동 역)으로 재간행되고,『가정학설(家庭學說)』(이기 역, 1908)으로도 번역되었다(김경남 2015: 8). 여기서 가정학(家政學)은, 글자 그대로 풀이하면 가정(家)을 다스리는(政) 학문(學)인데, 일본에서 만들어진 학문 이름이었다. 그리고 이 '가정학'이라는 용어는 1900년대 중반에 번역된 일본어 교재를 통하여 공식적으로 조선 학교 교육에 등장하게 되었다. 이 시점을 전후로 가사, 가정 과목과 관련된 학문은 통칭 '가정학'이라고 불리기 시작하였다.

이와 같이 1900년대 중반 이후 가정학이 여성 중등교육기관의 핵심 교과목으로 등장하고 공인된 지식으로서 교과서까지 등장한 것은 가정학의 유통이 국가적(national) 단위에서 표준화되어가는 과정의 일환이기도 하였다. 이제 여성들은 전통시대와는 달리 가정생활에 필요한 '근대적'이고 '합리적'인 지식이나 기술을 습득할 필요가 있었다. 그러기 위해서 여성들은 가문 밖으로 나와 학교, 근대적인 교육제도에 들어가게 되었다. 이처럼 교육기관에서 합리적인 지식으로서 가정학을 가르치는 것은 당대의 바람직하고 '정상적'인 '근대 가정', 다시 말해서 '사회적'인 가정의 상을 생산하는 것이기도 하였다. 예를 들어, 학교의 가정학은 가정을 관리하는 지식으로써 의식주 등 기초적인 하위 분야를 범주화하고 규격화하는 동시에 그것이 왜 가정생활에 필요한지 분명한 '목적'을 규정하여 제시하였다. 시모다 책의 주거지식을 분석한 김명선에 의하면, 이 교과서들은 무엇보다도 "일가를 경영하는 사람이 특히 주의해야 할 것은 가내 위생이며 국민의 건령은 일가의 위생에 기하니 주부된 자는 먼저 가내 위생에 대한 주의를 하루를 소홀히 해서는 안"된다고 강조하였다(김명선, 2010: 2653). 근대적인 위생 관념과 이를 위한 실생활의 실천사항 등이 근대 지식의 일환으로써 가정학이라는 학문의 이름과 함께 제시되고 교육된 것이다.

그렇지만, 한국 최초의 가정학사 집필자의 한 사람인 최이순이 지적한 바와 같이, 당시 조선에서 가정학은 학문이라기보다는 가정생활에 직접 적용하기 위한 '기술'(skill)로 인식되었다. 최이순은 "실기교육의 일부인 재봉, 수예, 요리 등을 위주로 가르치며 가사과목을 두고 여자교육에는 필두과목으로" 가르친 경향이 있었다고 한다. 그렇기 때문에 "가정학이 학문으로보다 재봉, 수예, 요리법 등으로 착각하게 된 원인"이 되었다고 지적하였다(최이순·이기열·심치선, 1976: 39). 그런데, 여기에는 1910년 일제의 병합으로 조선이 식민지가 되고 조선총독부가 1920년대 중반까지 여성 고등교육 기관의 설립을 허가하지 않았던 정치사회적인 맥락이 중요한 조건으로 작용하고 있었음을 상기해야 한다.

가정학은 다른 학문과 마찬가지로 일제 통치 하에서 고등교육의 하나로써 학문적으로 발전할 수 있는 기회가 제한되어 있었다. 주지하듯이, 식민지시기 조선에는 경성제국대학 이외에는 대학의 수립이 허용되지 않았다. 1920년대 전후 제한적으로 허용된 전문학교도 조선총독부의 엄격한 통제를 받아야 했다(전상숙, 2015: 5-32). 그러므로 1929년 이화여자전문학교 가사과가 설치될 때까지 식민지 조선에서 고등교육, 특히 가정학을 접할 수 있었던 여성은 일본의 대학이나 전문학교로 유학을 간 학생들뿐이었다. 실제로, 식민지시기 일본의 전문학교와 대학에서 유학했던 조선 여학생들은 대부분 가정학 관련 분야를 전공하였다.[3]

---

[3] 박선미는 일본 대학의 재적생 기록조사와 졸업생 구술조사를 통해 여자유학생 842명과 전문학교·대학 40개를 추출하였는데(2007: 47-49), 이들 중 전공과목 조사가 가능했던 795명 가운데 가정학계(가정과, 가사과, 기예과)를 전공한 경우가 31.1%로 가장 많았음을 보여주었다. 식민지 시기 동안 일본의 고등교육기관에서 공부한 조선여학생들은 대체로 1903년 일본에서 전문학교령이 제정되면서 건립된 여자전문학교로 유학한 경우가 많았다.

이들은 귀국 후 중등교육기관 가사과 교육을 담당하였다. 그들이 갖고 있는 가정학 지식은 당대 일본 고등교육기관에서 배운 것들이었다.

그리하여 식민지 조선에 학문으로서 가정학이 존재하지 않던 시기에도 이들 유학생들을 통해서 가정학적인 지식이 유통되기 시작하였다. 이러한 상황은 제2차 조선교육령이 개정되어 제한적이나마 조선인 고등교육이 허용되기 전 1920년대 중반까지 다른 학문들도 마찬가지였다. 이는 지식 생산이라는 측면에서 갖는 식민지적 근대성(colonial modernity)의 한 단면이라고 할 수 있다. 일본에서 일본인이 배우는 것을 배우고 온 조선인이 갖는 지식은 누구를 위한 누구의 지식이고 조선사회에서 어떤 의미를 갖는가. 식민지 조선에서 지식이 형성되는 경로와 방식은 제국주의와 식민지 간의 정치적 권력과 밀접한 관계에 있었다. 따라서 그 지식은 제국-식민의 관계를 공고화하는 것과 분리될 수 없는 복합성을 갖는다(김진균 · 정근식 1997: 2). 특히, 가정학은 식민지 조선에서 학문으로 전개될 수 있는 제도는 계속 부재하면서도 실용적인 기술교육으로 중등교육 기관에서 그 지식의 수요가 점점 증가하고 있었다. 그러므로 중등학교에서 유통되는 가정학적 지식은 식민지배 체제와 직결된 일상생활상의 정치적 통치와 더욱 긴밀하게 연계되는 측면을 배제하기 어려웠다.

3. 식민지 시기 '과학'적 학문으로서 가정학의 형성

가정학이 근대 학문으로서 처음 시작된 곳은 미국이었다. 미국 고등교육체계 속에 '가정학과'가 창설되면서 가정학은 하나의 학문으로서 스스로 '과학'으로써 논쟁하며 정립되었다. 19세기 중반부터 미국에서는 각 대학에 가정학의 맹아라고 할 수 있는 분과들이 생겨나기 시작했다. 그리고 1890년대 후반에는 본격적으로 고등교육 수준의 가정학의 지식체계를 제대로 정의할 수 있는 용어에 대한 논쟁이 제기되었다. 가정학(household arts), 가정경제(domestic economy), 가정과학(domestic science), 가정경제학(home economics) 등 다양한 용어가 경쟁적으로 논의되었다. 이 개념들을 정당화하는 지점이 바로 '과학'으로써 가정학의 특성을 규정하는 핵심이었다. 개념 논쟁 과정에서 1909년 미국 각 대학에서 활동하던 가정학자들이 모여 전국적인 규모의 미국가정학회가 결성되었다. 미국가정학회(AHEA, American Home Economics Association)가 창설되면서 가정학이 미국에서 'Home Economics'라는 용어로 대표되기 시작하였다.[4]

이와 같이 가정학은 종래 학문으로서 여겨지던 가사의 내용을 정의하면서 성립되었다. 다시 말해서 '가정학이란 무엇인가' 하는 학문적 정체성과 근대학문으로서의 '과학'성을 가정학의 특성으로 정의하면서 고등교육의 한 분과 학문으로 등장한 것이다. 이 과정에서 점차 다른 인접한 '과학'(학문)들과의 관계 속에서 학문적 전문성(professionalism)을 논하는 것으로 확장된 것이다. 그 전문성은 학계 내의 지식 재생산과 현실 정치와의 관계에서 학문적 특성을 지속적으로 재구성해며 그 산물로써 현재화되었다. 또한 학계 안팎에서 그 지식을 담지한 주체들이 전문가로서 활동하며 실천적 차원에서 가정학을 근대 지식이자 과학으로써 학문적으로 권위를 갖게 하였다.

그와 같은 양상은 한국에서도 크게 다르지 않았다. 한국에서 '과학'적

---

4) 가령 가내과학(domestic science)이라는 명명을 제시한 집단은 영양과 위생을 강조한 자연과학과의 인접성을 드러내고자 하였고, 가정경제학(home economics)을 주장하는 입장에서는 가정과 정책의 관계를 고려하면서 현재 등장하는 사회과학의 관점을 가질 것을 강조하였다(Stage and Vincenti, 1997: 5-6).

근대 학문으로써 가정학이 논의되기 시작한 시점도 고등교육체계에서 가정학과가 설치되고 이 학과를 통해서 중요한 이론적인 논의가 전개되면서부터였다고 할 수 있다. 한국 최초의 여성 고등교육 기관인 이화여자전문학교(이하 이화여전)는 1920년대 중반 민립대학설치운동 이후에 개정된 조선교육령을 통해서 전문학교로 승격되었다. 그리고 1929년 가사과가 이화여전에 창설되면서 가정학은 처음으로 고등교육기관에 학문으로써 설치되었다. 1929년 이화여전 가사과의 설립은 학문으로서 가정학을 논하는 장이 식민지 조선 사회에 등장했음을 알리는 것이었다. 물론, 당시 가사과의 설립 및 유지가 서구와 일본 도서의 '번역'에 절대적으로 의존하고 있었기에 식민지 상황에서 가정학이 '자생적'으로 발전하기는 어려웠다. 그리고 기본적으로 가사과의 설치는 식민지 사회의 근대적 전환이라고 하는 식민 지배체제의 정치적 필요와 사회적 요구가 맞물리며 전개된 것이었다. 그리고 그 사회적 요구는 조선인들의 요구와 접목된 미션스쿨을 통해서 먼저 제기된 점도 적시해야 할 것이다. 그럼에도 불구하고, 고등교육 기관에 하나의 전공으로서 가정학이 설립된 것은 큰 의미가 있었다. 이화여전 가사과는 조선에서도 여성을 주체로 한 학문이 다른 근대 학문들과의 관계 속에서 '과학'으로써 합리성을 갖는 지식체계와 이론적인 틀을 구성해가기 시작했고, 이는 여성 교육과 여성의 주체성을 논하는데 중요한 국면을 가져왔다.

당초에 가사과가 창설될 때 공식적인 학부의 명칭이 가사과(家事科)였다. 용어를 직역하면, 기존의 가정(家政)학 곧 '집안을 다스리는 학문'이 아닌 가사(家事) 다시 말해서 '집안 일'을 의미하는 것이었다. 이처럼 '가사과'는 집안일을 뜻하는 협소한 의미를 갖는 명칭으로 고등교육기관에 설치되었다. 이는 조선인 고등교육을 통제하던 조선총독부로부터 인가받기 위하여 '학문'적인 요소보다는 '실용적인' 교육이라는 것을 강조하기 위해서였다.[5] 그렇지만 '가사과'의 학제는 일본이나 미국 등지의 가정학과 동일한 학문분야로 출범하였다. 제1대 이화여전 가사과장 김합라는 이화여전 출신으로서 1928년 미국 오레곤주립대학(Oregon State University) 가정학과 대학원을 졸업하였다. 졸업 후 이화여전으로 돌아온 그녀는 가사과를 소개하며 그 필요성을 영문 잡지를 통해서 역설하였다. '가사과'라는 용어는, 그녀의 영어 논문에서 보이는 'Home Economics Department'라는 오레곤주립대학 가정학과의 학과명 Home Economics을 그대로 번역해 사용한 것이었다.[6]

김합라는 무엇보다도 이화여전 가사과의 교육 내용이 '과학'이라는 점을 강조하였다. 가사과 설립 직후에 쓴 "한국에서 가정학 교육의 필요성(The Need of Home Economics, 1929)"이라는 글에서 그녀는 "오랫동안 미뤄져 왔던 희망이 올해 봄 이화여전에서 가사과로 실현"되었다고 한다. 그리고 가사과의 목적이 "한국 가정생활이 당면한 일들을 '과학적' 방법으로 대처하는 것(Our purpose in the Home Economics Department at Ehwa is to meet the exigencies of Korean homes life *in a scientific way*)"이라고 강조하였다(Kim, 1929: 216). '과학적'인 방법을 이끌어낼 수 있는 지식을 습득하기 위하여 관련 과학 이론들을 가정학 전공의 중요한 요소로써 커리큘럼(curriculum)에 반영해야 한다는 점을 역설하였다. 그러므로 가정학에서 "과학과목들이 경시되지 않는다"(sciences are

---

5) 이화여자전문학교에 분과학문으로서 가사과가 제도화될 과정에 대해서는 이지연·전상숙(2015)의 논문을 참고할 것. 이 연구에서는 이화여자전문학교가 미션스쿨로서 미국의 가정학과 관계를 맺으며 일제의 통치 하에서도 가사과를 설립할 수 있었던 요소들을 자세히 분석하고 있다.

6) 오레곤주립대학 가정학과는 1889년 가구경제와 위생(Household Economy and Hygiene)이라는 명칭으로 출범하여 1908년 Home Economics가 되면서 미국에서 가정학을 소개하는 4번째로 큰 대학이 되었다(Home Economics at Oregon State College 1950: 2). 김합라는 1925년부터 1928년 이곳에서 가정학 학사와 석사를 취득하고 조선으로 돌아왔다.

not neglected)고 하면서 학생들은 졸업 전에 화학, 세균학, 물리학, 생리학, 식품화학과 생물학 등의 지식을 습득해야 졸업할 수 있다고 설명하였다(Kim, 1931: 41).

김합라의 글은 이화여전 가사과가 그 커리큘럼을 통해 가정학을 '과학적인' 것으로, 다시 말해서 근대적인 학문으로서 가정학을 정립하고자 했음을 잘 보여주는 중요한 자료이다. 이화여전 가사과의 초기 커리큘럼은 미국계 미션스쿨의 특성상 미국 가정학의 영향을 직접적으로 받았다. 이화여전 가사과의 커리큘럼은 오레곤주립대학과 캔사스대학(Univeristy of Kansas)의 커리큘럼을 기초로 하였는데(이화100년사편찬위원회, 1994: 215), 이는 가사과 창립 교수진 4명 중 2명인 김합라와 해리엇 모리스(Harriet Palmer Morris)[7]이 각기 오레곤주립대학 가정학과와 캔사스대학 가정학과 출신이기 때문이었다. 가정학 지식이 처음 들어오던 한말에는 보다 초보적인 내용이 일본 도서와 일본유학생들을 통해서 소개되었었다. 그러나 일제는 병합 이후 조선인들의 고등교육을 억제하였다. 반면에 미국계 미션스쿨을 통해서 근대적인 교육이 독려되고 그 연장선상에서 문화정치기 고등교육이 활성화되기도 하며 서구 선교사들의 영향을 크게 받았다(이지연 · 전상숙, 2015).

특히, 초기 이화여전 가사과의 커리큘럼은 당시 오레곤주립대학 가정학 커리큘럼과 거의 일치할 정도로 유사했다. 이는 미션스쿨의 네트워킹을 통해서 오레곤주립대학으로 유학을 다녀온 직후 가사과 창설을 주도한 김합라의 영향 때문이었다. 당시 오레곤주립대학 가정학과에서

---

7) 가사과 창립 교수진 4명은 김합라, 해리엇 모리스, 방신영(方信榮,), 상기원(張起元) 이었다. 1921년부터 이화학당에서 교사생활을 한 해리엇 모리스는 미국 캔사스대학에서 가정학을 전공하고 2년간 미국에서 교사하다가 한국에 파견된 선교사로, 1925년 이화학당이 여자전문학교로 승격된 직후 본격적으로 가사과 설립을 주창했던 인물이었다(이화가정학50년사 편찬위원회, 1979: 173).

는 3학년부터 본격적으로 일반화학, 유기화학, 식품화학, 물리학, 세균학, 생리학과 같은 자연'과학' 과목들을 가르쳤고, 4학년에는 사회학, 경제학, '국민정부'라고 명명한 '사회과학' 과목들이 편성하였다. 이러한 특징은 근대 학문의 경험과학으로서의 과학성을 교과과정을 통해서 드러나도록 한 것은 물론이고, 가정학을 근대적인 학문체계로서 정립하고자 노력했다는 것을 잘 보여준다. 그리고 4학년 과목은 근대적인 국가체제를 인식하게 하는 수업을 가르침으로써 근대적인 개인으로서의 자아를 형성하면서 국가와 사회의 관계를 사유할 수 있는 기회를 제공했을 것으로 여겨진다. 또한, 교직을 이수하는 학생들에게는 교수법, 심리학의 수강을 추가 수강하게 하였다(Oregon State College, 1924: 277-278). 과목명들을 통해서 알 수 있는 바와 같이, 기본적으로 자연과학 과목들을 토대로 과학성을 입증하고자 하였기 때문에 초기 가정학 특히 오레곤주립대학 가정학과 학위는 B.S(Bachelor of Science) Degree, '이학' 학사였다. 이화여전 가사과의 초기 교과과정도 마찬가지였다.

이화여전 가사과에서 말하는 '과학'도 자연과학 과목들을 토대로 과학성을 드러내는 것이었다. 이는 커리큘럼의 '과학' 계통 수업에 자연과학 교과목들만 나열되어 있는 것으로도 알 수 있다. 그런데 오레곤주립대학 가정학의 커리큘럼과는 다르게 이화여전 가사과의 커리큘럼에는 교과목의 상위 개념으로 '계통'이라는 범주가 설정되어 있었다. 그리고 그 계통에는 '과학'과 '사회' 분야가 나뉘어 있었다. 과학계통에는 자연과학 과목인 일반화학, 가정의학, 생리학, 식품화학, 세균학, 생물학이 있었다. 사회계통에는 오늘날 사회과학이라고 불리는 분과학문들 곧 정치학, 경제학, 사회학이 편재되어 있었다.[8] 이러한 범주화는 가사과

---

8) 이화여전 가사과 초창기 커리큘럼에서 등장한 '계통'은 교과목보다 상위 범주로서 과목들을 묶는 개념이었다. 과학과 사회, 외에도 의류, 식, 주택, 건강, 가내공업, 영

가 일상생활의 과학화를 지향하는 학문으로써, 자연과학적인 지식을 사회적 일상에도 반영하고 그럼으로써 학문의 과학화를 지향하고자 한 것이었다고 할 수 있다. 여기에서 '과학'이라는 명명을 하나의 범주로 전면에 내세운 것은 그 자체로써 상징성을 갖는 것이었다. 또한 그 하위 부분으로 자연과학의 교과목들을 체계화시키는 작업을 진행한 것은 가정학이 기본적으로 자연과학을 주축으로 하여 스스로 근대학문으로서의 정체성을 구축했다고 할 수 있다.

동일한 시기인 1930년 이화여전 문과의 커리큘럼도 계통을 나누고 있는데 계통의 범주에 '사회과학'이 있고 거기에 포함된 과목들이 정치학, 경제학, 역사들로 편성되어 있었다(정충량, 1967: 160). 그런데 가사과에서는 같은 과목인 정치학, 경제학, 사회학 과목들을 '사회과학'이 아닌 과학이라는 용어를 뺀 '사회' 계통이라고 명명하고 '과학'은 별도로 자연과학 과목들을 위해 설정하였다. 이와 같은 가사과의 '과학'이라는 용어의 사용은 가사과가 지향하는 학문적인 성격을 상징하는 바가 크다. 가령, 당시 이화여전 가사과의 교수와 학생들 사이에서도 가정학 전공의 과학성과 전문성은 주로 자연과학의 특성으로 해석되었다. 1932년 가사과 4회 입학생이었던 이태영(李兌榮)은 자신의 대학시절에 대하여 "내 어릴 때부터의 소망인 법학을 공부하려면 자연과학 계통의 과목이 많은 가사과보다 영문과로 옮기는 게 좋겠다는 계산을 수없이 했다"고 회고한 바 있다(이태영, 1991: 47). 그리고 김합라가 자신의 글에서 과학과목을 중시한다고 할 때 예로 들었던 과목들도 화학, 세균학, 물리학, 생리학, 식품화학과 생물학과 같은 자연과학 과목이었다(Kim, 1929: 216).

어, 일어, 한국어, 윤리, 종교, 체육이 있었다(정충량 1967: 162).

따라서 식민지시기 이화여전문학교 가사과 교수진은 가정학 전공자들과 더불어 이과 과목 및 의학 전공자들로 구성되었다. 1929년 가사과의 창립 교수진은 김합라, 해리엇 모리스, 방신영(方信榮), 장기원(張起元)이었다. 이들 4명 중 장기원은 1929년 일본 동북제국대학에서 이학부 수학과를 전공한 최초의 한국인이었다. 그는 이화여전 가사과가 개설될 때부터 자연과학 계통(화학, 물리학)을 가르쳤다. 그리고 정동에서 신촌으로 이사할 때 본관 실험실을 설계해 만든 인물이었다.[9] 1934년 부임한 김호직(金浩稙)은 동북제국대학 이학부 생물학 전공으로 1940년까지 영양학과 세균학을 가르쳤다. 1935년에 부임한 이갑수(李甲洙)는 경성제국대학교 의학부 출신으로 1937년까지 위생학을 담당하였다. 그밖에도 웨슬리안대학교에서 이학박사학위를 취득하고 돌아온 최규남(崔奎南, 1939-1940)이 물리학을 가르쳤다. 이과 출신의 교수들은 식민지의 특성상 대체로 일본제국대학을 졸업한 이과 전공자들이었다. 이들은 자신들의 전공인 수학, 생물학, 물리학을 바탕으로 자연과학 계통의 과목들을 가르치며 과학적 이론의 토대를 제공하였다. 그렇지만 1945년 이전까지 가사과에 전임 교수진에 사회과학 전공 출신 교수는 사회학 박사 고황경(高凰京)이[10] 유일했다. 1945년 이전 교수진 중 가정학 전공자는 15명, 의학과 자연과학 전공자는 7명인데 비하여 사회과학 출신은 1명뿐이었다. 일제가 조선에서 오늘날 사회과학에 해당하는 학

---

[9] 이화여전 가사과가 창립되었을 때부터 자연과학 계통을 맡았던 장기원은 10년 뒤 1939년 연희전문학교 교수로 부임하였다. 그리고 해방 이후 연세대학교의 이공대학 학장, 부총장 등을 역임하면서 연세대학교 이학과 창립에 공헌하고, 한국 수학회 회장, 학술원회원, 과학기술단체 총연합회 회장을 지내는 등 한국 수학계의 발판을 마련한 학자로 활동하였다(이화가정학50년사 편찬위원회, 1979: 179).

[10] 고황경은 미시간주립대학원에서 사회학으로 철학박사학위를 받고 돌아와 1934년부터 이화여전 가사과에서 경제, 법제, 영어를 가르쳤다(이화가정학50년사 편찬위원회, 1979: 210).

문은 반제국주의적 변혁운동의 이론이 될 수 있을 것으로 경계하여 허가하지 않았기 때문이다(전상숙, 2015).

그런데 실제로 가사과의 수업 내용을 보면, 사회적인 주제들—현대 가정과 사회의 개념, 현대 여성의 정체성, 가사교육의 의미 등과 같은 문제가 중요하게 활발히 논의되었다. 이화여전 학생회에서 1929년부터 간행된 잡지 『이화(梨花)』에는 가사과 교수들과 학생들이 적극적으로 논단에 기고했는데, 그것을 통해서 당시 가사과의 중요 논쟁 내용의 일부를 확인할 수 있다.[11] 가사과 교수와 학생들의 글은 주로 1931년 『이화』 3집에서부터 1937년 7집에 걸쳐 실렸다. 이들의 논문들은 주로 각자 전문분야의 지식과 관련한 것들이었다. 장기원 교수의 "조선식 주택의 장차·단처의 개편 방침"(제7집), 김호직 교수의 "자신을 알자: 먼저 생물학적으로"(제6집), "영양과 경제"(제7집), 김합라 교수의 "지혜의 가정"(제4집)가 게재되었다. 학생 중에는 박화규의 "영양소에 대하여"(제3집), 후에 가사과 교수가 되는 이흥수의 "신여성론"(제4집), 박인순의 "우리 가정에 적당한 세탁법"(제4집) 등이 있다.

이 논문들은 주로 실용적인 정보를 다루면서도 그 내용으로 식민지 조선에서 '가정'의 의미와 현재 '가사교육'의 의미가 무엇인지 함께 논의하고 있었다. 가사과에서 배우는 가정학 지식은 대부분 서구와 일본을

---

11) 『이화』 잡지는 1928년 이화여전 학생회가 문학부 사업으로 발행을 결의하고 당시 이화여전 교수, 동창, 재학생들의 학술활동과 문학작품들을 싣고자 하였으나 총독부가 허가를 쉽게 내주지 않아 발행에 어려움이 있었다. 당시 학생회가 발행결의 후 원고를 수집한 뒤 총독부 도서과에 출판허가를 받으러 갔으나 총독부는 몇몇 원고들이 불온하다고 압수하였고 결국 해당 원고를 수정하고 삭제한 뒤에야 출판을 허가하였다. 1929년 2월 『이화』 창간호가 발행되었고 1938년 제8집까지 발행되었으나 결국 일제의 압력으로 중지되었다. 8집까지 발행되면서도 매회 검열을 통해 몇몇 원고들을 불온하다며 삭제 및 문책을 당하고 격년 발행을 해야 하기도 했지만, 교수들과 학생들은 그 발행이 공식적으로 금지될 때까지 꾸준히 발행하였다(이화 100년사편찬위원회 1994: 189-190).

경유해 번역된 것이었으므로 그 내용이 전제하고 있는 부부 중심의 가족과 그들 자녀로 구성된 핵가족을 모델로 하였다. 그렇기에 고등교육에서 다루는 가정학 지식이 심화될수록, 그 전제가 되는 근대적인 '가정'과 가정학이 당대의 조선 사회와 어떤 관계가 있는지에 대한 설명이 요구되었다. 아래의 글은 이와 관련된 주장의 일면을 잘 보여준다.

> "현재 조선가정을 도라보면 한말로 무질서한 것이라고…가정자와 가족의 사유가 과학적이 되지 못하므로…전일의 여성은 한 조상과 가문으로 모여진 가족을 위한 노동자이었다. 그러나 지금에는 그 경과를 벗어나 한 가정을 관리하는 가정자의 지위에 있게 된 것이었다…가사교육은 그 교육의 실시에 있어 제일 먼저 개인으로 시작하여야 할 것이다. 그 개인이 여성을 전제로 한 것임은 물론이다." (이각경, 1937: 78-79)

이 글은 전통적인 조선 사회의 가족문제를 서구의 '근대적'인 가정과 대조하며 지적한다. 당대의 가사교육이 보편적이고 과학적인 '가정'의 개념을 기초로 하고 있고 조선의 가정도 그렇게 되어야 한다고 주장한다. 이러한 논의에서 가정을 관리할 수 있는 여성은 '하나의 주체로서의 개인'이 되어야 하고, 그럴 때 과학적으로 가정을 사유하고 관리할 수 있는 주체가 된다고 한다. 이럴 때 가정학은 여성을 위한 과학 다시 말해서 여성을 위한 근대 학문이 되어 여성을 근대적인 개인, 근대적인 주체적 인간으로 정립하는 학문으로 정립된다. 근대적인 개인으로서 주체적인 여성은 보편적인 가정학 지식을 교육받음으로써 전통적인 가문이나 전근대적인 관습으로부터 벗어나 주체적으로 근대적인 가정을 관리할 수 있게 된다는 것이다.

그러나 다른 한편에서는 "미국의 교육, 일본인의 가정학이 어찌 우리에게 맞을가보냐 충고는 될지언정 그대로 흡수할 것은 결코 아니다"라고도 한다. 이는 점점 전문화되고 확대되는 가정학적 지식을 번역해 수용하고 적용하는데 급급한 현실을 비판하고 자주적인 학문의 필요를 역설한 것이라고 할 수 있다. 그리고 이는 조선 사회와 가정의 특징을 인정하고 그에 알맞는 가정학을 세워야 한다는 주장으로 이어진다(최마리아, 1932: 80). 이와 같이, 가사과에서는 근대적인 주체적 여성의 자아 정체성 확립과, 그에 기초한 개인과 가정, 그리고 사회를 상호 관계 속에서 논하며 근대적인 가정과 그것을 다루는 근대 학문으로서의 가정학의 정체성이 모색되어 갔다. 그것은 당면한 조선의 역사와 현실 속에서 가정학의 의미를 찾고자 하는 사회과학적인 논쟁과도 연계되는 것이었다. 또한 보다 근본적으로는 식민치하의 근대적인 사회적 변환과 맞물려 근대적인 민족 국가 수립을 위한 근대적인 여성상 곧 근대적 주체로서의 조선 여성의 상을 모색하는 과정이었다고 할 수 있다.

그렇지만 그러한 논의가 고등교육기관의 사회과학 과목조차 제한되던 식민지시기에 사회문제와 연계되거나 사회과학적 논쟁으로까지 전개되기에는 제한이 너무 많았다.[12] 이화여전 가사과의 사회과학 관련 과목은 1930년 '사회' 계통에 사회학, 경제학, 정치학 세 과목 각각 2시간, 2시간, 1시간씩 배정되어 명목은 내세울 수 있었지만, 1936년에는 '사회' 계통조차 사라져 명목상으로도 존재할 수 없었다. 이러한 처지는 물론 이화여전에 국한된 것이 아니라 조선의 모든 전문학교를 포함한 고등교육기관 전반에 걸친 문제였고 중일전쟁 이후 더욱 엄격히 금지되었다. 이화여전에서는 '교육 및 심리학'이라는 과목명의 하위 수강 과목으로 사회학이 2시간 편성되었다. 사실 사회학 과목 자체가 국가주의

---

12) 조선총독부는 1927년 법학전문학교의 정치경제과 설치를 금지할 만큼 순수 사회과학 학문이 고등교육 기관에 학부로 등장하는 것을 허용하지 않았다. 「조선 내 소재학교는 정경과도 자의불온」, 『조선일보』, 1927.2.21.

적 일제의 지배체제 하에서 통제의 대상이었다는 점을 생각하면 이 조차도 미션스쿨이었기에 가능했다고 할 수 있다. 현실적인 필요에서 사실상 허용되었던 것이 법제 과목인데 그나마 1시간이 추가 배정되는 정도였다(정충량, 1967: 231). 사회학 과목에 사용된 교재를 확인할 수는 없지만 20세기 전반 일본에서조차 사회학이 재야의 민주화운동단체와 같이 존재하던 것을 고려해보면 그 수준이 아주 초보적이었을 것이라고 추측하기는 어렵지 않다.

이와 같이 식민지 조선사회에서 근대 과학으로서의 학문은, 가정학뿐만 아니라 모든 학문이 식민지배정책의 역학관계 속에서 자유로울 수 없었기 때문에 그것이 갖는 과학성과 과학으로서의 학문의 의미는 지금과는 다른 의미를 갖는 것이었음은 분명하다. 그럼에도 불구하고, 가정학은 이화여전 가사과를 통해서 과학적인 지식체계로 고등교육 기관에 분과학문으로써 성공적으로 설립되었다. 그럼으로써 식민지 시기 가정학은 여성이 근대적 주체로서 자아를 인식하고 자신들의 삶을 사회적 관계 속에서 재고하며 자신들의 역할을 가정과 사회, 더 나아가 국가적 차원에서 학술적으로 논쟁하면서 과학적 지식으로 정립되어 갔다.

4. 맺음말: 식민지 시기 과학적 근대 학문 가정학의 효과와 한계

가정학이 시작된 서구에서 가정학적 지식들은 국가의 통치와 자본주의 시장의 발전과 관련된 담론과 얽힌 근대의 중요한 한 부문을 구성하는 문제의 일부였다. 그렇기 때문에 가정학 전문가들은 병원, 자본가, 기타 시민단체들과 상호작용하며 다양한 활동을 하는 주체이기도 하였다(Stage and Vincenti, 1997; Elias, 2008). 그러나 식민지 조선에서 가정학은, 다른 교육 분야와 마찬가지로, 기본적으로 식민 통치의 연장선상에서 활용되는 부분이 있었고 실제의 사회적 시장에서 분과학문의 내용을 구성할 수 있는 물적인 토대가 없었다. 식민지배 아래서 근대적인 전환이 정치적으로 기형적으로 전개됨으로써 물적 기반을 축적하는 것조차 어려운 상황에서, 가정학의 전문 지식을 실제로 그나마 적용할 만한 가정은 도시화된 지역의 중산층 이상의 그것도 일부에 불과하였다. 때문에 과학적으로 근대화된 가정학적 지식의 가정의 상은 물질적으로 실현되지 못한 채 담론 수준에서 과학을 과도하게 표상하는 경향이 컸다. 결과적으로는 가정학은 식민지 지배정책과 관련해서는 실제 조선 가정에서 가사노동을 합리화하는 기능을 수행하고, 다른 한편에서는 그것과는 별개로 여성들을 가정의 주체라는 명목으로 '주부' 역할을 각인시키는 이데올로기적 효과를 확대하는 경향이 있었다고 할 수 있다.

그러한 가운데 역설적이게도 식민지시기에 근대 학문으로서 가정학을 배우고 실천할 수 있었던 여성들은 정치적으로 반제국주의적 민족적 저항의식을 각성하여 이를 근대적 주체인 개인으로서 자기 정체성을 정립했거나 하고자 했던 여성들이기도 했다. 식민지시기에 사회적으로 '신여성'이라고 일반적으로 불린 여성들 가운데 일부가 그들이었다. 그들은 '신여성'과 대조되던 봉건적인 '구여성'이나 사회적으로 교육을 받을 수 없는 대다수 여성들과 거리를 두며 여성들 사이의 계급화를 촉진하는 결과를 가져왔다고 할 수 있다.

학교에서 논의된 가정학 지식의 과학성은 곧 근대학문으로서의 정체성을 확립하는 것이었다. 또한 사회에서 그 지식의 전문성을 논하여 인정받기 위한 것이기도 하였다. 그러므로 이는 곧 사회에서 가정학 전공 여성들이 전문가로서 등장하여 활동할 수 있게 되었다는 의미기도 하였다. 그렇지만 조선총독부는 이들 신여성의 전문성을 인정하지 않으려 하였다. 대표적인 예로, 조선총독부는 이화여전 가사과 졸업생들에게 '교원자격'을 쉽게 부여하지 않았다. 교원자격은 조선총독부가 고등교육을 받은 조선인들이 중등학교에서 전문직 교사로서 활동할 수 있도록 제도화한 것이었다. 이화여전 가사과 졸업생이 가사과 교원으로서 교원자격을 인정받게 된 것은 가사과가 설립된 지 10여 년만인 1938년 1월 12일이 되어서였다. 처음에 가사과를 졸업한 여학생들은 사립학교 교사자격만 가질 수 있었다. 따라서 미션계 사립학교에만 취직할 수 있었고 공립학교에는 일본 출신들이 채용되었다. 총독부의 시책 때문에 한국인 사립학교에서조차 이화여전 출신을 꺼리는 상황이 한동안 지속되었다(이화가정학50년사 편찬위원회, 1979: 54). 미국계 이화여전에 미국인 여성 선교사들이 이끈 가사과의 설립은 허용되었지만, 그 고등교육을 받은 식민지 조선인 여성들이 사회적으로 그것도 전문가로 활동하는 것은 허용되기 어려웠던 것이다. 식민치하에서 조선 여성들이 사회적으로 전문가로 활동하는 것을 인정받기에는 식민지 민족차별의 벽과 성적 차별의 벽이라는 이중의 견고한 벽으로 인하여 남성들보다 훨씬 더 어려웠던 것이다.

그렇지만 1920년 이후 가정학 전공자들은 제한적이나마 신문과 잡지에 전문지식을 기고할 수 있었다. 1920년대 이후부터 여성관련 잡지들이 생겨나고 신문과 잡지에서 가정학을 전공한 여성 전문가들이 필자로서 주부, 여성들을 대상으로 쓴 글이 증가하였다. '신가정'에 대한 담론이 증가하면서 『신여성』에서는 고정란으로 「가정수첩」을 만들어 1331년부터 약 3년간 연재하였다. 1932년 「주부독본」 코너에는 의사와 가사과 교사 등이 고정필자로 연재할 만큼 가정학 전문 지식이 전파되어 갔다(김수진, 2009: 391). 특히, 1930년대 이후에는 본격적으로 '가사노동' 담론이 증가하였는데, 이는 일제가 상시 전시체제화 되면서 부족한 자원의 활용 차원이기도 했다. 특히, '과학'을 이용하여 가정을 관리하는 방법과 과학적이고 계획적인 살림살이를 통해 자원을 낭비하지 않고 효율적으로 사용하는 '주부'에 대한 담론이 급증하였다(지화연, 2005: 73).

그러한 가정학 전문 지식의 확산은 1920년부터 증가한 가정개량론, 다시 말해서 가사노동의 합리화 담론의 연장선상에 있었다. 가사노동과 가정관리의 합리성을 뒷받침하는 지식은 위생과 경제관념을 기본으로 하면서 의복, 식사, 주택 등으로 세분화되어 정보들을 제공하는데 집중되었다. 그러면서도 그 지식은 주부로서의 여성의 행동을 규율하는 지침들로서 활용되었다. 예를 들어, "팥 삶은 물을 버리지 말고 밥지을 때 밥물대신으로 쓰면 일허버릴 비타민B를 이용할 수 잇겠습니다"[13]라던가, "재래 우리 가정에서 실행해오든 염색은 이화학을 기초로 한 것이 아니오 단순한 경험으로 해온 것인만큼⋯먼저 염색하려는 물건에 섬유가 어떤 성질에 섬유인가를 알어 거기맞는 염료를 써야 합니다"[14]라는 것이었다. 가정학 과목의 자연과학적 지식을 적용하여 가정생활에 적용할 수 있는 '여성-주부를 위한 과학'이 소개된 것이다.

이때 '가사노동-가정의 과학'은 조선의 가정에 서구식 '핵가족'의 모델을 전제로 그 가족구조와 환경을 관리하는 방법으로 전개되었다. 정치적인 문제가 아니라 가족 내에서 주부들이 스스로 '과학적'인 문제로서 인식하고 해결해야 된다는 것이었다. 이를 가장 두드러지게 보여주는 것이 '주택개량'과 '식모에 대한 비판'이 함께 등장하는 지점이다.[15]

13) 김호직, 「배아미식과 잡곡식」, 『동아일보』, 1939.1.13.
14) 송금선, 「주부가 알아야 할 가정염색법」, 『동아일보』, 1932.3.18.
15) 방신영, 「가정으로부터 출발할 우리의 신생활 운동」, 『동아일보』, 1932.1.4; 송금선, 『동아일보』, 1932.1.4.

전통적인 조선 주택구조 개량 문제는 가정 공간에서 집안 일을 담당하던 '식모'의 존재와 결부되었고, 이는 과학화된 가사노동을 담당하는 여성으로서의 '주부'의 등장을 논하는 것이었다. 개선된 주택구조에서 식모는 근대 가정의 구성원이 아닌 주부와 대립되는―전근대적이고 비과학적인 가사노동을 하는 타자로 해석된다. 여기서 '주부'로서의 여성은 집안 내에서 가사노동의 전문가이자 어머니와 아내로서 교육받은 지식들을 실천하며 가정을 관리하는 근대적 주체로서 거듭난다.

하지만 이처럼 과학화된 가사노동과 생활개선 담론으로서 확장된 가정학 지식은 사실 일제의 식민통치 전략에 맞물리는 '정치적'인 효과를 갖는 것이었다. 총독부는 1920년대부터 조선을 가족 단위로 통치하기 위하여 가족법을 새로 정비하고 주택 개량과 같은 생활개선정책을 추진하였다. 1922년 조선민사령이 개정되면서 일본식 가족제도인 가(家) 개념이 조선 호적에 이적되었다. 이를 계기로 공식적인 가족의 범위가 부계적 혈연공동체에서 남성 호주를 가장으로 중심으로 부부와 자녀로 구성된 핵가족 모델로 재편되었다(김혜경, 2006: 300). 이러한 조치들은 기존의 친족 집단에 대한 연계를 끊어 지역의 권위를 약화시키고 전국적으로 국가 개입을 강화시키면서 개별화된 가족을 조선총독부가 직접 관리하기 위한 하나의 통치 전략이었다.[16] 이러한 통치를 실행하는 가운데 가족법의 재편은 일제가 직접 위로부터 핵가족 모델을 조선에 제도화시키는 것이었고 이와 함께 현모양처 교육이 공식적인 여성 교육의 이념이 되었다(홍양희, 2010: 307). 그렇기 때문에 조선총독부는 일제의 식민 통치의 전략으로 재구성된 가족체계에 대해 근대화된 가족

---

16) 가족을 통한 통치는 1939년에 이르러 창씨개명이 도입될 때 조선 주민을 일본 내지의 주민과 행정적으로 균질하게 만드는 조치로까지 나아가는, 내선일체(內鮮一體) 정치학으로 구현되는 지점이었다(양현아, 2011: 122).

모델이자 과학화된 '가정성(domesticity)'으로 합리화할 수 있는 지식체
계로 가정학을 활용하였던 것이다.

이는 식민지 맥락에서도 인도에서 가정학이 엘리트 민족주의자들,
국제적 페미니스트들과 함께 가정성을 민족화(nationalization of domesticity)
하는 담론으로 해석될 수 있었던 것과도 대조적이었다(Hancock, 2001:
874). 인도에서 가정(home)은 문화적으로 중산층에서 민족정신의 상징
이자 장소였다. 이 안에서 여성들의 활동은 민족 공동체의 상징으로 여
겨졌고(Chatterjee, 1993: 116-157) 식민 정부가 가정에 개입하려고 해도
쉽지 않았다. 반면에 조선에서는 한말 이후 가정은 국가적 위기상황에
서 문명화되고 계몽되어야 할 공간이 되었다. 식민지 이후에 계몽담론
은 민족의 발전을 위하여 전통적인 가정을 개량해야 한다는 가족의 근
대화 담론으로 이어졌다. 여기서 가족 근대화 담론의 주체는 남성이었
고, 더 나아가 그 상위에는 조선총독부의 지배정책이 있었다. 조선총독
부가 효율적인 식민 통치를 위해 주진했던 핵가족 단위의 가족법 재편
과 가정 개량은 다른 한편으로는 민족주의자들의 민족실력양성을 위한
'개조론'과도 한 맥을 같이 하는 것이었다.

식민지 조선에서 가정학의 과학성은 핵가족을 지지하고 주부로서의
정체성을 보다 강조하는 방식으로 나타났고, 현모양처론에 과학화된
가정성을 부여하는 지식으로써 효과를 갖게 되었다. 그러나 가정학이
과학적으로 정립될수록 가정학의 전문성을 자처하는 여성들의 삶의 모
순이 더욱 극명해졌다. 1930년대 가사과에 지원하는 여성들에 대해 신
문제상에서는 "한번 다른 각도에서 본다면 웬만한 학문을 배우다가 마
는 것보다도 가정주부로서 자기를 만들어 조혼 시집을 살려는 현실주
의에서 나온 것"이라고[17] 폄하하기도 했듯이, 가정학을 전공한다는 것
은 학문을 하는 전문가가 되는 것과 주부로서 전문가가 되는 것과 사이

에서의 모순을 일으켰다. 가사과를 졸업한 여성은 고등교육을 받은 엘리트임에도 불구하고 가정으로 돌아가 스스로 가정학적 지식을 적용하는 주부가 되는 것과 사회로 나와 가정학 지식을 생산하고 가르치는 전문가가 되는 것 사이의 모순이 너무 커 더 큰 갈등에 직면해야 했던 것이다.

그러므로 식민지배체제 하의 정치적인 근대적 변화의 일환으로 전개된 조선의 가정학은 인도와 달리 반제국주의 엘리트 민족주의자들과 연계되어 가정성을 민족화하는 담론으로까지 나가기에는 한계를 내포하고 있었다. 그럼에도 불구하고, 식민지시기 조선의 가정학은 여성의 고등교육의 발전과 근대적 주체로서의 여성의 자각과 활동에 일조하였고 이를 통해 여성들이 사회적 역량을 키워 일제 통치의 모순을 드러낼 수 있는 중요한 입지를 마련하였다.

◼ 참고문헌

『동아일보』
『조선일보』
『이화』 1929-1937

김경남(2015), 「근대 계몽기 가정학 역술 자료를 통해 본 지식 수용 양식」, 『인문
　　　과학연구』 46.
김명선(2010), 「고등여학교 가사과목 교과용도서의 주거지식 (1908-1914)」, 『한국
　　　산학기술학회논문지』 11(7).
김수진(2009), 『신여성, 근대의 과잉』, 소명출판.

---

17) 「상급학교 수험에 나타난 젊은 여성의 지향」, 『동아일보』, 1939.4.6.

김진균 · 정근식(1997), 『근대주체와 식민지 규율권력』, 문화과학사.

김혜경(2006), 『식민지하 근대가족의 형성과 젠더』, 창비.

김호직(1939), 「배아미식과 잡곡식」, 『동아일보』, 1939. 1. 13.

박선미(2007), 『근대여성, 제국을 거쳐 조선으로 회유하다: 식민지 문화지배와 일본유학』, 창비.

방신영(1932), 「가정으로부터 출발할 우리의 신생활 운동」, 『동아일보』. 1932. 1. 4.

송금선(1932), 「주부가 알아야 할 가정염색법」, 『동아일보』, 1932. 3. 18.

양현아(2011), 『한국 가족법 읽기: 전통, 식미지성, 젠더의 교차로에서』, 창비.

이각경(1937), 「가사교육에 대한 나의 쪼각생각」, 『이화』 7.

이송희(2005), 「한말, 일제하의 여성교육론과 여성교육정책」, 『여성연구논집』 16.

이지연 · 전상숙(2015), 「식민지 시기 여성 고등교육과 가정학의 제도화: 미션스쿨 이화여전의 가사과 형성과 미국 유학생들을 중심으로」, 『지역과역사』 36.

이태영(1991), 『나의 만남 나의 인생: 이태영 自傳的 交遊錄』, 정우사.

이화가정학50년사 편찬위원회(1979), 『이화가정학50년사』, 이화여자대학교 가정대학.

이화여자대학교 가정과학대학 인간생활환경연구소 편(2010), 『가정과학대학 70년사』, 이화여자대학교 가정과학대학 인간생활환경연구소.

이화100년사편찬위원회(1994), 『이화100년사』, 이화여자대학교출판부.

전상숙(2015), 「'한국인' 정치 참여 부재와 조선총독부의 관학을 통한 사회과학의 전개」, 『한국정치외교사논총』 37-1.

전미경(2004), 「식민지 시대 '가사교과서'에 관한 연구: 1930년대를 중심으로」, 『한국가정과교육학회지』 16(3).

_____(2005), 「1900-1910년대 가정 교과서에 관한 연구- 현공렴 발행 『漢文家政學』, 『新編家政學』, 『新訂家政學』을 중심으로」, 『한국가정과교육학회지』 17(1).

정선이(2008), 「일제강점기 고등교육 졸업자의 사회적 진출 양상과 특성」, 『사회와역사』 77.

정종현(2011), 「단군, 조선학 그리고 과학: 식민기 지식인이 보편을 향한 열망의 기호들」, 『한국학연구』 제28집.

정준영(2015), 「식민지와 과학, 그 형용모순의 관계를 넘어서기」, 『한국과학사학회지』 37권 1호.

정충량(1967), 『이화팔십년사』, 이화여자대학교.

지화연(2005), 「1920~30년대 잡지 『新女性』에 나타난 가정 관련 기사 분석」, 동국
　　대학교 가정학과 석사학위논문.

최마리아(1932), 「가사전문이야기」, 『이화』 4.

최이순 · 이기열 · 심치선(1976), 『한국가정학사』, 연세대학교출판부.

홍양희(2010), 「식민지시기 '현모양처'론과 '모더니티' 문제」, 『사학연구』 99.

현재환(2015), 「'지방차'와 '고립한 멘델 집단': 두 '중심부' 과학과 나세진의 혼종적
　　체질인류학, 1932-1964」, 『한국과학사학회지』 37(1).

Chatterjee, Partha(1993), *The Nation and its Fragments*, Princeton, N.J.: Princeton
　　University Press.

Elias, Megan(2008), *Stir it Up: Home Economics in American Culture*, Philadelphia:
　　University of Pennsylvania Press.

Hancock, Mary(2001), "Home Science and the Nationalization of Domesticity in
　　Colonial India", *Modern Asian Studies* 35(4).

Home Economics at Oregon State College(1950), *Sixty Years of Growth in Home
　　Economics*, Corvalis: Oregon State College.

Kim, Hannah(1929), "The Need of Home Economics in Education in Korea," *The
　　Korean Mission Field* 25(10).

＿＿＿＿＿＿(1931), "Home Economics Department Ewha College," *Annual Report of
　　the Members of the Women's Foreign Missionary Society in Korea* (September,
　　1931).

Oregon State College(1924), *Genderal Catalogue 1924-1925*, Corvalis: Oregon State
　　College Press.

Stage, Sarah and Virginia B Vincenti(1997), *Rethinkng Economics: Women and the
　　History of a Profession*, Ithaca, N.Y.: Cornell University Press.

식민지기 문화 개념과 사회 이론

김현주

1. 머리말

한국에서는 1990년대 후반 대중문화의 승리가 선언된 이래 현재까지 '문화주의'가 그 형태와 질감을 달리하면서 계속 유지되고 있다. 김대중, 노무현, 이명박 정부를 거치면서 '문화'는 국가의 새로운 성장 동력으로 부상했다. 최근 박근혜 정부의 주요 슬로건 중에 하나가 바로 '문화 융성'이다. 아울러 지역과 사회계층 등 다양한 집단의 정체성을 부각시키려는 취지에서도 문화라는 단어가 흔하게 쓰이고 있다. 종래에 미국이나 캐나다 같은 다인종, 다민족사회의 특징이었던 '다문화주의'는 최근 결혼과 노동 등을 위한 이주가 글로벌한 차원에서 이루어지면서 한국에서도 그 중요성이 부각되고 있다. 정치나 사회 일반에서 '문화'는 점점 더 중요한 이슈가 되어 가고 있는 것이다.

한국의 학계도 새로운 연구와 실천이 시작될 수 있는 공간으로 '문화'를 주목해왔다. 마찬가지로 1990년대 후반 이후 한국 인문학계의 패러

다임 변동을 표현하는 대표적인 용어는 '문화로의 전회(cultural turn)'라고 할 수 있다. 문화 연구는 기왕의 인문학 분야에 큰 자극을 주었으며 인문학과 사회과학의 학제적 연구가 유일하게 성과를 내고 있는 분야로 평가되고 있다. 문화에 대한 관심은 비단 문화 연구뿐만 아니라 젠더 연구, 포스트콜로니얼리즘 같은 연구에서도 핵심적이었다. 지배-권력에 대한 연구에서 '문화'를 핵심적 분석 대상으로 삼는 에드워드 사이드, 그람시, 푸코 등의 연구가 잇따라 수용되었고, 대중문화 연구도 활성화되었다. 한국의 근대성과 식민주의에 대한 연구에서도 정치체제나 경제체제 이외에 문화적 지배에 대한 분석이 중요해졌다.

그런데 21세기를 사는 한국인들이 정치사회적 장과 일상생활의 장에서 가장 흔하게 접하는 단어들 가운데 하나인 '문화'란 무엇인가? 그리고 한국의 학계에서 '문화 연구' 또는 국문학계에서 '문화론적 연구'라고 말할 때 그 '문화'란 무엇인가? 한자로 된 '문화(文化)'와 알파벳으로 된 'Culture'나 'Kultur'는 같은 것인가? 19세기 후반 일본에서 'Culture'나 'Kultur'의 번역어로 '문화'가 채택된 후 그 단어는 중국과 한국 등을 순환하면서 동아시아의 공통지가 되었다. 그런데 이와 같이 서로 다른 맥락을 이동하면서 '문화'의 의미 구조에 어떠한 변화가 일어났는가? 지금 한국인들이 문화라는 말에 담는 여러 가지 의미들은 언제, 어떠한 과정을 거쳐 형성되었는가? '문화'에 대한 다채로운 해석들이 한국인들의 경험과 의식에 대해 알려주는 바는 무엇인가? 이와 같은 질문들은 문화 개념의 역사적 변동 및 지형에 대한 연구를 자극한다.

하지만 한국 근대사 연구에서 '문화'라는 주제는 오랜 동안 '문화운동'이라는 매우 제한적인 틀 안에서만 다루어졌다. 1920년대의 문화운동에 대한 전통적인 평가는 일제의 식민지 지배 정책에 타협한 운동이라는 견해(강동진, 1980)와 초기 한국 민족주의의 성장을 반영한 운동이

라는 견해(마이클 로빈슨, 1990)로 나뉜다. 그런데 이러한 견해 차이에
도 불구하고, 위와 같은 연구들은 '문화운동'을 일제의 새로운 식민정책
인 '문화정치'에 의해 자극되어 발전한 운동으로 이해한다는 점에 있어
서는 일치한다. 또 위의 연구들은 정책과 운동이라는 측면에 초점을 두
고 있기 때문에, 문화라는 개념에 대해서는 별로 주목하지 않았다는 점
에서도 공통적이다. 잊지 말아야 할 것은, '문화운동'은 1920년대 중반
이후에는 이념적·실천적 동력을 상당부분 상실해버리고 말았지만, '문
화'는 그 이후 내내, 그리고 지금까지 다양한 사상과 운동에 동력을 제
공하고 있다는 사실이다.

'문화운동'을 사상사적 관점에서 접근함으로써 비로소 문화라는 개념
자체가 관심의 대상이 되었다. 식민지기 정치·사회사상의 전개과정을
연구한 박찬승은 '문화운동'이 1910년대 이래 발전해 온 '실력양성론'과
일본의 문화주의 사조, 그리고 '민족성개조론'에 의해 뒷받침되고 있었
다는 점을 밝혔다. 그는 '문화'라는 개념이 독일에서 발원하여 다이쇼시
기 일본에 수용된 문화철학을 배경으로 하고 있었다는 사실도 밝혀 주
었다(박찬승, 1992). 1930년대의 문화적 민족주의에 대한 이지원의 연구
나 천도교의 청년 지도자 이돈화의 사상에 대한 허수의 최근 연구에서
도 문화주의 철학의 영향이 분석된 바 있다(이지원, 2004; 허수, 2011).
그렇지만 식민지기 '문화'는 특정한 시기의 사회운동('실력양성운동', '문
화운동')이나 지식('문화철학')만으로는 설명되지 않는, 복합적이고 다층
적인 인식 및 실천과 관련되어 있었다.

문화 개념의 전개에서 1920년대의 중요한 위상은 다양한 정치사회적
집단들이 드디어 현실을 진단하고 개선의 방향을 제시하기 위해, 그리
고 자신들의 행위를 설명하고 정당성을 주장하기 위해 문화라는 용어
를 사용했고 나아가 그것을 운동의 슬로건으로도 만들었다는 데 있었

다. 1910년대까지 '문화'는 일본 유학생 단체의 기관지(『학지광』)나 그 연장선상에 있던 중등학생 대상의 소규모 교양잡지(『소년』)에서나 겨우 읽을 수 있던 단어였다. 그런데 1920년에 이돈화가 '첨단의 신지식'이자 '세계의 신사조'로 소개했던, "문화라 운(云)한 신숙어(新熟語)"(백두산인, 1920)는 1923년에는 이미 사람들이 "일상 이야기하는 것이오, 신문지 잡지가 흔히 서(書)"하는 단어가 되었다(동예, 1923: 23). '문화'와 그 단어를 활용한 다양한 표현들은 일간신문과 잡지, 서적뿐 아니라 지방 청년회나 종교단체가 개최한 순회강연과 연설을 통해 일반 대중과 지방에까지 널리 퍼져나갔던 것으로 보인다.[1]

그런데 대중운동의 슬로건이 되고 이어서 대중들의 일상적 언어체계 안에 진입한 '문화'는 실은 다양한 해석학에 기초하고 있었다. 1920년부터 신문, 잡지에는 '문화란 무엇인가'라는 질문에 직접 답하려는 글들이 등장하기 시작했다. 예컨대 잡지들은 독일어인 kultur나 영어 culture의 기원과 역사적 변천을 소개하고 그 함의를 체계적으로 분석해보려 했다. 문명civilization이나 계몽enlightenment 같은 주요 개념들과의 유사성/차이를 밝혀보려고도 했다. 문화철학이 대표적인 수용 품목이었지만 그밖에 사회학이나 인류학·민속학·마르크스주의 사회이론 등 사회과학적 문화 개념도 널리 유포되고 있었다(백두산인, 1920; 김항복, 1921: 동예, 1923).[2] 따라서 1920년대 문화론의 지적 원천에 대한 논의를 문화

---

[1] 1920년에서 1925년까지 『동아일보』의 기사 제목에는 '문화'와 그 단어를 활용한 표현이 무려 300회 이상 나온다. 이 가운데 '신문화', '문화사업'은 30회가 넘고, '문화운동'은 25회가량, '문화정치', '문화생활'은 10회가량 등장한다. '문화주의', '문화사(史)'뿐만 아니라 '문화정책', '문화사상', '문화가치', '문화교육', '문화정황', '문화문제', '문화경찰', '문화시찰', '현대문화' 같은 표현들도 마치 한 단어처럼 자연스럽게 쓰이고 있다.

[2] 1922년에 일본 동양대학에 재학 중이던 김현준은 사회문제를 관찰, 고찰, 이해하거나 해결하는 데 '반드시 문화적 의의가 중요시된다.'고 하면서 '문화'의 사회학적 개념과 철학적 개념, 그리고 부르주아/프롤레타리아 문화비평을 구분한 바 있다(김현

철학으로 제한하지 말고 제도적 학문으로서의 사회과학이나 사회주의를 포함한 좀 더 포괄적인 의미의 사회이론으로도 확대할 필요가 있을 것이다.

1920년대를 벗어나 대상 시기를 좀 더 확대하면, 문화 개념의 변화를 사회이론 또는 사회사상의 전개와 관련시키는 작업의 의미가 더 분명히 드러난다. 1890년대 말 일본 유학생에 의해 'civilization'의 번역어인 '문명'의 동의어로 맨 처음 선을 보인 이후 '문화'는 식민지근대 사회의 변동에 영향을 받으면서, 그리고 그러한 변동의 일부로서 다양한 방식으로 테마화되었다. 즉 '문화'는 '전통주의'와 '근대주의', 그리고 다양한 '급진주의'와 뒤엉키면서 복합적인 인식과 역동적인 실천을 창출했다. 각각의 흐름들은 상대편과의 차이를 통해 자신을 규정하면서도 어색하게나마 서로에게 의존하고 있었는데, '문화'는 전승/창조, 과거/미래, 이성/감정, 자연/인공, 물질/정신, 과학·기술/철학·종교·예술·도덕, 현실(실재)/이상(가치), 엘리트/대중(민중), 인류/민족, 국가/사회, 국민/민족, 사회/개인, 도시/농촌, 자율성(분화)/전체성(통합), 공적 영역/사적 영역 등 서로 대립하거나 모순되는 주제(방향)들이 서로 의존하고 경합하던 장이었다. 즉 이와 같은 다양한 사회적 벡터들 또는 개념들 사이의 상호 의존과 경합 관계를 떠나서는 '문화'의 변화를 이해될 수 없을 것이다.

이 글에서는 19세기 말에서 1900년대까지 문화 개념의 전개를 분석하면서 이와 같은 문제에 대한 논의를 시작해보고자 한다. 이 기간은 문치교화(文治敎化)라는 유교의 통치이념을 표현한 고전적 의미의 '문화(文化)'와 Civilization의 번역어인 '문명(개화)'의 동의어로서의 '문화

준, 1922: 66).

(文化)', 그리고 Culture/Kultur의 번역어인 '문화(文化)'가 함께 사용된 최초의 시기라는 특징이 있다. 지금 우리에게 익숙한 세 번째 '문화'는 그때 막 일본에서 건너오는 중이었는데, 이 세 가지 개념이 당대의 지식장에서 차지하는 위치는 서로 달랐으며 실은 매우 가변적이었다. 문화 '들'이 매체 또는 담론 장을 넘나들고 또 그 의미가 움직여간 과정을 분석함으로써 이른바 '계몽기'의 학술 및 교육의 장에서 역사적으로 변화하는 다양한 요소들이 맺고 있던 역동적인 상호관계를 드러내는 것이 이 글의 목적이다. 비록 아직 전면화되지 않았지만, 문화 개념이 근대적 사회에 대한 이해나 상상들과 맺게 될 관계를 암시한 지점들에도 주목하고자 한다.3)

2. 문명=문화 개념의 등장과 확산

1) '문명Civilization'의 동의어로서의 '문화'의 등장

사실 '문화'는 중국의 진한시대의 저서에 이미 용례가 나타나는, 한자 사용권에서는 매우 오랜 역사를 가진 개념이다. 유향(劉向)의 『설원(說苑)·지무(指武)』에 "凡武之興, 為不服也, 文化不改, 然後加誅。"라는 문장이 있는데, 이는 "무릇 무력은 말을 듣지 않는 이적(夷狄)들 때문에

---

3) 이 글에서 연구 대상으로 삼은 주요 자료는 『대조선독립협회회보』, 『대한자강회월보』 등 정치단체의 회보, 『태극학보』, 『대한학회월보』, 『서북학회월보』 등 일본 유학생 및 지식인들의 학회지, 중등학교 학생 대상의 종합잡지인 『소년』, 정부와 민간 단체가 발간한 『국민소학독본』, 『고등소학독본』, 『초등소학』, 『보통학교 학도용 국어독본』, 『신찬초등소학』 등 교과서이다. 일간신문과 신소설 등 대중 서사물도 일부 검토했다.

생겨났다. 문화로 교화해도 태도가 바뀌지 않으면 그때 가서 죽이면 된다."는 뜻으로 풀이된다. 즉 '문화'는 본래 '예악(禮樂)으로 이적을 교화한다.'는 뜻이었으며, 이로부터 '문덕(文德)으로 백성들을 교화한다.'는 고전적 의미가 형성되었다(니시카와 나가오, 2001: 393).[4] 이적을 교화(외교)하거나 백성을 교화(내치)한다는 의미의 '문화'는 한국에서는『고려도경(高麗圖經)』권40이나『동문선(東文選)』권28에 이미 나타나며, 조선시대에는 사대부의 문집에 자주 등장하고 조선왕조실록에서도 찾아볼 수 있다. 사대부나 왕은 '문화'의 선양을 자신들의 임무이자 책임으로 인식했는데, 이때 '문화'는 내치의 방법이자 목표로서, 백성들의 몸과 마음을 유교의 이념(人道, 人理)에 맞춰 교정하는 것을 의미했다. 즉 '문화'는 통치자의 용어였으며, '문화'의 의미 장에는 '문(文)' 개념과 함께 '학(學)', '교(敎)', '유(儒)', '도(道)' 같은 개념들이 포함되어 있었다(노대환, 2010: 51-58).[5]

이와 같은 '문화'의 의미 장은 19세기 말에 큰 변화를 겪게 되는데, 1890년대 이후 일본에 유학한 지식인들이 당시 일본에서 'Civilization'의 번역어로 '문명'과 나란히 쓰이고 있던 '문화'를 수용했기 때문이다. 비교적 이른 용례로 1897년『대조선독립협회회보』[6]에 실린 신해영의「한

---

4) 유향(劉向)의『說苑指武』는 고대 중국인들의 행적이나 일화, 우화 등을 수록한 설화집으로서 동아시아에서 '문화'의 고전적 의미를 분석하는 데 항상 참조되는 책이다.

5) 니시카와 나가오는, 일본에서 '문화'는 에도 후기에 연호로도 사용되었던 바, 문화라는 단어에는 고대 중국의 정치 이념과 에도시대 후기의 기억이 포함되어 있었다고 했다(니시카와 나가오, 2001: 190, 393).

6)『대조선독립협회회보(大朝鮮獨立協會會報)』는 1896년 11월 30일에 창간된 〈독립협회〉의 '회보'로서 한국에서 발행된 최초의 잡지로 알려져 있다.『대조선독립협회회보』에는 근대문명과 과학지식이 폭넓게 소개되었고, 계몽적 성격이 두드러졌으며 1897년 8월 15일 폐간될 때까지 매월 15일과 말일에 통권 제18호까지 발행되었다(최덕교 편저, 2004).

문자와 국문자의 손익여하」를 들 수 있다. 필자인 신해영은 갑오경장 때 일본에 건너가 게이오의숙에서 수학하는 중이었는데,[7] 이 글에서 그는 15세기 이후 구미(歐米=서양)의 정치, 경제, 생활, 그리고 지식과 사상에 일어난 큰 변화들을 짚고 이에 대비하여 아주(亞洲=동양)의 우수성을 뒷받침하는 증거로 '종교의 개창'과 함께 '문화의 선도'를 들었다. (신해영, 1897: 12-13).[8]

비록 문화라는 용어가 단 한 번밖에 등장하지 않지만, 「한문자와 국문자의 손익여하」로부터 우리는 문화 개념의 분석에 중요한 함의를 갖는 몇 가지 내용을 이끌어낼 수 있다. 첫째, 한국에는 19세기 말에 일본 유학생에 의해 전통적 의미 맥락('문치교화')에서 다소 멀리 떨어져 있는, '문화'의 새로운 개념이 수용되었다. 즉 '문화'는 사(史), 철(哲), 리(理), 화(化), 성(星), 수(數), 의(醫), 기(滊), 인력(引力), 미분(微分), 이재(理財), 원소(元素), 산소(酸素), 박물(博物), 연구(研究), 망원경(望遠鏡) 등 서구의 인문 · 사회과학과 자연과학의 개념을 번역한 다양한 일본식 한자어들과 함께 들어온 번역어였다.

둘째, 번역어 '문화'는 문명 또는 문명개화의 동의어로 등장했다. 이 글에는 문명이라는 단어가 세 번 등장하는데, '문화'는 그와 동일한 의미를 전달하는 다른 단어였다. 이때 문명(개화)=문화라는 개념은 유럽의 문명사에 대한 아시아 지식인의 대응이라는 맥락을 내장하고 있었

---

[7] 신해영(申海永)은 경기도 김포에서 출생하였으며, 갑오경장 때 관비를 받아 일본 게이오의숙(慶應義塾)에서 4년간 경제학을 전공하였다. 1898년 중추원 의관(議官)으로 임명되었으며, 같은 해 〈독립협회〉의 민권운동에서 박영효(朴泳孝) · 서재필(徐載弼)을 대신(大臣) 후보로 천거한 사건에 연루되어 체포된 적도 있었다(한국학중앙연구원 편, 2001).

[8] 이하 인용문은 원문 그대로 옮기는 것을 원칙으로 했으나, 읽기의 편의를 위해 인용자가 띄어쓰기와 구두점을 적용했음을 밝혀둔다. 아울러 인용문에서 특별히 주목할 필요가 있는 어휘나 문장에는 밑줄을 그어 표시했다.

다. 신해영의 글은 '유럽의 발전은 어떻게 가능했는가?'라는 질문에서 출발하고 있다. 이는 곧 '아시아는 왜 정체되었는가?'라는 질문이었다. 이 문제는 유럽의 문명사를 먼저 접한 일본의 지식인들이 답을 찾으려고 고투하던 것이었던 바, 문명의 동의어로서의 '문화'는 비단 한 나라에 국한된 것이 아니라 아시아 권역에 공통된 과제로 제시된 것이었다.

셋째, 유럽사에 대응한 아시아사의 구상에서 '문명=문화'는 보편주의적, 진화론적 사유법을 내장하고 있었다. 당시 일본에서는 서양의 '문명'과 구별되는 일본의 특수성을 찾아보려한 민족주의적, 국수주의적 '문화'론 역시 개발되고 있었다. 이는 유럽 중심의 문명사에 대비하여 아시아의 역사와 문화를 주체화하려는 논리였다(니시카와 나가오, 2001: 210~221: 노대환, 2010: 78~84). 그렇지만 '종교'와 '문화'를 아시아의 과거에 귀속시킨 신해영의 주장은 이 같은 경향과는 다소 거리를 두고 있었다. 즉 그는 보편적이고 계몽적인 역사 안에서 '종교'와 '문화'의 위치 및 기능을 가늠했다.

이 지점을 좀 더 자세히 살펴보면, 첫째, 종교에 대한 신해영의 입장은 양가적이었다. 그는 종교의 개창을 과거 아시아의 선진적 업적으로 평가했지만, 동시에 종교의 속박에서 벗어나지 못한 것을 아시아에서 문명이 정체(停滯)된 중요한 원인으로 보고 있었다(신해영, 1897: 13).[9] 그러니까 금일 구주제국의 발전은 종교적, 형이상학적 상태들로부터 유래된, 보다 이전의 사회적 개념이나 사회질서로부터 벗어난 상태를 의미했다. 둘째, 신해영은 '문화'를 '문명'과 구별되는 가치로서 제시한 것이 아니었다. 논지를 참작할 때, 아시아의 문화 선도란 고대에 아시

---

[9] 결론에서 신해영은 아시아의 정체 원인으로 한문상자(漢文象字)를 신용하고 자국국문을 천시하여 존고비금의 폐습으로 종교의 속박에 벗어나지 못한 것을 들었다(신해영, 1897: 13).

아에서 문자들이 발명되고 그것들을 매개로 하여 다방면의 지식이 발전된 점을 가리킨 것이었다. '문화'의 가치를 유럽에 대비한 아시아의 차이나 나양성이라는 차원에서 입론하려는 노력은 보이지 않는다. 신해영은 현재 유럽이 구가하고 있는 문명=문화가 실은 아시아에서 연원한다는 주장을 하고 싶었던 것 같다. 요약하면, 신해영은 문화=문명의 내용인 지식이나 기술, 실업에 대해 보편주의적, 진보주의적 태도를 취하고 있으며, 문자에 대해서도 효율성("손익")이라는 합리주의적 관점에서 접근했다.

2) 문명=문화 개념의 확산과 보편주의적 문명사의 문법

보편주의적인 문명=문화 개념이 지식인들 사이에서 좀 더 일반화된 것은 1905년 이후 〈대한자강회〉 같은 정치단체, 유학생 단체나 주로 출신지역이 같은 지식인들이 모여 결성한 학회들의 기관지에서였다. 『대한자강회월보』, 『대한유학생회보』, 『태극학보』, 『대한학회월보』, 『대한흥학보』, 『서우』, 『서북학회월보』, 『대한교육회잡지』 등은 지식인들이 자신들의 견해를 피력하는 유력한 통로였으며, 여기서 다양한 '신지식'이 유포, 교류되었다. '문명(개화)'의 동의어로서의 '문화'도 그 가운데 하나였다.

> 夫 國家의 文明이 發達됨은 專히 富强의 實力에 係홈으로 現에 泰西列强의 文化 程度를 見ㅎ건듸 皆 産業에 增殖으로 由ㅎ야 伴行前進홈은 其 事實에 証ㅎ야 明瞭홈이라(운초 현은, 1906: 58).

> 現在 中國이 改變新法ㅎ야 引進文化홀ㅅㅣ 方宜擴張女學ㅎ야 務使與男

子로 平等홀지라. 夫婦女가 <u>旣染文化</u>ᄒ면 變法維新이 自當事半功倍니 故로
此 黑暗혼 女界를 改良ᄒ야 <u>文明에 漸進케</u>ᄒᄂ 것이 國家의 第一 要務가 될
지오.(중략)

　現 列强이 競逐ᄒ고 <u>文化大進</u>ᄒ는 時代를 當ᄒ야 何獨 韓滿 兩界의 民智
가 蠢野ᄒ고 人才가 腐敗ᄒ야 隣强의 呑噬를 資ᄒ며 奴役을 被ᄒᄂ뇨. 惟其
學界缺陷ᄒ야 <u>文明不進</u>혼 緣故라(박은식, 1906: 69-70).

위 인용문은 1906년 대한자강회의 기관지인 『대한자강회월보』에 실
린 현은과 박은식의 글에서 발췌한 것이다.[10] 논지의 흐름과 표현의 짜
임을 볼 때, 위 인용문에서 '문화'는 문명의 동의이음어로 채용된 것이
분명하다. '문명=문화'는 국민-국가들 상호 경쟁하는 시대에 열강에
의해 삼켜지거나 노예로 떨어지지 않기 위해 국민-국가가 갖추어야
할 실력(=국력), 즉 산업("농산(農産)"과 "공산(工藝)")의 발달과 교육의
진보를 뜻했다. 필자들은 '문명=문화'를 발전, 전진, 진보 같은 단어와
결합시킴으로써 발전론적인 역사관을 표명하고 있다. 위 인용문은 유
럽(태서열강)이라는 본보기에 조선의 상태를 비춰보고 평가하는 맥락
에서 문명의 동의어로서의 문화 개념이 확산되고 있었다는 것을 보여
준다.

1890년대 말에 일본 유학생에 의해 수용되어 1900년대에 지식인층에
일반화된 이와 같은 문화 개념은 서구의 계몽주의적 문명사 담론 안에
서 배양된 것이었다. 1890년대에 일본의 지식인들은 유럽사의 전개 과
정을 문명의 보편적 진보과정으로 해석하는 책, 즉 『유럽문명사』(프랑
수아 기조, 1828년 강의), 『영국문명사』(헨리 토마스 버클, 1857) 같은

---

10) 대한자강회(大韓自强會)는 1905년 5월 이준(李儁)·양한묵(梁漢默) 등이 조직한 헌
　 정연구회(憲政硏究會)를 확대, 개편한 정치단체로서, 그 기관지인 『대한자강회월보』
　 는 한말에 나온 유일한 정치적 잡지로 꼽힌다. 『대한자강회월보』는 1906년 7월 31일
　 에 창간되어 1907년 7월 25일 통권 13호로 종간되었다.

책에서 많은 영향을 받고 있었다. 특히 로마제국의 붕괴에서 프랑스혁명에 이르는 역사를 기술한 기조의 『유럽문명사』는 헨리(Caleb S. Henrey)에 의한 영역본이 1889년에 일본어로 번역 출간되었고, 다른 번역본도 몇 종류 출간되어 널리 읽혔다. 일본 지식인들이 19세기에 생산된 유럽의 문명사 담론에 공명한 이유는 그것이 근대에 유럽이 도달한 상태를 문명 또는 개화로 지칭하고 동양을 야만이나 미개 또는 반개의 단계에 놓았던 기왕의 단선적·일원적 문명론이 아니라 다원적 문명론에 기반하고 있었기 때문이다. '유럽문명사'라는 제목이 보여주는 것처럼, 기조는 아시아에도 문명이 존재한다는 점을 전제하고 있었다. 즉 유럽문명사는 단일한 문명이 아니라 복수의 문명을 인정한 위에서 타문명과 비교하여 유럽 문명의 우월성과 독자성을 역사적으로 기술한 것이었다. 하지만 레이먼드 윌리엄스가 지적했듯이, '문명'은 사실상 어떤 성취 상태, 즉 영국과 프랑스에서 성취된 발전의 상태를 자축한다는 의미와 결합되어 있었다(레이먼드 윌리엄스, 1988: 29). 따라서 일본 지식인들의 질문은, '현재의 문명=문화가 서구의 성취라면 동양에는 무엇이 결여되어 있었기에 그러한 경지에 도달하지 못했는가?' 또는 '현재 서구의 문명=문화에 합치될 만한 어떤 것이 동양의 과거에 있었는가?'라는 문제 설정을 벗어날 수 없었다. 즉 일본의 지식인들은 계몽주의적이고 보편주의적인 관점에서 저술된 문명사('유럽의 역사')라는 거울에 스스로를 비춰보게 되었고, 이와 같은 문명의 전개 법칙에 아시아나 일본을 합치시킬 자료들(증거들)을 찾기 위해서 아시아나 일본의 과거에로 관심을 돌렸다.

1897년에 「한문자와 국문자의 손익여하」에서 '애초에 앞서가던 아시아가 뒤떨어지게 된 원인'을 설명해보려 했던 신해영은 이와 같은 일본 지식인들의 문명사적 탐구를 수용, 모방하면서 그들이 사용한, 'Civilization'

의 또 다른 번역어로서의 '문화'를 받아들였다고 할 수 있을 것이다. 1900년대 후반에도 유학생들은 일본에서 생산된 (비교)문명사 담론을 부지런히 번역, 참조하고 있었다. 1907년 『태극학보』에 김낙영(金洛泳)이 번역해 실은 「동서 양 양인의 수학사상」의 필자는 고대에는 동양의 인문=문화가 서양으로 수출되었는데 현재에는 그 반대가 된 이유가 무엇인지에 대해 답을 찾으려 하고 있다.

> 東洋의 人文 發達이 上古에는 西洋보다 몬져 되어 西洋에 漸次 傳達ᄒ엿
> 것만은 恒常 統一方法을 由ᄒ여 人智의 發達을 圖ᄒ 所以로 爾後 逡巡 進步
> 가 되지 못ᄒ고 도로혀 西洋文化가 古代에는 蒙昧 莫甚ᄒ엿더니 中世紀 以
> 來로 古代의 統一方法을 脫去ᄒ고 分派方法을 執行ᄒ엿슴으로 今日 如許ᄒ
> 進展을 致ᄒ엿ᄉ니 此 言ᄒ면 東洋人은 松과 如히 乾燥地에 生長ᄒ는 것과
> 楊柳와 如히 沾濕ᄒ 地를 됴화ᄒ는 植物을 其 性質의 合不合은 不擇ᄒ고 同
> 一ᄒ 土塊上에 倂植ᄒ여 生長을 圖홈과 如ᄒ니 이는 枯凋홀 一例요 彼 西洋
> 人은 各種 植物의 適性되로 土質을 擇ᄒ여 分派 生長케 홈과 如ᄒ 故로 東
> 洋人의 移植ᄒ 文化는 特種 特質노 枯凋ᄒ엿고 西洋人의 移植ᄒ 文化는 其
> 性質을 從ᄒ여 各히 發達홈에 至ᄒ엿더라(김락영(譯述), 1907: 30).

위 인용부분에서 필자는 직접 '동양문화', '서양문화'라는 개념을 사용하면서 두 문화 사이의 격차의 원인을 '통일방법'과 '분파방법'의 차이에서 찾고 있다. 즉 동양은 항상 '통일방법'에 근거하여 인지 발달을 도모함으로써 진보하지 못한 데 반해, 서양에서는 중세 이래 고대의 통일방법에서 벗어나 '분파방법'을 사용함으로써 문화가 발달하게 되었다는 것이나. 필자는 통일방법과 분파방법을 각각 성길이 다른 식물을 같은 땅에 심어 기르는 것과 적합한 땅을 찾아 따로 심어 기르는 것에 비유했다.

「동서 양 양인의 수학사상」에서 서양의 장점으로 제시된 '분파방법'은 프랑수와 기조가 『유럽문명사』에서 유럽의 우월성과 독자성으로 강조한 '자유주의'의 다른 표현으로 보인다. 기조에 따르면, "다른 여러 문명에서는 단 한 가지 원리의, 단 한 가지 형식의 절대적인 지배 또는 적어도 과도한 우월성이 전제(專制)의 한 원인이 되었습니다. 이에 비해 근대 유럽에서는 사회질서(를 구성하는) 요소들의 다양성, 특히 이러한 요소들이 서로가 서로를 배제할 수 없었다는 것이 오늘날 우세한 자유를 낳은 것 (즉, 자유가 우세한 문명이 되도록 만든 것-옮긴이: 니시카와 나가오)입니다." 다른 문명에서는 하나의 원리가 우월했던 것이 전제 정치를 낳은 데 반해, 유럽에서는 사회의 제 요소들의 다양성과 그 모든 요소들 사이에 이어져 온 '투쟁'으로부터 '자유'가 탄생했다는 것이 기조 역사관의 핵심이었다(니시카와 나가오, 2001: 169-170).[11] 「동서 양 양인의 수학사상」의 필자는 기조가 '단 한 가지 원리, 단 한 가지 형식의 절대적인 지배'라고 표현한 것을 '통일방법'으로, '사회질서를 구성하는 다양한 요소들이 서로가 서로를 배제할 수 없도록 한 것'을 '분파방법'으로 번역하여 받아들이고 있었던 것이다.

『태극학보』에 「동서 양 양인의 수학사상」이 번역된 1년 후인 1908년에 초해라는 필자가 「세계문명사」를 5회에 걸쳐 번역했다. 이 글에서도 '문화'는 '인문', '문명'과 동일한 의미로 사용되고 있었다(초해(역술), 1908: 14-18). 이처럼 한국의 유학생들은 일본에서 유행하던 세계문명사 또는 비교문명사 담론을 번역, 소개하면서 '문명'의 동의어로서의 '문화'에도 점차 익숙하게 되었다고 할 수 있는데, 이러한 '문화'는 정치적 잡

---

[11] 일본에서 번역어 문명과 문화의 개념이 형성되던 초창기의 상황을 연구한 니시카와 나가오에 따르면, 유럽의 문명사 담론 가운데 일본 지식인들에게 가장 큰 영향을 끼친 책은 프랑수와 기조의 『유럽문명사』였다. 기조의 글은 니시카와 나가오(2001: 169-170)에서 재인용.

지나 학술지 안에서 지식인들끼리 주고받던 말에 그친 것이 아니라 학
생용 교과서에도 진입함으로써 좀 더 널리 전파될 수 있었다.

'문명'의 동의어로서의 '문화'를 수용한 대표적인 교과서는 일본통감
부 하의 학부에서 편찬한 『국어독본』이었다. 1906년에 공포, 시행된 '보
통학교령'에 따라 학부는 1907년에서 1909년에 걸쳐 보통학교 학생용
국어교과서인 『국어독본』을 간행했다. 이는 온전히 일본인 참사관에
의해 저술된 교과서로서 당시 일본 국내에서 사용되던 교과서 『국어독
본』의 체제를 그대로 모방한 것으로 알려져 있다.[12] 1890년대 말에서
1900년대까지 한국의 정부와 민간에서 발간한 교과서들에서 '문화'는
과거에 한국을 포함한 한자 사용 권역에서 유교적 통치의 이념을 표현
한 문치교화, 즉 '문'에 의한 세도인심의 '교화'를 가리키는 경우가 일반
적이었다. 『국어독본』에도 이와 같은 '문화'의 용례를 발견할 수 있지
만,[13] 상이한 의미를 전달하는 '문화'가 나타난다.

> 我國과 日本의 關係는 愈往愈深ᄒ얏도다. 當時에 我國은 文學 工藝 等이
> 무르 發達ᄒ고 日本은 오히려 幼稚ᄒ므로써 我國의 學者와 匠人 等이 多數
> 히 日本에 渡航ᄒ야 彼國의 文化를 啓發ᄒ니라(학부편집국, 1907a: 5).

---

[12] 『보통학교 학도용 국어독본』은 8권 8책으로 구성되었고 활판본으로 인쇄되었다. 이
교과서는 일본통감부가 당시 자주독립사상을 고취하던 민간의 교과서를 탄압하고
학부의 주도 하에 교육을 통제하려는 데 목적이 있었다고 알려져 있다. 제재 선정
에 있어서도 일본의 친교관계를 두드러지게 나타낸 것이 많다(국어국문학편찬위원
회, 1994).

[13] "儒敎는 上古로부터 我國에 傳來ᄒ얏스나 國中에 廣布됨은 三國時代이니라. 距今
一千五百餘 年 前에 高句麗 小獸林王은 平壤에 大學을 建設ᄒ고 儒敎를 크게 獎勵
ᄒ다. 其時에 百濟에는 임의 博士가 잇섯는지라. 王仁이 日本에 渡去ᄒ야 儒敎를 傳
布ᄒ얏슨즉 百濟의 文化가 早開흠은 可히 推知홀지로다."(학부편집국, 1907a: 27-28)
유교적 교화의 이념과 연결시킨 점에서, 여기 쓰인 '문화'는 다른 교과서들에서의 용
법과 유사하다.

日本이 일즉이 歐美의 文化를 模倣ᄒ야 敎育을 盛히 ᄒ고 農商工業의 發
達에 注意ᄒ얏슴으로써 國力이 强大ᄒ야 日淸一露 兩 戰役에 勝捷을 奏ᄒ
고 今也에ᄂ 世界 六强國에 幷列ᄒ얏ᄂ니라(학부편집국, 1907b: 63).

첫 번째 인용문은 『국어독본』 6권 제2과 "삼국과 일본"의 일부로서,
이때 삼국이란 고구려, 백제, 신라를 가리킨다. 일본이 문화를 계발하
는 데 삼국이 도움을 주었다는 설명인데, 일본에 건너간 것은 "백제의
석학(碩學)과 명공(名工)"이었다. 여기서 '문화'는 '문학("한학(漢學)" 또
는 "학문")'뿐만 아니라 '공예("기술")'도 포함하고 있었다. 두 번째 인용
문은 『국어독본』 8권 제23과 "세계의 강국"의 일부인데, 여기서 '문화'는
일본이 과거에 중국이나 한국에서 건네받은 것이 아니라 최근에 구미
에서 모방한 것을 가리켰다. 이때의 '문화'는 교육과 산업의 발달 및 군
사력의 신장과 직접 관련된 것이었다.

『국어독본』에서 문화라는 단어는 당시에 민간의 다른 교과서에서 그
단어를 적용시켰던 특정한 지역(아시아—중국, 한국, 일본)과 특정한
시대(고대나 근대 이전)를 벗어나 좀 더 보편적인 설명력을 발휘하고
있다. 아울러 그 내용과 목표도 크게 달라졌다. 일본이 모방한 구미의
'문화'가 활성화한 '교육'이란 전통적 의미, 즉 '문'에 의한 세도인심의
'교화'와는 거리가 있었다. 구미의 '문화'는 산업의 발전을 촉진하고 궁
극에서는 전통적인 맥락에서 '문'의 대립 개념이자 모순 개념이었던 '무
(군사력)'의 강화에 기여하는 것이었다. 이때의 '문화'란 곧 국가의 부강
을 뜻하는 것이었다. 일본의 교과서를 본뜬, 일본인 참사관에 의해 저
술된 학부의 교과서에서 '문화'는 당시에 유학생들의 학회지 안에서 순
환되고 있던, 번역어 '문명'의 동의어로서의 '문화'에 가까웠으며 좀 더
호전적이었다.

1909년 현채에 의해 저술된 『신찬초등소학』도 '문화'를 한자 사용 권역을 넘어선 보다 넓은 맥락 안에서 해석하고 있었다. 당시의 여러 교과서에서 '문화'가 한자 사용 권역의 유교적 통치 이념을 표현했다면, 이 교과서에서 아시아=동양은 인도를 포함한 보다 확장된 권역을 가리켰다. 그리고 '문화'의 의미는 유교를 벗어나 보다 더 확장된 맥락 안에서 해석되었다. 즉 현채의 교과서는 유교와 불교를 서구적 '종교' 개념에 동일화시키면서 '문화'를 유럽에 대비한, 아시아의 전통으로 만들고 있었다(현채, 1909: 61-62).[14] 문화의 선도와 종교의 개창을 아시아의 특징으로 부각시키는 논법은, 19세기 말 신해영의 글에 이미 나타났던 것이다. 그리고 「동서 양 양인의 수학사상」 같은 번역 논문을 보면, 그것은 『유럽문명사』 류의 보편주의적 문명사 담론의 영향을 받아 형성된 것이었다. 현채의 『신찬초등소학』은 이와 같은 비교문명사 담론이 1900년대 말에는 초등학생용 교과서에까지 확산되었다는 것을 보여준다.

3. 문화 개념의 의미 장의 복합화

앞서 살핀 것처럼, 1890년대 말에 등장한 '문명'의 동의어로서의 '문화'는 1900년대에 정치적인 잡지나 유학생들의 학술지에서 지속적으로 재생산, 유포되었을 뿐 아니라 『국어독본』이나 『신찬초등소학』 같은 교과서로도 건너가고 있었다. 1900년대 말에는 보편주의적 '문명'의 동의어로서의 '문화'가 공식적이고 공인된 지식이 되어가고 있었던 것이

---

14) 『신찬초등소학』은 1909년에 현채가 제작한 교과서로서, 총 6권으로 편성되었으며, 민간에서 편찬, 간행된 교과서 중 당국의 검열을 통과하여 한일합방 이후(1913년)까지 계속 사용된 점에 특징이 있다(국어국문학편찬위원회, 1994).

다. 하지만 그와 동시에 고전적인 문화 개념이 재해석되고 Culture/Kultur
의 번역어인 '문화'가 수용됨으로써 '문화'의 의미 장이 매우 유동적이고
복합적이 되고 있었다는 점에 주목할 필요가 있다.15)

1) '민족'·'사회'와 인류학/사회학의 문화 개념

일본에서 비교문명사 담론이 궁극적으로 일본의 과거에 대한 탐구를
자극했듯이, 앞서 살핀 박은식이나 현은 같은 지식인들은 문화 개념을
동양이나 아시아라는 지역이 아니라 바로 자국의 상황에 대입했다. 이
들은 한국이 태서열강에 대비하여 "산업"이나 "민지", 그리고 "인재"가
부족하게 된 원인을 성찰하고자 했다. 이러한 필요가 한국의 과거 또는
역사에 대한 탐구를 자극했다. 이에 따라 1908년 즈음 학회지나 잡지에
는 한국의 역사를 '문화'의 관점에서 통시적으로 기술하려는 글들이 게
재되었다. '문화'가 글 제목으로 등장한 것을 비롯하여, 이러한 글들에
서 '문화'의 출현 빈도는 더욱 높아졌다. '문화'의 주체 및 내포에 대한
이해도 심화되었다. '문화사' 같은 새로운 합성어도 등장했다. 자국의
문화사 담론을 통해 문화라는 용어는 지식인들만의 담론장을 벗어나

15) 유교적 문화 개념의 잔여적 운동 역시 1900년대 문화 개념의 의미 장을 복합화시켰
다. 유학생 출신 지식인들이 새로운 문화 개념을 수용, 교환하고, 또 그에 입각하여
자기('민족')에 대해 새로운 지식, 즉 문화사를 생산하기 시작했다고 하더라도, 전통
적인 의미의 '문화'가 완전히 힘을 잃은 것은 아니었다. 물론 19세기 말 이후 고전적
문화 개념의 사회적 지반은 급격히 취약해졌다. 과거에 그 개념을 운용하고 세련화
한 집단(왕과 사대부)의 사회적 지위는 결정적으로 흔들렸고, 그들의 담론 장은 크
게 약화, 해체되고 있었다. 하지만 전통적 문화 개념은 왕조실록과 사대부의 문집을
벗어나 공인되고 상대적으로 보수적인 지식이 재생산되던 교육의 장에 수용되었으
며 이후에는 유학생들의 학술지에도 진입했다. 근대적 지식과 학술의 장에서 '문화'
의 잔여적 의미와 가치들(예컨대 전통적인 교화의 이상으로서 인의예지, 그 기제로
서의 예악형정 등)이 스스로를 어떻게 지탱하려 했는지를 확인할 필요가 있다. 이
글에서는 이에 대한 자세한 검토는 생략하고 결론에서 간단히 그 의미만을 언급하
기로 한다.

더 넓은 범위의 독자에게 가닿게도 되었다. 이러한 글에서 필자들은 여전히 문명과 문화라는 말을 엄밀하게 구별하거나 설명하지 않고 나란히 사용했지만, '문화'의 의미는 이미 매우 복합적이 되었다.

동경 유학생들의 잡지인 『대한학회월보』에 이동초의 「한반도문화대관」이 2회에 걸쳐 연재되었다(이동초, 1908a: 38-44; 이동초, 1908b: 47-50).[16] 이 글에서 주목되는 점은 '문명'과 '문화'를 시대, 지역, 국가 등 다양한 기준에 의거하여 구분하고 있다는 것이다. 문명=문화는 지역 단위로도 구분되고(한반도문명/한반도문화, 한토문화), 시대로도 구분되며(고대문명), 국가 단위로도 구분된다(로마문명, 고구려문명, 백제문명, 신라문명, 위진문명/위진문화, 한대문명). 그리고 계통이나 방위로도 구별된다(지나 계통 문명, 인도 계통 문명, 남방 문명, 서방 문명). 이와 같이 다양한 층위와 차원의 문화들=문명들의 존재를 가시화한 것은, 필자의 의도가 '문화'의 보편성이 아니라 개별성을 강조하는 데 있었다는 점을 암시한다.

我 韓半島 民族, 國을 愛ᄒ나냐 ᄒ면 皆 曰 愛國이라 ᄒ되 國을 實際로 尊信ᄒ고 實際로 崇拜ᄒ나냐 ᄒ면 自疑코 自迷ᄒ야 明答에 據ᄒ 바이 업도다. ……중략……

雖 然이나 實際로 愛國ᄒᄂ 國民的 自然心이 不著ᄒ야 一般히 國을 尊信 崇拜ᄒᄂ 內質上 觀念이 充分치 못ᄒ 一端 因果가 有ᄒ니 <u>此ᄂ 我 韓半島 文化의 濫觴이 在昔 漢土 文化의 系統을 承ᄒ엿ᄂᄃ 其 輸入時代로부터 修身齊家의 道와 禮樂刑政의 學으로 以ᄒ야는 勸奬ᄒ며 精勵ᄒ엿거니와 國性에 關ᄒ 第一 肝腎ᄒ 國家의 固有 歷史學에 至ᄒ야는 度外로 視過ᄒ야 敎授</u>

---

16) 재(在)일본 한국인유학생 단체인 〈대한유학생회〉가 〈낙동친목회(洛東親睦會)〉와 〈호남학회(湖南學會)〉를 통합해 1908년 1월 〈대한학회〉를 설립했다. 『대한학회월보』는 〈대한학회〉의 기관지로서 1908년 2월 25일에 창간되어 그해 11월에 통권 9호로 종간되었다(최덕교 편저, 2004).

方策을 不施홀 뿐 不是라. 史官이 國史를 編纂ᄒ야 國文庫에 安藏ᄒ고 國民
으로 ᄒ여금 縱覽을 任意치 못ᄒᄂ 政이 一時에 行ᄒ엿스니 엇지 政의 失이
아니리오(이동초, 1908a: 38-39).

위 인용문은 서론에 해당하는 부분으로, 서술의 문제의식과 목적이
잘 드러나 있다. 이동초는 한반도에서 살아온 민족("한반도 민족")에게
애국심, 곧 "애국하는 국민적 자연심"이 충분하지 못한 이유를 '한토(漢
土)문화'의 영향으로 설명했다. 한반도 민족은 한토문화를 계승하여 "수
신제가의 도와 예악형정의 학"은 장려했으나 "국성(國性)"에 긴요한 "국
가의 고유 역사학"을 국민에게 교육할 방법을 갖추지 못했다는 것이다.
여기서 '문화'의 의미 장은 급변한다. 즉 필자는 '문화'를 전통적인 '문화'
의 의미 장을 구성했던 주요 개념인 '도'와 '학'으로부터 분리하여 '한 국
민의 고유한 성격'으로 풀이되는 '국성'과 결합시키고 있는데, '국성'이란
일본에서 'nationality'의 번역어로 개발된 '국수(國粹)'의 동의어로 생각
된다(니시카와 나가오, 2001: 213). 이 글에서 '문화'는 '민족', '국가', '국
민', '국사', '국문고(國文庫)', '국성' 같은 단어들에 둘러싸여 있으며, 이
로써 "국성"과 "문화"는 동일화되고 국민통합은 곧 문화통합이 된다. 국
민통합의 기제로 '문화'를 제안하는 이와 같은 논법에서 우리는 메이지
기 국수주의적 문화론의 영향을 느낄 수 있다(노대환, 2010: 82~83).
　최남선이 1908년 11월에서 1910년 6월까지 『소년』에 연재한 「해상대
한사」는 '보편적이면서 민족에게도 유리한' 시좌에서 기술된 문화사 담
론이 유학생들의 학회지를 넘어서 좀 더 널리 전파되기 시작했음을 보
여준다. 당시의 다른 유학생들처럼 최남선도 "세계문화사", "세계문화발
달사"를 열심히 읽었는데, 앞서 살펴본 것처럼 이것들은 유럽사의 전개
과정을 문명의 보편적 진보과정으로 해석하는 계몽주의적 문명사관에

의거해 기술된 역사서였다. 최남선은 유럽사를 통해 계몽주의적 문화
사의 패러다임을 수용했고, 한국을 그 일부로 만들어줄 증거를 찾기 위
해 과거를 탐사했다. 최남선이 한국의 과거로 관심을 돌린 것은, 계몽
주의적 문화사가 제시한 보편적인 역사 전개 법칙에 한국을 합치시킬
자료들(증거들)을 찾기 위해서였다.

따라서 「해상대한사」에서는 '문화'의 발달이 단선적이고 목적론적인
과정으로 이해되었다. 최남선은, 지역이나 종족의 역사에 대한 가치 평
가는 그것이 "일반 문명의 발달에 대하야 (끼친: 인용자) 공적"에 근거
한다고 말했다. 그에 따르면, "우리 민족"은 "세계 인류 중 가장 먼저 일
신교의 진리를 영각(靈覺)한 자(者)"이며 "세계상에서 공화란 제도와 입
헌이란 제도를 가장 먼저 실지(實地)에 썼"다. 일신교와 입헌공화제를
강조한 것은 근대 서양의 종교와 정치형태를 가장 진보한 것으로 간주
하는 사고방식에 따른 것이다. 여기에는 다신교에서 일신교로, 전제정
치에서 귀족정치를 거쳐 입헌공화제로 나아가는 것이 보편적이고 일반
적인 발전 경로라는 생각이 전제되어 있다. 계몽주의적 문화사가 제시
한 역사의 목표와 전개과정을 수긍했을 때, '위대한 역사'는 유럽을 앞
지르는('세계에서 가장 먼저'), 적어도 유럽과 동등한 수준의 문화적 진
보를 이룬 역사를 의미했다.[17]

최남선이 이와 같은 보편적 역사 전개 법칙에 맞추어 한국의 과거를
이해(설명)하는 데 도구로 사용된 개념이 바로 '문화'였다. 문화라는 말
은 여전히 문명이나 인문의 동의어였지만, 사회제도를 설명하는 기술

---

17) "우리半島의 歷史는 本土民族의 建國的 天才와 國民的 特長을 發揮함으로부터 始初
하니 檀君朝鮮의 建設當時로 말하면 이 世界가 거의 다 野蠻草昧人의 所有오 겨오
한팔한발이나마 文明에 드려노혼 者는 이집트·支那와 밋 印度의 兩三處뿐이라 그
런데 우리 半島에는 그째부터 或 그 以前부터 이믜 文明의 程度가 國家=制度=君長
을 必要할만콤 進步하얏스며 (후략)"(최남선, 2003: 58).

적(記述的) 범주로 사용되었다는 점이 중요하다. 즉 '문화'는 인간의 정신적·물질적 생활과 관련된 다양한 종류의 사회제도를 총칭하는 매우 포괄적인 범주로서, 정치·법률·공예·상업·무역·法敎(종교: 인용자)·학술·敎學(윤리: 인용자)·문학·미술·음악·劇戲(연극: 인용자) 같은 하위 범주들로 구성되었다. 문화라는 틀을 적용함으로써 최남선은 기왕의 왕조사나 단대사(斷代史), 정치사와는 다른, '민족생활의 전체상'을 제시하는 새로운 역사를 구상할 수 있게 되었다. 이로써 '문화사'는 인간생활과 관련된 다양한 사회제도를 포괄하는 전체적, 종합적 역사가 된다.

또 하나 주목할 점은, 이동초와 마찬가지로, 최남선도 '역사'의 실행자이자 '문화'의 소유자로 '민족'을 부상시켰다는 것이다. 「해상대한사」에는 '역사는 민족에 의해 개시된다.'는 생각이 함축되어 있다. 고대를 설명하면서 최남선은 민족의 역사적 위대성을 이집트, 지나, 인도와 유사한 시기에 혹은 그 이전에 민족-국가를 건설했다는 데서 찾았다. 즉 고대 문화=문명은 다양한 제도로 구성되지만 문화=문명 발전의 가장 근본적인 척도는 민족-국가의 건설 여부에 달려있었다. 또 영토('반도')와 문화('국가')에 대해 영속적인 소유권을 주장할 수 있는 주체는 '민족'이라는 생각도 나타나 있다. '대한'이나 '제국'은 영토와 문화, 나아가 역사에 대해 영원하고 확고한 권리를 주장할 수 없다. 문화 진보의 역사를 수행하는 사회적 총체는 '민족'인 것이다(김현주, 2006: 230-234).

1908년경 '민족'을 단위로 역사를 기술하려 한 이와 같은 시도들은 'Civilization'의 번역어 '문화'에서 'Culture'의 번역어 '문화'로의 점진적 이동을 보여주는 증거이다. 세계문명사나 비교문명사의 필자들과 마찬가지로, 이동초와 최남선은 문화라는 말을 문명이라는 말과 나란히 사용하면서 그 의미를 엄밀히 구별하거나 설명하지 않았다. 여전히 문화라는 단어에 비해 문명이라는 단어를 많이 사용했다. 그러나 이들이 사용한 '문화'는 'Civilization'이 아니라 'Culture'의 의미를 다분히 포함하고 있었다. 최남선의 '문화'는 '한 민족의 생활방식 전체'라는 인류학이나 사회학의 포괄적인 Culture 개념에 다가가고 있었으며 기술적인 개념으로 사용되고 있었다.[18] 이동초는 문화의 보편성을 강조하기보다 문화와 국민주의=민족주의의 관계를 부각시켰다. '문화'에 대한 논의는 국민성의 차이(개별성)와 함께 주체성을 강조하는 방향으로 나아가고 있었다. 국민문화나 민족문화 개념이 출현하기까지는 이제 반 발자국밖에 남지 않았다.

당시 유학생들의 학회지에서도 사회학의 문화 개념의 수용을 확인할 수 있다. 대표적인 유학생 단체였던 태극학회의 기관지 『태극학보』[19]에는 앞서 살핀 것처럼 「동서 양 양인의 수학사상」(김낙영, 1907), 「세계문명사(동양문명)」(초해, 1908) 같은 계몽주의적 문명사 담론이 소개되었지만, '문화'에 대해 다른 해석체계를 개발한 지식들도 수용되고 있었다. 그중 하나가 사회학의 문화 개념이다. 우경명이 번역한 「교육의 목적」의 특징은 '사회'를 논의하면서 '문화'를 등장시켰다는 점이다. 앞서 살핀 것처럼, 정치단체의 기관지나 학술지에서 문명의 동의어로서 문화가 등장했을 때 문명=문화의 주체는 대개 국가였다. 그런데 「교육

---

[18] 1871년에 나온 E. B. Tylor(1832~1917)의 『원시문화Primitive Culture』는 근대 인류학 텍스트의 효시로 꼽히는데, 여기서 타일러는 가장 널리 인용되는 문화의 정의를 제시했다. "문화 또는 문명이란 넓은 민족지적 의미에서 보았을 때 지식·신앙·예술·도덕·법·관습 및 사회의 성원으로서의 인간에 의해 획득된 모든 능력과 습관을 포함하는 복합적 총제이다." 이렇듯 '문화'가 '문명'과 동의어로 사용되는 현상은 20세기에 접어들어 사라지며, 이와 함께 인류학자들도 타일러의 정의를 인용하면서 분명이란 낱어늘 슬그머니 삭제했다(케이브 크레한, 2004: 67~68).

[19] 『태극학보』는 관서지방 출신 동경 유학생들이 결성한 태극학회의 학술지로, 1906년 8월에서 1908년 11월까지 통권 26호를 발간했다. 편집 겸 발행인은 장응진(張膺震, 1880~1950)이었는데, 창간 목적은 연설, 강연, 토론 등을 통하여 학문을 연마하고 저술, 번역을 통해 조선인들의 계몽에 일조하는 것이었다(정선태, 2009: 64-65).

의 목적」의 필자는 '문화'의 의의를 '국가'가 아니라 '사회'와 연관하여 논의하고 있다.

필자는 교육의 목적이 인간으로 하여금 자기 자신, 가족, 국가, 사회, 자연이라는 다섯 가지 대상 각각에 대한 의무를 다하기 위한 준비를 하게 해주는 데 있다고 주장하는데, 그는 '사회'에 대한 의무를 설명하면서 문화라는 단어를 사용했다. '문화'를 여전히 문명개화의 줄임말로 사용하고 있음에도, '사회'가 '문화'의 주체로서 등장하고 사회적 인간=문화적 인간에 대한 이해가 나타나고 있는 것에 주목할 필요가 있다.

> 大抵 敎育의目的은 幼弱혼 人을 善導ᄒ야 獨立自裁ᄒᄂ 域에 達케ᄒ야 써 將來 社會 上에 立ᄒ야 能히 人된 職分을 完全케 ᄒᆷ에 在ᄒ리로다.
> (중략)
> <u>社會에 對혼 關係는 人은 一般 人類社會 間에 生存ᄒ야 此와 相離치 못 혼 關係가 有ᄒ고 社會의 文化로 因ᄒ야 其 心身 諸力의 完全혼 發達을 遂 ᄒᄂ 者이며 人은 ᄯ 社會에 對혼 義務로 社會의 文明開化를 增進ᄒ며 其 不完全혼 點을 改良ᄒ야 써 後繼者로 ᄒ여금 其 文化의 恩惠를 浴케 ᄒᆯ 義 務가 有ᄒ고</u>(하략)(우경명(譯), 1907: 17-18).

위 인용문에서는 개개인과 '(인류)사회'의 관계를 '문화'로 매개하고 있다. 인용문의 요지는 인간은 자신이 그 안에 속해 있는 사회와 뗄 수 없는 관계에 있으며, 인간은 사회의 문화에 의해 자신의 능력을 완전하게 발달시킬 수 있는 동시에 문화를 증진시켜 후손에게 물려줄 의무가 있다는 것이다. 우경명은 원문의 저자와 출처를 밝히고 있지 않은데, '문화'를 매개로 하여 개인과 사회의 상호적 관계를 설명하는 논법은 사회학 교재의 일부를 옮겨놓은 것 같다.

위 글에서 '사회'는 국경에 의해서 나뉘지 않는 인간들의 공동체 전체, 즉 '인류사회'의 줄임말로도 사용되고 있지만, 현실에서 '사회'는 경계를 갖지 않을 수 없다. 하지만 그것은 '국가'와는 구별되는 범주로서, 추상적이고 보편적인 체계이지만, '국가'의 형식적인 경직성과는 구분되는, '국가'보다 직접적인 관계를 가리키며, 전승되어 부과된 것으로 보이는 질서에 가깝다. 전승되어 부가된 사회의 질서가 곧 '문화'라고 할 수 있을 것이다. 따라서 문화의 창조와 전승은 사회 속에서 살아가는 인간의 책임인 것이다. 1900년대 후반에 '문화'에 대한 최신의 논의는 '국가'에서 '사회'로의 이동을 인상적으로 보여주고 있다.

2) '개인'과 철학적 문화 개념

『태극학보』에 소개된 또 하나의 첨단 지식은 근대 서양 철학의 문화 개념이었다. 우경명이 번역한 「교육의 목적」에서 '문화'가 '사회'라고 불리는 외적인 제도나 실천의 집합과 연관되었다면, 전영작의 「인생 각자에 관한 천직」은 '문화'의 의미를 '개인' 또는 '자아'의 차원에서 논의했다는 특징이 있다. 필자는 '학자신사' 곧, 지식인의 임무에 대한 논의가 가능하려면 "사회국가"에 대한 인간 일반의 임무라는 문제를 풀어야 하고, 더 나아가 그와 같은 "외타적(外他的) 관계"를 벗어나 "각자 단위", 즉 "인생 각자에 관한" 임무라는 문제를 풀어야 한다면서 논의를 "철학"의 영역으로 이동시켰다. 지금까지 살폈던 글들이 대개 정치적, 역사적 담론이었던 데 반해, 이 글은 철학적 담론의 성격이 강하며 핵심어인 "문화"와 "문화교육"에는 독일 철학의 Kultur 개념의 영향이 뚜렷하다.

전영작의 주장을 개괄하면 다음과 같다. 인간은 자기 목적적, 절대적 존재인 동시에 대타적, 상대적 존재이며, 이성적 측면과 감각적 측면을 동시에 갖고 있다. 이성적 자아의 본분은 비아에 예속되지 않는 절대적 자아와 일치 융화하는 것이므로 '도덕학'은 인간이 자유의사를 수양하여 자기의 본성과 모순되지 않도록 하는 것을 고취한다. 이것이 이른바 '의사의 수양'이다. 그런데 원래 순일하여 자기와 융합하는 이성적 자아와는 달리 감각적 자아는 비아적(非我的) 외계 영향에 관계하여 자기의 본성에 따르지 않으려는 경향이 있다. 여기서 "문화교육"의 필요성이 대두한다.

> 自我ㄱ 外界를 打克ㅎ고 此를 利用ㅎ고 ㅅ도 外界的 奴隷를 免케 ㅎᄂ 一種의 技倆 養成ㅎ랴면 此 實 文化敎育이라. 文化敎育은 理性을 有ᄒ 人生의 究竟目的을 爲ㅎ야 最上의 手段이라. 否라. 만일 人生을 感覺的 生物의 一面으로 觀察ㅎ면 文化敎育은 도리여 人生 目的이 된다 謂치 아니치 못할지라. 敎化ᄂ 人生 感受性에 對ㅎ야 無上ᄒ 至寶로다. (중략) 文化敎育의 進步ᄂ 人類의 面目이라. 哲學이든지 科學이든지 ᄆ일 此에 反ㅎ면 一毫의 價値ㄱ 無ᄒ지라(전영작, 1907: 12).

위 인용문에서 필자는 자아가 외계를 극복하고 이를 이용하고 또 외계의 노예로 떨어지지 않도록 하기 위해서는 앞서 말한 '의사의 수양' 이외에 감각적 측면의 수양, 즉 "문화교육"이 필요하다고 주장한다. 그런데 이때 문화교육은 단순히 이성적 자아의 실현을 위한 수단에 그치는 것이 아니다. 인간이 감각적 생물이기도 하다는 점에서 관찰할 때, 문화교육은 인생의 목적이 되는 것이다.

전영작의 문화론은 칸트가 「계몽이란 무엇인가」에서 펼친 문화론과 매우 유사하다. 전영작은 순수하고 무형한 자아와 현실 경험의 자아, 심적 자아와 신적 자아, 이성적 자아와 감각적 자아를 구별하면서도 전자는 후자를 떠나서는 지각되기 어렵다면서 둘의 상호적 관계를 주장했다. 이와 같은 자아 분석은 칸트가 「계몽이란 무엇인가」에서 말한

'도덕적인 류로서의 인류'와 '자연적 류로서의 인류'에 대응된다. 칸트는 자연적 류로서의 인류와 도덕적인 류로서의 인류를 구분하고, 도덕적 인류와 자연적 인류의 충돌 때문에 일체의 악덕이 발생한다고 보았다. 그런데 그는 인간을 악덕으로 유혹하는 자극은 그 자체로서는 선이며, 또 인간의 자연적 소질로서는 합목적적이라고 보았다. 그는 도덕적 류로서의 인류가 내면에 갖추고 있는 소질을 인류의 본분에 따라 발전시키되, 그러면서도 이 도덕적 인류와 자연적 인류가 충돌하지 않도록 하기 위해 '문화Kultur'가 어떻게 진보해야 하는가를 사유했다. 전영작이 주장한 '문화교육의 필요'가 바로 이러한 의미였다고 할 수 있다. 그는 인간의 행위의 의사와 자유의사의 관념이 일치한 '도덕'과 인간의 합리적 의사와 외계적 사물이 일치한 '행복'의 관계에 대하여, 행복을 얻기 위해 도덕을 행하려 해서는 안 되고 도덕을 행하는 것이 곧 행복이라고 주장하고 있다. 그는 도덕에 의한 쾌락적 감정의 통제를 주장하고 있는데, 여기서도 공리주의를 비판한 칸트의 영향을 느낄 수 있다(니시카오 나가오, 2001: 153-156).

전영작이 주목한 '문화'는 몇 가지 점에서 당시에 지배적이었던 계몽주의적 문명사의 '문화'와는 구분된다. 첫째, 전영작에게 '문화'는 '문명'의 동의어가 아니었다. 계몽주의적 문화사 담론의 저자들은 '문명'과 '문화'를 번갈아 사용하는 경우가 많았다. 그 두 단어는 유사한 의미였기 때문이다. 하지만 전영작의 글에는 문명이라는 단어가 전혀 등장하지 않는다. 이 글에는 「계몽이란 무엇인가」에서의 칸트처럼 '문화'와 '문명'을 대비하는 내용은 없지만, 필자는 '문명'과 '문화'를 분별하고 있었던 것으로 보인다. 둘째, 계몽주의적 문명사에서 역사의 주체가 국가나 민족 같은 집단이었다면, 전영작의 글은 보편적이면서도 개별적인 "인생 각자", 즉 '개인'으로서의 '인간'에 대해 말하고 있다. 따라서 이때

'문화'는 외적인 제도나 실천과는 구분되는, '내적' 또는 '정신적' 과정과 연관되며, 독특하게 인간적인 것, 주관성(마음이나 감각), 개인적인 것 이라는 내용을 얻게 된다.

그런데 전영작이 주장한 문화교육의 필요성은 현실 속에서는 "사회 (국가)"의 차원으로 수렴된다.

> 本述의 主眼도 此에 在ㅎ려니와 <u>文化敎育의 必要는 腐敗ㅎ 國民의 思想</u>
> <u>을 健全케 ㅎ고 또 靑年時代를 經過ㅎ야 學校敎育을 受ㅎ 形便이 못되는 人</u>
> <u>生에게 感化시키는 手段 中 マ장 必要</u>ㅎ도다. 近日 新聞上에 頻傳ㅎ는 自强
> 會에서 設立ㅎ 講演會도 亦此趣旨에 不出ㅎ도다. 今日 本邦形便은 一日이
> ㄹ도 急々히 一般同胞로 ㅎ야곰 平均ㅎ 智識을 注入ㅎ는 것이 最先務오 學
> 校敎育은 도리혀 第二의 急務로 思ㅎ노라. 我京中에 多數의 會マ 有ㅎ즉 會
> ㅁ다 講談會를 設ㅎ고 <u>愛國誠과 社會의 諸般事를 學問的 事實的으로 有志</u>
> <u>ㅎ 先覺者</u>가 公衆의 感受性을 振起ㅎ면 國家前途의 利害는 勿論ㅎ고라도
> 學者紳士의 天職을 盡ㅎ듯 ㅎ리로다(전영작, 1907: 11).

위 인용문의 주장은 문화교육은 국민의 사상을 건전케 하고 특히 학 교 교육의 대상이 아닌 성인들을 감화하는 중요한 수단이라는 것이다. 전영작은 학교교육보다 더 시급한 것은 공중에게 평균적 지식을 보급 하는 것이라고 하면서 '자강회' 등 정치단체에서 개최하는 연설회나 강 연회 등을 문화교육의 중요한 기제로 들고 있다. 그리고 이와 같은 문 화교육을 애국심과 지식을 가진 선각자-학자신사-의 임무로 보았다.

위와 같은 결론은 개인의 인간적 성장에 강조점을 둔 개인주의적 문 화의 담론이 '사회국가' 담론으로 빨려 들어가던 정황을 보여준다. 1905 년, 그러니까 제국주의 일본에 의한 조선 지배가 정치적으로 전면화되 기 시작한 징표인 '을사조약'을 전후한 시기에 신문과 역사전기 소설을

비롯한 문학적 텍스트들, 다양한 종류의 교과서들과 학회지에서는 민족·국민 이야기를 제작하는 데 심혈을 기울였다. 즉 계몽기의 지식인들은 다양한 매체들을 동원하여 국민의 정의와 필요성, 국민과 개인의 차이, 국민과 국가의 관계, 국민 육성 방법에 대한 논의를 열성적으로 펴게 된다(정선태, 2009: 63-65). 전영작의 글은, '내적' 또는 '정신적' 과정이나 주관성(마음이나 감각), 개인적인 것의 영역과 관련된 '문화'가 당대의 정치사회적 담론과 어떻게 상호작용하고 있었는지를 보여준다. 특기할 점은 철학적 문화 개념의 출현은 '국가'로부터 '사회'로의 이동과 관련이 있었다는 것이다. 전영작의 글은 문화 개념이 개인 개념뿐만 아니라 사회 개념과도 연동하고 있었다는 점을 암시한다.

4. 맺음말

대중적인 담론장이라고 할 수 있는 신문이나 소설에서는 적어도 1910년까지는 전통적 의미든, 새로운 의미든, 문화라는 말이 거의 사용되지 않았던 것 같다. 독립협회가 일반인을 대상으로 발간한 『독립신문』에 몇 차례 나오는 '문화(文化)'는 황해도에 속한 한 군(郡)의 명칭이었다. 1898년 8월부터 1902년 10월까지의 『제국신문』에도 '문화'는 행정 지역의 명칭으로만 사용되었다. 『대한매일신보』에도 1907년 10월 26일과 1908년 2월 11일자에 문화군에서 의병이 일본 군인들을 공격했다는 기사가 있을 뿐이다.[20] 1905년부터 1910년까지 발표된 35편의 단편 서

---

[20] 『대한매일신보』 1910년 6월 1일자 '학계보'에 "학교를 방해"라는 표제 아래 1900년대 초반에 설립된 것으로 추정되는 '문화학교'에 대한 기사가 있다. 하지만 이때 '문화'가 어떤 의미였는지는 정확히 알 수 없다.

사물과 신소설에도 문화라는 단어가 등장하지 않는다(이경훈, 2006).21) 지식인들의 문명사=문화사 담론에서 영향을 받은 것이 확실한「경세종」같은 소설에서도 작가는 줄곧 문명이라는 용어만 사용했다.22) '개화'에 비하면 빈도가 확실히 낮았지만 '문명'이 이미 신소설에 자주 등장하면서 대중들의 어휘체계 안에 진입해있던 상황을 고려하면, '문화'는 일반 대중에게 가닿는데 비교적 오랜 시간이 걸렸다고 할 수 있다.

　하지만 1900년대에 학술과 교육의 장에서 '문화'가 이동하고 확산된 과정은 지성사적, 문화사적 측면에서는 주목할 가치가 있다. 1890년대 말에 일본 유학생에 의해 처음 수용되어 주로 정치단체의 기관지나 지식인들의 학술지에서 교류되었던 '문명'의 동의어로서의 '문화'는 1900년대 후반에는 학생용 교과서에도 진입함으로써 공식적이고 공인된 지식이 되어가고 있었다. 문명의 동의어로서의 문화가 그와 같이 지배적인 것이 되어간 한편에서, 새로운 의미들이 부상하면서 문화 개념의 의미 장은 매우 복합적이 되었다. 유학생이나 지식인들은 Culture/Kultur

---

21) 이경훈(2006)의『한국 근대문학 풍속사전』은 1905년부터 1919년에 걸쳐 발표된 120편의 소설 및 서사물에서 근대적 풍속과 관련된 주요 어휘들을 뽑아 수록한 것이다. 사전이라는 용어를 제목으로 사용했지만, 이 단어들의 의미를 일반적으로 정의하고 해설하기보다 이 말들이 사용된 상황이나 그것이 초래한 갈등, 사건, 행동, 정서 등을 구체적으로 보이기 위해 어휘들이 등장하는 맥락과 장면을 가능한 여러 작품에서 골라 제시하고 있다. 이로써 해당 단어의 사회적, 문화적, 문학적 용례와 배경을 보여주고자 했다. 1905년부터 1910년까지 35편의 소설과 서사물에 등장하는 주요 어휘들이 수록되어 있는데, '문화'의 용례는 찾을 수 없었다.

22) "이 세계를 비교하여 보면 몇 백 년 전에 유럽이나 아메리카나 다 캄캄한 밤과 같이 문명치 못하고 그 때에 아세아는 낮과 같이 문명한 빛이 있더니 지금은 유럽과 아메리카는 광명한 낮이 되고 먼저 문명하던 아세아는 도리어 광명한 빛이 있으나 보지도 못하고"(이경훈, 2006: 173), "문명의 열매되는 각종 기계와 물건은 취하여 가지나 문명의 근본 된 종교는 알아볼 생각도 없는 고로 눈이 있어도 마땅히 볼 것을 보지 못하게 되었으니 일향 저 모양으로 지내면 백인종의 노예 되기는 우리가 눈 깜짝할 동안 될 것인 줄 확실히 아나이다.(이경훈, 2006: 191). 위 인용문들은 앞 절에서 살핀, 유럽문명사=문화사에 대응한 아시아 문명사=문화사의 담론을 반복, 재생산하고 있는 것이 분명한데, 작가는 계속 문명이라는 단어만 사용하고 있다.

의 번역어로서의 문화 개념을 수용함으로써 '문화'의 의미 장에 유동성
과 복합성을 부여했던 것이다. '문화'를 '문명'과 구별하려는 의식적인
시도는 아직 전면화하지 않았으나, 사회의 구조 및 변동에 대해 '근대
적'이고 '민족주의적'인 설명을 제공하기 위한 지식인들의 노력에 의해
'문화'의 함의는 점차 복잡해지고 있었다.

　이 글에서는 자세히 논의하지 못했지만, 유교적 교화의 이상을 표현
한 '문화'도 예전의 의미를 그저 반복 재생산하고 있지는 않았다. 문치
교화의 이상을 표현한, 고전적 문화 개념은 공식적이고 상대적으로 보
수적인 교육의 장(교과서)에서 한국이나 중국을 포함한 아시아의 '과거'
를 특징짓는 요소로 확정되어 순환, 유통되었다. 하지만 애국심의 기제
로 재해석된 데 나타나듯이, 그것은 당대의 문화적 과정의 특수한 요구
에 맞춰 변형되기도 했다. 한편 1908년경 지식인들의 학회지에서 고전
적 '문화'는 하나의 부문사로서 '교육(제도)사'의 이념으로 재해석되기도
했는데, 이러한 해석은 고전적 문화 개념에서 교화적 성격을 분리하여
그것을 중도적이고 공인된 윤리나 사회질서로 통합시킬 가능성이 있었
다. 하지만 그것은 부국강병으로 수렴되고 있던 당시의 문명=문화 개
념이나 민족주의적 문화 개념 등에 대응해 '문화가 무엇인지'에 대한 대
안적인 해석을 발전시킬 가능성 또한 보유하고 있었다(일성자, 1908).[23]

　이상의 검토를 바탕으로 추론한다면, 1908년 경 한국에서는 보편주
의적 '문명=문화' 개념으로는 헤쳐 나갈 수 없는 정치적 문제들과 사회
문화적 요구들이 '문화'의 의미 장을 변화시키고 있었다고 할 수 있다.
즉 문화 개념의 복합화 및 유동성은 부국강병이 '문명'의 지배적인 개념

---

23) 고전적 문화 개념은 지배적인 문화=문명 개념의 견지에서는 표현될 수 없거나 내용
　적으로 입증될 수 없는 경험이나 의미, 가치 등을 살아나게 하거나 실행할 수 있도
　록 작용할 수도 있었다. 지배 문화와 대안적 혹은 심지어 대립적인 관계에 놓일 수
　도 있는 잔여적인 것의 의미에 대해서는 레이먼드 윌리엄스(1989: 197) 참조.

이 되고 '문명'의 이름하에 식민주의적 침략이 가속화되고 있던 1900년 대 후반 동아시아의 정치적 상황과 긴밀히 연동된 현상이었다고 할 수 있다. 아울러 그것은 당시에 지식인들의 학회지나 이인직의 일련의 글에 소개되고 있던, 체계적이고 일반적이며 탈정치화된 사회 개념과도 연동하고 있었다. 국가의 행위로서의 정치 영역을 상대화하면서, 사람들이 개인생활을 영위하는 장소로서 '사회'가 부상하고 있었던 바, '문화'는 그러한 '사회'에서 살아가기 위해 '개인'들이 갖춰야 할 자질의 함양과도 긴밀히 연관되어 있었다(김현주, 2013).

1900년대 후반에 등장한 '문화', '사회', '개인', '민족' 같은 개념들은 이후 복잡한 변형을 거치게 되는데, 이것들은 나란히 보조를 맞추며 나아갔다기보다 제각기 중요한 시점에서 다른 것들의 움직임에 의해 영향을 입었다고 보아야 한다. 1908년 즈음 생산되기 시작한 문화사 담론은 '민족' 개념에 의해 '문화' 개념이 영향을 받고 있음을 비교적 뚜렷하게 가시화한 반면, 1900년대 말까지 사회, 개인 개념과 문화 개념의 상호작용은 아직은 맹아적인 단계였던 것으로 보인다. 그러나 전영작이나 우경명 같은 유학생 필자들의 글은 사회적인 것, 개인적인 것에 대한 이해가 '문화를 무엇으로 보아야 하는가'라는 문제와 긴밀히 연결될 것이라는 점을 암시했다는 점에서 의미가 있다. 1910년대 이후 '사회'와 '개인' 개념에 어떤 변화가 있었는지를 깨닫지 못한다면 '문화'의 변화도 이해할 수 없을 것이다.[24]

---

24) 레이먼드 윌리엄스는 문화 개념의 변화와 경제, 사회 같은 사회이론의 핵심개념의 변화와의 상호관계에 주목할 것을 주장한 바 있다. 레이먼드 윌리엄스의 『키워드 Keywords』의 문화유물론적 연구 방법에 대해서는 장세진(2014: 5-33) 참조.

▣ 참고문헌

강동진(1980), 『일제의 한국침략정책사』, 한길사.

국어국문학편찬위원회(1994), 『국어국문학자료사전』, 한국사전연구사.

김락영(1907), 「東西 兩洋人의 數學思想」, 『태극학보』 제10호, 태극학회.

김항복(1921), 「문화의 의의와 그 발전책」, 『학지광』 22, 재동경조선유학생학우회.

김현주(2005), 『이광수와 문화의 기획』, 태학사.

김현주(2008), 「문화사의 이념과 서사전략─1900~20년대 최남선의 문화사 담론
　　　연구」, 『대동문화연구』 58집, 성균관대학교 대동문화연구원.

김현주(2013), 『사회의 발견: 식민지기 '사회'에 대한 이론과 상상, 그리고 실천
　　　(1910~1925)』, 소명출판.

김현준(1922), 「문화적 생활과 철학」, 『신생활』 6, 신생활사.

나인호(2011), 『개념사란 무엇인가』, 역사비평사.

노대환(2010), 『문명』, 소화.

노버트 엘리아스(1995), 『문명화 과정: 매너의 역사』, 유희수 옮김, 신서원.

니시카와 나가오(2001), 『국경을 넘어서는 방법』, 한경구·이목 옮김, 일조각.

니시카와 나가오(2002), 『국민이라는 괴물』, 윤대석 옮김, 소명출판.

동예(1923), 「문화주의란 무엇?」, 『共榮』 2, 大同同志會.

레이먼드 윌리엄스(1988), 『문화와 사회 1780~1950』, 나영균 옮김, 이화여자대학
　　　교출판부.

레이먼드 윌리엄스(2009), 『마르크스주의와 문학』, 박만준 옮김, 지식을만드는지
　　　식.

류준필(2001), 「'문명'·'문화' 관념의 형성과 '국문학'의 발생」, 『민족문학사연구』,
　　　민족문학사연구학회.

마이클 로빈슨(1990), 『일제하 문화적 민족주의』, 김민환 옮김, 나남.

멜빈 릭터(2010), 『정치·사회적 개념의 역사』, 송승철·김용수 옮김, 소화.

박은식(1906), 「滿報譯載後識」, 『대한자강회월보』 제6호, 대한자강회.

박찬승(1992), 『한국근대정치사상사연구』, 역사비평사.

백두산인(1920), 「문화주의와 인격상 평등」, 『개벽』 6, 개벽사.

스테판 다나카(2004), 『일본 동양학의 구조』, 박영재·함동주 옮김, 문학과지성사.

신식(1921), 「문화의 발전 급(及) 기(其) 운동과 신문명」, 『개벽』 14, 개벽사.

신해영(1897),「漢文字와國文字의 損益如何」, 『대조선독립협회회보』 제15호, 독립
협회.

야나부 아키라(2003), 『번역어성립사정』, 서혜영 옮김, 일빛.

외르크 피쉬(2010), 『코젤렉의 개념사 사전 1: 문명과 문화』, 오토 브루너·베르너
콘체·라인하르트 코젤렉 엮음, 안삼환 옮김, 푸른역사.

우경명(1907), 「敎育의 目的」, 『태극학보』 제10호, 태극학회.

운초 현은(1906), 「殖産部」, 『大韓自强會月報』 제1호, 대한자강회.

이경구 외(2012), 『개념의 번역과 창조』, 돌베개.

이경훈(2006), 『한국 근대문학 풍속사전』, 태학사.

이동초(1908a), 「韓半島文化大觀」, 『大韓學會月報』 제2호, 대한학회.

＿＿＿(1908b), 「한반도문화대관(속)」, 『대한학회월보』 제4호, 대한학회.

이지원(2004), 「일제하 민족문화인식의 전개와 민족문화운동」, 서울대대학원.

이행훈(2013), 「1900년대 전후 도덕 개념의 의미장」, 『개념과 소통』 제12집, 한림
과학원.

이화여대 한국문화연구원 편(2006), 『근대계몽기 지식의 발견과 사유 지평의 확
대』, 소명출판.

일성자(1908), 「我韓敎育歷史)」, 『西北學會月報』 제16호, 西北學會.

장세진(2014), 「개념사는 무엇을 욕망하는가-한국 근대 문학/문화 연구에의 실천
적 개입을 중심으로」, 『개념과 소통』 제13집, 한림과학원.

전영작(1907), 「人生 各自에 關き 天職」, 『태극학보』 제6호, 태극학회.

정선태(2009), 「근대 계몽기 '국민' 담론과 '문명국가'의 상상-『태극학보』를 중심
으로」, 『어문학논총』 제28집, 국민대학교 어문학연구소.

초해(1908), 「世界文明史(東洋文明)」, 『태극학보』 제22호, 태극학회.

최남선(1908-1910),「해상대한사」, 『소년』 창간호-제3년 제6권, 소년사.

최덕교 편저(2004), 『한국잡지백년 1』, 현암사.

케이트 크레한(2004), 『그람시·문화·인류학』, 김우영 옮김, 길.

표세만(2006), 「구가 가쓰난의 "국민" 문화-메이지 내셔널리즘의 한 단면」, 『강원
인문논총』 제15집.

하영선 외(2009), 『근대 한국의 사회과학 개념 형성사』, 창비.

학부편집국(1907a), 『보통학교 학도용 국어독본』 6권, 대일본도서주식회사.

_____(1907b), 『보통학교 학도용 국어독본』 8권, 대일본도서주식회사.

한국학중앙연구원 편(2001), 『한국민족문화대백과사전』, 한국학중앙연구원.

함동주(2009), 「메이지 초기 서양사 수용과 프랑스혁명관의 사회문화사」, 『동양사학연구』 108집, 동양사학회.

허수(2011), 『이돈화연구: 종교와 사회의 경계』, 역사비평사.

현채(1909), 『新纂初等小學』.

• 저자소개 •

김동노 ∣ 연세대학교 교수, 사회학

김현주 ∣ 연세대학교 교수, 국문학

문상석 ∣ 연세대학교 국가관리연구원 연구원, 사회학

우대형 ∣ 연세대학교 국가관리연구원 연구원, 경제학

이지연 ∣ 연세대학교 대학원 박사과정, 사회학

전상숙 ∣ 연세대학교 국가관리연구원 연구교수, 정치학

정병준 ∣ 이화여자대학교 교수, 역사학